MITTENDRIN
LERNLANDSCHAFTEN RELIGION

7|8|9 plus 10

Herausgegeben von
IRIS BOSOLD UND
DR. WOLFGANG MICHALKE-LEICHT

Erarbeitet von
DR. JUDITH BASSLER-SCHIPPERGES,
IRIS EGLE, KATJA KILB,
ELISABETH KURFESS, FELICITAS KURZ,
DR. CHRISTIAN SCHENK,
DR. GEORG SCHWIND, SIMONE SEELHORST,
GERALD SIEBERT, ANDREAS WRONKA

Bearbeitet und ergänzt von
ANN-KATHRIN BUCHMÜLLER,
ESTHER KRAUSE, CHRISTOPH KLEMP,
GABRIELE OTTEN,
PROF. DR. CLAUSS PETER SAJAK

unter wiss. Beratung von
PROF. DR. CLAUSS PETER SAJAK

KÖSEL SCHULBUCH

MITTENDRIN
Lernlandschaften Religion
Unterrichtswerk für den katholischen Religionsunterricht

MITTENDRIN 7/8/9 für G8
MITTENDRIN 7/8/9/10 für G9 und Gesamtschule

Herausgegeben von
Iris Bosold und Dr. Wolfgang Michalke-Leicht

Erarbeitet von
Dr. Judith Bassler-Schipperges, Iris Egle, Katja Kilb, Elisabeth Kurfeß, Felicitas Kurz, Dr. Christian Schenk, Dr. Georg Schwind, Simone Seelhorst, Gerald Siebert, Andreas Wronka

Aufgrund neuer Kernlehrpläne bearbeitet und ergänzt von
Ann-Kathrin Buchmüller, Esther Krause, Christoph Klemp (†), Gabriele Otten, Prof. Dr. Clauß Peter Sajak,
unter wiss. Beratung von Prof. Dr. Clauß Peter Sajak.

Zugelassen als Lehrbuch für den katholischen Religionsunterricht an Gymnasium und Gesamtschule von den Diözesanbischöfen von Aachen, Essen, Köln, Limburg (für den Bistumsanteil im Bundesland Rheinland-Pfalz), Mainz (für den Bistumsanteil im Bundesland Rheinland-Pfalz), Münster (für den Bistumsanteil im Bundesland Nordrhein-Westfalen), Paderborn (für den Bistumsanteil im Bundesland Nordrhein-Westfalen), Speyer, Trier.

Umschlag: Kaselow Design, München
Umschlagfoto: © Panstock/jupiterimages
Satz: Kösel-Verlag, München
Notensatz: Sordino Notensatz, Krefeld
Illustration: Reinhild Kassing, Kassel

www.cornelsen.de
www.oldenbourg.de

1. Auflage, 2. Druck 2015

Alle Drucke dieser Auflage sind inhaltlich unverändert und können im Unterricht nebeneinander verwendet werden.

© 2014 Kösel-Verlag, München, in der Verlagsgruppe Random House GmbH
© 2015 Cornelsen Schulverlage GmbH, Berlin

Alle Rechte vorbehalten. Das Werk und seine Teile sind urheberrechtlich geschützt. Jede Verwertung in anderen als den gesetzlich zugelassenen Fällen bedarf deshalb der vorherigen schriftlichen Einwilligung des Verlags.
Hinweis zu den §§ 46, 52a UrhG: Weder das Werk noch seine Teile dürfen ohne eine solche Einwilligung eingescannt und in ein Netzwerk eingestellt oder sonst öffentlich zugänglich gemacht werden. Dies gilt auch für Intranets von Schulen und sonstigen Bildungseinrichtungen.

Druck und Bindung: Kösel, Krugzell

ISBN 978-3-06-065410-9

PEFC zertifiziert
Dieses Produkt stammt aus nachhaltig bewirtschafteten Wäldern und kontrollierten Quellen.
www.pefc.de

Liebe Schülerin, lieber Schüler,

das Leben ist manchmal wie ein verschlungener Pfad. Da gibt es Höhen und Tiefen, Umwege und Abkürzungen, Klettersteige und Holzwege. Und immer wieder stellen sich Fragen: Wo geht es lang, rechts oder links? Welche Entscheidung ist richtig? Das gilt im Kleinen wie im Großen, im eigenen Leben wie in der Gesellschaft. Wir Menschen müssen uns stets entscheiden, nahezu jeden Tag aufs Neue. Und je älter wir werden, umso bedeutender werden diese Entscheidungen. Das ist gar nicht so einfach und gleichzeitig macht es das Leben überaus spannend.

Wenn wir solche Wege gemeinsam gehen, wenn wir miteinander überlegen, welche Folgen diese oder jene Entscheidung nach sich zieht, wenn wir Erfahrungen austauschen, die wir oder andere Menschen gemacht haben, dann können wir miteinander und voneinander lernen. Und wenn uns das gut gelingt, dann kommen wir voran. Dann machen wir Fortschritte im eigenen Leben wie in der Gesellschaft. Dann sind wir MITTENDRIN im richtigen Leben.

Die Schule ist ein guter Ort, an dem das geschehen kann. Ob es geschehen kann, hängt davon ab, wie wir miteinander umgehen. Jede und jeder hat eine eigene Sicht der Dinge, hat eigene Perspektiven und eigene Erfahrungen. Die gilt es wahrzunehmen, zuzulassen, zu akzeptieren und zu tolerieren. Das ist leichter gesagt als getan. Das erfordert Respekt und Disziplin gegenüber anderen, aber auch gegenüber sich selbst. Zugleich muss gestritten werden, mit Leidenschaft, um die richtige Entscheidung, um die bessere Antwort und um die optimale Lösung. Lass dich auf deine Mitschülerinnen und Mitschüler ein und mach dich gemeinsam mit ihnen auf den Weg. Wenn dir das gelingt, bist du schon MITTENDRIN im Leben.

Immer dann, wenn es wirklich um unser Leben geht, spielt auch der Glaube an Gott eine Rolle. Du gibst dich ja nicht zufrieden mit dem oberflächlichen Augenschein. Du willst wissen, was hinter den Dingen ist. Du willst den Dingen auf den Grund gehen. Vor allem geht es dabei um die großen Fragen: Woher komme ich? Wohin gehe ich? Wozu lebe ich? Was ist der Sinn von allem? Die Bibel ist dir eine gute Reisebegleiterin, wenn du dich auf den Weg machst, diesen Fragen nachzugehen. Viele Menschen haben darin ihre Erfahrungen mit dem Suchen und Fragen aufgeschrieben. Auch von ihnen kannst du lernen – MITTENDRIN im eigenen Leben.

Die Welt, unser Leben und unser Glaube – sie alle sind wie Landschaften, in denen wir uns bewegen. Du selbst bewegst dich MITTENDRIN. Dein Religionsbuch ist genau dafür gemacht. Es enthält zahlreiche Landschaften, die es zu entdecken gilt: Lernlandschaften. Auf jeder Doppelseite findest du Ausflüge in diese Lernlandschaften. Hier kannst du dich immer in der Richtung bewegen, die dich gerade interessiert. Zu Beginn und am Ende einer jeden Lernlandschaft erwarten dich besondere Doppelseiten: Bevor du dich in einer Lernlandschaft auf die Reise machst, findest du jeweils einen *Reiseprospekt.* Der gibt dir einen Überblick über das, was dich erwartet. Am Ende einer Lernlandschaft findest du immer eine *Souvenirseite,* denn wer eine Reise tut, kann etwas erzählen und er oder sie bringt manchmal auch etwas mit. Schließlich gibt es am Ende des Buches ein umfangreiches *Lexikon,* das dich bei deinem Suchen und Fragen begleiten soll. Auch die *Künstlerinnen und Künstler der Bilder* dieses Buches sind dort gesondert verzeichnet.

Du bist schon einige Zeit an der Gesamtschule oder am Gymnasium unterwegs. Du hast bereits viele Fähigkeiten und Kompetenzen erworben und kannst mehr und mehr selbstverantwortlich weitergehen. Manches in diesem Buch wird dir vertraut sein, vieles andere dagegen ist ganz neu. Lernen geschieht immer mit allen Sinnen, die uns zur Verfügung stehen: mit dem Hören, dem Sehen, dem Bewegen. An bestimmten Stellen im Buch findest du besondere *Lerngänge,* die dir neue Wege zeigen, wie du lernen kannst. Probiere sie aus, meistens am besten zusammen mit deinen Mitschülerinnen und Mitschülern.

MITTENDRIN – so haben wir unser Religionsbuch genannt. Wir wünschen dir und allen in deiner Lerngruppe, dass es für euch gute Anregungen zum Lernen enthält, mitten im Leben, mitten im Glauben, mitten in der Welt.

Iris Bosold, Dr. Wolfgang Michalke-Leicht

Vorwort

STARK SEIN KÖNNEN – SCHWACH SEIN DÜRFEN   6

Ich über mich – was mich ausmacht 8

Lerngang Begegnen: Feedback geben 8

Ich und mein Lebensweg 10
Ich und meine Freiheit 12
Ich und mein Gewissen 14
Ich und (Sehn-)Sucht 16
Ich und Konflikte 18
Neues wagen 20

MEINE WELT – EINE WELT   22

Der Freiheit eine Form geben 24
Tatort Kleiderschrank 26
Unser täglich Fleisch gib uns heute 28
Frieden – Gerechtigkeit –
Bewahrung der Schöpfung 30

BERUFENE RUFER – PROPHETEN   32

Rufer in der Wüste? 34
Herausgerufen 36
Ein unangenehmer Auftrag 38
Rufer und ihre Rufe 40
Wahre und falsche Propheten 42
Prophet – Engagement mit Zukunft? 44
Propheten heute? 46
»Prophetenecho« 48

REFORMATION – AUS LIEBE ZUR KIRCHE   50

Die Welt im Umbruch 52
Welt und Bild neu sehen 54
Angst – und kein Ausweg? 56
Martin Luther – Vorbild oder Ketzer? 58
Die Krise der Kirche 60
Die Folgen für die Kirche 62
Zum Mitnehmen 64

STÖRT DIE LIEBE NICHT   66

Typisch ♂, typisch ♀ 68
Nur für ♀ 70
Nur für ♂ 72
Gemeinsam wachsen 74

Lerngang Sprechen:
Durch Märchen gemeinsam wachsen 75

Ehe und Familie 76
Ich, Du, Wir? 78
Hätte die Liebe nicht … 80

ERFAHRUNGEN MIT GOTT GEWINNEN GESTALT   82

im Wort – die Schöpfungstexte 84
im Exodus – der Eine gegen die Vielen 86
in der Heiligen Schrift 88
in den Evangelien –
mit Worten Bilder von Jesus malen 90
im Ritus 92

Lerngang Sprechen:
Pro-und-Kontra-Debatte 93

in der Kunst 94
in der Tradition – biblische Bilder wirken weiter . . . 96
Logbuch 98

DAS JAHR – EINE RUNDE SACHE   100

Einen neuen Anfang wagen 102
Neues bricht auf 104
Durchkreuztes Leben 106
Mut schöpfen 108
Die Fülle genießen 110
Reifen und ernten 112
Dunkelheit aushalten 114
Licht verbreiten 116

Inhalt

DEM GLAUBEN EIN GESICHT GEBEN 118
Kirche betet und feiert 120
Der Aufbau der katholischen Kirche 122
Kirche und Nationalsozialismus 124
Gegen den Strom 126
Die Kirche als Institution 128

Lerngang Sprechen: Ins Gespräch kommen . . . 129

Kirche bekennt ihren Glauben 130

EIN ORT GELEBTEN GLAUBENS – TAIZÉ 132
Begegnung mit Taizé 134
Taizé entsteht 136
Das Geheimnis von Taizé 138
Religiöser Raum für Jugendliche 140
Taizé vor Ort – weltweit 142
Mit Gesängen beten 144

Lerngang Hören: Musik als Ausdruck des Glaubens 145

Taizé erfahren 146

JESUS – DIE SPUR VON MORGEN 148
Gestern und heute 150
Jesu Worte 152
Vorrang geben 154
Heil werden 156
Versöhnung leben 158

Lerngang Sehen: Bilder vergleichen 158

Verlassen 160
Ein Morgen ermöglichen 162

FASZINATION FERNOST 164
Das Ankommen 166
Der Hinduismus – Religion der Inder 168
Glauben und Leben im Hinduismus 170

Der Buddha 172
Der Dharma 174
Der Sangha 176
Der Weg des Zen 178
Strahlen der Wahrheit 180

MEHR ALS ALLES 182
Religion fragt nach Gott 184
Unheilbar religiös? 186
Religionen im Dialog 188
Absolutheit und Religion 190
Religionen heute 192

MEMENTO MORI 194
todkrank 196
todergriffen 198
Leben und Tod 200
lebensmüde 202
Gottverlassen in Angst und Tod? 204
Hoffnung über den Tod hinaus 206
Auferweckung im Hier und Jetzt 208

DAS LEBEN SPIELEND UMSETZEN?! 210
Ist das Leben ein Spiel? 212
Wenn es ernst wird 214
Wenn Träume platzen 216
Biblische Geschichten beleben 218
Jetzt oder nie 220
Offen für Neues 222
Du und ich 224

Lerngang Darstellen: Monolog – Dialog 224

Und deine Hauptrolle? 226

LEXIKON 228
KUNSTLEXIKON 256
TEXT- UND BILDNACHWEIS 260

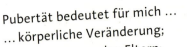

Pubertät bedeutet für mich …
… körperliche Veränderung;
… Ablösung von den Eltern;
… endlich tun und lassen können, was ich will;
… erste Liebe.

Verantwortung zu übernehmen fällt mir …
… leicht;
… schwer;
… habe ich mir noch nie überlegt;
… je nach Situation leicht oder schwer.

Vorbilder sind für mich …
… Eltern;
… Lehrerinnen und Lehrer;
… Stars;
… Freunde.

Autoritäten sind für mich …
… Menschen, die mich überzeugen;
… Menschen, denen ich gehorchen muss;
… der Staat, die Schule usw.;
… Ich kenne das Wort nicht.

Wenn ich Sorgen habe, wende ich mich an …
… meine Eltern;
… meine Lehrerinnen und Lehrer;
… meine Geschwister;
… meine Freunde.

■ **Spiegelbild.** Versetze dich in das Bild auf dieser Doppelseite. Welchen Bezug siehst du zwischen dem Bild und dem Thema der Lernlandschaft?

STARK SEIN KÖNNEN –

■ **Selbstbild.** Denke über dich selbst nach: Welche Schulfächer und welche Hobbys machen dir besonders viel Spaß? Welche Fähigkeiten werden benötigt, um dabei besonders gut zu sein?

Dass jemand hungert, um die Figur eines Models zu erreichen, ...
... kann ich gut verstehen;
... ist mir völlig fremd;
... habe ich noch nie gehört;
... ist typisch für Mädchen.

Dass jemand bereit ist, Gewalt anzuwenden, ...
... liegt an seinem Charakter;
... liegt an der Erziehung;
... liegt an den Medien;
... liegt daran, dass er keine anderen Möglichkeiten kennt, sich durchzusetzen.

Geschichten aus der Bibel sagen mir ...
... nichts für mein Leben;
... viel für mein Leben;
... was ich machen soll;
... habe ich mir noch nie überlegt.

Über die Veränderungen in der Pubertät ...
... weiß ich Bescheid;
... mache ich mir Sorgen;
... habe ich mir noch nie Gedanken gemacht;
... habe ich mit meinen Eltern oder mit Freunden gesprochen.

■ **Standpunkte.** Lest einander die Texte der abgedruckten Kärtchen laut vor und weist den verschiedenen Fortsetzungen eine Ecke im Klassenzimmer zu. Überlegt für euch selbst, welche Fortsetzung am besten auf euch zutrifft, und geht in die entsprechende Zimmerecke. Wenn auf diese Weise alle oder eine vorher festgelegte Anzahl der Kärtchen bearbeitet wurden, ist ein gemeinsamer Austausch über die angesprochenen Themen sinnvoll. Diese Gespräche können auch über den Verlauf der Unterrichtseinheit verteilt werden.

SCHWACH SEIN DÜRFEN

Wer bin ich?

Warum bin ich so, wie ich bin? Was macht mich zu einem einzigartigen, unverwechselbaren Menschen? Wer will ich sein? Diese Fragen bestimmen laut Entwicklungspsychologie die Jugendzeit in ganz besonderer Weise. Das Bild, das wir von uns selbst haben, wird durch vielfältige Erfahrungen geprägt, die wir im Laufe unseres Lebens in vielen verschiedenen Bereichen gemacht haben und machen. Aufgrund dieser Erfahrungen sind wir uns darüber bewusst, was wir sind und was wir können.

Gleichzeitig haben wir immer auch ein Bild vor Augen, wie wir sein wollen beziehungsweise wie andere uns haben möchten, das Idealbild. Wir bemühen uns, das Real-Selbst möglichst dem Ideal-Selbst anzunähern.

Von Beginn unseres Lebens an wird uns durch unsere Umwelt durch sogenannte Beziehungsbotschaften gespiegelt, wer wir sind. Je nachdem, ob uns Wertschätzung oder aber Geringschätzung entgegengebracht wird, entwickelt sich ein positives oder negatives Selbstbild, das dann wiederum unser Verhalten, unsere Wahrnehmung und unsere Handlungen entsprechend prägt. Wir machen neue Erfahrungen und versuchen diese mit unserem Selbstbild in Einklang zu bringen. Gelingt dies, so kann das Verhalten immer neu der Realität angepasst werden, es entwickelt sich ein Vertrauen in das gefühlsmäßige Erleben. Misslingt dies, so kann es zu Fehlentwicklungen kommen. Es entsteht kein Vertrauen zum eigenen Erleben und es erfolgt eine extreme Orientierung an Bewertungsmaßstäben anderer.

■ **Wer bin ich?** Lies den Text »Wer bin ich?« aufmerksam durch. Übertrage die Grafik in dein Heft. Schreibe in den einen Kreis Aspekte, die dein Real-Selbst ausmachen (Eigenschaften, Fähigkeiten usw.), und in den anderen Kreis Aspekte, die dein Ideal-Selbst ausmachen sowie Erwartungen, die andere an dich richten.

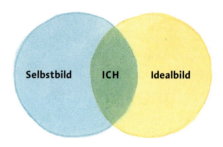

■ **Selbst- und Idealbild.** Überlege, welche Probleme sich ergeben könnten, wenn sich jemand nur an dem Selbst- bzw. nur an dem Idealbild orientiert.

■ **Ehrlichkeit.** Manchmal fällt es schwer, ein ehrliches Feedback zu geben, das weder »schönredet« noch niedermacht. Lies S. 220 und vertiefe deine Kenntnisse der Feedback-Regeln durch die Impulse »Kompliment« und »Laudatio«.

Feedback geben

Feedback geben bedeutet, jemandem so Rückmeldung für seine Arbeit oder sein Handeln zu geben, dass dieser weiß, wo seine Stärken und wo seine Schwächen liegen.

Regeln für das Feedback-Geben:
Gib dein Feedback in persönlicher Form als Ich-Botschaft! (Nicht: »Du bist …«, sondern: »Ich nehme dich als … wahr«.)
Trenne Wahrnehmungen von Vermutungen. (»Ich habe wahrgenommen … daraus schließe ich …«)
Denke daran, es geht nicht darum, jemanden klein zu machen, sondern ihm so Rückmeldung zu geben, dass er weiß, wie er sich verbessern kann. Mache möglichst Verbesserungsvorschläge.
Versuche zunächst eine positive Beobachtung, dann eine verbesserungswürdige Beobachtung zu nennen. Abschließend sollte wieder etwas Positives folgen (»Sandwich-Feedback«).

Regeln für das Feedback-Erhalten:
Höre ruhig zu, bis alles gesagt ist.
Versuche nicht, dich während des Feedbacks zu rechtfertigen.
Frage nach, wenn du etwas nicht verstanden hast, ohne zum Angriff überzugehen.
Mache dir Notizen.
Überdenke das Feedback kritisch: Was leuchtet dir ein, was nicht?
Antworte erst auf das Feedback, wenn du die genannten Schritte vollzogen hast.

STARK SEIN KÖNNEN – SCHWACH SEIN DÜRFEN
Ich über mich – was mich ausmacht

my own song (mein eigenes lied)

ich will nicht sein
so wie ihr mich wollt
ich will nicht ihr sein
so wie ihr mich wollt
ich will nicht sein wie ihr
so wie ihr mich wollt
ich will nicht sein wie ihr seid
so wie ihr mich wollt
ich will nicht sein wie ihr sein wollt
so wie ihr mich wollt
nicht wie ihr mich wollt
wie ich sein will will ich sein
nicht wie ihr mich wollt
wie ich bin will ich sein
nicht wie ihr mich wollt
wie *ich* will ich sein
nicht wie ihr mich wollt
ich will *ich* sein
nicht wie ihr mich wollt will ich sein
ich will *sein*

Ernst Jandl

Wie sehen mich andere?

Wie will ich sein?

Wie sehe ich mich selbst?

■ »**Ich will ich sein.**« Was bedeutet dieser Satz für dich? Schreibe deine Gedanken dazu in dein Heft. Wenn du willst, kannst du diese auch in Gedichtform kleiden.

■ **Leseexperiment.** Bereite alleine oder mit anderen einen Gedichtvortrag vor. Überlege genau, wie du die Verse betonen willst. Du kannst das Gedicht für deinen Vortrag auch bearbeiten: einzelne Verse herausgreifen, Wiederholungen, gegeneinander sprechen usw. Trage das Gedicht vor.
Lass dir von deinen Mitschülerinnen und Mitschülern ein Feedback geben und besprecht die Wirkung des Vortrags.

■ **Fotoreihe.** Erstelle eine Fotoreihe für deine Person nach den drei Leitfragen auf dieser Seite. Statt Fotos zu machen, kannst du dich auch zeichnen.
Stelle die Bilderreihe deinen Mitschülerinnen und Mitschülern vor und bitte sie um ein Feedback. Überlege, wie diese Facetten deiner Person zusammenhängen.

Auf der Suche nach Identität

Dem Jugendalter kommt eine Schlüsselstellung im Leben eines Menschen zu. In dieser Zeit verändern sich Körper und Geist von Jungen und Mädchen stark. Diese Veränderungen führen dazu, dass bisherige Sicherheiten und Handlungsmuster erschüttert werden. Der junge Mensch sieht sich mit neuen Möglichkeiten, aber auch mit neuen Aufgaben und Anforderungen konfrontiert. Der schulische und berufliche Weg muss vorbereitet werden, der Jugendliche muss mehr Verantwortung übernehmen, sich von Eltern und anderen Erwachsenen ablösen und sein eigenes Wertesystem finden. Außerdem muss er »seinen Körper neu bewohnen« lernen. All das zwingt ihn, darüber nachzudenken, was er sein will und wohin sein Lebensweg führen soll.

Häufig entsteht dabei zunächst das Gefühl, überfordert zu sein. Medien wie Fernsehen, Internet usw. führen jungen Menschen eine Vielzahl an Möglichkeiten vor Augen, was sie tun könnten, welchen Zielen sie nachgehen könnten usw.

Außer diesen Möglichkeiten spielen die Erwartungen und Vorstellungen von Eltern und anderen Erwachsenen eine Rolle. Es ist schwierig, sich all dem zu stellen und eine angemessene Identität zu finden. Es kann zu einer Krise kommen. Diese Krise geht oft mit dem Gefühl der Vereinsamung einher und der Unfähigkeit, aus irgendeiner Tätigkeit Befriedigung zu schöpfen. Das Gefühl herrscht vor, das Leben geschehe, statt aus eigenem Antrieb gelebt zu werden.

In der Zeit zwischen dem 11. und 18. Lebensjahr müssen demnach wichtige Aufgaben bewältigt, müssen Grenzen ausgetestet und Rollen ausprobiert werden. Verläuft diese Phase positiv, entwickelt sich eine gefestigte, persönliche Identität.

Ob es gelingt, eine eigene Persönlichkeit aufzubauen, hängt maßgeblich von Vorbildern ab, d. h. von Menschen, die überzeugen in dem, was sie tun und wie sie reden. Sie können helfen, sich zu orientieren und Entscheidungen zu treffen.

VOR DEM

AUFTRITT 1
ROMAN STAHL, SCHÜLER (14)

In meiner Freizeit mache ich gerne Sport. In Leichtathletik bin ich ganz gut. Zwei bis drei Mal die Woche gehe ich ins Training und seit zwei Monaten bin ich in der Nachwuchsförderung des Landes dabei. Da war ich schon stolz, als dieses Angebot kam. Wenn ich Sport mache, vergesse ich all den Stress in der Schule und so. Ich finde es cool, auf Wettkämpfe zu trainieren. Es ist ein klasse Gefühl, wenn du merkst, du kannst deine Leistungen immer nochmals verbessern. Ganz abgesehen davon finde ich, dass man etwas für seinen Körper tun muss. Ist ja auch nicht schlecht, sportlich und muskulös zu wirken. Ich denke, Unsportliche haben es heutzutage schwer, sie werden gehänselt und bei Mädchen kommen sie auch nicht so gut an. Wobei mich Mädchen nicht interessieren. Meine Kumpels sind mir wichtiger.

Außer Sport mache ich Musik. Ich spiele Klavier, seit ich vier Jahre alt bin. Manchmal versuche ich auch, eigene Stücke zu schreiben. Das hat mir mein Vater beigebracht. Er hat eine kleine Band. Und wenn mal einer von seinen Musikern krank ist, springe ich schon mal ein und spiele das Keyboard. Das geht natürlich nur am Wochenende, wenn keine Schule ist, weil es dann immer sehr spät wird. Es gefällt mir, wenn unsere Musik den Leuten Spaß macht. Man kommt sich fast vor wie ein Star.

Manchmal mache ich auch mit einem meiner Kumpels Musik. Sein Onkel hat ein Tonstudio. Vielleicht nehmen wir später mal eigene Lieder auf.

■ **Suche nach Identität.** Lies den Text »Auf der Suche nach Identität« sowie den Lexikonartikel »Identität« hinten im Buch. Erläutere, welche Schwierigkeiten bei der Suche nach Identität auftreten können. Sammle Tipps, wie man diese Schwierigkeiten bewältigen kann.

■ **Auftritt 1.** Roman Stahl erzählt von den vielen Aktivitäten in seiner Freizeit. Welche Aspekte seiner Freizeitbeschäftigungen sind Roman besonders wichtig? Wie würdest du ihn charakterisieren? Überlege dir, welche Rolle Roman in eurem Klassenverband einnehmen würde.

STARK SEIN KÖNNEN – SCHWACH SEIN DÜRFEN
Ich und mein Lebensweg

AUFTRITT ...

... schlüpft der Mensch in seine »öffentliche Haut«. Ist alles bereit dafür, vor andere hinzutreten? Wird man so konzentriert und ausdrucksstark sein, so sexy, hilfreich oder herzlich, wie die selbst gewählte Rolle es vorsieht?

AUFTRITT 2
LISA CLEMEN, SCHÜLERIN (16)

Wenn ich freitagabends ausgehen möchte, beginne ich gerne eine Stunde vorher und dusche mich. Dann stehe ich bestimmt zehn Minuten vor dem Kleiderschrank, um mir ein Outfit auszusuchen. Da ich Schmuck über alles liebe, muss ich gucken, dass die Kleidung zum Schmuck passt und nicht umgekehrt.

Manchmal frage ich meine Mutter, ob es nicht zu viel ist, ob ich nicht aussehe wie ein Weihnachtsbaum. Danach nehme ich mir Zeit fürs Schminken: Ich kämme die getuschten Wimpern, tupfe mit Ohrenstäbchen übergemalten Eyeliner weg, trage Rouge auf, mache die Augenringe weg, aber die Lippen vergesse ich meistens.

Ich will natürlich sexy wirken, deshalb trage ich auf Hüften geschnittene Hosen, wo der Hintern dürftig verpackt ist. Aber wenn ich einen größeren Hemd-Ausschnitt trage, meint mein Freund, ich solle mich gefälligst anziehen. Und natürlich will ich erwachsen wirken. Auch wenn ich einen Freund habe, möchte ich gern andere Jungs ansprechen. Doch vor allen Dingen will ich nicht schüchtern wirken. Das macht die Männer nicht an, glaube ich. Ich will auch sinnlich sein. Ich mag gern Augenkontakt haben – aber das ist dann eine Sache des Seins und nicht des Stylens. Und etwas crazy bin ich eh. Hübsch finde ich mich auch. Zumindest finde ich mich nicht hässlich. Ich mag meinen Körper wirklich gern. Insofern ist es nicht schwer für mich, so zu wirken.

Aufregend wird es dann, wenn man vor dem Club steht, in den man rein möchte. Lassen einen die Türsteher rein, obwohl man noch nicht 18 ist? Wenn mich dann an dem Abend Jungs anschauen, das ist schon schön, vor allem, wenn sie süß sind. Aber dass ich angeschaut werde, fällt mir meist gar nicht so auf. Und ich brauche es auch gerade nicht so unbedingt. Außerdem habe ich meine Freunde mit und will mit denen Spaß haben.

Und das Schönste am Abend ist eigentlich, wenn ich mich schminke. Das Stylen macht mir einfach Spaß. Deshalb finde ich auch Halloween und Fasching so toll.

- **Auftritt 2.** Lisa Clemen erzählt von ihrem Wochenende. Fasse zusammen, was Lisa gerne macht und wie sie das begründet. Wie würdest du Lisa charakterisieren? Welche Rolle würde sie in eurem Klassenverband einnehmen?

- **Vorbilder.** Bei der Identitätsfindung sind Vorbilder von entscheidender Bedeutung. Entwirf ein Porträt deines Vorbildes. Suche dir zwei Mitschülerinnen oder Mitschüler aus, mit denen du dich über dein Porträt austauschst.
Besprecht, inwiefern Vorbilder auch problematisch sein können.

- **Vergleiche die beiden Auftritte.** Spielen Jungen und Mädchen deiner Meinung nach unterschiedliche Rollen? Stehen Lisa und Roman für alle Jugendlichen dieses Alters?

- **Auftritt 3.** Stelle dir vor, du müsstest für eine Jugendzeitschrift einen Artikel über dich schreiben. Formuliere diesen Artikel nach dem Muster der beiden Artikel von Roman und Lisa.

■ **Karikatur.** Beschreibe die Karikatur. Erkläre, was hier unter Freiheit verstanden wird.

Wer A sagt, muss auch B sagen

Heute gab es bei uns zu Hause riesigen Ärger! Dabei habe ich nur, als ich aus der Schule kam, erzählt, dass ich am Samstag bei Vincent zum Geburtstagsfest eingeladen bin. Meine Mutter fragte ganz harmlos: »Und wirst du hingehen?« Was für eine Frage! Klar werde ich hingehen. Vincent ist schließlich ein Supertyp und es ist fast eine Auszeichnung, bei ihm eingeladen zu sein.
Mutter konnte das überhaupt nicht verstehen. Sie erinnerte mich, dass meine Fußballmannschaft am Samstag ein Spiel hat. »Ach, das blöde Spiel, ich hab sowieso keine Lust, bei der Kälte auf dem Rasen rumzuturnen.« Kaum hatte ich das gesagt, legte sie los: »Wochenlang liegst du uns in den Ohren, dass du im Verein Fußball spielen willst. Wir haben schließlich nachgegeben. Obwohl ich Fußball nie mochte und Vater immer sagte, das kostet zu viel Zeit, du sollst lernen. Und jetzt lässt du deine Mannschaft im Stich, nur wegen einer Geburtstagsfeier? Das kannst du nicht machen. Stelle dir vor, jeder würde immer gerade tun, was ihm Spaß macht, dann könntet ihr jedes Spiel absagen, weil immer irgend jemand lieber etwas anderes machen würde und die Mannschaft nie komplett wäre. Du wolltest doch unbedingt spielen! Du sprachst davon, wie viel es dir bedeutet! Denke einmal darüber nach! Ich finde es nicht in Ordnung, wenn du zu Vincent gehst.«
Puh, sie war ganz schön sauer ...
Ich habe Michael von der Auseinandersetzung erzählt. Er war erbost und meinte, meine Mutter hätte nicht das Recht, so zu reden. Ich könne schließlich frei entscheiden, wo, wie und mit wem ich den Samstag verbringe.

Jugendliche Freiheitsvorstellungen

»Freiheit bedeutet für mich, wenn ich eine eigene Wohnung haben könnte. Wenn ich so leben könnte, wie es mir gefällt, und wenn ich tun und lassen könnte, was ich will. Niemand würde mir Vorschriften machen und ich müsste keine faulen Kompromisse eingehen. Niemand würde mir sagen, wie ich mich anzuziehen habe, wie ich reden und wie ich mich verhalten soll.«
Nicole, 14 Jahre

»Freiheit bedeutet für mich, nicht zur Schule zu müssen und immer Ferien zu haben.«
Philipp, 13 Jahre

»Freiheit bedeutet für mich, den ganzen Tag Fußball spielen zu können. Niemand und nichts würde mich ablenken und ich müsste meine Zeit nicht mit Dingen verplempern, die ich nicht mag.«
Manuel, 14 Jahre

»Freiheit bedeutet für mich, immer nur Urlaub zu machen. Irgendwo am Meer, wo es warm ist. Ich würde den ganzen Tag nur faul herumliegen und mich in der Sonne rösten lassen.«
Franziska, 13 Jahre

■ **Freiheit bedeutet für mich ...** Lies die vier Äußerungen der Jugendlichen. Führe dann selbst den Satz fort. Lest einander eure Vorstellungen vor und nennt die Bereiche, die angesprochen werden.

■ **Positionen.** Lies den Text »Wer A sagt, muss auch B sagen«. Beschreibe die Positionen, die einander gegenüberstehen, und nimm Stellung.

■ **Weitergedacht.** Die Freiheitsvorstellungen klingen zunächst positiv. Suche dir eine der vier Vorstellungen aus und stelle dir vor, sie würde für dich Wirklichkeit werden. Wie sähe dein Leben aus? Schreibe einen Bericht.

STARK SEIN KÖNNEN – SCHWACH SEIN DÜRFEN
Ich und meine Freiheit

Freiheit unter Geboten?

Präambel des Dekalogs
Dann sprach Gott alle diese Worte:
Ich bin Jahwe, dein Gott, der dich aus Ägypten geführt hat, aus dem Sklavenhaus.
Du sollst neben mir keine anderen Götter haben.
Du sollst …

Exodus 20,1–4

Die Erfahrung der Israeliten spiegelt wider, dass Freiheit immer auch Verantwortung für etwas bedeutet. Sie haben die Verantwortung, ihre Freiheit so zu gestalten, dass sie ihnen erhalten bleibt. Freiheit heißt also nicht nur, frei zu sein von irgendwelchen Dingen, sondern Freiheit eröffnet auch Räume, die man ausfüllen, gestalten muss. Gerade im Jugendalter ist es wichtig, sich zu überlegen, was man möchte, und sich dann auch über die Konsequenzen klar zu werden. Denn es geht darum, das eigene Leben zu gestalten und die eigene Zeit sinnvoll zu nutzen.

■ **Gebote.** Gott führt sein Volk in die Freiheit, stellt dann aber Gebote auf. Diskutiert gemeinsam, ob Gottes Handeln damit widersprüchlich ist.

■ **Bedeutung der Präambel.** Lest den Lexikonartikel zum Stichwort »Präambel«. Was würde sich ändern, wenn bei den Zehn Geboten der Hinweis auf die Befreiung wegfallen und nur die Auflistung der Gebote erfolgen würde? Diskutiert darüber in Kleingruppen.

■ **Beispiele finden.** Nenne Beispiele aus deinem Leben, bei denen du die Freiheit hast, dich für etwas zu entscheiden, und überlege, inwiefern du dann Verantwortung übernehmen musst.
Überlege, welche Konsequenzen die frei getroffenen Entscheidungen jeweils haben.

■ **Aussprüche.** Die beiden Aussprüche zum Thema Freiheit sind in unserer Gesellschaft weit verbreitet. Worin besteht ihr Wahrheitsgehalt?

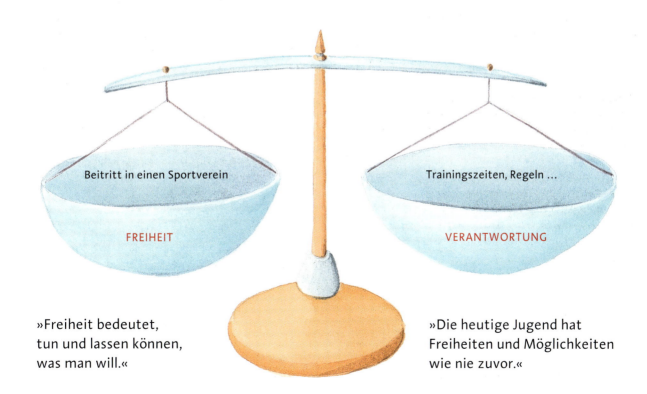

»Freiheit bedeutet, tun und lassen können, was man will.«

»Die heutige Jugend hat Freiheiten und Möglichkeiten wie nie zuvor.«

Sich in seiner Haut unwohl fühlen.

Ein gutes Gewissen ist das beste Ruhekissen.

Das Gewissen sagt uns wohl, was man tun und meiden soll.

Das Gewissen ist wie ein Kitzeln; manche fürchten es und andere nicht.

Das Gewissen steht für tausend Zeugen.

Das Gewissen lässt sich nicht zwingen.

■ **Sprichwörter verstehen.** Wähle ein Sprichwort aus und erkläre an einem Beispiel, was es bedeutet.

Wie soll ich mich bloß entscheiden?

Ich heiße Karin und gehe in die siebte Klasse. Vor gut zwei Jahren, als ich in die Klasse kam, kannte ich überhaupt niemanden. Anfangs war das etwas komisch und ich wusste manchmal nicht so recht, was ich in den Pausen machen sollte. Alle schauten mich nur an. Aber ich habe bald Anschluss gefunden und jetzt gehöre ich zu der Clique in der Klasse, die etwas zu sagen hat. Im Gegensatz zu einigen von uns verstehe ich mich aber im Grunde genommen mit allen in der Klasse recht gut, schließlich weiß ich, was es heißt, sich alleine zu fühlen.

Letzte Woche gab es einen blöden Vorfall. Wieder einmal war Manuel das Opfer. Manuel ist schon 15 Jahre alt. Irgendwie wurde er später eingeschult. Er hat anscheinend so eine Stoffwechselkrankheit und wirkt deshalb etwas pummelig und schwerfällig. Für manche Jungs aus unserer Klasse ein gefundenes Fressen. Dazu kommt noch, dass seine Eltern nicht so viel Geld haben und er deshalb meist etwas altmodische Kleidung trägt. Ich finde das nicht schlimm, das ist ja nur etwas Äußerliches. Und Manuel ist ein feiner Kerl. Er hat ein Gespür für Menschen und setzt sich ein, wenn er etwas ungerecht findet, auch wenn die anderen dann über ihn lachen. Deshalb fand ich es auch nicht in Ordnung, als Sebastian letzte Woche in der Pause nach Kunst den Schulranzen von Manuel als Surfbrett benutzte. Der Schulranzen war ganz zerbeult und das Lineal im Schulranzen brach entzwei. Denjenigen, die zugesehen hatten, verbot Sebastian, über die Sache zu reden. Manuel entdeckte den zerbeulten Schulranzen und das kaputte Lineal nach der Pause und fragte nach, wer das gewesen sei. Niemand sagte etwas, manche grinsten.

In der nächsten Klassenratssitzung hat Manuel den Fall vorgebracht, aber es hat wieder niemand etwas gesagt. Unsere Klassenlehrerin hat den Fall vertagt und meinte, wir sollten alle nochmals überlegen, ob wir etwas zu sagen hätten. Morgen wird wieder eine Sitzung sein. Jetzt weiß ich nicht, was ich tun soll. Dieses ewige Hin und Her macht mich verrückt.

Karin ruft ihre beste Freundin an, die sie schon ewig kennt und die nicht in ihre Klasse geht. Sie muss mit jemandem über den Fall sprechen.

■ **Gewissenskonflikt.** Lies die Geschichte »Wie soll ich mich bloß entscheiden?« Versetze dich in Karin. Schreibe auf grüne Karten Fortsetzungen des Satzes: »Ich werde die Sache ansprechen, weil …« und auf rote Karten Fortsetzungen des Satzes: »Ich werde die Sache nicht ansprechen, weil …«
Ordnet gemeinsam eure selbst verfassten Sätze. Heftet die Argumente, die eurer Meinung nach am stärksten wiegen, oben auf die Tafel oder eine Pinnwand und diejenigen, die am schwächsten wiegen, unten.

■ **Einen Rat erteilen.** Versetze dich in die Freundin von Karin. Was würdest du Karin raten? Schreibe den Rat auf.

■ **Bildbetrachtung.** Betrachte die Zeichnung aus dem 19. Jahrhundert. Schreibe dazu eine Geschichte.

STARK SEIN KÖNNEN – SCHWACH SEIN DÜRFEN
Ich und mein Gewissen

Das Wort »Gewissen« kommt auch in unserer Alltagssprache vor. Es wird manchmal mit einem inneren Gericht, das ein Produkt unserer Erziehung sei, verglichen. Christen sind überzeugt: »Das Gewissen ist die verborgenste Mitte und das Heiligtum im Menschen, wo er allein ist mit Gott, dessen Stimme in diesem seinem Innersten zu hören ist.« Deshalb ist jeder Mensch bei Gewissensfragen ganz individuell gefragt. Sie müssen von ihm selbst beantwortet und dann auch verantwortet werden. Dabei gilt für alle der Grundsatz: »Handle gut und nicht egoistisch!« Die konkrete Entscheidung aber, was in einer bestimmten Situation gut bzw. schlecht ist, muss im Dialog mit anderen begründet werden. Sie ist wandelbar, weil die Gewissensbildung eine lebenslange Aufgabe ist und auch mit dem Wachsen der jeweiligen Identität (vgl. S. 8 und 10) zusammenhängt.

■ **Sprechmotette.** Gestaltet in Gruppen (sechs bis acht Schülerinnen und Schüler) den Text »Zivilcourage« als Sprechmotette: Ihr könnt Verse ergänzen, einzelne Verse oder Wörter wiederholen, einzeln oder in Gruppen sprechen, laut und leise lesen usw. Tragt die Motette vor und bittet um ein Feedback.

■ **Entscheidungshilfen.** Lies den Text oben und zeige mithilfe der Zeichnung, welche Faktoren bei Entscheidungssituationen eine Rolle spielen. Ergänze und bewerte die »Entscheidungshilfen«.

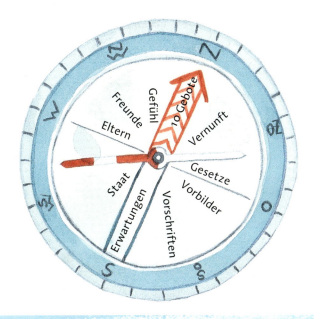

Zivilcourage

Gewalt – Gewalt – Gewalt
    Schau hin! Zeig Mut! Steh auf!
Ausländer raus!
Gewalt – Gewalt – Gewalt
    Schau hin! Zeig Mut! Steh auf!
Asylanten, geht heim!
Gewalt – Gewalt – Gewalt
    Schau hin! Zeig Mut! Steh auf!
Schwarze sind dumm!
Gewalt – Gewalt – Gewalt
    Schau hin! Zeig Mut! Steh auf!
Homos ade!
Gewalt – Gewalt – Gewalt
    Schau hin! Zeig Mut! Steh auf!
    Schau hin!
        Es ist die Angst!
    Schau hin!
        Es ist der Hass!
    Schau hin!
        Es ist Bequemlichkeit!
    Zeig Mut!
        Für mich!
    Zeig Mut!
        Für dich!
    Zeig Mut!
        Für jedermann!
    Steh auf!
        Du wirst gebraucht!
    Steh auf!
        Du bist gefragt!
    Steh auf!
        Du weißt wofür!
Toleranz statt Gewalt!
Reden statt schlagen!
Lachen statt streiten!
    Menschenwürde,
        Menschenliebe,
            Menschlichkeit
    für mich,
        für dich,
            für jedermann!
Steh auf!

■ **Porträt.** Welche Menschen aus der Geschichte oder der Gegenwart kennst du, die konsequent nach ihrem Gewissen handeln oder gehandelt haben? Fertige ein Porträt an.

Nichts leichter als trinken?

Gefährlicher Trend in Hannover

Klubs ködern Schüler mit Billig-Suff

Politiker entsetzt, Mediziner warnen vor Schäden

HANNOVER. Gefährlicher Trend: Mit Saufpartys zu Dumpingpreisen locken Diskothekenbetreiber junge Gäste wie Schüler und Studenten in ihre Klubs. Suchtexperten, Polizei und Politiker warnen.

Unter dem Motto »All you can drink« wurde gestern Abend in der Diskothek Zaza an der Hamburger Allee gefeiert. Für sechs Euro Eintritt gab es zwischen 22 Uhr und Mitternacht Prosecco, Wodka Lemon oder Gin Tonic satt. »Wir machen das, um jüngere Leute für unseren Klub zu begeistern«, sagt Zaza-Chef Jürgen Uhlenwinkel ganz offen.

Heute zieht die Zino-Bar an der Otto-Brenner-Straße mit einer Flatrate-Party nach: Ab 21 Uhr können Gäste drei Stunden lang frei trinken. »Eine gute Sache für Partynachwuchs und Studenten«, sagt Wirt Jan Witte, »wir wollen anderen Leuten das Zino näherbringen.«

Hannovers Ordnungsdezernent Stephan Weil ist entsetzt: »Rechtlich kann ich nichts machen. Aber ich finde diese Aktionen hochgradig geschmacklos, ja verantwortungslos.« Polizeipräsident Hans-Dieter Klosa ist besorgt über den Anstieg von Gewalt vor Diskos: Bei fast allen Auseinandersetzungen sei Alkohol im Spiel: »Da muss man versuchen, den Konsum drastisch einzuschränken.« Mediziner warnen vor gesundheitlichen Schäden, wenn junge Leute in kurzer Zeit möglichst viel Alkohol hinunterschütten.

■ **Zeitungsbericht.** Überlege, weshalb sich die Klubbesitzer so spendabel zeigen. Fasse die Bedenken gegenüber diesen Aktionen zusammen.

■ **Befragung.** Alkohol gehört zu den sogenannten legalen (erlaubten) Drogen. Befrage Experten (Polizei, Beratungsstellen, Suchtbeauftragter der Schule usw.), ob dies ihrer Meinung nach zu Recht der Fall ist.

■ **Jugendschutzgesetz.** Informiere dich über das Jugendschutzgesetz, z. B. im Internet auf der Homepage des Bundesministeriums für Familie, Senioren, Frauen und Jugend (www.bmfsfj.de) unter der Rubrik »Gesetze«. Entwirf einen Flyer zum Thema »Alkoholkonsum Jugendlicher«, der die Gesetzeslage verdeutlicht.

Nichts leichter als gut zu sich selbst sein?

Selbstverletzendes Verhalten (SVV) ist der sichtbare Ausdruck eines seelischen Notstandes. Menschen, die sich selbst verletzen, stehen oft unter einem hohen, nicht mehr aushaltbaren emotionalen Druck. Gefühle von Wut, Angst, Trauer, Frustration oder Hilflosigkeit richten sich nicht gegen andere Menschen oder Gegenstände, sondern gegen sich selbst. Betroffene nehmen häufig eine innere Leere wahr, können sich selbst nicht mehr spüren oder bestrafen sich durch Selbstverletzungen selbst. Das Zufügen von körperlichen Schmerzen überdeckt seelische Qualen und wirkt dadurch vorübergehend als Befreiung.

■ **Hintergründe.** Lies die Informationen über selbstverletzendes Verhalten (SVV) und überlege, weshalb viele SVV als Suchtform der modernen Gesellschaft bezeichnen.

■ **Expertengespräch.** Informiere dich vor Ort über Beratungsstellen und Einrichtungen, die Suchtprävention machen bzw. Betroffene und deren Angehörige betreuen. Als Religionsgruppe könnt ihr einen Mitarbeiter oder eine Mitarbeiterin in den Unterricht einladen oder einen Termin für eine Gesprächsrunde in der Beratungsstelle oder der Einrichtung vereinbaren.

STARK SEIN KÖNNEN – SCHWACH SEIN DÜRFEN

Ich und (Sehn-)Sucht

Nichts leichter als essen?

»Meine Krankheit begann mit 14 Jahren. Ich wuchs unheimlich schnell und verlor dabei Gewicht. Plötzlich sagten mir viele Freunde, wie hübsch ich geworden wäre und dass ich eine wirklich schöne Figur bekommen hätte. Ich freute mich unheimlich über diese Komplimente und dachte mir, je dünner ich werde, umso beliebter würde ich.«

Klarissa, 18 Jahre

»Mit 13 Jahren war ich zum ersten Mal unzufrieden mit meinem Gewicht. Ich war eifersüchtig auf meine damalige Freundin, die längere und schlankere Beine hatte. Bei mir sah ein Rock einfach nicht so gut aus. Da ich etwas schneller in der Entwicklung als andere Mädchen war, hatte ich zu der Zeit schon etwas Busen und wurde von meinen Mitschülern deswegen gehänselt … Ich trug nur noch weitere T-Shirts und lief immer etwas gebückt. Auf jeden Fall wollte ich damals schon abnehmen und das begann immer mehr eine Rolle zu spielen.«

Wiebke, 24 Jahre

»Ich hätte mir damals wirklich gewünscht, dass das Thema Bulimie offener behandelt wird. Bulimie war eine unsichtbare Größe, die immer größer werden konnte, weil sie nie Thema war. Das Schlimme an dieser Zeit war, dass alle nur voneinander ahnten, aber es wurde nur indirekt darüber gesprochen. Ich selbst habe erst in der 12. Klasse mit einer Mitschülerin gesprochen. Sie hatte mich auf mein Essproblem angesprochen und selbst von ihrem Essproblem geredet. Der Wunsch, es einer Person an der Schule zu sagen, war da.«

Florian, 24 Jahre

■ **Bilddeutung.** Betrachte das Bild. Formuliere deine Eindrücke.

■ **Recherche.** Recherchiere zum Thema Essstörungen (Ess-Brech-Sucht, Magersucht). Informiere dich im Internet (www.bzga-essstoerungen.de), in Printmedien und auch über die Ursachen und Hintergründe von Essstörungen bei Beratungsstellen in deiner Umgebung. Bereite eine kleine Präsentation vor. Bitte deine Mitschülerinnen und Mitschüler um ein Feedback.

Sehn-Sucht

Wenn Menschen sich mit ihren Wünschen, Bedürfnissen und Vorstellungen nicht wahr- und angenommen fühlen, können Sehnsüchte zur Sucht werden. Anerkennung und Bestätigung, Freiräume und Verlässlichkeit können solchen Fehlentwicklungen vorbeugen.
Im Christentum spielen diese Aspekte eine wichtige Rolle. So begegnet Jesus den Menschen seiner Zeit offen, er nimmt ihre Sehnsüchte wahr und geht darauf ein (vgl. Mk 10,51).
Gleichzeitig gehört auch zum Menschsein dazu, dass nicht alle Sehnsüchte im Leben gestillt werden. In Jesu Reich-Gottes-Botschaft kommt zum Ausdruck, dass diese Sehnsüchte im Reich Gottes ihre tiefe Erfüllung erlangen. Zugleich wird in Jesu Reden und Handeln schon erfahrbar, was das Reich Gottes ausmacht.

■ **Sehn-Sucht.** Benenne die Problematik, die hinter den Schülerberichten steht. Inwiefern gibt Jesus ein Beispiel für den Umgang mit Sehnsüchten?

Konflikte oder Gewalt?

Ein Mädchen macht einem Jungen einen Knutschfleck.

Eine Lehrerin stellt einen Schüler vor die Tür, weil er stört.

■ **Meinungsbild.** Klebt mit Kreppband einen Streifen quer durch das Klassenzimmer. Legt an das eine Ende eine Karte mit »Ja«, an das andere Ende eine Karte mit »Nein«. Jemand von euch liest eine Situationskarte vor. Wie schätzt ihr die Situation ein? Handelt es sich um Gewalt? Stellt euch je nach Einschätzung ohne zu sprechen entlang des Kreppbandes auf. Diskutiert über eure Positionen. Wiederholt den Vorgang mit weiteren Situationen.

Eine Schülerin wird in den Pausen schikaniert. Während der Stunde wird sie ständig angeschaut.

Ein Junge besprüht eine Hauswand mit Graffiti.

NEIN

Eine Schülerin lacht, weil ein Mitschüler einen Fehler gemacht hat.

Ein Schüler beschmiert den Schulranzen eines Mitschülers mit Kreide.

Ein Lehrer schenkt einer Schülerin ganz besonders viel Aufmerksamkeit.

Ein Autofahrer legt einen Blitzstart an einer Ampel hin.

Eine Jungengruppe pfeift einem Mädchen nach.

■ **Umfrage.** Führt in Kleingruppen eine Umfrage an eurer Schule zum Thema Gewalt durch. Entwerft dafür zunächst gemeinsam einen Fragebogen. Wertet eure Ergebnisse aus und stellt sie grafisch dar. Auf S. 221 findet ihr eine Drehbuchszene mit Beobachtungsbogen und Fragenkatalog, die hier hilfreich sein können.

Gewalt und Konflikte in der Schule

»Ich weiß nicht, ständig wird behauptet, wir würden zu viel fernsehen und zu lange am Computer sitzen und seien deshalb aggressiv, unkonzentriert und gewaltbereit. Teilweise mag das schon stimmen. Aber manchmal ärgere ich mich auch über diese einfache Erklärung. Ich frage mich dann, ob denn auch einmal darüber nachgedacht wird, was die ›ach so schlimme Jugend‹ vorgelebt bekommt. Eine Freundin hat mir erzählt, dass ihre Eltern sie wegen jeder Kleinigkeit anschreien und sie immer wieder schlagen, wenn sie nicht tut, was man ihr sagt. Und letzte Woche habe ich in einer Jugendzeitschrift gelesen, dass immer mehr Jugendliche Angst haben vor der Zukunft, weil sie fürchten, keinen Studien- oder Ausbildungsplatz zu bekommen.

Und wenn ich an unsere Klasse denke, dann stimmt es auch nicht, dass die Computerfreaks aggressiver sind als die anderen. Konflikte und Streitereien gibt es eigentlich immer dann, wenn einer dauernd gehänselt und ausgelacht wird oder wenn jemand vor oder nach einer Klassenarbeit austickt.
Vielleicht müssten auch manche Lehrer überlegen, wie ihr Verhalten auf uns wirkt. Mich jedenfalls stört es, wenn ich angebrüllt werde oder wenn über mich eine ironische Bemerkung gemacht wird.
Tja, und dann denke ich auch, dass es verschiedene Typen gibt. Manche können sich einfach nicht beherrschen und sind aufbrausend. Statt zu sagen, was ihnen nicht passt, schreien sie los oder schlagen zu.«

Susanne, 15 Jahre

STARK SEIN KÖNNEN – SCHWACH SEIN DÜRFEN
Ich und Konflikte

Ein Journalist nimmt es mit der Recherche nicht so genau.

Eine Passantin klatscht, als jemand einen Ausländer beschimpft.

Eine Klasse versucht, eine neue Lehrerin fertigzumachen.

JA

Eine Mutter gibt ihrem Sohn eine Ohrfeige, weil er eine schlechte Note hat.

Eine Clique stellt ein Mitglied vor die Wahl, einen Joint zu rauchen oder sich eine neue Clique zu suchen.

Eine Kundin drängelt sich in der Warteschlange zur Kasse vor.

Zwei Freundinnen unterbrechen ihr Gespräch, als sich eine Mitschülerin nähert.

■ **Oberbegriffe.** Suche Oberbegriffe (Formen von Gewalt), denen die Gewaltszenen zugeordnet werden könnten.

■ **Podiumsdiskussion.** Über die Ursachen von Gewalt bei Jugendlichen wird viel diskutiert. Informiere dich im Internet, bei Beratungsstellen (Beratungslehrer, Polizei, Caritas usw.), in der Presse über mögliche Ursachen. Führt dann eine Podiumsdiskussion zu diesem Thema durch. Wählt dazu verschiedene Rollen: Lehrkraft, Schüler oder Schülerin, Vertreter einer Beratungsstelle für schwer Erziehbare, Medienexpertin usw.

■ **Buttons basteln.** Bastelt gemeinsam Buttons zum Anstecken, auf denen Sprüche zu den Themen »Gewaltfreiheit«, »Toleranz«, »Mitmenschlichkeit« usw. zu lesen sind. Verteilt sie in der Schule oder tauscht sie untereinander aus.

■ **Entwurf eines Richtlinienpapiers.** Auch im schulischen Bereich gibt es Ursachen von Gewalt. Informiere dich darüber bei Polizei, Kultusministerium oder im Internet. Formuliert gemeinsam ein Papier mit Richtlinien, die der Gewaltprävention an eurer Schule dienen könnten.

■ **Szenisches Spiel.** Überlegt euch in Kleingruppen kurze Szenen zum Thema »Gewalt in der Schule«. Lasst eure Geschichten unterschiedlich enden. Spielt die Szenen vor und gebt einander ein Feedback.

Mit unserer Zukunft sieht es schwarz aus, wenn man sich die heutige Jugend so anschaut.

Was Hänschen nicht lernt, lernt Hans nimmermehr.

Die heutige Jugend interessiert sich doch nur für Computer, Handys und Musik.

Die Jugendlichen müssen heutzutage sehr viel mehr bewältigen, als es noch vor zehn Jahren der Fall war.

Unsere Jugend war noch nie so aufgeklärt und unwissend zugleich wie heutzutage.

Noch nie waren die Voraussetzungen für junge Menschen so gut: Wohlstand, Bildung, …

Wer mit 16 noch keinen Freund/keine Freundin hat, ist ein »Spätzünder« und ein »Mauerblümchen«.

Das Gleichnis vom verlorenen Sohn

Das »Gleichnis vom verlorenen Sohn« (Lk 15,11–32) ist dir sicher bekannt und seine Aussageabsicht erscheint klar: Jesus verdeutlicht im Bild vom Vater die Güte Gottes und betont somit, dass sich alle Kinder Gottes jederzeit und auch in größter Not besinnen und Gott wieder zuwenden können. Wer diesen kleinen Schritt wagt, dem kommt Gott schon entgegengelaufen und schließt ihn ohne Wenn und Aber in seine Arme.

Eine vertiefte Auseinandersetzung mit der Geschichte zeigt, was alles in ihr steckt und was sie mit dir ganz persönlich zu tun hat. Je nachdem, welche Perspektive du einnimmst, erfährst du ganz neue Einsichten zu Themen wie Geschwisterkonflikte, Eltern-Kind-Beziehung, Aufbruch und Umgang mit Niederlagen sowie natürlich auch über Gott. Lass dich ein auf eine altbekannte Geschichte, die viel Neues gerade auch für Jugendliche bietet!

■ **Der »verlorene« Sohn.** Lies das Gleichnis (Lk 15,11–32). Schreibe jeweils in eine Sprechblase, was eine Verwandte, die das Lotterleben des jüngeren Sohnes gut kennt, sagen könnte; was der ältere über seinen jüngeren Bruder sagen könnte; was einer der Knechte des Vaters über den jüngeren Sohn sagen könnte; was du ihm selbst sagen würdest.

■ **Streitgespräch.** Vermutlich kennst du Äußerungen dieser Art aus deinem Alltag. Führt ein Streitgespräch in Kleingruppen zu einer der hier aufgeführten oder selbst gehörten Äußerungen durch. Überlegt euch, in wessen Rolle ihr schlüpfen wollt, um über die Äußerung zu diskutieren.

■ **Die beiden Brüder.** Wie stehen die beiden Brüder zu ihrem Vater, bevor der jüngere Sohn in die Welt hinauszieht, während dieser Zeit und nachdem er zurückgekehrt ist? Versetze dich in die Rolle von einem der beiden Brüder und beschreibe die Entwicklung.

■ **Verlorenes wiederfinden.** Das »Gleichnis vom verlorenen Sohn« steht in einer Reihe mit anderen Gleichnissen. Verschaffe dir einen Überblick über das Kapitel 15 im Lukas-Evangelium und vergleiche die Geschichten Jesu (Lk 15,4–6.8–9.11–24) miteinander. Überlege, welche Bilder von Gott sie enthalten, und diskutiert, ob sich diese Bilder voneinander unterscheiden.

■ **Der Vater.** Versetze dich in die Rolle von einem der beiden Brüder und lasse die Reaktion des Vaters auf die Rückkehr des »verlorenen« Sohns auf dich wirken. Welche Gefühle werden den älteren bzw. jüngeren Sohn bewegt haben? Überlege, ob und wie sich das Gefühl des älteren Sohnes nach der in Lk 15,31f. überlieferten Rede des Vaters verändern wird.

STARK SEIN KÖNNEN – SCHWACH SEIN DÜRFEN

Neues wagen

Max Beckmann, 1949

■ **Das Bild.** Beschreibe genau, was du siehst und welche Stimmung von dem Bild ausgeht. Versetze dich dann in den jungen Mann und überlege dir, was in ihm vorgehen könnte. Schreibe einen inneren Monolog.

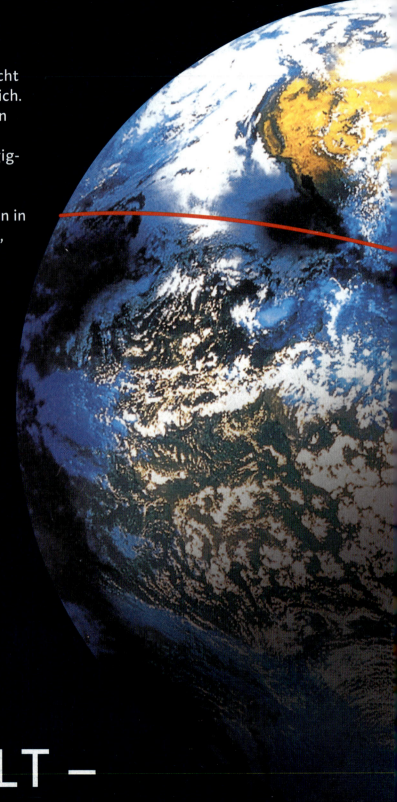

»Unsere Welt wird immer kleiner!« – In Sekundenschnelle knüpfen wir über das Internet weltweite Kontakte und tauschen Informationen aus. Ich lebe nicht nur in meiner Welt – in einer Welt lebe ich. Diese Lernlandschaft macht auf Chancen und Risiken dieser vernetzten Welt – auch mit ihren wirtschaftlichen Abhängigkeiten – aufmerksam. So stellen sich Fragen: nach dem Miteinander in der Weltgemeinschaft, nach dem Wertvollen in deinem Leben, nach der Verantwortung, die du übernehmen willst, z. B. für Frieden und Gerechtigkeit. Denn diese Welt kannst du mit deinem Denken und Handeln gestalten.

MEINE WELT –

■ **Balanceakt.** Betrachte die Bildkomposition auf der Seitenmitte und erkläre, was sie für dich aussagt.

■ **Eine Welt.** Blättere die Seiten dieser Lernlandschaft durch und halte dabei erste gedankliche Anregungen fest, die dir bei der Frage weiterhelfen, inwiefern deine und die eine Welt im Zusammenhang stehen.

EINE WELT

Knechtschaft und Freiheit

Im Bewusstsein des jüdischen Volkes ist der Exodus aus der Knechtschaft in Ägypten (Mizrajim) das entscheidende Heilsereignis: In die Befreiungserfahrung wird zugleich die intensivste Gotteserfahrung thematisiert. Der Gott Israels ist ein Gott der Befreiung. Diese Freiheit ist deswegen das höchste Gut, da sie von Gott geschenkt wurde. In der jährlichen, häuslichen Pessachliturgie wird nicht einfach nur an diese Befreiungserfahrung erinnert, sondern durch die Feier gegenwärtig gesetzt:

Zu Beginn der Feier spricht der Hausvater: »Dies ist das armselige Brot, das unsere Vorfahren im Lande Mizrajim gegessen haben. Wer hungrig ist, komme und esse mit uns; wer bedürftig ist, komme und feiere das Pessachfest mit uns. Dieses Jahr hier, künftiges Jahr im Lande Israel; dieses Jahr Knechte, künftiges Jahr freie Leute.«

Dann spricht der Jüngste am Tisch: »Warum unterscheidet sich diese Nacht von allen anderen Nächten? – In allen anderen Nächten können wir allerhand Kräuter essen, in dieser Nacht nur bittere Kräuter. In allen anderen Nächten brauchen wir nicht ein einziges Mal einzutunken, in dieser Nacht zweimal. In allen anderen Nächten können wir essen, freisitzend oder angelehnt, in dieser Nacht sitzen wir alle angelehnt.«

Darauf sprechen alle am Tisch gemeinsam: »Einst waren wir Knechte des Pharao in Mizrajim, da führte uns der Ewige, unser Gott, heraus von dort, mit starker Hand und mit ausgestrecktem Arme. Und hätte der Heilige, gelobt sei er, unsere Vorfahren nicht aus Mizrajim herausgeführt, so wären wir, unsere Kinder und alle unsere Nachkommen den Pharaonen in Mizrajim dienstbar geblieben; darum, wären wir auch alle weise, alle verständig, alle erfahren und alle schriftgelehrt, so ist es dennoch unsere Pflicht, vom Auszug aus Mizrajim zu erzählen und jeder, der ausführlich vom Auszug aus Mizrajim erzählt, ist lobenswert.«

■ **Befreiungserfahrung.** Erarbeite aus dem Text die beiden Seinsweisen der Knechtschaft und der Freiheit und stelle sie einander grafisch gegenüber. Gehe dabei auch auf die wechselseitige Spannung von Freiheit und Knechtschaft ein. Beschreibe gegenwärtige Situationen, in denen diese Spannung erfahrbar ist.

■ **Dekalog.** Lies in der Bibel Dtn 5,6–21. Gliedere den Text gemäß den Ausführungen von Kliemann. Inwiefern handelt es sich um Verheißungen?

Die Zehn Gebote – ein Dokument der Befreiung

Der wahrscheinlich zugleich bekannteste und unbekannteste Text des Alten/Ersten Testaments sind die »Zehn Gebote«, in der theologischen Fachsprache auch »Dekalog« (griech. *deka* = »zehn« und *logoi* = »Worte«) genannt. Wer diese Zehn Gebote, die Mose auf Jahwes Geheiß in Steintafeln eingraviert haben soll, einmal in Ex 20,1–17 nachliest, wird zunächst mit einiger Verblüffung feststellen, dass der dort abgedruckte Text von der geläufigen Fassung sehr stark abweicht und noch nicht einmal die uns vertraute Nummerierung aufweist. Wer Ex 20 mit Dtn 5,6–21 vergleicht, wird außerdem bemerken, dass der Wortlaut des Dekalogs auch schon in biblischer Zeit unterschiedlich weitergegeben und der jeweiligen Situation entsprechend »interpretiert« wurde. Der Dekalog beginnt in Ex 20,2 (und nur leicht im Wortlaut variiert in Dtn 5,6) nämlich nicht mit den Worten »Ich bin der Herr, dein Gott …« Am Anfang des Dekalogs steht die Mut machende Erinnerung daran, dass Jahwe ein befreiender, ein aus der Knechtschaft herausführender Gott ist …

Der Dekalog kann als Urkunde des Bundes, den der Befreiergott Jahwe mit seinem Volk Israel geschlossen hat, verstanden werden … Zum einen zeigt sich, dass Jahwe dem Volk Israel unendlich überlegen ist, dass der Bund ein freier Entschluss seines Willens ist und es sich nicht etwa um einen Bund zwischen zwei auch nur annähernd ebenbürtigen Partnern handelt. Dem entspricht der Absolutheitsanspruch Jahwes … Zum andern wird aber ganz deutlich, dass die »Gebote«, die das menschliche Zusammenleben regeln und die in ihren Aussagen auch nichts spezifisch Biblisches enthalten, sozusagen nur die Ausführungsbestimmungen der theologischen Grundsatzerklärung der ersten Tafel sind.

Theologisch gesehen stehen nicht die Verbote im Vordergrund, sondern die Aufforderung, an den Befreiergott Jahwe »sein Herz zu hängen« und sich ihm bedingungslos anzuvertrauen. Man hat deshalb auch zu Recht darauf hingewiesen, dass man den Dekalog weniger als mit dem erhobenen Zeigefinger vorgetragene »Gebote« oder »Gesetze«, sondern vielmehr als »Verheißungen« oder »Freiheiten« sehen sollte: Wo Jahwe regiert, wird der Mensch nicht, wie z. B. in der ägyptischen Knechtschaft, nur als Arbeitstier gesehen; er hat – damals eine kulturgeschichtliche Revolution – Anrecht auf einen Sabbat. Wo Jahwe regiert, müssen alte Menschen nicht fürchten, nur weil sie nicht mehr arbeiten können, alleingelassen und unversorgt zu bleiben. Wo Jahwe regiert, steht das Leben des Einzelnen, seine Ehe, seine Familie, sein Eigentum unter göttlichem Schutz.

Nach Peter Kliemann

MEINE WELT – EINE WELT
Der Freiheit eine Form geben

Milan Kunc, 2005

Du musst ein Schwein sein

Ich war immer freundlich, lieb und nett
Kriegte nie irgend'ne Frau ins Bett
Und dann auf Macho – cool und arrogant
Plötzlich kamen sie angerannt
Und wieder seh ich, wie's im Leben läuft
Wer hart ist, laut und sich besäuft
Kommt bei den Frauen besser an
Wer will schon einen lieben Mann?
Daraus ziehst du Konsequenzen
Und du schaltest um auf schlecht
Die Welt ist ein Gerichtssaal
Und die Bösen kriegen Recht
Du musst ein Schwein sein in dieser Welt
Schwein sein
Du musst gemein sein in dieser Welt
Gemein sein
Denn willst du ehrlich durchs Leben geh'n
Ehrlich
Kriegst'n Arschtritt als Dankeschön
Gefährlich
Weil ich weiß, dass ich's mir leisten kann
Stell ich mich überall vorne an

Und ist einer sanft und schwach
Hör mal, wie ich drüber lach
Bei den freundlichen Kollegen
Halt ich voll dagegen
Obwohl mich keiner mag
Sitz ich bald im Bundestag

Die Prinzen

■ **Schwein sein.** Diskutiert in der Klasse, ob das Lied eure Wirklichkeit widerspiegelt, und formuliert alternative Verhaltensweisen.

■ **Versuchungen.** Das Bild zeigt Aspekte unserer Gesellschaft an einem normalen Tag. Beschreibe, was du über die Themen Arbeit, Essen, Freizeit entdecken kannst. Was beschäftigt die Menschen? Inwiefern kannst du von Knechtschaft und Versuchungen sprechen? Wähle ein Thema aus. Notiere in einer Tabelle die Abhängigkeiten, in die sich die Menschen begeben, und die Verheißungen der Zehn Gebote. Vergleicht welche Zusagen von Befreiung ihr notiert habt.

Entdeckungsreise durch deinen Kleiderschrank | **Erfahrungen**

ARBEITSKRAFT ZUM DISCOUNTPREIS

SCHNÄPPCHEN FÜR ALLE?

- Schätze, wie hoch ungefähr der Wert der in deinem Kleiderschrank verstauten Klamotten ist. Wie viele Sachen trägst du ganz selten? Wie viele deiner Hosen, Shirts liegen völlig ungenutzt im Schrank?

- Was machst du mit Sachen, die du nicht mehr anziehen möchtest?

- Ab wann ist ein Kleidungsstück nicht mehr neu für dich? Nach dem ersten Waschen? Oder wenn du es x-mal getragen hast?

- Gibt es für dich ein Lieblingskleidungsstück, das du niemals weggeben würdest?
Welche Geschichte(n) verbindest du damit?

- Worauf legst du besonderen Wert bei deiner Kleidung (Aussehen, trendy sein, Farbe, Qualität, kostengünstig, Marke, persönlicher Stil)?

Ich heiße Rekha, komme aus Bangladesh und bin gerade 19 Jahre alt. Aber ich habe schon drei Jahre Erfahrung mit der Arbeit in einer Bekleidungsfabrik. Ich komme aus einem Dorf im Süden. Ich bin die älteste von insgesamt sechs Geschwistern. Die Schule habe ich bis zur siebten Klasse besucht. Als mein Vater erkrankte, musste ich die Schule verlassen. Ich war gezwungen, eine Arbeit anzunehmen, um etwas zum Einkommen der Familie beizutragen. Also auf dem Lande aufgewachsen, sechzehn Jahre alt, sieben Jahre Schule, da hatte ich nicht viele Möglichkeiten. Alles, was ich finden konnte, war eine Stelle in einer Textilfabrik. Diese liegt eine Stunde Fußmarsch weg von meinem Elternhaus ... Ich fing an als Hilfe mit monatlich 9,30 Euro. Jetzt bin ich Näherin und kriege 18 Euro monatlich. Vor dem Eintritt in die Fabrik gab es so etwas wie eine Aufnahmeprüfung ... Ich durfte in der Fabrik anfangen, aber ich bekam weder einen Arbeitsvertrag noch ein Einstellungsschreiben. In der Fabrik arbeite ich täglich so lange, wie angeordnet wird. Die Aufträge sind so, dass es unmöglich ist, nach acht Stunden den Arbeitsplatz zu verlassen. Jede Arbeiterin hat eine festgelegte Arbeitsmenge zu erledigen, bevor sie geht. Sie kennen unsere Möglichkeiten und unsere Fähigkeiten ziemlich gut, und mit Absicht verlangen sie mehr von uns, sodass wir über unsere Kräfte hinausgehen müssen, um mit der Arbeit fertig zu werden. Wenn eine Arbeiterin früher gehen will, weil sie zu weit weg wohnt, wird ihr gesagt, sie müsste die Arbeit nicht machen, niemand hält sie, sie könnte die Arbeit gleich ganz aufgeben.
In der letzten Woche habe ich sieben Tage gearbeitet. Um die Arbeit zu behalten, muss ich zu jeder Zeit bereit sein zu arbeiten und mit jeder Arbeitszeit einverstanden sein. Die Fabriken ziehen unverheiratete Frauen vor. Man kann uns zwingen, mehr und länger zu arbeiten, wir hätten ja sonst nichts zu tun. Unregelmäßige Lohnauszahlung, falsche Lohnabrechnung, kein Urlaub, Täuschung, das ist meine Erfahrung in meiner Arbeit ... Ich werde in der Arbeit immer gedemütigt und erniedrigt. Wir fürchten am meisten den Vorwurf, abwesend gewesen zu sein; die Anschuldigung, man sei abwesend, ist die Strafe für alles, Abwesenheit bedeutet Lohnabzug. Wir wollen manchmal einen frei-

MEINE WELT – EINE WELT
Tatort Kleiderschrank

en Tag oder nur ein paar freie Stunden, und nur dann, wenn es unbedingt nötig ist … Und dann beschimpfen sie uns, weil wir nach Urlaub fragen.

Es ist so niederdrückend, so hoffnungslos, ich kann nicht verstehen, warum sie uns so gemein behandeln. Bei jeder Gelegenheit sagen sie uns, wenn wir gehen, gibt es immer genug Frauen, die unsere Arbeit übernehmen. Es ist wirklich so, ich fühle mich in der Fabrik wie am Ersticken. Oft werden wir Arbeiterinnen ohnmächtig. Die Toiletten sind einfach grauenhaft. Ich fürchte mich geradezu, sie zu benutzen. Das Trinkwasser ist nicht sauber, ein Wasserfilter wurde installiert, funktioniert aber nicht. Ich wünsche mir, und ich bin nicht allein, wir hätten eine Gewerkschaft. Aber wer einmal protestiert, verliert sofort seine Arbeit.

Ich verbringe die meiste Zeit meines Lebens in der Fabrik, ich habe keine Zeit für mich selbst, für meinen kranken Vater und für meine Familie … Für ein bisschen Erholung wie Fernsehen muss ich zu den Nachbarn gehen. Ich weiß nicht, was ich tun werde oder was mit mir wird.

Hintergründe

Ca. 90 Prozent unserer Bekleidung werden in Asien, Mittelamerika, Osteuropa und Teilen Afrikas produziert. Im Zuge der Globalisierung wird es für Unternehmen leichter die Arbeitsbedingungen in den Herkunftsländern zu verschleiern. Für die Kunden, die die Bekleidung abnehmen, ist der produzierende Mensch nicht mehr wahrnehmbar, die Missstände sind zu weit weg. Die produzierenden Firmen bieten Arbeitsplätze zu niedrigen Löhnen ohne Beachtung von Menschen- und Arbeitsrechten. Der Druck zu niedrigen Preisen produzieren zu müssen, wird von den Firmen auf die Näherinnen abgewälzt. Sie arbeiten ohne Arbeitsverträge, das Recht sich zu organisieren wird ihnen verwehrt. Druckmittel ist der Verlust des Arbeitsplatzes. Die Menschenrechtsorganisation Oxfam international versucht mit ihrer Kampagne »Make trade fair« Menschen zu gewinnen, um die Bedingungen für die Näherinnen in Bangladesh und anderswo zu verbessern.

Diese Seite ist wie ein Leporello aufgebaut. Um die folgende Aufgabe bearbeiten zu können, ist es sinnvoll, dass ihr die unten stehenden Aufgaben auf Gruppen verteilt und sie im Sinne eines Gruppenpuzzles nacheinander bearbeitet. Bildet zunächst Stammgruppen mit fünf Personen, die sich auf Expertengruppen verteilen, welche wiederum jeweils eine der Aufgaben bearbeiten; kehrt dann in eure Stammgruppe zurück. Die Ergebnisse, die ihr erarbeitet habt, könnt ihr wieder als Faltblatt mit Vorder- und Rückseite (Leporello) gestalten, das die anderen Schülerinnen und Schüler eures Jahrgangs motivieren könnte, fair gehandelte Textilien zu kaufen.

■ **Fragebogen.** Führt die Umfrage »Entdeckungsreise durch deinen Kleiderschrank« in eurer Klasse durch und wertet sie aus. Die nebenstehenden Fragen können ergänzt und umgestaltet werden, wenn es euch sinnvoll erscheint.

■ **Aufruf.** Der Erfahrungsbericht von Rekha schließt mit den Worten: »Ich weiß nicht, … was mit mir wird.« Informiert euch über die Kampagne »Make trade fair« und sammelt Vorschläge, was wir tun können, um die Situation von Rekha positiv zu beeinflussen. Schreibt einen Brief an Rekha, in dem ihr eure Idee vorstellt und eure Bereitschaft signalisiert, ihr zu helfen.

■ **Ursachen.** Informiere dich über das Herkunftsland von Rekha. Stelle mithilfe des Textes und der gesammelten Daten zusammen, warum Rekha unter diesen Bedingungen arbeiten muss. Beziehe dabei auch die Aussagen des Bildes »Schnäppchen für alle?« ein.

■ **Gesichtsausdrücke und Lebensentwürfe.** Gestalte ein Bild unter dem Titel »Lebenswege«, das die Unterschiede und Verknüpfungen zwischen Rekhas Alltag und dem einer 15-jährigen Schülerin in Deutschland deutlich macht. Verwende dazu Fotos aus Zeitschriften, Auszüge aus dem Text über Rekha und selbstgesammelte Informationen. Verdeutliche dabei mit den Gefühlen, welche die Fotos auf dem Leporello und aus den Zeitschriften zum Ausdruck bringen, die Zukunftsperspektiven von Rekha und der deutschen Schülerin.

Soja für unser Fleisch

Brasilien, 2005, Blick aus dem Cockpit eines Sportflugzeugs: »Noch vor zwanzig Jahren war hier nur Urwald. Und er wurde aus einem einzigen Grund gerodet, um Soja zu pflanzen«, erklärt der Pilot Danilo Iper de Lima. »Hier in Amazonien wollen wir kein Soja. Warum nicht? Unser Boden ist gut, aber für Soja ist er nicht geeignet. Wir müssen alle Nährstoffe herbringen und künstlich zuführen. – Dieser Teil hier war Regenwald mit mächtigen Bäumen. Der Wald wurde gerodet, und jetzt pflanzen sie Soja an. Dort wurde gerade der Urwald mit Traktoren gerodet. Und jetzt wird der Sojaanbau vorbereitet.«

Immer weiter werden riesige Flächen entwaldet. Die Zahlenangaben über die Größe des Gebiets, das in den letzten Jahren in Mato Grosso entwaldet wurde, schwanken deutlich. Beliebt sind Vergleiche mit US-Bundesstaaten oder Staaten in Europa. Gesichert ist, dass mehrere Zehntausend Quadratkilometer Regenwald allein dem Sojaanbau zum Opfer gefallen sind. Mato Grosso ist 906 000 Quadratkilometer groß, die Schweiz zum Beispiel 41 000 Quadratkilometer. In der Amazonasregion sind schon 668 000 Quadratkilometer entwaldet, so der World Wide Fund For Nature (WWF). Das entspricht siebzehn Prozent der gesamten Größe, einem Gebiet so groß wie Frankreich und Portugal zusammen.

Vor Jahren wäre es undenkbar gewesen, mitten im Regenwald Soja anzubauen. Aber dank der gentechnisch neu konstruierten Produkte der US-Saatgutfirmen konnte man dieses Problem überwinden. Der Boden muss allerdings durch zahlreiche Düngemittel aufgerüstet werden, denn auf eine Soja-Monokultur war der Waldboden nicht vorbereitet.

Soja wird im Amazonasgebiet angebaut, um es zu exportieren. Die Rodungen wären nicht durchgeführt worden, die Infrastruktur wäre nicht aufgebaut worden, die Pläne für den Ausbau der Transamazonica [einer asphaltierten Transportstraße quer durch den Urwald] wären nicht diskutiert worden, wenn es nicht einen gewaltigen Boom beim Sojabedarf auf der anderen Seite des Atlantiks gegeben hätte für die Aufzucht von Vieh … Soja ist aber auch eine Pflanze, aus der sich für den menschlichen Verzehr gute und billige Lebensmittel herstellen lassen.

In ganz Brasilien hungern Menschen. Die Regierung spricht von 25 Prozent der Bevölkerung, die weder die Möglichkeiten besitzen, sich selbst auf ihrem eigenen Land zu ernähren, noch die finanziellen Mittel haben, um sich ausreichend Nahrung zu kaufen. Das sind mehr als vierzig Millionen Menschen. Viele von ihnen leben im riesigen Norden, dem Einzugsgebiet des Amazonas, der seit jeher von allen Regierungen des Landes vernachlässigt wird; in derselben Region, in der gerade Soja im Überfluss geerntet wird.

Erwin Wagenhofer / Max Annas

- **Bewahrung der Schöpfung.** Lies Gen 1,27f.; 2,15 und Ps 8. Formuliere dann eine Begründung, warum Umweltschutz ein Thema für die Kirche ist.

- **Regenwald.** Informiere dich im Internet oder in Geografiebüchern über die Bedeutung des Regenwaldes. Beurteile ausgewählte Initiativen zu seinem Schutz

MEINE WELT – EINE WELT
Unser täglich Fleisch gib uns heute

Wie kommt der Hunger in die Welt?

»Dieses Wasser hier ist nicht gut, aber wir trinken es. Die Kinder bekommen manchmal Fieber davon. Es kommt viel Schmutz ins Wasser, wir wissen gar nicht, was alles hineinkommt.«

Jose Maxiliamo de Souza, Kleinbauer aus Brasilien

Karim: Warum ist es so schwierig, den »strukturellen« Hunger zu bekämpfen?

Jean Ziegler: So viele Dinge muss man bedenken, Karim, um die Hydra des »strukturellen Hungers« zu begreifen! Dazu gehören die Dehydration, also die Austrocknung von Säuglingen und Kleinkindern, und die Durchfälle mit tödlichem Ausgang. Die selbst schon entkräfteten, erbarmungswürdigen Mütter können ihre Kinder häufig nicht ausreichend stillen. Sie haben entweder nicht genug Milch, oder aber die Milch ist von absolut mangelhafter Qualität. Die kleinen Körper sterben beinahe auf der Stelle, das heißt nach wenigen Tagen einer qualvollen Existenz.

In Crateús im brasilianischen Bundesstaat Ceara habe ich neben dem offiziellen katholischen Friedhof ein weitläufiges Gelände gesehen, das mit kleinen Hügeln übersät war. »Crianças anonymas«, erklärte mir mein Freund Cicero, der Bauer, der mich beherbergte – namenlose Kinder, die in den ersten Tagen oder Wochen nach ihrer Geburt an Hunger, Masern, Durchfall oder Austrocknung gestorben waren. Ihre Eltern sind zu arm, um sie ins Geburtsregister eintragen zu lassen, wozu sie von Gesetzes wegen verpflichtet wären. Doch der Bürgermeister verlangt einen oder zwei Real für die Eintragung. Also nimmt die Mutter, der Vater oder ein älterer Bruder des Nachts den leblosen kleinen Körper, scharrt ein Loch im »Campo das crianças anonymas« und legt das letzte Neugeborene der Familie hinein.

Karim: Ohne jede Zeremonie? Einfach so?

Jean Ziegler: In Crateús geht es noch menschlicher zu als in den meisten anderen Dörfern im Nordosten Brasiliens. Immerhin konnte der Bischof von Crateús, Don Fragoso, trotz der heftigen Proteste des Obersten der Militärgarnison durchsetzen, dass die Familien der kleinen Märtyrer auf dem Lehmhügel ein Kreuz aus zwei Eukalyptuszweigen aufstellen dürfen – womit sie das Gesetz übertreten.

Karim: Gibt es viele dieser »Crianças anonymas« auf der Welt?

Jean Ziegler: In jeder Minute werden 250 Kinder auf der Erde geboren, 197 davon in den 122 Ländern der sogenannten Dritten Welt. Viele davon enden bald darauf in einer dieser anonymen Begräbnisstätten. Regis Debray sagte über sie: »Sie sind Gekreuzigte von Geburt an.«

Jean Ziegler (bis 2008 UN-Sonderberichterstatter für das Recht auf Nahrung) im Gespräch mit seinem Sohn Karim

■ **Aufmerksam machen.** Entwirf für eines dieser namenlosen Kinder eine Todesanzeige, die in einer Zeitschrift in Deutschland erscheint.

■ **Sojaanbau.** Erkläre den Zusammenhang zwischen dem Hamburger auf dem einen und dem abgerodeten Regenwald auf dem anderen Foto. Welche Konsequenzen sind denkbar? Finde theologische Begründungen.

■ **Ernährungsverhalten.** Diskutiert in der Klasse die These, wonach unser Essverhalten für den Hunger in Afrika oder Lateinamerika verantwortlich ist. Bezieht dabei auch ein, was die Bischöfe in ihrem Schreiben »Handeln für die Zukunft der Schöpfung« (siehe www.dbk.de) zur »Verantwortung als Grundbegriff ökologischer Ethik« (Nr. 91ff.) ausgeführt haben.

29

Seoul 1990

Vertreterinnen und Vertreter aller christlichen Kirchen trafen sich 1990 zu einer ökumenischen Weltversammlung in Seoul (Südkorea) und tauschten sich über das gemeinsame christliche Selbstverständnis und die Verantwortung aller Christen für die Zukunft unserer Erde aus. Als Ergebnis der Versammlung wurden zehn Grundüberzeugungen unterzeichnet, von denen vier in gekürzter Fassung hier abgedruckt sind.

GRUNDÜBERZEUGUNG II

Wir bekräftigen, dass Gott auf der Seite der Armen steht.
Die Armen werden ausgebeutet und unterdrückt. Ihre Armut ist kein Zufall. Sie ist sehr oft das Ergebnis einer bewusst darauf gerichteten Politik, Reichtum und Macht zu vergrößern. Armut ist ein Skandal und ein Verbrechen. Es ist Gotteslästerung zu sagen, sie entspreche dem Willen Gottes. Jesus ist gekommen, damit wir »das Leben in seiner ganzen Fülle« (Joh 10,10) haben. Durch seinen Tod und seine Auferstehung hat Christus die Mächte entlarvt und daher besiegt, die den Armen ihr Recht auf Leben in seiner ganzen Fülle verweigern (Lk 4,16–21).
Wir erklären, dass wir als Christen die Pflicht haben, Gottes Handeln im Kampf der Armen für die Befreiung … zu unterstützen.
Wir werden allen Kräften, politischen Maßnahmen und Institutionen widerstehen, die Armut verursachen und verlängern oder sie als unvermeidlich und unveränderlich hinnehmen.
Wir verpflichten uns, solche Organisationen oder Bemühungen zu unterstützen, die für die Abschaffung von Ausbeutung und Unterdrückung arbeiten.

GRUNDÜBERZEUGUNG VI

Wir bekräftigen den Frieden Jesu Christi.
Die einzig mögliche Grundlage für einen dauerhaften Frieden ist Gerechtigkeit (Jes 32,17). Die prophetische Vision von Frieden und Gerechtigkeit lautet:

Dann schmieden sie Pflugscharen aus ihren Schwertern und Winzermesser aus ihren Lanzen.
Man zieht nicht mehr das Schwert, Volk gegen Volk, und übt nicht mehr für den Krieg.
Jeder sitzt unter seinem Weinstock und unter seinem Feigenbaum, und niemand schreckt ihn auf.
Ja, der Mund des Herrn der Heere hat gesprochen.

Micha 4,3b–4

Es gibt keinen Frieden ohne Gerechtigkeit. Frieden kann nicht durch eine Doktrin der nationalen Sicherheit erlangt oder erhalten werden, weil Frieden unteilbar ist.
Wir verpflichten uns, unsere persönlichen Beziehungen gewaltfrei zu gestalten. Wir werden darauf hinarbeiten, auf den Krieg als legales Mittel zur Lösung von Konflikten zu verzichten. Wir verlangen von den Regierungen, dass sie eine internationale Rechtsordnung schaffen, die der Verwirklichung des Friedens dient.

GRUNDÜBERZEUGUNG VII

Wir bekräftigen, dass Gott die Schöpfung liebt.
Gott, der Schöpfer, ist der Ursprung und der Erhalter des ganzen Kosmos. Gott liebt die Schöpfung. Die geheimnisvolle Ordnung der Schöpfung, ihr Leben und ihre Lebendigkeit spiegeln die Herrlichkeit ihres Schöpfers. Gottes Erlösungswerk in Jesus Christus versöhnt alle Dinge miteinander und ruft uns auf, am Werk der Heilung durch den Geist Gottes in der ganzen Schöpfung teilzunehmen.
Biblische Aussagen wie »macht euch die Erde untertan« und »herrscht über sie« sind jahrhundertelang zur Rechtfertigung zerstörerischen Verhaltens gegenüber der geschaffenen Ordnung missbraucht worden. Indem wir diese Vergewaltigung bereuen, nehmen wir die biblische Lehre an, dass die nach Gottes Bild geschaffenen Menschen als Diener Gottes und als Abbild seiner erschaffenden und erhaltenden Liebe eine besondere Verantwortung dafür haben, dass sie für die Schöpfung Sorge tragen und in Harmonie mit ihr leben.

■ **Konziliarer Prozess.** Informiere dich über die Entstehung und den aktuellen Stand des konziliaren Prozesses (z. B. unter http://oikoumene.net/home). Bringe in Erfahrung, ob es in deiner Gemeinde Engagement für diesen Prozess gibt.

MEINE WELT – EINE WELT

Frieden – Gerechtigkeit – Bewahrung

GRUNDÜBERZEUGUNG IX

Wir bekräftigen die Würde und das Engagement der jüngeren Generation.

Jesus zeigte eine besondere Wertschätzung für die jüngere Generation. Er sagte, dass der, der nicht wie ein Kind sei, nicht in das Reich Gottes kommen werde (Lk 18,17). Und Paulus sagte dem Timotheus, er solle niemandem erlauben, ihn wegen seiner Jugend gering zu schätzen (1 Tim 4,12). Dies ist eine Aufforderung an die Gesellschaft, Gemeinschaften zu schaffen, in denen die verschiedenen Generationen voller Staunen und Neugier, spielerisch und sensibel, im Einklang von Leib und Seele und in der Liebe Gottes aufwachsen können. Armut, Ungerechtigkeit und die Folgen der Schuldenkrise sowie Krieg und Militarismus treffen Kinder ganz besonders hart. Sie entwurzeln Familien und zwingen Kinder schon sehr früh, selbst für ihren Lebensunterhalt zu sorgen; diese Kinder haben sehr häufig zu wenig zu essen, ihr Überleben steht auf dem Spiel. Millionen von Kindern – vor allem Mädchen – leben ohne jede Sicherheit und können ihre Kindheit nicht genießen. Die zunehmende Arbeitslosigkeit, insbesondere junger Menschen, schafft Hoffnungslosigkeit.

Wir bekräftigen den Anspruch der Kinder auf Würde, die sich aus ihrer besonderen Verletzlichkeit und aus ihrem Bedürfnis nach Zuwendung und Liebe ergibt …

Wir bekräftigen, dass die Rechte und Bedürfnisse junger Menschen die entscheidenden Kriterien für die Bestimmung der Prioritäten in Bildung und Entwicklung sind.

Wir werden jeder Politik oder Autorität widerstehen, welche die Rechte der jungen Generation missachtet, sie missbraucht und ausbeutet. Das Menschenrecht der Kriegsdienstverweigerung muss gewährleistet sein.

Wir verpflichten uns, zu unserer Verantwortung zu stehen, die jungen Menschen bei ihrem Streben nach Selbstverwirklichung, Mitwirkung und einem Leben der Hoffnung und des Glaubens zu unterstützen; und wir verpflichten uns, Verhältnisse zu schaffen, die es allen Kindern ermöglichen, ein ihnen angemessenes Leben zu führen, und unter denen Alt und Jung miteinander Erfahrungen austauschen und voneinander lernen können.

Gudrun Müsse-Florin, 1989

■ **Grundüberzeugungen.** Gestaltet in Gruppen eine der Grundüberzeugungen als Textdokument mit Hyperlinks, in denen Worterklärungen, Zusatzinformationen, eigene Kommentare und Bildmaterial enthalten sein können. Euer Klassenergebnis könnt ihr nach Rücksprache mit der Schulleitung auf die Homepage eurer Schule stellen.

■ **Visionen.** In den Schriften des Alten und Neuen Testaments findest du Visionen einer »neuen Welt« (Jes 11,1–9; 65,17–25; Mi 4,1–5; Offb 21,1–22,5). Lies die angegebenen Bibelstellen und informiere dich über sie, z.B. mithilfe eines Kommentars. Fasse die Aussagen der Visionen schriftlich zusammen und formuliere, was diese Visionen für dein persönliches Leben und für unsere Gesellschaft bedeuten können.

■ **Zeichen für Basel.** Beschreibe das Zeichen des ersten europäischen konziliaren Treffens in Basel und bringe es in Beziehung zum Anliegen des konziliaren Prozesses. Vergleiche diese Darstellung mit der Eingangsseite dieser Lernlandschaft.

Denkt ihr manchmal auch an die zahlreichen Kinder in Afrika, die AIDS haben oder deren Eltern an AIDS gestorben sind?

Ihr tragt Kleidung, die unter menschenunwürdigen Bedingungen hergestellt wurde! Frauen wurden geschlagen und gequält!

Hört damit auf, Frauen zu verstümmeln, denn beschnittene Frauen leiden ihr ganzes Leben lang unter dieser Folter!

BERUFENE RUFER –

> Deutschland – das seid nicht nur ihr Reichen und Gesunden, hier leben auch viele Obdachlose, Penner, vermeintlich gescheiterte Existenzen!

> Die Menschen hören nicht mehr auf Gott. Sie verunglimpfen seinen Namen und sein Haus! Das wird Gottes Gericht zur Folge haben!

> Warum betrügt und belügt ihr einander und unterdrückt die Schwächeren? Ihr lebt im Luxus, während andere Hunger leiden.

PROPHETEN

Eines schönen Morgens auf einem Schulhof irgendwo in Deutschland. Alles ist wie immer: Die Schülerinnen und Schüler essen, es wird gelacht, getuschelt und gelästert. Die Jüngeren spielen Fußball mit einer leeren Dose, die Älteren rauchen heimlich hinter dem Müllcontainer. Alles wie immer. Auf einmal steigt Nina auf die Tischtennisplatte und legt los:

Was glaubt ihr eigentlich, wer ihr seid? Was glaubt ihr eigentlich, was das soll? Nichts wisst ihr, aber auch gar nichts!
Glaubt ihr denn, dass ihr was Besseres seid, bloß weil ihr teure Klamotten tragt? Weil ihr ständig zum Friseur rennt? Weil ihr mit dem Motorroller zur Schule kommt und nicht mit dem Rad? Wenn ihr nur könntet, würdet ihr euer verdammtes Geld auch noch anziehen! Was glaubt ihr eigentlich, wer ihr seid?
Keinem kann ich es recht machen, aber auch keinem. Lerne ich auf eine Klassenarbeit, bin ich eine Streberin, gehe ich stattdessen ins Freibad, bin ich eine schlechte Schülerin. Bin ich freundlich zu meinen Lehrern, ärgern mich meine Klassenkameraden. Feine Kameraden! Ärgere ich meine Nebensitzer, bestrafen mich meine Lehrer! Bestrafen mich meine Lehrer, ärgern sich meine Eltern. Mit Recht? Was für ein Recht? Keinem kann ich es recht machen.
Räume ich die ganze Wohnung auf, werde ich dumm angemacht, weil ich den Mülleimer vergessen habe. Trägt mein Bruder den Mülleimer runter, ist er der große Junge, der den Haushalt alleine schmeißt. Dabei ist sein Zimmer die reinste Müllkippe. Aber er trägt ja den Mülleimer runter und tut so, als hätte er alles alleine gemacht. Und lacht dabei.
Erzähle ich meiner besten Freundin etwas über meine geheimsten Schwärmereien für David, weiß es morgen die ganze Klasse. Sage ich gar nichts, erzählt sie überall, ich wäre total verklemmt und von vorgestern. Und Sabine will meine Freundin sein?
Ihr findet es cool, wenn einer frei Schnauze sagt, was er denkt. Mache ich den Mund auf, findet ihr mich aber doof. Wie jetzt? Euch kann es keiner recht machen. Und ich sowieso nicht.

Willst du manchmal auch einfach aufstehen und sagen, was dich ärgert?

Willst du deinen Ärger auch laut hinausschreien ohne Rücksicht auf die anderen?

Wo möchtest du öffentlich Kritik üben, dich für Veränderungen einsetzen?

■ **Rede.** Halte eine Rede zu den oben genannten Fragen.

■ **Unterschiede und Gemeinsamkeiten.** Vergleiche die Reden der Schülerin und des Mannes (Inhalt, Situation, Absicht / Ziele, Wortwahl).

BERUFENE RUFER – PROPHETEN
Rufer in der Wüste?

Eines Tages auf einem Platz in Samaria. Ein Mann erhebt sich und schleudert den Menschen diese Worte entgegen:

Weh denen, die das Recht in bitteren Wermut verwandeln und die Gerechtigkeit zu Boden schlagen. Bei Gericht hassen sie den, der zur Gerechtigkeit mahnt, und wer Wahres redet, den verabscheuen sie. Weil ihr von den Hilflosen Pachtgeld annehmt und ihr Getreide mit Steuern belegt, darum baut ihr Häuser aus behauenen Steinen – und wohnt nicht darin, legt ihr euch prächtige Weinberge an – und werdet den Wein nicht trinken. Denn ich kenne eure vielen Vergehen und eure zahlreichen Sünden. Ihr bringt den Unschuldigen in Not, ihr lasst euch bestechen und weist den Armen ab bei Gericht. Sucht das Gute, nicht das Böse; dann werdet ihr leben, und dann wird, wie ihr sagt, der Herr, der Gott der Heere, bei euch sein. Hasst das Böse, liebt das Gute, und bringt bei Gericht das Recht zur Geltung! Vielleicht ist der Herr, der Gott der Heere, dem Rest Josefs dann gnädig.

Am 5,7–15

■ **Prophetische Reden.** Die Menschen der Antike gewannen einen Eindruck von Propheten in erster Linie über die Reden, die diese an öffentlichen Plätzen oder Heiligtümern hielten und zum Teil mit sogenannten Zeichenhandlungen unterstrichen; die Reden lassen sich in zwei Gattungen einteilen:

1. Gerichtswort (mit meist drei Teilen):
   Scheltwort (z. B. Weheruf): Der Prophet klagt das Volk Israel oder andere Völker wegen ihres Fehlverhaltens bzw. ihrer Schuld an.
   Botenspruchformel: Der Prophet verweist auf die Offenbarung Gottes (z. B. »So hat Gott, der Herr, gesprochen ...«) sowie darauf, dass er sich selbst als Bote bzw. Abgesandter Gottes versteht, der ein Gotteswort öffentlich macht.
   Drohwort: Der Prophet sagt das kommende Gericht oder die Strafe Gottes an, die aus dem Fehlverhalten des Volkes resultieren; das Gericht kann von Gott in einer Unheilsvision offenbart worden sein.
2. Heilswort: In der Heilsrede verkündet der Prophet das kommende Friedensreich, die anbrechende Gottesherrschaft, in der Menschen ohne Angst und Feindschaft leben können, wenn sie zu Gott umkehren, der Israels Heil will; er schildert also eine ihm von Gott verkündete Heilsvision.

Diskutiert auf der Basis dieser Informationen, bei welcher Rede es sich um eine prophetische Rede handelt. Begründet eure Meinung anhand der genannten Merkmale.

Die Welt des Amos

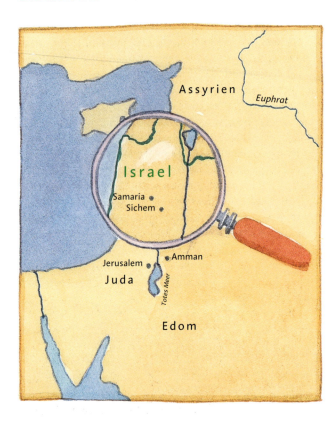

Die Berufung des Amos

Ich bin kein Prophet und kein Prophetenschüler, sondern ich bin ein Viehzüchter, und ich ziehe Maulbeerfeigen. Aber der Herr hat mich von meiner Herde weggeholt und zu mir gesagt: Geh und rede als Prophet zu meinem Volk Israel!

Amos 7,14f.

So erzählt die Bibel die Berufung des Amos durch Gott. Amos befolgt Gottes Willen und wandert ins Nordreich, um den Menschen zu überbringen, was Gott ihnen zu sagen hat.

Als König Salomo (961–931 v. Chr.) stirbt, zerfällt Israel in zwei Reiche: in das Nordreich Israel (Hauptstadt: Samaria) und das Südreich Juda (Hauptstadt: Jerusalem).
Obwohl das Nordreich von zahlreichen Feinden (z. B. den Assyrern) bedrängt wird, erlebt es unter König Jerobeam II. (ca. 782–747 v. Chr.) einen enormen wirtschaftlichen und politischen Aufschwung: Viele Bewohner des Landes fangen an, Handel mit den benachbarten Großmächten (Mesopotamien, Anatolien, Ägypten) zu treiben, und werden bald sehr wohlhabend. Um diesen wirtschaftlichen Aufschwung zu organisieren, wird ein teurer und aufwändiger Verwaltungsapparat aufgebaut, der durch hohe Abgaben und einen staatlichen Arbeitsdienst der Bauern finanziert wird.
Durch diese Entwicklung vergrößern sich die Unterschiede zwischen Arm und Reich dramatisch und soziale Ungerechtigkeiten nehmen zu: Immer weniger Menschen besitzen immer mehr Land. Einfache Bauern geraten bei Dürrekatastrophen, bei der Zerstörung der Ernte durch Unwetter und bei Viehseuchen in Verschuldung und Abhängigkeit, weil sie oft nur noch mit Krediten oder in Schuldknechtschaft überleben können. Und in dem Maße, in dem der Reichtum einer kleinen Gesellschaftsschicht wächst, nehmen die Anbetung heidnischer Götter sowie die Vernachlässigung der jüdischen Religion zu, denn die Menschen vollziehen den traditionellen Jahwekult nunmehr scheinheilig und gedankenlos weiter – ohne Ehrfurcht vor Gott und seinem Haus.

■ **Berufung.** Sammle alle Begriffe, in denen das Verb »rufen« steckt; erläutere ausgehend davon – evtl. auch im Gegensatz zur Berufswahl heute – die Besonderheit einer Berufung. Welche Entscheidungen trifft jemand, der oder die berufen wird?

■ **Merkmale eines Berufungsberichts.** Lies die Berufungsberichte Jeremias und Ezechiels (Jer 1,4–10, Ez 2–3). Erarbeite die einzelnen Schritte einer Berufung (Tipp: Achte darauf, was Gott oder der Angesprochene jeweils tut).

■ **Amos und Honduras.** Notiere dir Gemeinsamkeiten zwischen der rechts beschriebenen Situation in Honduras und den Missständen, die Amos kritisiert. Welche Gemeinsamkeiten erkennst du? Was kann jede und jeder von uns gegen die Missstände in vielen Textilfabriken dieser Welt tun?

BERUFENE RUFER – PROPHETEN
Herausgerufen

Die Kritik des Amos

■ **Scheltrede.** Schlage in der Bibel nach, was Amos an seiner Umwelt kritisiert, und verfasse daraus eine Scheltrede (vgl. S. 35). Spielt diese dann untereinander vor. Erläutere von hier ausgehend das hebräische Wort »nabi« (berufener Rufer) für »Prophet«.

Am 7,4–6	Am 6,3–6	Am 8,4–6
Am 2,4–8	Am 5,7–12	Am 5,21–24

■ **Bildbeschreibung.** Betrachte die Plastik von Pablo Gargallo und beschreibe sie. Wie sieht Gargallo Propheten?

Nähen für den Weltmarkt am Beispiel Honduras / Mittelamerika

In einer Textilfabrik in Honduras, die Kleidung für Billiganbieter in aller Welt produziert, sitzen die Arbeiterinnen täglich bis zu 18 Stunden an ihren Nähmaschinen. Kameras überwachen die Arbeitsmoral. Nur in zwei Pausen von jeweils 15 Minuten dürfen die Frauen aufstehen. Doch die wenigsten nutzen diese Pausen, da sonst das Tagessoll (z. B. 6000 Kapuzen annähen) kaum zu erfüllen ist. Die Arbeiterinnen leisten deshalb auch zusätzlich unbezahlte Überstunden und trinken viel zu wenig, um nicht auf die Toilette gehen zu müssen. Die Folge sind oft Nierenschäden. Außerdem schädigt der Textilstaub in der Luft die Atemwege. Nicht selten kommt es zu sexuellen Belästigungen und Missbrauch durch die Vorgesetzten. Die Arbeiterinnen erdulden dies, weil ihnen Geld geboten wird – oder einfach aus Angst, entlassen zu werden. Der Arbeitgeber lässt regelmäßig Schwangerschaftstests durchführen. Ist eine Frau schwanger, wird sie entlassen. Die Christliche Initiative Romero e. V. (CIR) tritt für die Unterstützung der Ausgegrenzten und Verfolgten ein – in Mittelamerika unter anderem besonders für menschenwürdige Arbeits- und Lebensbedingungen der Näherinnen in den Textilfabriken. Dafür wurde die »Kampagne für saubere Kleidung« ins Leben gerufen, die zum Ziel hat, nur noch Kleidung zu verkaufen, die unter menschenwürdigen Bedingungen hergestellt wurde.

■ **Waschanleitung.** Erstelle eine »Waschanleitung« für ein Kleidungsstück, das nicht unter menschenunwürdigen Zuständen hergestellt wurde.

Jeremias Welt

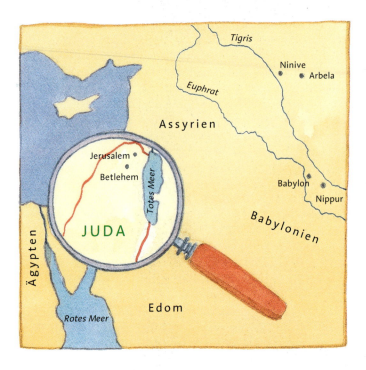

■ **Geografische Lage.** Beschreibe Judas Lage zwischen den Großmächten und notiere Probleme, die das kleine Land deswegen haben könnte.

Jeremias Zweifel

Nach der Berufung durch Jahwe erwidert Jeremia: »Ach, mein Gott und Herr, ich kann doch nicht reden, ich bin ja noch so jung.« Doch Jahwe spricht Jeremia Mut zu (Jer 1,4–10).
Dennoch überkommen Jeremia immer wieder Zweifel an seinem Tun.

Während der Prophet Amos im 8. Jahrhundert v. Chr. im Nordreich Israel Jahwes Worte verkündet, prangert der Prophet Jeremia (ca. 650–586? v. Chr.) im Südreich Juda das Verhalten des Königs und des Volkes an.
Jeremia wird zu einer Zeit im Südreich Juda geboren, als dort vieles nicht zum Besten steht: Zum einen bedrohen einige Großmächte das kleine Land am Mittelmeer, zum anderen missachten viele Juden Jahwe und dessen Gebote: Sie huldigen heidnischen Göttern, feiern ihnen zu Ehren Feste und haben vergessen, dass Jahwe sie aus Ägypten befreit, durch die Wüste geführt und ihnen das Land zur Besiedelung gegeben hat. Dies ist eine Folge der Unterwerfung Judas durch die Assyrer, die verlangten, dass ihre Götter in Jerusalem angebetet würden.
König Joschija (641–609 v. Chr.) versucht zwar, religiöse und politische Reformen durchzusetzen, indem er sich und das Volk verpflichtet, nur noch Jahwe zu verehren, Witwen und Waisen zu ihren Rechten zu verhelfen sowie Fremde und Unterdrückte vor Gewalt zu schützen; doch als Joschija in einer Schlacht fällt, kommt sein Sohn Jojakim 609 v. Chr. an die Macht. Dieser macht die Reformen teilweise rückgängig und nutzt sein Volk skrupellos aus.

■ **Prophetenschicksal.** Wie Jeremia und andere Propheten mit ihrer Berufung fertig werden bzw. welches Schicksal sie erleiden, kannst du im AT nachlesen (z. B. Jer 12,1–6; 15,10–21; 20,7–18; 38,1–6; 1 Kön 19,10; Am 7,10–17).
Informiert euch arbeitsteilig in Kleingruppen anhand der genannten Bibelstellen über das Schicksal eines Propheten. Schreibt dann auf der Tafel oder einem großen Plakat die Buchstaben des Alphabets untereinander und ergänzt möglichst zu jedem Buchstaben einen Begriff zu den Vorurteilen, Gefühlen und Meinungen, denen Propheten begegnen mussten.
Auf S. 212/213 geht es um eine Mutprobe. Vergleiche die Situation von Martin mit der des Propheten Jeremia. Prüfe, ob und inwieweit sich beide Situationen ähnlich sind bzw. unterscheiden, begründe deine Einschätzung.

■ **Jahwes Zusagen.** Arbeite aus Jer 1,4–10 heraus, welche Zusagen Jahwe Jeremia mit auf den Weg gibt. Erläutere, inwiefern sie wichtig für Jeremias Aufgabe sind. (Begriffsklärungen: »erkennen« bedeutet »sich persönlich zuwenden, jemanden persönlich erwählen«; »heiligen« bedeutet »in Beschlag oder in Anspruch nehmen«.)

BERUFENE RUFER – PROPHETEN
Ein unangenehmer Auftrag

Honest Schempp, o. J.

■ **Bildbeschreibung.** Betrachte den Holzschnitt von Honest Schempp und beschreibe ihn: Welche Themen kommen darin zum Ausdruck? Wie würdest du die Stimmung des Bildes beschreiben?

■ **Eigenes Bild.** Sprecht in eurer Religionsgruppe darüber, wo ihr euch manchmal ohnmächtig fühlt. Gestaltet im Anschluss ein Bild, auf dem eines (oder mehrere) der besprochenen Themen künstlerisch zum Ausdruck kommt. Der abgebildete Holzschnitt kann vielleicht eine Inspirationsquelle sein.

Jeremias Drohbotschaft

Da Juda den Bund mit Jahwe gebrochen hat, wird Jeremia von Jahwe aufgetragen, sich vor das Zentralheiligtum, den Tempel in Jerusalem, zu stellen und das Unrecht in Juda anzuprangern; kehrt das Volk nicht um, so wird Juda von Jahwe gerichtet, wie es Jeremia in einer Vision sieht:

Da sprach der Herr zu mir:
Von Norden her ergießt sich das Unheil über alle Bewohner des Landes … Dann werde ich mein Urteil über sie sprechen und sie strafen für alles Böse, das sie getan haben, weil sie mich verlassen, anderen Göttern geopfert und das Werk ihrer eigenen Hände angebetet haben.

Jeremia 1,14.16

Die von Jeremia prophezeite Katastrophe tritt 586 v. Chr. wirklich ein: Unter dem babylonischen König Nebukadnezzar wird Jerusalem erobert und zerstört, zahlreiche Juden werden ins babylonische Exil verschleppt.

Der Bund mit Gott

Das Alte Testament erzählt von verschiedenen Bundesschlüssen zwischen Jahwe und seinem Volk Israel. Der wichtigste ist der sogenannte Sinaibund; die Bundesformel lautet: »Ich bin Jahwe, dein Gott, der dich aus Ägypten geführt hat, aus dem Sklavenhaus« (Ex 20,2). »Bund« bezeichnet seit der Rettung der Israeliten aus Ägypten die Lebensgemeinschaft Israels mit seinem Gott – eine Gemeinschaft, in der jeder Bündnispartner Verpflichtungen eingeht: Israel wird auf die Einhaltung der Weisungen verpflichtet, Jahwe zeigt sich seinem erwählten Volk gegenüber gnädig und schenkt ihm seinen Segen. Um den Bundesschluss in menschlich fassbaren Bildern zu beschreiben, vergleicht das Alte Testament an einigen Stellen diesen Bund mit einer Ehe bzw. einer Hochzeit.

■ **Sinaibund.** Lies den Dekalog, eine Zusammenfassung des Willens Jahwes, in Ex 20,1–24. Arbeite heraus, welche Verpflichtungen die beiden Bündnispartner eingehen.

Marc Chagall, o. J.

■ **Missachtung der Gebote.** Lies Jer 7,1–15 und notiere, was genau Juda falsch gemacht hat.

■ **Heutige Rede.** Schreibe eine Rede für die heutige Zeit. Was würde Jeremia heute anprangern?

■ **Bildbetrachtung.** Betrachte das Bild von Marc Chagall und beschreibe es (vgl. Jer 1,13–16). Stell dir vor, die Menschen auf dem Bild kommentierten ihre Situation. Formuliere ihre Gedanken und Worte.

BERUFENE RUFER – PROPHETEN

Rufer und ihre Rufe

■ **Ehebund.** Notiere mögliche Verpflichtungen, die Frau und Mann bei der Eheschließung eingehen. Vergleiche diese Verpflichtungen mit denen des Sinaibundes.

Jeremias Frohbotschaft

Als über Jerusalem die Belagerung durch Nebukadnezzar hereinbricht und die Stadt schließlich fällt (587/586), verlässt Jahwe sein Volk nicht, sondern verheißt ihm angesichts der Bedrängnis und Not durch Jeremia sogar einen neuen Bund als Vertrauensbeweis.

Seht, es werden Tage kommen – Spruch des Herrn –, in denen ich mit dem Haus Israel und dem Haus Juda einen neuen Bund schließen werde, nicht wie der Bund war, den ich mit ihren Vätern geschlossen habe, als ich sie bei der Hand nahm, um sie aus Ägypten herauszuführen. Diesen meinen Bund haben sie gebrochen, obwohl ich ihr Gebieter war – Spruch des Herrn. Denn das wird der Bund sein, den ich nach diesen Tagen mit dem Haus Israel schließe – Spruch des Herrn: Ich lege mein Gesetz in sie hinein und schreibe es auf ihr Herz. Ich werde ihr Gott sein, und sie werden mein Volk sein. Keiner wird mehr den andern belehren, man wird nicht zueinander sagen: Erkennt den Herrn!, sondern sie alle, Klein und Groß, werden mich erkennen – Spruch des Herrn. Denn ich verzeihe ihnen die Schuld, an ihre Sünde denke ich nicht mehr.

Jeremia 31,31–34

■ **Neuer Bund.** Notiere in einer zweispaltigen Tabelle, was Jahwe und die Menschen zur Einhaltung des neuen Bundes beitragen sollen (vgl. Jer 31,31–34). Erläutere davon ausgehend den Begriff »Heilsvision«

■ **Eine neue Welt.** Der Prophet Jesaja hat trotz der trostlosen Lage in Juda im 8. Jahrhundert v. Chr. auch verschiedene Heilsvisionen. Eine davon, das »messianische Friedensreich«, ist auf der Menora vor dem Parlamentsgebäude in Jerusalem zu sehen (vgl. Jes 11,1–10). Lies die angegebene Stelle und erläutere, wie Benno Elkan die Heilsvision umgesetzt hat. Wie würdest du deine Vision eines Friedensreiches malen? Diskutiert in Dreiergruppen, wo ihr Zweifel an der Realisierung eines solchen Friedensreiches habt.

Merkmale wahrer Propheten

Schon immer sehen sich Menschen, die Propheten hören, vor die Frage gestellt, ob es sich bei diesen um wahre Propheten oder um Lügenpropheten handelt. Vor dieser Frage standen also auch schon die Menschen der biblischen Zeit. Zur Unterscheidung finden sich in der Bibel verschiedene Merkmale für wahre Propheten:

- Propheten kritisieren das Volk und den Herrscher ohne Ansehen der Person und weisen so auf Missstände hin, auch wenn sie die Menschen nicht wahrhaben wollen.
- Sie sind nicht überheblich, sondern machen deutlich, dass sie nur Überbringer göttlicher Worte sind.
- Sie sind finanziell unabhängig, d. h. sie verdienen mit der Prophetie kein Geld.
- Sie erklären sich nicht selbst zum Prophet,
- sondern werden dazu berufen.

Löwe (23.7.–23.8.)

Sie haben Hunger. Und zwar nach geistiger Nahrung. Wenn Sie am 5. und 6. in Sachen Kultur unterwegs sind, werden Sie garantiert einen smarten Kunsthändler oder Autor treffen. Für Ihre Finanzen gilt: Jetzt ist eine gute Zeit, Neues zu wagen, damit Sie im Alter gut dastehen.

Darum – so spricht der Herr: Seht, ich plane Unheil gegen diese Sippe. Dann könnt ihr den Hals nicht mehr aus der Schlinge ziehen und ihr werdet den Kopf nicht mehr so hoch tragen; denn es wird eine böse Zeit sein.

Warum leiden?

Die wahren Ursachen der Krankheiten und den richtigen Weg zur Gesundheit beschreibt der göttliche Prophet Klaus Müller. Fordern Sie Infos an!
99 EUR, die Ihr Leben verändern!
Chiffre: 1232/X

Ich aber, ich bin voller Kraft, ich bin erfüllt vom Geist des Herrn, voll Eifer für das Recht und voll Mut, Jakob seine Vergehen vorzuhalten und Israel seine Sünden.

Er sagte zu mir: Stell dich auf deine Füße, Menschensohn; ich will mit dir reden. Als er das zu mir sagte, kam der Geist in mich und stellte mich auf die Füße. Und ich hörte den, der mit mir redete. Er sagte zu mir: Menschensohn, ich sende dich zu den abtrünnigen Söhnen Israels, die sich gegen mich aufgelehnt haben. Sie und ihre Väter sind immer wieder von mir abgefallen, bis zum heutigen Tag. Es sind Söhne mit trotzigem Gesicht und hartem Herzen. Zu ihnen sende ich dich. Du sollst zu ihnen sagen: So spricht Gott, der Herr. Ob sie dann hören oder nicht – denn sie sind ein widerspenstiges Volk –, sie werden erkennen müssen, dass mitten unter ihnen ein Prophet war.

Die Propheten verführen mein Volk. Haben sie etwas zu beißen, dann rufen sie: Friede! Wer ihnen aber nichts in den Mund steckt, dem sagen sie den Heiligen Krieg an.

So werden Sie reich – zehn Geheimnisse Ihres Erfolges!

Tel.: 0090/1234 (1,99 €/min)

■ **Wahre Propheten.** Lies dir den Informationstext und die Zettel auf der Pinnwand durch. Beurteile dann, welche Zettel auf wahre Propheten und welche auf falsche zutreffen bzw. welche bloß Zukunftsvorhersagen sind. Diskutiere deine Ergebnisse mit deiner Nachbarin oder deinem Nachbarn. Finde gebräuchliche Verwendungen des Begriffs »Prophet« und erläutere, wie sich die Bedeutung von »Prophet« im heutigen Sprachgebrauch gewandelt hat.

Wettervorhersage für morgen, den 24.8.:

Ein Hochdruckgebiet zieht über Süddeutschland hinweg. Nach Auflösung von Frühnebel Temperaturen bis 30°C. Erst nach Sonnenuntergang merkliche Abkühlung.

BERUFENE RUFER – PROPHETEN

Wahre und falsche Propheten

Eine Eigenschaft, die alle biblischen Propheten aufweisen, ist die Fähigkeit, zuhören zu können, offen zu sein für Gottes Wort – auch wenn sie das angreifbar und verletzlich macht.

■ **Hörmeditation.** Nimm dir Zeit für eine kleine Hörmeditation. Suche dir einen bequemen Ort im Raum, lasse dann alle Gedanken in Ruhe auf dich wirken. Wenn du willst, kannst du dir zu jedem Gedanken etwas aufschreiben.

Betrachte die Plastik mit dem Titel »Der Hörende«.
    Was fällt dir auf?
    Was gefällt dir?
    Was gefällt dir nicht?
    Woran wirst du erinnert?

Schließe nun die Augen und achte auf die Geräusche, die an dein Ohr dringen.
    Welche hörst du?
    Welche gefallen dir?
    Welche gefallen dir nicht?
    Welche sind nah, welche fern?

Stelle dir vor, jemand ruft dich bei deinem Namen.
    Wie hörst du deinen Namen gerne?
    Wie hörst du ihn nicht gerne?
    Willst du dem Rufer zuhören?
    Was möchtest du hören?

Wo möchtest du in Zukunft mehr weghören und wo möchtest du mehr zuhören?

Was vom Leben übrig bleibt

Durban / Südafrika: Eine Zweizimmerwohnung in der fünften Etage ist seit ein paar Tagen Zaneles* neues Zuhause. Das Mädchen wohnt hier sozusagen zur Probe – bei einer Frau, die vielleicht ihre Pflegemutter werden könnte. Aber noch sind beide dabei, sich kennen zu lernen. Beide auf der Suche nach einem Menschen, der zu einem gehört.

Nur zu gut kennt Zanele diese schmerzhafte Sehnsucht. Was es bedeutet, geliebt zu werden, hat sie erst gelernt, als sie mit zehn Jahren ins Kinderheim kam. Dafür kannte sie bis dahin eins umso besser: das Gefühl, unerwünscht zu sein.

»Das Einzige, woran ich mich erinnere, sind meine Mutter und meine zwei Schwestern. Als wir klein waren, hat meine Mutter uns immer wieder irgendwohin mitgenommen und dann einfach dort gelassen. Andere Leute haben uns dann jedes Mal zu ihr zurückgebracht.

Die Mokoenas* wurden meine neue Familie. Sie hatten vier Kinder und eine wunderschöne Farm. Als ich in der zweiten Klasse war, fing der zweitälteste Sohn an, mich zu missbrauchen. Neun war ich damals, er ungefähr 30. Ein Jahr ging das so, bis ich mir ein Herz fasste und mich der Verwandten anvertraute. Sie verständigte das Jugendamt, und die Leute von dort holten mich ab. So kam ich schließlich ins Kinderheim St. Philomena's in Durban.

Ich war etwa ein Jahr dort, als ich krank wurde. Die Betreuer schickten mich zum Arzt, der eine Blutuntersuchung anordnete. So kam es raus: Ich bin HIV-positiv. Ich wusste sofort, wo ich mich infiziert hatte. Aber was AIDS wirklich bedeutet, habe ich erst begriffen, als Chanice*, meine beste Freundin in St. Philomena's, daran starb.

Und ich? Es macht mich traurig, dass ich nie Kinder und eine eigene Familie haben kann. Aber ich denke nicht so oft darüber nach, das deprimiert mich zu sehr. Ich will das bisschen Zeit, das mir bleibt, möglichst gut ausfüllen und genießen.

Am meisten Angst habe ich vor den Schmerzen, die kommen, wenn die Krankheit ausbricht. Trotzdem habe ich mich entschlossen, die Medikamente, die mich stabilisieren sollen, nicht zu nehmen. Sie verlängern doch nur das Leiden, aber heilen können sie nicht. Wenn Gott zulässt, dass der tödliche Virus in meinen Körper eindringen konnte, wird es einen Sinn haben.

Natürlich war ich am Anfang zornig, habe nächtelang geschrien, Gott angeklagt und immer wieder gefragt: Warum ausgerechnet ich? Plötzlich war alles, was ich mir jemals gewünscht hatte, wertlos. Aber durch meinen Glauben bin ich zur Gewissheit gekommen, dass ich verzeihen muss, um selber Frieden zu finden. Vor zwei Jahren habe ich meinen Peiniger zufällig auf der Straße wiedergesehen. Da habe ich gemerkt, dass ich keine Gefühle mehr für ihn habe, weder Hass noch Rache.

Dass mir das gelungen ist, verdanke ich Alison*, meiner Betreuerin in der Wohngruppe des Kinderheims, in der wir wie eine Familie zusammenleben. Sie hat gemerkt, was mit mir los ist, und mir geholfen, meine Geschichte zu verarbeiten.«

* Namen geändert

■ **»Was vom Leben übrig bleibt«.** Gliedere den Text über Zanele und gib den verschiedenen Teilen Überschriften. Erstelle dann eine Stimmungskurve zu den Textteilen.

■ **AIDS in Afrika.** Informiere dich im Internet (www.aids-kampagne.de) oder im Lexikon über die Situation in Afrika (Anzahl der Infizierten, Anzahl der Neuerkrankten, Ansteckungsmöglichkeiten, Lebenserwartung, Behandlung etc.).

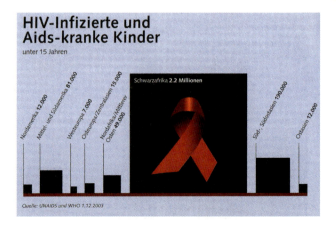

BERUFENE RUFER – PROPHETEN
Prophet – Engagement mit Zukunft?

Katholisches AIDS-Kontroll-Programm KAKAU

Die Ausbreitung von AIDS in der Region Bukoba/Tansania hat bedrohliche Auswirkungen auf die Lebenssituation der Bevölkerung. Die katholische Kirche will dem nicht tatenlos zusehen, sondern sich der Herausforderung stellen und führt seit einigen Jahren das katholische Programm KAKAU zur Überwindung von AIDS durch.

Der Name KAKAU ist die Abkürzung für »Kanisa Katoliki dhidi ya Ukimwi«, das AIDS-Programm der katholischen Kirche in der Landessprache Suaheli.

Die Mitarbeiterinnen und Mitarbeiter von KAKAU leisten AIDS-Aufklärung in Schulen, bei Jugend- und Frauengruppen. Sie organisieren Seminare und Workshops zur AIDS-Problematik. Und das Thema – sei es der Schutz vor Ansteckung, sei es der Umgang mit Kranken oder Betroffenen – soll packend und praktisch vermittelt werden.

Deshalb arbeitet KAKAU viel mit Straßentheater, mit Gesang und Tänzen. Aufklärung und Information allein reichen nicht. Die nötige Verhaltensänderung braucht Motivation und Wertorientierungen.

■ **Afrikanisches Sprichwort.** Ein afrikanisches Sprichwort lautet: »Wir Menschen sind Engel mit nur einem Flügel. Um fliegen zu können, müssen wir uns umarmen.« Erläutere, warum die Hilfsorganisation *Missio* gerade dieses Motiv für die Aktion »AIDS & Kinder« gewählt hat.

■ **Flyer.** Gestalte anhand der im Text gegebenen Informationen über KAKAU einen Prospekt für Jugendliche. Zeige auf, in welcher Hinsicht KAKAU eine prophetisch handelnde Organisation ist und in welcher Hinsicht nicht.

KAKAU ermutigt die Menschen, sich gemeinschaftlich der AIDS-Problematik anzunehmen.

Die Gemeinden sind aufgerufen, sich um ihre AIDS-Kranken, insbesondere um die AIDS-Waisen, zu kümmern.

Alle Aktivitäten sind darauf ausgerichtet, den Menschen spirituelle, soziale und wirtschaftliche Hilfe zu geben. Ein wichtiger Aspekt ist die Beratung sowie die medizinische und pastorale Betreuung der AIDS-Kranken. Das Programm trägt weiterhin Sorge dafür, dass etwas für die Grundbedürfnisse der betroffenen Familienangehörigen (Nahrung, Kleidung etc.) getan wird. Bei der Bekämpfung von AIDS und der Hilfe für die Opfer arbeitet KAKAU inzwischen mit staatlichen Stellen und Nichtregierungsorganisationen zusammen.

■ **Heilung.** In der Antike wurden Menschen v. a. wegen mangelnder Hygiene und medizinischer Möglichkeiten nicht so alt wie heute. Von Krankheiten erzählt auch die Bibel: von Aussätzigen (Menschen mit Lepra oder Hautkrankheiten), Invaliden (Blinde, Taube, Gelähmte) und psychisch Kranken, in denen man einen bösen Geist vermutete. Heilung versuchte man mit vergleichsweise einfachen Mitteln (Öl, Wein, Speichel …) und durch Gebete (Krankheit galt auch als Strafe Gottes für eine Verfehlung) zu erreichen. Nicht selten wurden kranke Menschen von ihren Familien verstoßen und mussten außerhalb der Gemeinschaft leben. Versetze dich in den Alltag eines Blinden in der Antike und verfasse in Ich-Form seine Selbstvorstellung (Tagesablauf, Tagesbeschäftigung, Umgang mit Menschen …). Lies Mk 10,46–52 und verfasse eine Selbstvorstellung des blinden Bartimäus nach seiner Heilung. Vergleiche beide Selbstvorstellungen miteinander. Ergänze dann diesen Satz: »Wenn Jesus Menschen heilt, …«

■ **Propheten.** Organisationen wie *Missio* nehmen für sich den Heilungsauftrag Jesu sehr ernst. Überprüfe, ob man hier von Berufung und von Prophetie sprechen kann.

Aids & Kinder

Petrus Ceelen

Petrus Ceelen, geboren 1943, katholischer Theologe und Gesprächstherapeut; von 1975–1991 Gefangenenseelsorger auf dem Hohenasperg, von 1992–2005 sog. »AIDS-Pfarrer« in Stuttgart

Einige Gemeindemitglieder von Petrus Ceelen haben ihre Gedanken, ihr Leben, ihre Ängste in Worte oder Bilder gefasst – so auch Michelle, von der das hier wiedergegebene Bild stammt.

Auf die Frage, woher Ceelen die Kraft für seine Aufgabe nimmt, sagt er: »Manchmal bin ich selbst auch todtraurig und niedergeschlagen. Trotzdem bekomme ich immer wieder auch Kraft, vor allem von den Menschen selbst, zu denen ich hingehe. Weil sie mich spüren lassen, dass es gut ist, dass ich da bin. Wie sie sich freuen, dass ich zu ihnen komme! Wenn ich jemanden umarme, umarmt er mich auch. Die Hand, die ich halte, hält auch mich. Alles ist gegenseitig, ein Geben und Nehmen.«

Über seine Erfahrungen spricht Ceelen in zahlreichen Vorträgen, in denen er die Menschen immer wieder dazu aufruft, Nächstenliebe und <u>Toleranz</u> gerade den Benachteiligten gegenüber zu zeigen, damit die soziale Kälte nicht noch mehr zunimmt. »Helfen fängt mit Sehen an«, sagt Ceelen, womit er die Menschen motivieren will, nicht wegzuschauen, wenn sie Leid sehen. Ceelen macht jedoch deutlich, dass es einem Menschen nichts nütze, mit ihm in sein Leid zu versinken. Mitleiden heiße vielmehr Geben und Handeln, sich darauf einlassen, das Notwendige zu tun. Als er einmal ein AIDS-krankes Mädchen fragte, was er für sie tun könnte, meinte sie: »Nur ein bisschen da sein.«

Gott schreibt jedem Menschen seine Geschichte.
»Du bist geliebt« heißt das Vorwort jeder Geschichte.

- **Propheten.** Prüfe, ob du diesem Gedicht den Titel »Propheten« geben kannst. Wende die Merkmale für Propheten, die du bis jetzt kennst, auf die Menschen darin an.

- **»Manche Menschen«.** Überlege, ob es in deinem Leben Menschen gibt, die »ein Geschenk des Himmels sind«. Schreibe einem von ihnen eine Postkarte mit Ceelens Gedicht.

Ein Bild, gemalt von Michelle, einer Patientin von Petrus Ceelen

- **Bildbetrachtung.** Betrachte und beschreibe Michelles Bild. Schau dir einzelne Bildausschnitte an und überlege, wofür sie stehen. Gib dem Bild einen Titel. Ist es ein hoffnungsvoller oder ein verzweifelter?

Manche Menschen wissen nicht,
wie wichtig es ist, dass sie einfach da sind.

Manche Menschen wissen nicht,
wie gut es tut, sie nur zu sehen.

Manche Menschen wissen nicht,
wie tröstlich ihr gütiges Lächeln wirkt.

Manche Menschen wissen nicht,
wie wohltuend ihre Nähe ist.

Manche Menschen wissen nicht,
wie viel ärmer wir ohne sie wären.

Manche Menschen wissen nicht,
dass sie ein Geschenk des Himmels sind.

Sie wüssten es,
würden wir es ihnen sagen.

Petrus Ceelen

BERUFENE RUFER – PROPHETEN
Propheten heute?

Waris Dirie

Waris Dirie, geboren 1965 in der Wüste Somalias, wurde im Alter von fünf Jahren »beschnitten« – eine Prozedur, die täglich ca. 6 000 Mädchen in Afrika erleiden. Als sie im Alter von 14 Jahren verheiratet werden sollte, floh sie und gelangte auf ihrer Flucht schließlich nach London, wo sie als Model entdeckt wurde. Seit 1994 kämpft sie als Sonderbotschafterin der UNO gegen die Genitalverstümmelung in Afrika.

Warum werden »Beschneidungen« bei Frauen durchgeführt?
Dirie: FGM *(Female Genital Mutilation)* wird in 28 Ländern durchgeführt. Der Hintergrund ist der, dass Familien in diesen Gesellschaften Frauen, die nicht genitalverstümmelt sind, als wertlos ansehen. Das hat seinen Grund auch darin, dass Mädchen in diesen Gesellschaften nicht aus Liebe heiraten, sondern auf den Markt gebracht und verkauft werden, d. h., es ist im Interesse der Familien, dass Mädchen als Jungfrauen in die Ehe gehen. Abgesehen davon werden Mädchen, die nicht genitalverstümmelt sind, als unsauber angesehen.

Sie kämpfen gegen die Genitalverstümmelung von Frauen und haben auch eine diesbezügliche Stiftung ins Leben gerufen. Welche Ziele verfolgt diese Stiftung? Welche konkreten Projekte gibt es?
Dirie: Im Moment gründen wir gerade Spitäler, die speziell als Geburtshilfestationen dienen sollen. In Somalia sind hundert Prozent aller Frauen genitalverstümmelt. Die Geburt ist überaus schwierig und sehr gefährlich. Es gibt sehr viele Frauen, aber auch Kinder, die eine solche Geburt nicht überleben. Wir bemühen uns aber auch um die Aufrüstung der Infrastruktur von Dörfern, in denen es keine Ärzte, keine Schulen und keine Wasserversorgung gibt. Das Herzstück unserer Arbeit ist freilich die Aufklärung. Es handelt sich um Basisarbeit, d. h., wir arbeiten etwa mit Koranpredigern zusammen, die den Menschen erzählen, dass der Koran FGM nicht vorschreibt und dass FGM auch eine Gefahr für die Gesundheit bedeutet.

Dirie schreibt in ihrem Buch »Wüstenblume«: »Mein Ziel ist es, den Frauen in Afrika zu helfen. Die Verstümmelung ihrer Genitalien schwächt sie körperlich und seelisch. Da Frauen aber das Rückgrat Afrikas sind und die meiste Arbeit verrichten, male ich mir gern aus, wie viel sie erreichen können, wenn man sie als Kinder unversehrt ließe und nicht für den Rest ihres Lebens verstümmelte.«

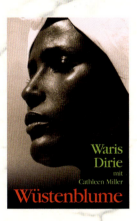

■ **»Wüstenblume«.** Waris bedeutet »Wüstenblume«. Inwiefern hat sie ihren Namen zum Programm gemacht?

■ **Genitalverstümmelung oder Beschneidung.** Informiere dich über Genitalverstümmelung. Finde Argumente dafür, warum der Begriff »Beschneidung« für diesen Sachverhalt nicht zutrifft.

■ **Prophetische Menschen.** Setzt euch damit auseinander, in welcher Hinsicht Petrus Ceelen und Waris Dirie prophetische Menschen sind. Diskutiert, ob ein Prophet heute das gleiche ist wie ein Prophet zu biblischen Zeiten (vgl. S. 36f. und S. 38–40).

47

Jugend- und Schulradio 100,7

6.00	Frühstücksprogramm
12.00	**Deutsch**: Kalendergeschichten nacherzählt
12.30	**Mathematik**: Die Mitternachtsformel
13.00	**Biologie**: Evolution – Wie Leben sich entwickelt
14.00	**Religion**: Alttestamentliche und moderne Propheten

■ **Radiofeature.** Der Radiosender eurer Heimatstadt möchte für sein Jugendradio einen Sendebeitrag (= ein *Feature*) zum Thema »Alttestamentliche und moderne Propheten« bringen. Erstellt dafür zwei kurze Informationstexte, die ihr auf Tonträger sprecht. Stellt euch dann gegenseitig alle eure Sendebeiträge vor.

Prophetenmonopoly

Vorbereitung:
Ihr benötigt vier bis sechs Spielfiguren und einen Würfel. Entscheidet gemeinsam, mit welchem Propheten (Amos bzw. Jeremia, CIR oder Petrus Ceelen) ihr euch beschäftigen wollt. Zeichnet dann auf einen großen Karton die Umrisse von Israel, Honduras oder Deutschland und entwerft einen Parcours mit hellen und dunklen Feldern (s. u.). Entwerft für die dunklen Felder ca. 15 Ereigniskarten, auf die ihr notiert, welche Ungerechtigkeiten Menschen in dem jeweiligen Land erfahren bzw. womit sie zu kämpfen haben (s. u.). Schreibt diese Ereigniskarten auf dunkles Papier. Entwerft für die hellen Felder ca. 15 Ereigniskarten, auf die ihr notiert, wie Propheten sich dafür einsetzen, dass ihre Welt besser wird (s. u.). Schreibt diese Ereigniskarten auf helles Papier.

Spielverlauf:
Stellt eure Spielfiguren am Start auf, und wer zuerst eine »6« würfelt, darf beginnen.
Bei den dunklen Ereignisfeldern zieht derjenige, der das Ereignisfeld erreicht hat, eine dunkle Ereigniskarte und folgt den darauf notierten Anweisungen; das Gleiche gilt für die hellen Ereignisfelder und die hellen Ereigniskarten. Das Spiel ist beendet, wenn alle Mitspieler am Ziel angekommen bzw. ausgeschieden sind.

Beispiele für dunkle Ereigniskarten:

> Du hast dein Tagespensum, 960 Hosen zu nähen, nicht geschafft und verlierst daher deinen monatlichen Bonus von fünf Dollar. Gehe fünf Felder zurück!

> Bei einem routinemäßigen Schwangerschaftstest kommt heraus, dass du schwanger bist. Du wirst aus der Fabrik entlassen – das Spiel ist für dich vorbei!

> Nach zwölf Stunden Arbeit bist du müde und schläfst in der Fabrik, weil es am nächsten Morgen wieder um 6.00 Uhr weitergeht. Setze eine Runde aus!

Beispiele für helle Ereigniskarten:

> Die Christl. Initiative Romero setzt sich in der Fabrik für bessere Arbeitsbedingungen ein, sodass du zu Hause bleiben kannst, wenn dein Kind krank ist. Rücke drei Felder vor!

> Auf Betreiben couragierter Mitarbeiter werden die Überwachungskameras abgeschafft. Jetzt kannst du in der 50 Grad heißen Halle auch einmal trinken, ohne deinen Job zu verlieren. Rücke ein Feld vor!

> Du bist krank, aber da du einen Arzt besuchen darfst, bist du bald wieder gesund und kannst weiterarbeiten, weil dir dein Job erhalten bleibt. Rücke fünf Felder vor!

BERUFENE RUFER – PROPHETEN
»Prophetenecho«

Prophetendomino

Beginne mit dem Dominostein, auf dem START steht. Lies nun die Aufgabe auf der zweiten Hälfte dieses Steins und suche die passende Lösung dazu usw. Das richtige Lösungswort ergibt sich, wenn du alle Steine richtig aneinandergelegt hast und die Buchstaben miteinander verbindest; es drückt aus, worin Propheten v. a. ihre Aufgabe sahen.
Tipp: Gestalte selbst Dominosteine nach diesem Frage-Antwort-Prinzip.

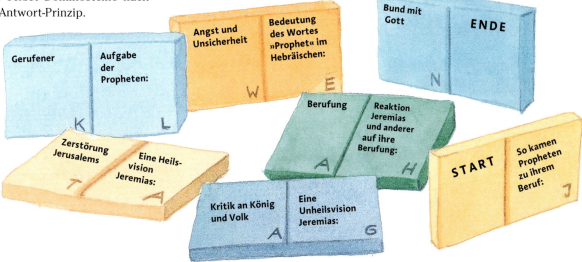

- **Klage- / Danklied.** Rufe dir Menschen, Ereignisse oder Situationen in Erinnerung, die dich bewegt haben zu klagen oder zu danken. Verfasse dann dein eigenes Klage- / Danklied; du kannst es auch mit Farben, die für dich Klage oder Dank ausdrücken, verzieren.

»Klage und Dank«

Zahlreiche alttestamentliche Texte – und auch einige neutestamentliche – sind sogenannte Klagelieder; in ihnen findet sich die Klage über den Tod eines Menschen, die Klage zu Gott, die Anklage Gottes, die Verklagung der Feinde bei Gott und v. a. in prophetischen Büchern die Totenklage über den Untergang eines ganzen Volkes. Sinn und Zweck dieser Klagelieder ist die Erflehung göttlicher Hilfe angesichts schlimmer Notlagen. Gleichzeitig enthalten aber v. a. das AT sowie das NT auch zahlreiche Danklieder, die von einem bestimmten Gnadenerweis Gottes berichten.
Besonders eindrücklich finden sich die Themen Klage und Dank in den Psalmen, die Grundsituationen des Menschen vor Gott lebensnah und in poetischer Sprache schildern:

Klagepsalmen: Hier klagt das Volk bzw. der Einzelne in besonderen Notsituationen (z. B. Naturkatastrophen, Bedrängnis durch Feinde, Unglück, Krankheit, Schuldverstrickung, Verleumdung, falsche Anklage, Lebensbedrohung etc.), um Jahwes Hilfe zu erflehen.

Dankpsalmen: Thema ist der Dank an Jahwe, der sein Volk oder einen einzelnen Menschen aus Bedrängnissen befreit hat.
Klage und Dank sind jedoch keine Themen, die die Menschen ausschließlich vor Tausenden von Jahren beschäftigten, auch heute klagen Menschen in Notlagen und danken, wenn sie eine Wohltat erfahren haben.

In der folgenden Lernlandschaft geht es um die Frage, was ein Einzelner alles bewirken kann, wenn er von seinem Tun überzeugt ist. Aber du siehst auch, wie die besonderen geschichtlichen Umstände menschliche Absichten in ganz andere Bahnen lenken können, sodass es am Ende nicht um die Frage geht, wer Sieger und wer Verlierer ist. Weiterhin wirst du lernen, inwieweit die Religion das Tun der Menschen bestimmt und wo sie auch den egoistischen Bestrebungen einzelner Menschen als Ausrede dient.

Schließlich geht es um den Streit innerhalb der Kirche: Welche Überlieferungen und Traditionen sind für den Menschen wertvoll? Inwieweit spiegelt sich in den unterschiedlichen Konfessionen der christliche Glaube wider? Ist aus diesem Streit um die rechte Nachfolge Jesu heute ein Wettstreit geworden?

■ **Marktkirche zu Halle.** In St. Marien am Marktplatz zu Halle predigte einst Martin Luther. Versetze dich in die Lage der Menschen vor dem Kirchengebäude. Tauscht aus, was sie empfinden könnten.
Auf der folgenden Doppelseite zeigen dir die dortigen Abbildungen, was sich in der Zeit um 1500 alles verändert.

REFORMATION –

AUS LIEBE ZUR KIRCHE?

▲ Johannes Gutenbergs Druckerpresse, Nachbau des Gutenberg-Museum, Mainz

▼ Mensch am Rand der Erdscheibe

▲ Landung der Spanier auf der Insel Hispaniola (Stich von Theodor de Bry, 1594, also 102 Jahre nach der »Entdeckung«)

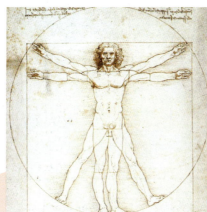

◀ Leonardo da Vinci, ca. 1490

MITTELALTER — **1500**

▶ Martin Behaim, 1492

◀ Dom von Florenz, 1436 (mit 39 m Durchmesser die größte Kuppel in Europa seit Errichtung des Pantheons)

REFORMATION – AUS LIEBE ZUR KIRCHE?
Die Welt im Umbruch

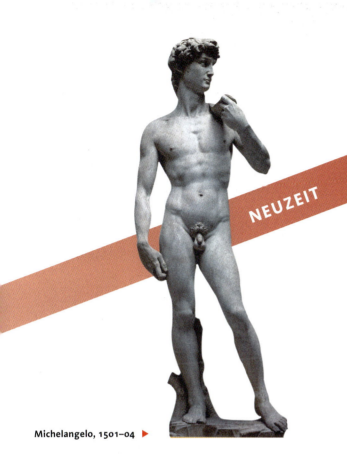

NEUZEIT

◀ Michelangelo, 1501–04 ▶

▲ Pest in den Straßen von Marseille

▲ Nikolaus Kopernikus, Darstellung von 1660 (ursprünglich aus seinem Werk »De Revolutionibus Orbium Coelestium« von 1543)

▼ Gerrit van Honthorst, 1620

■ **Umbruch.** Überlegt, inwiefern die auf den Bildern dargestellten Gegenstände bzw. Ereignisse das Lebensgefühl der Menschen um 1500 beeinflusst haben könnten. Tauscht danach Argumente aus, warum Gelehrte im Nachhinein darin einen Umbruch vom Mittelalter zur Neuzeit festgemacht haben.

■ **Vergleich.** Beschreibe und interpretiere das Renaissance-Gemälde van Honthorsts. Recherchiere mithilfe einer Suchmaschine eine alte Weihnachtsikone und vergleiche sie mit dem Gemälde. Benenne die Unterschiede, wie die Künstler die Menschen darstellen.

■ **Zeitstrahl.** Übertrage den Zeitstrahl auf eine Doppelseite in dein Heft. Ergänze ihn während oder am Ende der Unterrichtseinheit mit den neu behandelten Ereignissen und durch deine Kenntnisse aus dem Geschichtsunterricht.

Bilder gestalten

Entdecken und Deuten
Ein Bild erschließt sich meist nicht auf den ersten Blick. Hier hilft zunächst eine unvoreingenommene Beschreibung, dann die Deutung dessen, was der Künstler vielleicht ausdrücken wollte. Erst in einem dritten Schritt überlegst du dann, was uns das Gemälde heute sagen könnte. Dabei ist keine deiner Vermutungen falsch, wenn du sie mit einer Beobachtung untermauern kannst!

Viele Bilder, und oft sind es gerade die modernen, wollen uns eine andere, spezielle Sicht der Welt präsentieren. Es soll unsere »normale« Weltbetrachtung aufgebrochen werden, damit wir etwas Neues entdecken. Auch wird unser Blick auf Fremdes gelenkt, damit wir uns selbst am anderen neu wahrnehmen, ja sogar überprüfen können. So entwickelt sich langsam eine neue Sehgewohnheit: dass wir die Welt nicht einfach als das nehmen, was wir oberflächlich sehen.

Gestalten
Wenn wir ein Bild selbst gestalten, dann kann dies sehr weit gefasst werden:
Wir stellen nicht nur etwas dar, sondern wir interpretieren, produzieren und verändern.

Ein (selbst)gemaltes Bild kann über einen Text hinausreichen, da es zeitlich aufeinander folgende Vorgänge gleichzeitig darstellen und damit Zusammenhänge schaffen kann, die sprachlich nur im Nacheinander möglich sind. Die Farben können Emotionen und Bewertungen symbolisieren, die sich sprachlich nur schwer ausdrücken lassen.

Ein Bild kann verfremdet, übermalt, ergänzt werden. Ein Aspekt oder eine Figur kann herausgelöst und in einen neuen, evtl. aktuellen Zusammenhang gestellt werden.

Wenn ein Bild szenisch gestaltet wird, kann im Spielen sichtbar werden, was ohne die Gestaltung nicht sichtbar wäre: welche Gefühle etwa die Akteure bewegen, was sie denken und dann (vielleicht gerade im Gegensatz dazu) äußern.

■ **Bilder lesen.** Lies den Text im Kasten und schreibe heraus, welche Vorzüge ein Bild haben kann.

■ **Konzentrieren.** Dämme für einige Tage die Bilderflut ein, die unablässig auf dich einstürmt. Erzählt euch danach untereinander von euren Erfahrungen, wenn ihr zum Beispiel auf das Fernsehen oder das Surfen im Internet verzichtet habt.

■ **Lieblingsbild.** Bringe dein Lieblingsbild in die Schule mit und beschreibe es einer Mitschülerin oder einem Mitschüler so, dass sie bzw. er es nachmalen kann, ohne es anzuschauen. Tauscht danach eure Erfahrungen aus.

■ **Videoclips.** Überlegt gemeinsam, warum die Bildsequenzen in Videoclips, aber auch in modernen Filmen so schnell wechseln. Könnte diese Entwicklung Anlass zur Sorge geben? Begründe deine Antwort.

■ **Bildersprache.** Suche in diesem Kapitel ein Bild, das dich besonders anspricht. Zeichne bewusst ein Detail nach, etwa einen Kopf, eine Hand. Entwirf einen Meditationstext dazu.
Stellt in der Religionsgruppe eine gemalte Szene (etwa mit Standbildern) nach. Sprecht im Nachhinein jeweils über Unterschiede zur bloßen Bildbetrachtung.

REFORMATION – AUS LIEBE ZUR KIRCHE?
Welt und Bild neu sehen

Giotto di Bondone, zwischen 1303 und 1310

■ **Beweinung Christi.** Im Mittelalter können viele Menschen kaum lesen und schreiben. Deshalb nehmen sie ihr Wissen aus Bildern, die sie aber meist viel genauer betrachten als wir heute. Die Fresken in den Kirchen stellen gewissermaßen die Bibel für die Armen dar.
Beschreibe Giottos »Beweinung Christi«. Überlege, wie das Bild auf Menschen damals gewirkt haben könnte.
Gestalte ein Bild einer Notsituation, in der ein Mensch auf Trost und Hilfe angewiesen ist. Veranstaltet anschließend mit euren Bildern eine Ausstellung im Klassenraum. Achtet einmal bei der Besichtigung der Bilder darauf, ob es auch Wesen gibt, die Trost spenden und Hilfe bringen.

55

Unbekannt, nach 1348

- **Mit Ängsten umgehen.** Schreibe Sorgen und Ängste, die dich umtreiben, anonym auf ein Kärtchen. Sammelt die Kärtchen ein und klebt sie an die Tafel. Versucht, die Kärtchen als »Cluster« unter bestimmte Überbegriffe zu gruppieren. Sprecht über Möglichkeiten, euren Ängsten zu begegnen.
Startet eine Umfrage: Welche Sorgen treiben ältere Menschen um? Wertet diese dann in gleicher Weise aus.

- **Gerechtigkeit.** Stelle in zwei Spalten zusammen, welche Leistungen du erbringst und welchen Zweck du damit verfolgst. Welche Rolle spielt dabei der Aspekt der Gerechtigkeit?

- **Angst um die Kirche.** Franz von Assisi (1182–1226) hört in jungen Jahren eine Stimme beim Gebet: »Franziskus, geh und baue mein Haus wieder auf, das, wie du siehst, ganz und gar in Verfall gerät.« Interpretiere diesen Satz zunächst wörtlich, dann metaphorisch (übertragen). Informiere dich in Lexika oder im Internet über den heiligen Franziskus und die Franziskaner. Schreibe zentrale Informationen in dein Heft, vor allem auch, wie Franz die damalige Kirche erlebt und wie er sich eine ideale Kirche vorgestellt hat.

- **Lebensgefühl im Spätmittelalter.** Beschreibe das Bild. Begründe, warum das Bild »Triumph des Todes« heißt. Achte dabei genau auf die Darstellung des Hintergrundes, des Todes und seiner Attribute, des Wagens, der Pferde und der Menschen.
Heute zeigen viele Fernsehfilme Mord und Totschlag. Vergleiche deren Darstellungsweise und Absicht mit der Darstellung und Absicht des Bildes hier.

REFORMATION – AUS LIEBE ZUR KIRCHE?

Angst – und kein Ausweg?

56

Die Lehre vom Fegefeuer

Wer im Leben gesündigt hat und gestorben ist, ohne gebeichtet zu haben, der wird nach dem Tod im Fegefeuer geläutert, d. h. von seinen Sünden »gereinigt«. Wenn hierbei vom Feuer die Rede ist, so ist dies freilich ein Bild für die läuternde, reinigende Kraft der Barmherzigkeit Gottes. Es handelt sich also um den reinigenden Schmerz der Liebe, die sich ihrer versäumten Möglichkeiten bewusst wird. Nun können die Lebenden ihre Zeit im Fegefeuer verkürzen: durch gute Werke, durch Fürbitten der Heiligen oder durch einen Ablass, den man auch heute noch von der Kirche erlangen kann.

Im Mittelalter wurde diese Praxis missbraucht: Viele Menschen glaubten, es reiche bereits, einen Ablass-Brief zu kaufen, und schon sei man seine Sünden los. Manche wollten sich schon im Vorhinein von Sündenstrafen im Fegefeuer freikaufen.

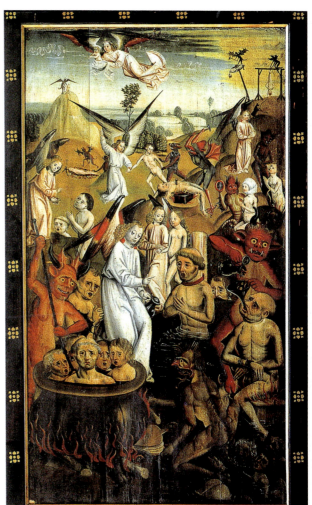

Unbekannt, um 1480

■ **Fegefeuer.** Lies den Text zum Fegefeuer und beschreibe das Bild. Kannst du einige Szenen erklären?
Überlege in Partnerarbeit, welche Sünden es gibt. Diskutiert diese (evtl. in einem Schreibgespräch) und haltet sie im Heft und an der Tafel fest.

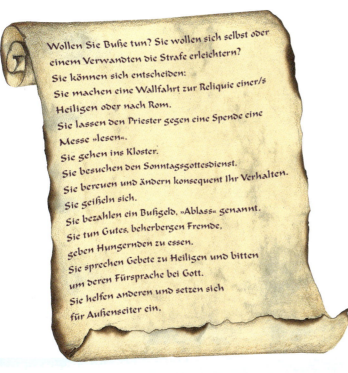

Wollen Sie Buße tun? Sie wollen sich selbst oder einem Verwandten die Strafe erleichtern?
Sie können sich entscheiden:
Sie machen eine Wallfahrt zur Reliquie einer/s Heiligen oder nach Rom.
Sie lassen den Priester gegen eine Spende eine Messe »lesen«.
Sie gehen ins Kloster.
Sie besuchen den Sonntagsgottesdienst.
Sie bereuen und ändern konsequent Ihr Verhalten.
Sie geißeln sich.
Sie bezahlen ein Bußgeld, »Ablass« genannt.
Sie tun Gutes, beherbergen Fremde, geben Hungernden zu essen.
Sie sprechen Gebete zu Heiligen und bitten um deren Fürsprache bei Gott.
Sie helfen anderen und setzen sich für Außenseiter ein.

■ **Angst vor Gott.** Hier findest du Angebote, wie die Menschen der Angst vor einem gerecht strafenden Gott zu entkommen versuchten. Welche dieser Bußübungen erscheinen dir schwierig, welche einfach? Welche geeignet bzw. falsch?
Nur wenige der hier genannten Werke findest du auch in der Bibel. Lies Mt 25,31–40. Schreibe die »Werke der Barmherzigkeit« heraus. Begründe, ob du diese (nur/auch?) als Buße für sinnvoll hältst.

57

Wer ist Martin Luther? – Seine Ängste und sein »Evangelium«

Martin Luther wird 1483 in Eisleben geboren. Im Alter von 22 Jahren soll ihn auf dem Weg in das Dorf Stotternheim ein schweres Gewitter derart geängstigt haben, dass er ausgerufen habe: »Hilf, heilige Anna, und ich will Mönch werden.« Weil er mit dem Leben davonkommt – wie er sich bereits zuvor während der Pest von Gott verschont sieht –, fühlt er sich diesem Gelübde verpflichtet, denn Gott ist für ihn ein gerechter, aber strenger Richter.

Er tritt ins Kloster der Augustinereremiten in Erfurt ein und muss seine Demut, Unterwerfung und Gefolgschaft auch nach außen hin durch die Tonsur zeigen. Er wohnt in einer kleinen, unbeheizten Zelle, muss in der Küche oder beim Putzen niedere Arbeiten verrichten und ab 3.00 Uhr morgens sieben Mal am Tag an Gottesdiensten teilnehmen. Jede noch so kleine Schuld beichtet er, sodass selbst Luthers Beichtvater Staupitz dessen Schuldgefühle als überzogen einschätzt. Geistigen Ausgleich bietet das Studium der Theologie und vor allem der Bibel. 1507 wird er gegen den Wunsch seines Vaters zum Priester geweiht, später sogar Professor für Theologie an der Universität in Wittenberg.

Luther zieht sich jedoch immer wieder voller Schuldgefühle in sein Arbeitszimmer im schwarzen Turm des Klosters zu Wittenberg zurück und sucht Hinweise, wie er vor Gottes Gericht bestehen kann, d. h., wie seine Taten auf Erden vor Gott »gerechtfertigt« werden können. Er liest Röm 1,17 und interpretiert: »Allein mein Glaube reicht aus, um bei Gott als gerecht zu gelten.« Und er macht eine weitere »Entdeckung«: »Ein Christenmensch ist frei. Wer an Christus glaubt, kann beschwingt und fröhlich sein. Dann tut er freiwillig gute Werke, aus Dankbarkeit über das Geschenk der Gnade und Liebe Gottes, da er unbedingt von Gott angenommen ist und keine Angst vor Verstoßung haben muss.« Somit erklärt er sich unabhängig von den Autoritäten der Tradition, der Kirche und der Welt und unterstellt sich allein der Autorität der Heiligen Schrift.

Viele Menschen stimmen Luther zu. Die Not leidenden Bauern berufen sich auf ihre Freiheit als Christen und fordern in zwölf Artikeln mehr Unabhängigkeit von ihren Herren. Im Frühjahr 1525 aber wandte sich Luther scharf gegen die aufständischen Bauern, die sich bisher in ihrem Anliegen durch Luthers Schriften bestärkt und ermutigt gefühlt hatten. Luther legt seine Mönchskutte ab und heiratet mit 42 Jahren die Nonne Katharina von Bora; sie haben miteinander sechs Kinder.

Bis 1534 übersetzt Luther die ganze Heilige Schrift. Diese prägt durch ihre Verbreitung die deutsche Hochsprache; denn alle Christen können jetzt – nicht zuletzt dank des Buchdrucks – in der Bibel lesen und sich wie Luther auf ihr Gewissen und das Wort Gottes berufen. 1546 stirbt der Reformator in Eisleben. Im Alter entwickelte er eine skeptische Sicht auf das Judentum.

Lucas Cranach, 1521

- **Luthers Leben.** Übertrage etwa fünf Stationen aus Luthers Leben in dein Heft und illustriere sie jeweils mit einer kleinen Zeichnung.
Notiere, warum es Luther so wichtig war, dass jeder die Bibel selbst lesen und verstehen kann.

- **Beurteilung.** Überlege, warum Lucas Cranach diese Szene vom Hofe des Papstes zu Rom darstellt. Stimmt diese Beurteilung des Papstes deiner Meinung nach heute noch? Vergleiche das Bild mit der Geschichte von der Fußwaschung (Joh 13,1ff.).

- **Luthers Erkenntnis.** Versuche in eigenen Worten zu formulieren, was Luther plötzlich innerlich so frei gemacht hat, dass er vor Gottes Gerechtigkeit keine Angst mehr hatte. Diskutiert anschließend den Satz: »Liebe kann man sich nicht verdienen.«

REFORMATION – AUS LIEBE ZUR KIRCHE?
Martin Luther – Vorbild oder Ketzer?

Luther in Rom

Luther reist 1511 im Auftrag seines Ordens nach Rom. Dort sieht er Dinge, die ihn entsetzen: Priester halten für möglichst viel Geld möglichst viele möglichst schnelle Seelenmessen. Vielerorts darf man Reliquien für Geld sehen, für noch mehr Geld berühren. Gegen Entgelt bekommt man sogar einen Ablassbrief, also eine Bescheinigung über den Strafnachlass für begangene Sünden (auf Erden und vor allem im Fegefeuer) – das Geld ersetzt dabei andere Bußleistungen. Und dieser Ablass gelte nicht nur für die begangenen eigenen Sünden, sondern auch für bereits verstorbene Verwandte, ja sogar für Sünden, die man in Zukunft erst begehen würde.

Der Papst lebt in Saus und Braus wie ein weltlicher Fürst, reitet mit einer goldenen Rüstung umher, feiert prunkvolle Feste, sieht sich gerne Theaterspiele an. Überdies hat er selbst mehrere Kinder. Um Geld zu bekommen für sein luxuriöses Leben und seine Prunkbauten, verkauft er Bischofssitze an Adlige (wer allerdings zwei oder mehr Ämter gleichzeitig will, muss ein Vielfaches berappen). Um das Seelenheil der einfachen Gläubigen kümmert er sich überhaupt nicht.

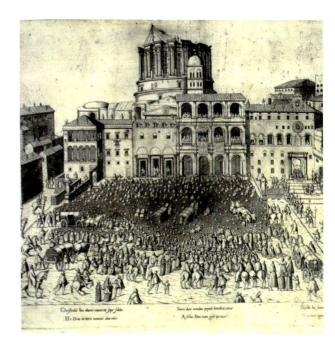

Petersdom um 1600, unbekannter Künstler

- **Anspruch und Wirklichkeit.** Informiere dich über das Selbstverständnis des Papstamtes heute mithilfe des Lexikons.
Recherchiere beim Kölner Stadt-Anzeiger den Artikel »Papst in aller Bescheidenheit« (www.ksta.de) vom 26. März 2013 und vergleiche die Lebensführung von Papst Franziskus mit der oben beschriebenen.

- **Reflexion.** Sammelt Argumente für und wider die Problemfrage der Doppelseiten-Überschrift.

- **Missstände.** Erregt kommt Martin Luther von seiner Romreise wieder in sein Heimatkloster und sucht sofort seinen Vertrauten und Beichtvater Staupitz auf. Gestalte einen Dialog zwischen den beiden. Berücksichtige dabei auch, welche Ratschläge Staupitz dem angehenden Professor der Theologie geben könnte.
Diskutiert miteinander, ob solche Missstände in der Kirche heute noch vorstellbar sind.

- **Petersdom.** Beschreibe den Petersdom in Rom (Bauzeit ca. 1505–1666; Fassungsvermögen 60 000 Menschen). Notiere, was die Päpste damals mit einem solchen Bauwerk beabsichtigt haben könnten. Inwiefern dauert diese Wirkung heute noch an? Gibt es heute andere Institutionen, deren Bauten Programm sind? Nenne mögliche Motive der Bauherren.

Eine Ablasspredigt im Stile Johann Tetzels

Die Einnahmen aus dem Ablasshandel des Erzbischofs Albrecht von Mainz kamen je zur Hälfte dem Bau des Petersdoms in Rom und seiner eigenen leeren Kasse zugute. Er hatte nämlich, um Bischof von Mainz werden zu können, beim Bankhaus Fugger in Augsburg eine große Summe leihen müssen. Papst und Bischof schickten deshalb einen überzeugenden Prediger, den Mönch Johann Tetzel, um den Menschen den Ablass zu predigen. Eine seiner Predigten könnte sich so angehört haben:

»Ihr armseligen Menschen, hört her! Ihr steht nun hier vor mir und denkt, ich wüsste nicht, was ihr alle für Sünden begangen habt. Da irrt ihr euch. Vor Gott bleibt nichts verborgen! Jeder von euch hat gesündigt! Jeder von euch hat einen anderen schon belogen oder betrogen, jeder hat schon einmal die Messe geschwänzt! Wie ist es – wart ihr immer fleißig bei der Beichte? Und habt ihr immer alle Gebote gehalten? Na, seht ihr! Und wisst ihr, was euch nun erwartet? Selbst wenn ihr nicht ewig in der Hölle schmort, so erwartet euch für alle eure Taten doch das Fegefeuer! Wisst ihr, wie es sich anfühlt, wenn ihr euch am Herd verbrannt habt? Tausendmal schlimmer wird es euch ergehen! Jahre, Jahrhunderte, ja Jahrtausende werdet ihr im Fegefeuer leiden. Ihr werdet geröstet oder in heißes Wasser geworfen. Ihr werdet nur noch vor Schmerzen schreien.
Aber freut euch! Ich bin gekommen, damit ihr von dieser Strafe befreit werdet! Seine Heiligkeit, der Papst, und der Erzbischof Albrecht von Mainz schicken mich. Wenn ihr diesen Ablasszettel kauft, dann wird euch ein Teil eurer Strafe erlassen. Ich kann eure Qualen verkürzen oder beenden. Kein Fegefeuer, keine Strafe mehr! Und ihr könnt sogar eure lebenden und verstorbenen Verwandten befreien! Ob ihr oder sie Lügner, Betrüger, Diebe oder Mörder waren: Wenn das Geld im Kasten klingt, die Seele aus dem Fegefeuer springt.«

> ■ **Ablass.** Trage die Ablasspredigt im Stile Johann Tetzels vor (du kannst sie zuvor zu Hause üben). Erkläre, welche Hoffnungen der Dominikanerpater den Menschen macht.
> Ein Ablassbrief war damals auf Latein geschrieben. Hast du eine Vermutung, weshalb das wohl so war? Erstelle einen Comic mit Gesprächen unter den Zuhörerinnen und Zuhörern der Predigt Tetzels (ihr könnt diese Gespräche auch in Gruppen imitieren).

Luthers 95 Thesen

Vom Ablasswesen erzürnt, soll Luther 95 Thesen (sie waren zur Diskussion für die Professoren gedacht und daher in Latein) am 31. Oktober 1517 an das Tor der Schlosskirche zu Wittenberg gehängt haben. Einige seiner Formulierungen verbreiten sich in Windeseile:

1. Wenn unser Herr und Meister Jesus Christus sagt: Tut Buße …, so hat er damit sagen wollen, dass das ganze Leben der Gläubigen eine Buße sein soll.

21. Daher irren diejenigen Ablassprediger, die sagen, dass durch des Papstes Ablass der Mensch von jeder Strafe los und selig wird.

27. Menschenlehre predigen die, die da sagen, dass, sobald das Geld im Kasten klingt, die Seele vom Fegefeuer zum Himmel fahre.

36. Jeder wahrhaft reuige Christ hat volle Vergebung von Strafe und Schuld, die ihm auch ohne Ablass gebührt.

43. Man soll die Christen lehren, dass, wer dem Armen gibt und dem Bedürftigen leiht, besser handelt, als wer Ablass kauft.

> ■ **Thesen.** Formuliere sieben Thesen, in denen du Missstände in deiner Klasse und in deiner Schule anprangerst und Verbesserungsvorschläge machst.

> ■ **Folgen.** Erstelle eine Tabelle mit den beiden Spalten: »Nach Tetzel muss der Mensch Folgendes tun, um vor Gott ›gerecht‹ dazustehen – Gott wird gesehen als …« »Nach Luther muss der Mensch Folgendes tun, um vor Gott ›gerecht‹ dazustehen – Gott wird gesehen als …«
> Überlege: Hat das jeweilige Bild von Gott deiner Meinung nach Folgen für das Lebensgefühl der Menschen? Hat dieser Wandel des Gottesbildes Auswirkungen auf das Handeln der Menschen?

REFORMATION – AUS LIEBE ZUR KIRCHE?
Die Krise der Kirche

Lucas Cranach d. Ä., nach 1520

- **Ein sprechendes Bild.** Beschreibe das Bild »Gesetz und Gnade – Sündenfall und Erlösung«. Versetze dich in einzelne Figuren und lege ihnen Sprechblasen in den Mund. Begründe, auf welcher Seite du das Evangelium (*griech.* »Gute Nachricht«) verkündet siehst.

- **Luthers Bild von Gott.** Vergleiche Luthers Erfahrung (vgl. S. 56) mit Lk 15,11–32 (vgl. S. 20).
  Stelle dann in zwei Zeichnungen Luthers Gottesbild vor seinem sogenannten Turmerlebnis seiner Gottesvorstellung nach diesem Erlebnis gegenüber.

- **Luthers Bibelstudium.** Schlagt arbeitsteilig drei der folgenden Bibelstellen nach:
  Ps 23,1; Ps 103,2; Ps 107,1; Jes 66,13.
  Ps 6,4; Ps 116,6; Röm 8,39; 1Petr 5,7.
  Ps 28,7; Ps 62,7; Ps 142,3; Lk 7,50.
  Zeigt jeweils, wie Gott hier dargestellt wird. Überlegt, welche Stellen Luther als Beweis für seine »Entdeckung« verwenden konnte.

- **Himmel und Hölle.** Sprecht darüber, wie ihr euch sowohl den Himmel als auch die Hölle vorstellt.

Das Konzil von Trient

Sowohl Karl V. als auch Luther appellieren an den Papst, ein Konzil einzuberufen, um die Einheit der Christen wiederherzustellen. Papst Hadrian VI. formuliert 1523 ein Schuldbekenntnis, worin er Missstände am römischen Hof einräumt. Spät wird das 19. allgemeine Konzil (1545-63) im Dom zu Trient eröffnet, das als Wendepunkt in der Geschichte der katholischen Kirche der Neuzeit bewertet wird. Das Konzil steckt die Rechte und Pflichten kirchlicher Würdenträger klar ab. Die Ernennung der Bischöfe durch den Papst wird an konkrete Regeln gebunden, bischöfliche Amts- und Aufsichtspflichten werden festgeschrieben, die Häufung und der Kauf kirchlicher Ämter verboten. Priester sollen künftig in kirchlichen Seminaren ausgebildet werden, damit sie würdige Vertreter der Kirche sind. Die Bischöfe und Vertreter des Papstes sollen die Einhaltung der Vorschriften kontrollieren und Missbräuche bekämpfen.
Gegenüber der evangelischen Lehre verteidigt man die guten Werke als natürliches Handeln von Menschen, die Gottes Güte erfahren haben – heute erkennen wir darin mehr das Verbindende als die streitenden Parteien damals. Tradition und kirchliches Lehramt werden betont. Die weitere Verbreitung des Protestantismus soll eingedämmt, verlorenes Gebiet mithilfe der Seelsorge der Jesuiten zurückgewonnen werden (Gegenreformation).

Der »Stammbaum der Kirchen«

- **Konzil von Trient.** Stelle die im Text genannten Beschlüsse des Konzils auf einem Plakat oder Flugblatt so dar, dass deren Reformideen anschaulich werden.

- **Konfessionalisierung.** Die Zeit von 1500-1650 wird als Zeitalter der Konfessionalisierung bezeichnet. Recherchiere die Folgen dieser Entwicklung, untersuche z.B. eine Landkarte Europas aus dieser Zeit.

- **Ökumene heute.** Arbeite für einen Artikel für ein Schülerlexikon die Gemeinsamkeiten, aber auch die unterschiedlichen Akzente in der Rechtfertigungslehre heraus (weitere Informationen zur Ökumene findest du hinten im Lexikon und in der Lernlandschaft »Ein Ort des gelebten Glaubens – Taizé«, S. 132ff.).

- **Stammbaum der Kirchen.** Der »Stammbaum der Kirchen« zeigt, dass sich die Anhänger der Reformation in viele Bewegungen aufteilen. Informiert euch (arbeitsteilig) über die unterschiedlichen Glaubensrichtungen und tragt die Ergebnisse zusammen. Wie könnten Stamm und Wurzeln des Baumes beschriftet werden? Besprecht, ob Luthers Berufung auf das Gewissen die Vielfalt der evangelischen Kirchen heute erklärt.

- **Bedeutung von Konfession.** Das Wort »evangelisch« leitet sich vom Evangelium ab, auf das sich Luther und seine Anhänger berufen. »Katholisch« bedeutet hingegen »das Ganze betreffend, allgemein, umfassend«. Überlege mit deinem Nachbarn, welches Wort du für eine Konfession angemessener findest. Halte im Heft die beiden Definitionen fest und erkläre, warum die Kirchen sich so nennen.

- **Streit.** Bringt in Partnerarbeit auf Folie jeweils drei Argumente (Behauptung, Begründung und Beispiel), die zeigen, dass Meinungsverschiedenheiten auch ihr Gutes haben: in der Schule, in der Demokratie, in der Ökumene. Besprecht bei der Auswertung, welche Nennungen im Heft festgehalten werden sollen.

REFORMATION – AUS LIEBE ZUR KIRCHE?
Die Folgen für die Kirche

Das Stichwort »Rechtfertigung des Menschen vor Gott« hatte in den Streitigkeiten zwischen der Katholischen Kirche und den Reformierten Kirchen eine besondere Bedeutung.
In der »Gemeinsamen Erklärung zur Rechtfertigungslehre«, die die Katholische Kirche und der Lutherische Weltbund am 31. Oktober 1999 und 2006 auch der Weltrat methodistischer Kirchen unterzeichneten, stellt eine Grundübereinstimmung in Fragen der Rechtfertigung dar.

Die Entfaltung des gemeinsamen Verständnisses der Rechtfertigung

19. Wir bekennen gemeinsam, dass der Mensch im Blick auf sein Heil völlig auf die rettende Gnade Gottes angewiesen ist. Die Freiheit, die er gegenüber den Menschen und den Dingen der Welt besitzt, ist keine Freiheit auf sein Heil hin. Das heißt, als Sünder steht er unter dem Gericht Gottes und ist unfähig, sich von sich aus Gott um Rettung zuzuwenden oder seine Rechtfertigung vor Gott zu verdienen oder mit eigener Kraft sein Heil zu erreichen. Rechtfertigung geschieht allein aus Gnade. Weil Katholiken und Lutheraner das gemeinsam bekennen, darum gilt:

20. Wenn Katholiken sagen, dass der Mensch bei der Vorbereitung auf die Rechtfertigung und deren Annahme durch seine Zustimmung zu Gottes rechtfertigendem Handeln »mitwirke«, so sehen sie in solch personaler Zustimmung selbst eine Wirkung der Gnade und kein Tun des Menschen aus eigenen Kräften.

21. Nach lutherischer Auffassung ist der Mensch unfähig, bei seiner Errettung mitzuwirken, weil er sich als Sünder aktiv Gott und seinem rettenden Handeln widersetzt. Lutheraner verneinen nicht, dass der Mensch das Wirken der Gnade ablehnen kann. Wenn sie betonen, dass der Mensch die Rechtfertigung nur empfangen kann *(mere passive)*, so verneinen sie damit jede Möglichkeit eines eigenen Beitrags des Menschen zu seiner Rechtfertigung, nicht aber sein volles personales Beteiligt-sein im Glauben, das vom Wort Gottes selbst gewirkt wird.

Die Vertreter der Kirchen bei der Unterzeichnung der Erklärung 2006 in Augsburg.

■ **Leserbrief.** Verfasse einen Leserbrief, der deine Einstellung zu dem Zeitungsartikel wiedergibt.

HAT STREIT AUCH ETWAS GUTES?
EIN ZEITUNGSARTIKEL

Mit katholischen Kindern, sagte meine Oma immer, sollst du nicht spielen. Katholische Kinder lügen, das lernen sie beim Beichten. Ich wusste zwar damals wie heute nicht, was beichten genau ist, aber dass man dabei das Lügen lernen konnte, machte den Vorgang interessant. Man erzählte sich immerhin noch von stramm evangelischen Bauern, die am Fronleichnamstag den Mist auf die Felder fuhren und damit absichtlich den Prozessionsweg besudelten. Oder dass für die Katholiken der Karfreitag traditionell Waschtag war, um die Evangelischen an ihrem höchsten Feiertag zu provozieren. Damals gab es in unserer mehrheitlich evangelischen Stadt noch keinen Karneval, während ein paar Dörfer weiter täglich Ausnahmezustand herrschte. Jeder hatte die Wahl: Wer sich betrinken wollte, fuhr aufs Land. Wer seine Ruhe haben wollte, blieb in der Stadt. Ähnliche Unterschiede würzten den faden Alltag: Kommunion und Konfirmation, evangelisches Jugendlager und katholische Sportclubs, die Eheprobleme des Pastors und die Zölibatsprobleme des Kaplans. Ich konnte nie verstehen, warum meine Mutter allzeit beklagte, dass es mit der Ökumene in unserer Stadt nie so recht klappen wollte. Ihrer Meinung nach waren es natürlich die bösen Katholiken, die alle mutigen Ansätze für gemeinsame Gottesdienste oder gar ein gemeinsames Abendmahl torpedierten. Niemals hätte meine Mutter den Papst anerkannt, der ihrer Meinung nach hinter all der Verstockung stand. Warum sie sich dann mit dessen Anhängern verbünden wollte, erschien mir schleierhaft. Ich konnte die Sehnsucht nach Ökumene nie begreifen. Warum muss man um jeden Preis versuchen, sich zu einigen? Heute, so höre ich, können die meisten Schulkinder den Unterschied zwischen den Konfessionen nicht mehr benennen und begreifen. Da ist bei uns einiges verloren gegangen.

Dirk Schümer

■ **Orientierung.** Interpretiere die Karikatur. Nenne Chancen und Gefahren, die sich aus diesem Weg abseits der Masse ergeben. Ziehe Parallelen zu Menschen in der Reformationszeit.
Stelle abschließend einen Bezug zum Thema »Stark sein können – schwach sein dürfen« (S. 6ff.) sowie »Berufene Rufer – Propheten« (S. 32ff.) her.

■ **Lebensweg.** Male deinen eigenen Lebensweg ins Heft und setze für dich wichtige Personen, Einrichtungen und Inhalte in Beziehung dazu.

Grundgedanken der Reformation

Allein die Schrift	(»sola scriptura«)	Allein der Glaube	(»sola fide«)
Allein die Gnade	(»sola gratia«)	an Jesus Christus	
Allein Jesus Christus	(»solus Christus«)		
= drei Gaben Gottes		= Antwort der Menschen auf das bereits gesprochene Wort Gottes	

■ **Grundgedanken der Reformation.** Stell dir vor, du bist der Layouter einer Zeitung und musst versuchen, die Grundgedanken der Reformation im Heft grafisch einprägsam umzusetzen. Erläutere sie anschließend deinen Mitschülerinnen und Mitschülern.

■ **Projektidee.** Bereitet eine Ausstellung vor zu Leben und Wirken Martin Luthers sowie zu den zeitlichen Umständen, in denen er lebte, und den Folgen der Reformation. Alternative: Gestaltet arbeitsteilig zu diesem Thema einen Comic.

■ **Mittelalter – Neuzeit.** Stelle in deinem Heft einprägsam die Unterschiede zwischen Mittelalter und Neuzeit gegenüber. Nutze für weitere Informationen dein Geschichtsbuch.

■ **Zeitschrift.** Versetze dich in die Lage eines Journalisten und verfasse zu einer der Schlagzeilen den entsprechenden Zeitungsartikel. Findest du passendes Bildmaterial? Gestaltet damit eine Zeitschrift oder eine Plakatwand.

■ **Drehbuchplan.** Erstelle einen Drehbuchplan zu einem neuen Lutherfilm. Wähle aus, welche Szenen und Personen unbedingt darin vorkommen müssen. Denke daran, dass auch Ort, Wetter, Kleidung etc. vermerkt werden sollten.

REFORMATION – AUS LIEBE ZUR KIRCHE?
Zum Mitnehmen

Die Lutherrose

Der Kurprinz Johann Friedrich überreichte Martin Luther auf der Veste Coburg 1530 einen Siegelring mit einem Wappen. Dieses Wappen – die sogenannte Lutherrose – versteht der Reformator selbst als:

»Ein Merkzeichen meiner Theologie. Das erste sollte ein Kreuz sein, schwarz im Herzen, das seine natürliche Farbe hätte, damit ich mir selbst Erinnerung gäbe, dass der Glaube an den Gekreuzigten mich selig macht. Denn so man von Herzen glaubt, wird man gerecht. Solch Herz aber soll mitten in einer weißen Rose stehen, anzeigen, dass der Glaube Freude, Trost und Friede gibt. Darum soll die Rose weiß und nicht rot sein; denn weiße Farbe ist der Geister und aller Engel Farbe. Solche Rose steht im himmelfarbenen Feld, dass solche Freude im Geist und Glauben ein Anfang ist der himmlischen Freude zukünftig. Und um solch Feld einen goldenen Ring, dass solche Seligkeit im Himmel ewig währet und kein Ende hat und auch köstlich ist über alle Freude und Güter, wie das Gold das edelste, köstlichste Erz ist.«

Luther nutzt dieses Wappen, um Schriften und Schreiben als von ihm verfasst kenntlich zu machen. Später wird die ursprüngliche Lutherrose mit dem Zusatz »VIVIT« versehen als Hinweis auf den auferstandenen Christus (»er lebt«). Die Lutherrose wird heute als Symbol von lutherischen Kirchen verwandt und findet sich auch im Wappen einiger Orte.

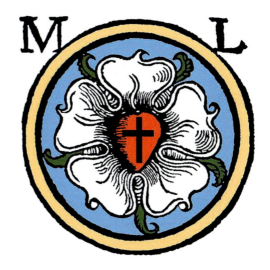

■ **Lutherrose.** Erarbeite aus dem Zitat von Martin Luther, welche Bedeutung sein Wappen für ihn hatte. Entwirf ein eigenes Logo im Stile der heutigen Zeit, mit dem du die Grundanliegen der Reformation auf den Punkt bringst. Entwirf weiterführend ein katholisches Wappen oder Logo und vergleiche beide miteinander.

■ **Reformationsjubiläum 2017.** Informiere dich unter www.luther2017.de über das Reformationsjubiläum. Erstelle anhand der Informationen der Website sowie der Informationen des Kapitels ein Lernplakat zum Thema »Martin Luther – Licht und Schatten«.

LUTHER: SO HABE ICH MEINE ANGST BESIEGT!

ÄMTERKAUF ODER BILDERSTURM:
Beides hat die Kirche nicht verdient!
Ein kritischer Leserbrief

INS FEGEFEUER ODER ZUR HÖLLE!
Der Himmel kostet zu viel!
Zum Ablass(un)wesen heute
Von Dr. Martin Luther

Warum sich die »Protestanten« »evangelisch« nennen und warum dies alte und neue Kirche eint.
Von Prof. Philipp Melanchthon

LUTHER STUDIERT DIE BIBEL UND KANN NICHT ANDERS
Seine 95 Thesen aus Wittenberg

KANN ÖKUMENE FUNKTIONIEREN?
Wenn allen alles egal ist ...

LUTHER – DER WICHTIGSTE DEUTSCHE?

Beim Thema »Liebe« werden oft Klischees, d. h. eingefahrene, aber verzerrte Vorstellungen, bedient, wie sich eine Frau oder ein Mann zu verhalten bzw. wie eine Partnerschaft auszusehen hat. Auf diese Klischees aufmerksam zu machen, sie zu erkennen und dahinter den je einmaligen Menschen zu sehen, dazu lädt diese Lernlandschaft ein. Es wird um Fragen gehen: Welche Wünsche und Ängste habe ich als junge Frau oder als junger Mann? Wer kann mir Vorbild sein? Welche schönen, aber auch dunklen Seiten bergen Partnerschaft, Familie, Sexualität? Wo finde ich Orientierung für eine gelungene Beziehung? Welche Wegweisung können mir Bibel und christliche Glaubenspraxis geben?

STÖRT DIE LIEBE NICHT

■ **Momentaufnahme.** Diskutiert miteinander, ob die Symbolisierungen oberhalb der Figuren auf dieser Seite Klischees verkörpern oder Mann und Frau treffend zugeordnet sind.

■ **Silhouetten.** Zeichnet die Konturen der nebenstehenden Personen auf je ein Plakat. Beschriftet die Umrisse mit Eigenschaften, die euch typisch für eine Frau bzw. typisch für einen Mann erscheinen. Legt die Konturen einander gegenüber und macht anhand von Symbolen (z. B. ☺, ✗) deutlich, wo Übereinstimmungen vorherrschen und wo Konflikte entstehen können.

■ **Das Hohelied.** Notiere, welche Gedanken dir beim ersten Lesen des Satzes »Stört die Liebe nicht« durch den Kopf gehen. Der Titel dieser Lernlandschaft stammt aus dem Buch »Hoheslied« (s. Lexikon) im Alten Testament, das im Bild der Liebe zwischen Mann und Frau die Liebe Gottes zu seinem Volk besingt. Lies dann Hld 2,7 und vergleiche gemeinsam mit einem Mitschüler oder einer Mitschülerin eure Ideen mit dem Kontext, dem dieses Zitat entnommen ist.

So was von bescheuert

Interview des Jugendmagazins provo mit Melitta Walter, Erzieherin und eine der bekanntesten Fachfrauen in Deutschland zum Thema »Chancengleichheit der Geschlechter«. Dazu hat sie auch ein Buch veröffentlicht »Jungen sind anders, Mädchen auch – Den Blick schärfen für eine geschlechtergerechte Erziehung«.

provo: *Ich habe mit einigen jungen Leuten darüber gesprochen, was für sie »typisch Mädchen oder typisch Junge« ist. Demnach lieben Mädchen Klamotten und Jungs spielen Fußball. Werden Geschlechterrollen heute noch so eng definiert?*
Melitta Walter: Jugendliche bestimmen selber eher eng, wie Jungen und Mädchen zu sein haben … Es werden Bilder hochgehalten, die hinter dem wirklichen Leben zurückstehen.

Braucht man erst mal ein festes Bild, um sich als Junge oder Mädchen zu finden?
Ja, deshalb grenzen sich Mädchen und Jungs etwa zwischen acht und 15 Jahren stark voneinander ab. Die Mädchen flüstern mit den anderen Mädchen, die Jungs bolzen auf dem Schulhof, gleichzeitig gibt es da eine große Spannung der Anziehung – wie wirke ich aufs andere Geschlecht? Wenn Mädchen sagen: »Alle Mädchen lieben Mode«, dann gehen sie von sich selbst aus: So wie ich bin, bin ich »richtig«. Leider sagt niemand den Mädchen und Jungs, was für sie sonst noch alles möglich ist. Wir brauchen dringend eine Diskussion in Schule und Jugendfreizeiten um Lebensmodelle, Bilder und innere Erwartungshaltungen ans andere Geschlecht.

Also gibt es lauter Missverständnisse.
Die Jungs meinen immer noch, sie müssten den Macker herauskehren, blöde Witze reißen und sich prügeln, um auf sich aufmerksam zu machen. Die Mädchen sagen dann: »Die sind ja so was von bescheuert, die sind ja noch viel zu jung für mich.« Mädchen sind in der Pubertät in der Regel ein bis zwei Jahre weiter, was die Jungs so maßlos irritiert. Sie suchen sich ihre Freunde unter den zwei Jahre älteren Jungs. Die Gleichaltrigen bleiben dann auf der Strecke.

Die Jungs haben immer noch so ein Mackergehabe drauf, obwohl sie bei den Mädchen damit gerade nicht landen. Warum eigentlich?
Woher sollen die Jungs denn wissen, was Mädchen beeindruckt? Es wäre Aufgabe der Männer, den Söhnen zu vermitteln, wie sie bei Mädchen gut ankommen. Dieses Spiel der Geschlechter ist in unserer Kultur leider total verloren gegangen. Unsere Mädchen, die in der Schule gut und wesentlich selbstständiger sind, irritieren die Jungs. Ein Junge denkt dann: »Die ist so selbstbewusst, die braucht ja keine Hilfe.«

Gibt es denn keine Vorbilder, wie man anders miteinander umgehen kann?
Es gibt wenig Vorbilder dafür, wie junge Menschen sich jenseits von »Bolzerei gegen Zickentum« begegnen. Sie könnten ja auch eine Fahrradtour machen, zusammen ins Kino oder in ein Konzert gehen, gemeinsam ein Projekt planen wie Zeltlager etc., dann gibt es inhaltlichen Gesprächsstoff. Dann erleben sie sich als Gegenüber und können jemanden sympathisch finden, in die/den sie vielleicht nicht verliebt sind, der/die aber spannend ist. Leider zählt heute häufig nur die Frage: Könnte er/sie ein Partner oder eine Partnerin für ein Liebesverhältnis sein? Freundschaften zwischen Frauen und Männern, die nicht automatisch im Bett enden, tauchen im Kino oder Fernsehen kaum auf.

Heißt das, Jugendliche haben es heute noch schwer?
Dieses Alter ist ja so entsetzlich anstrengend! Jede Mädchengeneration hat in der Pubertät wieder die gleiche Angst, eine alte Jungfer zu werden: Wie müsste ich sein, damit ich einen abbekomme? Sie geben sich erwachsen und cool, können diese Haltung aber nicht durchhalten. Den Jungen bricht schon der Schweiß aus, wenn sie ein Mädchen nur ansprechen wollen. Zwischen den Geschlechtern stehen nur jede Menge Fragezeichen.

Mädchen wünschen sich als Partner einen liebevollen Jungen, mit dem sie reden können wie mit der besten Freundin. Ist diese Erwartung zu hoch?
Ja. Es gibt Themen, die können nur Frauen miteinander bereden, andere wiederum nur Männer untereinander. Erwartet nichts von den Jungs, was sie nicht erfüllen können, sage ich immer. Pflegt eure Beziehungen zu den besten Freundinnen, anstatt keine Zeit mehr für sie zu haben, sobald ein Junge auftaucht. Und natürlich auch umgekehrt.

Haben Jugendliche romantische Vorstellungen im Kopf, die sie zum Beispiel bei ihren Eltern gelernt haben?
Eltern reden wohl eher selten über Romantik mit ihren heranwachsenden Kindern. Sie sind ja schon lange im Alltag angekommen. Im wirklichen Leben entscheiden sich zwei füreinander und schauen dann, was passiert. Dann beginnt der Versuch der Annäherung, aber auch der Prozess des Erwachsenwerdens. Ich kann nicht erwarten, dass ständig ein Mann mit einer Rose in der Hand vor meiner Tür steht. Diese Bilder entsprechen Filmdrehbüchern, aber nicht der Realität.

Könnte das Imponiergehabe der Jungs durch etwas anderes ersetzt werden, was ihnen hilft »gute männliche Typen« zu werden?
Männlichkeit wird bei uns gleichgesetzt mit schnellen Autos, Schlägereien (im Film) und in der Politik mit extremem Durchsetzungsvermögen. Ein Mann wirkt immer noch erotisch durch ein dickes Bankkonto. Das sind Männlichkeitsmodelle, die den Jungs in den Medien vorgelebt werden. Neuerdings kommen Kosmetik- und Schönheitsoperationen auch für den Mann hinzu. Aber wie gesagt, der »harte Mann« ist immer noch gefragt.

Aber das stimmt doch gar nicht. Jungs dürfen doch heute weinen und Gefühle zeigen.
Theoretisch sagen viele Eltern, solange die Jungs klein sind: »Natürlich darf mein Sohn weinen.« Wenn er aber zwölf ist und heulend nach Hause kommt, dann sagen sie: »Na ja, du darfst ja traurig sein, aber musst du denn gleich so heulen?« Väter sagen dann: »Wehr dich, lass dir nicht alles gefallen!« Viele männliche Jugendliche werden solche Sätze kennen. Es gibt aber auch die anderen Beispiele. Jungs und Mädchen, Mütter und Väter, die sich trauen, anders zu sein.

Wann ist es denn einem Mädchen und einem Jungen möglich, ein bewusstes eigenes Wesen zu werden?
Die Pubertät ist immer die schwierigste Entwicklungszeit im Leben. Beide Geschlechter fühlen sich fremd im eigenen Körper. Wer dann Anfang 20 und durch den schwarzen Tunnel Pubertät, der oft auch traurige und depressive Anteile hat, hindurch ist, kann individueller werden. Heute sehen wir eine Generation von jungen Frauen und Männern, die wunderbar gleichwertig miteinander umgehen, die auch ihren gleichgeschlechtlichen Freundeskreis behalten. Die Mädchen sitzen nicht zu Hause und warten auf ihren Prinzen, sie werden selbst aktiv. Das ist für beide Geschlechter eine große Chance, jedenfalls so lange, bis das erste Kind kommt. Dann fallen die Paare aufgrund der finanziellen Situation in die alte Rollenteilung zurück. Aber wir haben eine Spanne von Anfang 20 bis Mitte 30, wo beide Geschlechter so eigenständig sind wie nie zuvor.

Wie geht es Mädchen und Jungs, die anders sind, die ein eher »weibliches« Hobby haben?
Sie haben vielleicht das große Glück, auf Außenseiter des anderen Geschlechts zu treffen, die auch unangepasst sind. Sie machen im Grunde befriedigendere Erfahrungen mit dem anderen Geschlecht. Und vergessen werden darf nicht, dass es immer auch gleichgeschlechtliche Anziehung gibt, lesbische Mädchen und schwule Jungen – sie sind in diesem Alter oftmals sehr einsam, ohne Vorbilder.

In der Pubertät löst man sich von den Vorstellungen der Eltern ab. Woher beziehen junge Menschen eigene Ideen, wie sie sein wollen?
Das hängt davon ab, wie viele Erwachsene ihnen zur Verfügung stehen, die sich trauen, auch etwas Eigenes zu leben. An denen können Jugendliche sich orientieren. Grundsätzlich geht es Mädchen heute besser als Jungen, denn das Rollenbild Frau ist vielfältiger als das des Mannseins in unserer Kultur. Es lohnt sich allerdings, sich bewusster umzusehen. Manchmal steckt hinter einer unscheinbaren Person ein Feuerwerk an positiven Eigenschaften. Ich kann Jugendlichen also nur empfehlen, hinter die Kulissen zu blicken.

- ♀, ♂. **Stelle die im Text genannten Merkmale der Rollenschemata »typisch männlich, typisch weiblich« zusammen und halte fest, welche Möglichkeiten die Expertin sieht, diese Muster zu überwinden.**

- **Vorbild.** Wähle aus deinem Umfeld eine Person aus, die sich traut, »auch etwas Eigenes zu leben«. Formuliere aus ihrer Perspektive einen Leserbrief zum obigen Artikel.

Diese Seite ist nur für euch. Bearbeitet sie getrennt von den Jungen. An entsprechender Stelle solltet ihr eure Ergebnisse mit denen der Jungen austauschen und gegenseitig kommentieren.

Frauenbilder – Frauenleben

Mutter Teresa: Die 1910 in Skopje geborene Agnes Gonxha Bojaxhiu wurde von deutschen Managern als Mensch mit dem größten Faszinationspotenzial bezeichnet. Ihre albanisch-katholische Familie war wohlhabend und konnte dem Mädchen eine gute materielle Lebensgrundlage bieten. Im Laufe ihrer Jugend wurde der Wunsch immer stärker, sich für ihren Glauben zu engagieren und in die Mission zu gehen. Agnes trat daher mit 18 Jahren in den Missionsorden »Schwestern der Jungfrau von Loreto« ein und nahm in Erinnerung an Thérèse von Lisieux den Ordensnamen Teresa an. Dieser Orden engagierte sich besonders in Indien beim Aufbau von Schulen. So kam Teresa 1929 nach Kalkutta, wurde zur Lehrerin ausgebildet und legte 1937 das Ordensgelübde ab. Wenig später war sie bereits Leiterin einer Schule, die unmittelbar an ein großes Armenviertel grenzte. Teresa entschloss sich 1947, in Zukunft ein Leben mit den und für die Ärmsten der Armen zu führen: »Wir können keine großen Taten vollbringen – nur kleine Taten mit großer Liebe.« Fortan lebte sie in den Slums von Kalkutta und gründete den Orden »Gemeinschaft der Missionarinnen der Nächstenliebe«. 1979 erhielt sie den Friedensnobelpreis. Ihre Ordensgemeinschaft erlangte dadurch großes Ansehen und wuchs immer mehr. 1997 starb Mutter Teresa, ihre Arbeit wird jedoch mit großem Erfolg in vielen Ländern durch »Häuser der Nächstenliebe« fortgesetzt. Schon sechs Jahre nach ihrem Tod, am 19. Oktober 2003, hat Papst Johannes Paul II. Mutter Teresa seliggesprochen.

■ **In 15 Jahren.** Beschreibe, wie du dir dein Leben in 15 Jahren vorstellst (Beruf, Familiensituation, Freizeit, Wohnort …). Tausche deine Sichtweisen mit einem Mitglied der Jungengruppe aus und stellt gemeinsam fest, wo es Konflikte zwischen euren Vorstellungen geben könnte.

■ **Selbst gemacht.** Entwerft gemeinsam eine Titelseite für ein von euch verantwortetes Frauenmagazin.

■ **Prägungen.** Auf der obigen Titelseite einer Zeitschrift für junge Frauen wird ein Bild von Frausein gezeigt. Stelle Merkmale dieses Bildes zusammen und sammle aus verschiedenen Lebensbereichen weitere Aspekte, die das heutige Frauenbild prägen.

STÖRT DIE LIEBE NICHT
Nur für

Ingrid Betancourt: Sie wusste um die Gefahr. Ingrid Betancourt hätte nicht nach San Vicente del Caguán (Kolumbien) fahren sollen, mitten ins Zentrum der gerade von den Militärs wieder eroberten Guerillazone. Doch sie fuhr, an einem Samstag, am 23. Februar 2002. Sie wollte dort an einer Kundgebung von Menschenrechtsorganisationen teilnehmen – aber sie kam nie an. Ihr Wagen geriet in einen Hinterhalt – Ingrid Betancourt wurde von Guerilleros der »Revolutionären Streitkräfte Kolumbiens« (Farc) entführt. Engagiert, energisch und mit hohem moralischem Anspruch kämpfte sie gegen Korruption im Land. 1995, gerade als 35-Jährige auf der Liste der Liberalen Partei ins Parlament gewählt, nannte sie vor Journalisten die Namen der fünf korruptesten Parlamentarier. Nur wenig später wies sie nach, dass der damalige Präsidentschaftswahlkampf mit Drogengeldern des Cali-Kartells finanziert worden war. Danach begannen die Drohungen gegen sie persönlich, und die Angst um ihre beiden Kinder nahm täglich zu. Als man sie im Dezember 1996 warnte, ihre Entführer seien bereits unterwegs, nahm sie ihre Kinder und floh nach Neuseeland. Sie selbst kehrte schon nach wenigen Wochen wieder zurück. 2002 ließ sie sich als Präsidentschaftskandidatin aufstellen und hatte gute Chancen zu gewinnen. Sie stammt aus einer gebildeten Familie, besuchte ein französisches Gymnasium, studierte in Paris Politologie – und ging doch zurück nach Kolumbien. Am 2. Juli 2008 wurde sie aus der Hand ihrer Entführer befreit. In ihrer Autobiografie »Die Wut in meinem Herzen«, die sie noch vor ihrer Entführung fertigstellen konnte, hat sie ihr Leben eindrucksvoll beschrieben und sich als Heldin gefeiert. Papst Benedikt XVI. lud sie am 1. September 2008 zu einer Audienz nach Rom ein. Erst Monate später, als Mitgefangene sie als selbstsüchtige, mitleidslose Frau beschrieben, erhielt das Bild von der aufrechten Kämpferin einen Riss. Was sich während der Gefangenschaft zwischenmenschlich abspielte, kann allerdings nicht mehr genau bestimmt werden.

Nena: Das große »Fräuleinwunder« der »Neuen Deutschen Welle«, Gabriele Susanne Kerner, kommt am 24. März 1960 in Hagen zur Welt. Der Künstlername »Nena« wird zwar später als Bandname verwendet, ist jedoch untrennbar mit Nena Kerner verbunden. Nachdem sie eine Goldschmiede-Lehre absolviert hat, beginnt sie ab 1979 Musik zu machen. Erst 1982 kommt der erhoffte Erfolg durch die Single »Nur geträumt«. Außerdem ist Nena im »Neue-Deutsche-Welle«-Film »Gib Gas, ich will Spaß« zu sehen. 1983 gibt Nena dann richtig Gas: Ihre zweite Single »99 Luftballons«, Vorzeigehit und Ohrwurm der »Neue-Deutsche-Welle«-Ära wird produziert und zum Übernachterfolg – dieser ist aber nicht von Dauer. Die Band »Nena« trennt sich 1985. In der Folgezeit hat Nena mit erheblichen Problemen zu kämpfen. 1989 verstirbt ihr behindert zur Welt gekommener Sohn. Diese sehr persönlichen Erfahrungen verarbeitet sie auf ihrer ersten Solo-Platte »Wunder gescheh'n«, ein Neuanfang für die Künstlerin Nena. Dass Kinder ihre Leidenschaft sind, zeigt sich auch darin, dass Nena immer wieder in den folgenden Jahren Platten für Kinder aufnimmt. Einen großen Auftritt als Sängerin hat Nena 2001 in Berlin bei der von Udo Lindenberg initiierten Groß-Veranstaltung »Rock gegen Rechts«.

■ **Kompass.** Übertrage das Kompass-Symbol in dein Heft und überarbeite es zum Lebenskompass: Notiere bei der Nadelspitze alle Elemente aus den Biografien, die auch in deinem Leben eine Rolle spielen sollen.

■ **Frauenleben.** Ergänze die aufgeführten Frauenbiografien um eine weitere, die deutlich macht, was in deinem späteren Leben eine besondere Rolle spielen soll. Stelle diese in einer Kleingruppe vor. Vergleicht eure Biografien mit den hier genannten und mit den von den Medien transportierten Frauenbildern.

■ **Austausch.** Stellt in Kleingruppen eure Ängste, Wünsche und Ideale hinsichtlich eurer Zukunft als Frau auf einem Plakat zusammen. Tauscht euer Plakat mit dem einer Jungengruppe aus, kommentiert es und gebt es an die Jungengruppe zurück.

Diese Seite ist nur für euch. Bearbeitet sie getrennt von den Mädchen. An entsprechender Stelle solltet ihr eure Ergebnisse mit denen der Mädchen austauschen und gegenseitig kommentieren.

Männerbilder – Männerleben

Albert Schweitzer: Er wählte unter vielen Lebensmöglichkeiten das Dasein als Missionsarzt in Lambaréné (Gabun). Obwohl Albert Schweitzer, 1875 im damals deutschen Elsass geboren, bereits in jungen Jahren als Doktor der Theologie und als Musiker (Organist in Straßburg) erfolgreich war und ein gesichertes Auskommen hatte, beschloss er mit 30 Jahren, sein Leben den Menschen zu widmen: Er studierte Medizin mit dem Ziel, Missionsarzt zu werden. 1913 übersiedelte er mit seiner Frau Hélène Bresslau nach Lambaréné in Afrika. Seither stand für ihn die Sorge um die Kranken im Vordergrund. Er baute ein Krankenhaus, das er zunächst durch seinen persönlichen Besitz, später durch Spendengelder finanzierte. Trotz seines Engagements wurde er während des Ersten Weltkrieges als Kriegsgefangener in Frankreich festgesetzt, nachdem er in Afrika als feindliche Person interniert gewesen war. Von diesem Zeitpunkt an richtete sich Schweitzers Aufmerksamkeit auf die Weltpolitik. Mit ihr setzte er sich in Schriften auseinander, unter anderem in seiner »Kulturphilosophie«, in der er auf die Ehrfurcht vor dem Leben als Grundprinzip allen Handelns verweist: »Ich bin Leben, das leben will, inmitten von Leben, das leben will.« Diese Ehrfurcht machte er erneut zur Grundlage seines Handelns, als er 1924 nach Lambaréné zurückkehrte und dort erneut ein Krankenhaus baute, dem wenig später eine Siedlung für Leprakranke angeschlossen wurde. 1963 arbeiteten bereits 36 Personen in der Pflege der Eingeborenen und Leprakranken mit ihm zusammen. Neben der medizinischen Arbeit blieb er seinen Leidenschaften für Musik und Theologie treu und veröffentlichte zahlreiche weitere Schriften. 1952 wurde er mit dem Friedensnobelpreis für sein Lebenswerk ausgezeichnet.

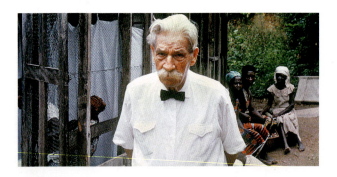

■ **In 15 Jahren.** Beschreibe, wie du dir dein Leben in 15 Jahren vorstellst (Beruf, Familiensituation, Freizeit, Wohnort …). Tausche deine Sichtweisen mit einem Mitglied der Mädchengruppe aus und stellt gemeinsam fest, wo es Konflikte zwischen euren Vorstellungen geben könnte.

■ **Selbst gemacht.** Entwerft gemeinsam eine Titelseite für ein von euch verantwortetes Männermagazin.

■ **Prägungen.** Auf der obigen Titelseite einer Zeitschrift für Männer wird ein Bild von Mannsein gezeigt. Stelle Merkmale dieses Bildes zusammen und sammle aus verschiedenen Lebensbereichen weitere Aspekte, die das heutige Männerbild prägen.

Anselm Grün: 1945 im fränkischen Junkershausen geboren, wurde er bereits in seiner Jugend vor allem durch seinen Vater, Besitzer eines Elektrohandels, christlich geprägt, sodass in ihm schon früh der Wunsch erwachte, Priester zu werden. Dem Rat eines Onkels (selbst Benediktinermönch) folgend, besuchte Anselm Grün das Internat des Benediktinerordens in Münsterschwarzach bei Würzburg. Nach dem Abitur begann er sein Noviziat bei den Benediktinern und ein Studium der Theologie. Gerade als Student sah er sich gezwungen, sein naturwissenschaftliches Wissen mit seinen theologischen Studien in Einklang zu bringen. Die erste Zeit nach dem Erwerb des Doktortitels der Theologie widmete er als Mönch zunächst der Jugendarbeit. Er war Erzieher in einem Internat, bis er von seinem Abt gebeten wurde, Betriebswirtschaft zu studieren und Cellerar (wirtschaftlicher Leiter) des Klosters zu werden. Diese Tätigkeit übt er bis heute aus. Nebenbei widmete er sich weiterhin der Jugend- und Missionarsarbeit und begann eine rege und sehr erfolgreiche Tätigkeit als christlicher Autor. Darüber hinaus geht von Anselm Grün ein reichhaltiges Kursangebot aus, das von Meditation über Kurse für Manager bis zur Beratung von Geistlichen reicht. In seinem Buch »Mein Weg in die Weite« schreibt er auf die Frage, ob er nie von Glaubenszweifeln heimgesucht werde: »Wenn ich jedoch diese Zweifel zu Ende denke, durchflutet mich die innere Sicherheit, dass ich der Bibel und der geistlichen Tradition trauen darf. Meine Zweifel hindern mich daran, alles besser zu wissen, und fordern mich auf, immer aufs Neue zu fragen: Wer ist Gott?« Ebenso eindrücklich macht er klar, dass er die Erfüllung in seiner Arbeit gefunden hat, obwohl er in seiner Jugend auch die Liebe zu einer Frau kennenlernen durfte: »… immer, wenn ich mir vorstellte, ich würde heiraten, spürte ich, dass dann eine wesentliche Seite in mir nicht leben könnte. Und ich bekam Angst zu verbürgerlichen, satt zu werden, anstatt auf dem Weg zu bleiben.«

Sebastian Krumbiegel: 1966 in Leipzig geboren, ist er seit Jahren im deutschsprachigen Raum als Sänger und Mitglied der »Prinzen« bekannt. Aufgewachsen in einem Elternhaus, das ihm Geborgenheit und Liebe bot, wurde schon früh sein musikalisches Talent gefördert: Mit sieben Jahren wird er in den Leipziger Thomanerchor aufgenommen und erhält eine umfassende Gesangsausbildung, lernt Trompete, Klavier und Schlagzeug. Die erste Bandgründung 1987 mit Freunden blieb eher erfolglos. Mit dem neuen Namen »Die Prinzen« kam dann der Erfolg. Sebastian Krumbiegel schützt sein Privatleben. Seine Ehe hat über die Phasen der Distanz, die durch zahlreiche Tourneen unvermeidbar sind, Bestand und seine beiden Kinder werden für ihn neben der Musik zum Lebensmittelpunkt: »Ich gebe meinen Kindern jeden Tag und immer wieder das Gefühl, sie sind das Größte und Wichtigste für mich.« Auch zu seinen Eltern hat er ein enges Verhältnis. Sowohl seine privaten Erlebnisse als auch seine politische Überzeugung lässt er in seine Liedtexte mit einfließen. Er gestaltet verschiedene Projekte als Solomusiker und nutzt dabei seine Vielseitigkeit. Bei allem Erfolg vergisst er jedoch seine Verpflichtung gegenüber den Mitmenschen nicht. Er unterstützt u. a. die Arbeit für schwerstkranke Kinder und engagiert sich gegen den Einsatz von Landminen. Dazu schreibt er: »Für mich gilt da die einfache Grundregel: Nicht immer schimpfen, sondern anpacken. Jeder kann seinen Beitrag leisten.«

■ **Männerleben.** Ergänze die vorangestellten Männerbiografien um eine weitere, die deutlich macht, was in deinem späteren Leben eine besondere Rolle spielen soll. Stelle diese in einer Kleingruppe vor. Vergleicht eure Biografien mit den hier genannten und mit den von den Medien transportierten Männerbildern.

■ **Kompass.** Übertrage das Kompass-Symbol in dein Heft und überarbeite es zum Lebenskompass: Notiere bei der Nadelspitze alle Elemente aus den Biografien, die auch in deinem Leben eine Rolle spielen sollen.

■ **Austausch.** Stellt in Kleingruppen eure Ängste, Wünsche und Ideale hinsichtlich eurer Zukunft als Mann auf einem Plakat zusammen. Tauscht euer Plakat mit dem einer Mädchengruppe aus, kommentiert es und gebt es an die Mädchengruppe zurück.

Ein Kompliment

Wenn man so will,
bist du das Ziel einer langen Reise,
die Perfektion der besten Art und Weise,
in stillen Momenten leise,
die Schaumkrone der Woge der Begeisterung,
bergauf mein Antrieb und Schwung.

Ich wollte dir nur mal eben sagen,
dass du das Größte für mich bist.
Und sichergeh'n,
ob du denn dasselbe für mich fühlst,
für mich fühlst.

Wenn man so will, bist du meine Chill-out-Area,
meine Feiertage in jedem Jahr,
meine Süßwarenabteilung im Supermarkt,
die Lösung, wenn es mal hakt,
so wertvoll, dass man es sich gerne aufspart,
und so schön, dass man nie darauf verzichten mag.

Ich wollte dir nur mal eben sagen,
dass du das Größte für mich bist.
Und sichergeh'n,
ob du denn dasselbe für mich fühlst,
für mich fühlst …

Sportfreunde Stiller

Nicht mit dir und nicht ohne dich

Das Fotoalbum zeigt ein turteltaubes Liebespaar
meilenweit entfernt von einem »Traurig-aber-wahr«
Vergangenheit, die mir hier
in Schwarz-Weiß entgegenlacht
vertrauend, dass die Liebe trägt
und wunschlos glücklich macht
so schwer dich loszulassen, so schwer zu akzeptiern
dass uns're Liebenswege auseinanderführ'n

Ich kann nicht mit dir und nicht ohne dich
ich suche und ich meide dich
ersehne und verwünsche dich
und will dich nicht verlier'n
ich kann nicht mit dir und nicht ohne dich
ich hadere und wehre mich
sehe mich tagträumerisch
noch mit dir und nicht ohne dich

Du hattest in Gedanken schon den Koffer
vor der Tür
zu viele Stolperdrähte zwischen dir und mir
ich hatte im Geheimen schon die Klinke in der Hand
zu viele Flötentöne, das Herz am Gängelband
so schwer die Last zu tragen,
so schwer einzugesteh'n
dass wir, bei aller Liebe, auseinandergeh'n

Ich kann nicht mit dir und nicht ohne dich …

Bleiben oder gehen, beides scheint verkehrt
ein Achterbahngefühl, ein zweischneidiges Schwert

Ich kann nicht mit dir und nicht ohne dich …

Pe Werner

■ **Zustand und Ausblick.** Beschreibe, in welcher Situation sich das »Ich« im Liedtext »Ein Kompliment« gerade befindet und was es von einer Partnerin oder einem Partner erwartet. Bei welchen dieser Zuschreibungen würdest du dich wohlfühlen, bei welchen nicht? Begründe deine Entscheidung.

■ **Bewahren?** Sammle Argumente, die dafür bzw. dagegen sprechen, eine solche Beziehung zu bewahren, wie sie im Lied »Nicht mit dir und nicht ohne dich« beschrieben wird. Wäge dann ab, ob diese Beziehung gerettet werden sollte.

■ **Bildhaft.** Wähle eine für dich wichtige Aussage aus einem der Lieder oben aus und setze sie in ein Bild um.

STÖRT DIE LIEBE NICHT
Gemeinsam wachsen

Durch Märchen gemeinsam wachsen

Märchen kennen wir von Kindheit an, z. B. die volkstümlichen, die die Brüder Grimm gesammelt und aufgeschrieben haben. Aber von ihrem Ursprung her sind Märchen nicht speziell für Kinder aufgeschrieben worden, sondern sie bieten Anknüpfungspunkte für Menschen aller Altersstufen. Denn die Märchenfiguren sind symbolische Gestalten. Das heißt, sie selbst sind konkret und anschaulich, aber sie sind mehr als das, was an ihnen zunächst sinnlich wahrgenommen werden könnte: Die märchenhaften Gestalten verweisen mit ihrem Verhalten und Charakter auf grundsätzliche Situationen, die Menschen aller Kulturen und jeden Alters kennen. Sie spiegeln typische menschliche Schicksale und Situationen wider. Sie erzählen, was sich seit eh und je in der Psyche des Menschen abspielt. So möchten Märchen die Menschen durch ihr ganzes Leben hindurch begleiten. Sie bieten zum Beispiel Orientierung für den Übergang vom Kind zur heranwachsenden Persönlichkeit (z. B. »Der Froschkönig«) oder sie zeigen, welche Lebensperspektiven es im Alter gibt (z. B. »Die Bremer Stadtmusikanten«). Auf diese Weise liest auch der Paartherapeut Hans Jellouschek Märchen. Jellouschek sucht bei Märchen Hilfe, wenn ein Paar einen Konflikt miteinander durchzustehen hat, und nutzt die Botschaft der Märchen zur Konfliktlösung. Zur Stimmung in einer Beziehung, wie sie auch im Liedtext »Nicht mit dir und nicht ohne dich« angesprochen wird, findet man bei Jellouscheks Lesart des russischen Märchens »Zarin Frosch« überraschende Einsichten:

Ein junger Zarensohn, Iwan-Zarewitsch, wunderschön und scheinbar voller Energie, erhält ausgerechnet einen unscheinbaren Frosch zur Frau. Und so verwundert es kaum, dass das Märchen den Beginn ihrer Beziehung eher nüchtern darstellt: »*Also wurde die Brautkrone über Iwan-Zarewitsch und den Frosch gehalten, und so waren sie einstweilen verheiratet.*« Da ist nichts von dem zauberhaften Anfangszustand des Verliebtseins zu spüren, von dem Psychotherapeuten sagen, dass in diesem Erleben wieder die Ureinheit mit der Mutter zu Anfang des Lebens erfahren werde, wenn sich der Mensch als der geliebte Mittelpunkt der Welt erlebt. Deshalb ist das Verlieben eine so umwerfende Erfahrung.

Aber zurück zu unserem Märchen, zu Iwan-Zarewitsch mit Frau Frosch, dem ungleichen Paar, bei dem man fragt, wie die sich wohl gefunden haben. Hier fällt im Märchen auf, dass der Zarensohn nur nach außen hin so ein Strahlemann ist. Oft erkundigt sich seine Frosch-Frau, wenn das Paar allein ist: »*Warum bist du denn so traurig?*« Und sie bietet ihrem Iwan-Zarewitsch an: »*Sei nicht traurig, geh zu Bett. Der Morgen ist weiser denn der Abend.*« Und sie brachte Iwan-Zarewitsch zu Bett. Als er eingeschlafen war, da warf sie ihre Froschhaut ab, und sie war Wassilissa, die Allweise, und sie richtete für ihren Mann die Dinge, sodass er nicht länger traurig sein musste. *Am nächsten Morgen aber schlüpfte sie wieder in ihre Froschhaut*. In der Innensicht der Beziehung ist also sie die Starke und er der Schwache. Was die beiden zusammenhält, ist, dass sie einander brauchen. Sie lieben einander, weil sie sich brauchen.

Spannend bleibt, dass erst am Ende, nach vielen Wandlungen, sich die beiden als gleichwertige Partner begegnen. »*Und sie küsste ihn auf den Mund. Dann nahm sie Iwan-Zarewitsch bei der Hand und er zog mit Wassilissa, der Allweisen, in das Reich seines Vaters.*« – so endet das russische Märchen »Zarin Frosch«. Die beiden sind in der Beziehung gewachsen, in ihnen ist ein umwerfendes Gefühl, wie es den Anfangszustand des Verliebtseins kennzeichnet, erwacht. Bei ihnen aber tritt es erst nach langer Zeit der Beziehung auf. Als aneinander gereifte Persönlichkeiten können sie nun zueinander sagen: »Wir brauchen einander, weil wir einander lieben.«

■ **Märchen als Leben.** Begründe mithilfe der oben stehenden Methodenkarte »Märchen«, warum die Sprachform des Märchens zugleich eine Lebensschule ist. Wenn du noch mehr Information zum Thema »Märchen« erhalten möchtest, kannst du das Lexikon unter dem Stichwort »Märchen« zurate ziehen.

■ **Leben als Märchen.** Suche dir eine Erfahrung (z. B. Konflikt, beglückendes Erlebnis …) aus, die du entweder mit einer Freundin oder einem Freund gemacht hast, und schreibe sie als Märchen auf. Stelle das Märchen einer vertrauten Person aus der Lerngruppe vor und überlegt gemeinsam, was der »springende Punkt« deines Märchens ist.

Wandel und neue Lebensformen

Alle Industrienationen, also auch Deutschland, unterliegen seit gut 20 Jahren tief greifenden politischen, ökonomischen und demografischen Veränderungen. Die Bedeutung dieses Wandels ist vielleicht vergleichbar mit dem Übergang von den Agrar- zu Industrienationen am Ende des 19. Jahrhunderts bis in die 20er-Jahre des 20. Jahrhunderts hinein. Dieser Wandel beeinflusst nicht nur die Arbeitswelt und die sozialen Sicherungssysteme, sondern auch das Zusammenleben in einer Industrienation. Dieses ist geprägt von einer Vielzahl verschiedener Möglichkeiten: Neben einem reichhaltigen Freizeitangebot kann jeder Mensch wählen, an was er glaubt, welche politische Meinung er bevorzugt und wie er mit den Traditionen seiner Familie umgehen möchte. Man spricht in diesem Zusammenhang von einer Pluralität der Möglichkeiten. Dabei ist jeder und jede persönlich gefordert, weil man selbst die eigene Entscheidung verantworten muss. Durch die Orientierung an eigenen Wünschen und Bedürfnissen entstehen ganz individuelle Lebensentwürfe: Lebten z. B. die Eltern früher an einem bestimmten Ort in der Großfamilie, wurde diese Lebensform in der Regel von den Kindern übernommen. Heute ist das schon gar nicht mehr möglich, weil gerade das Berufsleben eine hohe Mobilität erfordert. Was früher nur schwer möglich war, ist heute selbstverständlich: unter anderem schnelle Orts- und Meinungswechsel je nach Anforderung oder eigenem Bedarf. Pluralität, Mobilität und Individualisierung führen auch zu radikalen gesellschaftlichen Umformungen.

In Deutschland wohnt jeder und jede Dritte allein. Jede dritte Ehe wird geschieden, in manchen Großstädten ist es sogar jede zweite. Jedes vierte Kind wächst bereits ohne einen seiner beiden leiblichen Elternteile auf. Und ein Drittel der über 30-Jährigen hat noch überhaupt kein Kind. Früher wäre das undenkbar gewesen. Weil in der heutigen Gesellschaft verschiedenste Modelle des Zusammenlebens erprobt werden, wie unten stehende Skizze aufzeigt, ist die Familie im traditionellen Sinn nur noch ein mögliches Modell.

■ **Zusammenleben.** Tauscht euch darüber aus, in welcher Lebensform ihr lebt. Diskutiert miteinander das »Pro« und »Kontra« der aufgezeigten Lebensformen und berücksichtigt dabei die Stichwörter »Mobilität«, »Individualität«, »Pluralität«.

■ **Stellungnahme.** In einem Familienbericht ließ die deutsche Bundesregierung verlauten, dass die Familie die soziale Mitte unserer Gesellschaft ist und bleibt. Nimm Stellung zu diesem Anliegen der Bundesregierung, indem du eine E-Mail an das Bundesfamilienministerium verfasst.

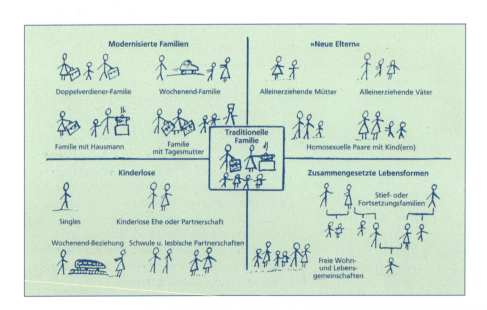

STÖRT DIE LIEBE NICHT
Ehe und Familie

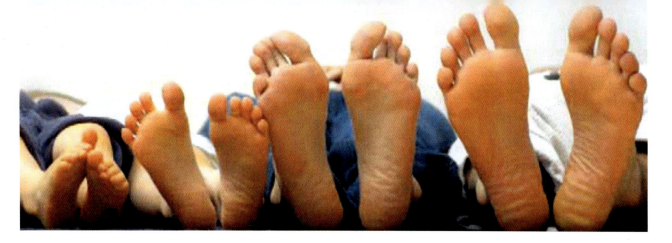

Ehe und Familie – in guter Gesellschaft ...

Wenn Mann und Frau einander als einmalige Personen annehmen, dann verlangt ihre Liebe nach einem festen Rahmen ..., in der ihr Wille zur Vorbehaltlosigkeit und Endgültigkeit einen verbindlichen Ausdruck findet. Weil das Verlangen nach Dauer jeder wirklichen Liebe eingeschrieben ist, braucht die Liebe zwischen Mann und Frau auch den rechtlichen Schutz und die institutionelle Bindung. Dadurch erfahren die Eheleute auch Entlastung und Unterstützung. Ebenso ist es für die Gesellschaft und die in ihr lebenden Menschen von großer Bedeutung zu wissen, auf welche Art sozialer Beziehungen angesichts leidvoller Erfahrungen in Unglück und Not, in Alter und Krankheit Verlass ist. Eben dies ist der Sinn einer rechtlichen Ordnung der Geschlechterbeziehung von Frau und Mann durch die Ehe: Die vor der gesellschaftlichen und kirchlichen Öffentlichkeit bekundete Bereitschaft, füreinander Verantwortung zu tragen, gründet das Verhältnis von Mann und Frau in neuer personaler Tiefe und stiftet so in ihrem gegenwärtigen Verhältnis wie auch gegenüber der Gesellschaft eine sichtbare Verlässlichkeit. Ein solches öffentliches Bekenntnis zueinander hat mehr Gewicht als nur ein privates mündliches Versprechen.

Die Angewiesenheit auf rechtlichen Schutz gilt in gleicher Weise für die Ehe wie für die Familie: Nur die verbindliche Bereitschaft, in allen Lebenslagen füreinander einzustehen, schafft einen angemessenen Rahmen für die Übernahme von Elternverantwortung. Die Familie stützt sich nach christlichem Verständnis auf die Ehe. Da das Zusammenleben mit Kindern nicht nur eine Privatangelegenheit der Eltern ist, muss die Ordnung ihres Zusammenlebens auch um der Kinder willen verlässlich, stabil und öffentlichem Schutz unterstellt sein. Kinder gehören ganz wesentlich zur ehelichen Lebensgemeinschaft von Mann und Frau, denn wahre Liebe will nicht für sich allein bleiben.

Kinder sind eine »Gabe des Herrn« (Ps 127,3), ein Geschenk und ein Segen, sie sind die natürliche Frucht und Vollendung ehelicher Liebe. Eltern erfahren sich durch Kinder auf einzigartige Weise beschenkt und zugleich herausgefordert. Aber auch Ehepaare, deren Kinderwunsch unerfüllt bleibt, können aus der Erfahrung, dass wahre Liebe nicht für sich allein bleiben will, ihr Eheleben in der liebevollen Zuwendung zu anderen Menschen sinnvoll und schöpferisch gestalten.

Wort der deutschen Bischöfe zur Bedeutung von Ehe und Familie, Bonn 1999

■ **Grundsätzlich.** Fasse thesenartig zusammen, mit welchen Argumenten die Deutsche Bischofskonferenz für Ehe und Familie eintritt (vgl. *Youcat*, Nr. 368–370). Überlege, welche Argumente dir einleuchten und welche nicht. Füge eigene Thesen zur Begründung oder Ablehnung von Ehe und Familie hinzu.

■ **Initiative.** Mit oben stehendem Plakat und dem Slogan »Hier beginnt die Zukunft: Ehe und Familie« warb die Deutsche Bischofskonferenz von 2005 bis 2007 für Ehe und Familie. Gestaltet in Vierer-Gruppen ein Schreibgespräch, in dem ihr Stellung nehmt, was ihr von der Gestaltung des Plakates und der Wahl des Slogans haltet.

■ **Selbst initiativ.** Entwickelt in verschiedenen Lerngruppen Plakate, mit denen ihr für die Institution von Ehe und Familie Initiative ergreift.

Let's talk about sex …

So heißt ein Song der Gruppe »Salt-N-Pepa«. Er ist zugleich eine Aufforderung. Warum eigentlich? Dem Wort »Sex« begegnet man doch in unserer Gesellschaft beinahe überall. Warum überhaupt über Sex reden?

»Let's talk about you and me, let's talk about all the good things and the bad things that may be.«

Daraus lässt sich vielleicht eine Antwort auf diese Frage ablesen: Es geht um mich und um dich und darum, wie wir über Sexualität reden – ernsthaft. Was uns sonst begegnet, in den Medien beispielsweise, ist nur ein klischeehaftes Zerrbild, wie Sex zu sein habe.

»Now we talk about sex on the radio and video show. Many will know anything goes.«

Dabei wird vergessen, dass es um je individuelle Menschen, ihre Erfahrungen und Sehnsüchte geht.

»Let's tell it how it is, and how it could be. How it was, and of course, how it should be.«

■ **Why talk about?** Im Text findet sich eine Frage. Erhebt mithilfe des Textes und darüber hinaus Antworten. Führt eure Ergebnisse zusammen und erstellt ein Ranking über die Wichtigkeit der Antworten.

Wir haben vor allem ein positives Anliegen: Sexualität soll menschlich gelebt werden. Wir sind nicht rückschrittlich, bloß weil wir für eine verantwortliche Sexualität eintreten, die sich in Ehe und Familie verwirklicht. Sex ist heute fast zu einer Ware, für viele ausschließlich zu einem Genussmittel geworden, losgelöst von Liebe. Eine solche Verwahrlosung macht mir Sorgen. Wir müssen mit Jugendlichen ganz neu über Sexualität sprechen. Wir scheuen uns nicht, Stachel im Fleisch der Gesellschaft zu sein.«

Erzbischof Robert Zollitsch,
Vorsitzender der Deutschen Bischofskonferenz

■ **Should be.** Im Zitat von Erzbischof Robert Zollitsch klingt an, wie Sexualität aussehen soll und welche Probleme damit zusammenhängen. Notiere das Zitat mit genügend Platz zwischen den Zeilen und kommentiere die Aussagen anschließend. Leite daraus Regeln für den Umgang mit einem Partner / einer Partnerin ab.

Ein Schritt zu viel

In dem Jugendroman »Ein Schritt zu viel« wird die Geschichte der 16-jährigen Jenny erzählt. Seit ihrer ersten sexuellen Erfahrung, die für sie deutlich einen Schritt zu weit ging, hat sie einen Schutzmantel angezogen. Dieser Schutzmantel zeigt sie als vermeintlich leicht zu habendes Mädchen, das immer gut drauf ist und seine Partner nach Belieben wechselt. Doch tatsächlich sieht es ganz anders in ihr aus:

Sie stößt Alex, dessen geschickt tastende Hände ihr langsam unangenehm werden, nicht einfach zurück. Sie ist keine Spielverderberin, sie hat eine Rolle. Und ihre ist die der leichten Jenny, easy going, in bestimmten Dingen unkompliziert. Alex zerrt an Jennys oberstem Hosenknopf, versucht, ihn zu öffnen. Übersät ihre Wange, ihren Hals mit eiligen Küssen. Die fühlen sich besser an als die fordernden Hände. Alex und Jenny – das ist erst eine kurze Zeitspanne. Da liegt noch viel drin. Hoffnung. Und Zerstörung. Nein! Jenny befreit sich mit einer heftigen Armbewegung. So weit würde sie es nicht mehr kommen lassen. Nicht so wie damals. Vor zwei Jahren …

Jenny hatte gut verstanden … Der Körper wusste genau, was ein Traummann war, hat es gewusst von der ersten Sekunde an, als ihr damals der Freund ihres Bruders bei der Party aufgefallen war. Als sie noch nicht ahnte, dass Träume weh tun können, wie Splitter in der Haut. Dass Träume Narben hinterlassen …

Sie sehnt sich nach Vertrauen. Nach Armen, die sich um sie legen, weil sie Jenny ist, und nicht, weil sie einen tollen Körper hat, und doch braucht sie diese Nähe, ist hungrig nach Berührung, nach jenem Schauer, der sie erfasst und manchmal alles vergessen lässt. Dann ist sie Sternschnuppe. Erdriss. Meeresflut. Die Zeit durchbricht ihre Grenzen, der Himmel berührt die Erde und Jenny ist Licht und Atem …

»Und wenn einer sagt, dass er einen liebt?« »Und es sich dann herausstellt, dass es doch nicht so ist? Er sein Ziel erreicht und seinen Spaß hatte?« Jenny schweigt.

Jenny bleibt die Antwort auf die obige Frage eines Freundes schuldig, obwohl darin ihre eigene schmerzhafte Erfahrung ausgesprochen wird. Am Ende findet sie einen Weg, wieder Vertrauen zu einem Menschen aufzubauen.

■ **Gesprächsbedarf.** Gestaltet zu zweit einen Dialog zwischen Jenny und einer Person eurer Wahl, welcher einer der folgenden Fragen nachgeht: Wie kommt es zwischen zwei Menschen zu einer sexuellen Erfahrung, die einen Schritt zu weit geht? Was hilft einer Person, mit einer solchen schmerzhaften Erfahrung konstruktiv umzugehen?

STÖRT DIE LIEBE NICHT
Ich, Du, Wir?

Was wäre, wenn …

… jemand plötzlich vor der Frage stünde, ob er sich auf eine sexuelle Beziehung einlassen sollte?
… diese Beziehung zu einer Schwangerschaft führte?
… beide Partner minderjährig wären?
… ein Partner gerne heiraten würde?
… das Paar verheiratet wäre?
… der Mann die Frau verlassen würde?
… ein Partner das Kind allein großziehen müsste?
… die Eltern von der Schwangerschaft erführen?
… die Partner sich gegen das Kind entscheiden würden?
… sie dazu gedrängt würde, das Kind nicht zu behalten?
… das alles mir passierte?

■ **Baukasten.** Überlegt, was sich verändert, wenn ihr verschiedene Sätze weglasst und die Sätze umsortiert. Entwerft aus den Sätzen eine Konfliktsituation, diskutiert, welche Fragen sich in dieser Situation stellen, und sucht gemeinsam eine Lösung für diese Fragen. Stellt euch gegenseitig die Ergebnisse eurer Diskussionen vor.

■ **Auf den Leib geschrieben.** Oben siehst du den Screenshot aus einem Videoprojekt. Beschreibe die Wirkung dieser Momentaufnahme. Bereitet in Gruppen eine Podiumsdiskussion vor, in der verschiedene Teilnehmende zum Thema »Das Verhältnis unserer Gesellschaft zur Sexualität« diskutieren. Verteilt folgende Rollen an die Kleingruppen und informiert euch über deren mögliche Ansichten zur Sexualität: ein/e Vertreter/in der Kirche, ein/e Jugendschutzbeauftragte/r, ein/e Medienvertreter/in, ein/e Internetuser/in, ein/e Jugendliche/r, ein/e Mediziner/in.

■ **Schwanger unter 18.** Recherchiere bei der Bundeszentrale für gesundheitliche Aufklärung (www.familienplanung.de), mit welchen Veränderungen der Lebensumstände sich minderjährige Schwangere auseinandersetzen müssen und welche Beratungs- und Unterstützungsangebote es gibt. Stelle deine Ergebnisse in einer Tabelle zusammen.

■ **How to do it.** Erarbeitet in Kleingruppen Regeln für einen verantwortungsbewussten Umgang mit Sexualität in der Partnerschaft und bezieht die Position von Erzbischof Zollitsch (S. 74) und des *Youcat*, Nr. 407 (www.youcat.org) ein; gestaltet damit ein Plakat. Bewertet anschließend die Plakate der anderen Gruppen, indem ihr sie mit Fragen und Kommentaren versehrt.

Setzt alles auf die Liebe

T: Eugen Eckert, M: Peter Reulein

1. Setzt alles auf die Liebe, setzt alles auf den Geist, setzt alles auf die gute Nachricht, die Gottes Reich verheißt. Setzt alles auf die Liebe, sie gibt dem Leben Sinn, sie nährt mit langem Atem die Chance zum Neubeginn. Sie nährt mit langem Atem die Chance zum Neubeginn.

2. Setzt alles auf die Liebe, nur sie hält allem stand, und Liebe ist verlässlich, sie ist das stärkste Band. Setzt alles auf die Liebe, die schweigt und die vertraut, die alles glaubt, doch standhält, wo uns vor Bösem graut, die alles glaubt, doch standhält, wo uns vor Bösem graut.

3. Setzt alles auf die Liebe, sie ist die größte Kraft, und sie wird niemals enden, denn Gott ist Leidenschaft. Setzt alles auf die Liebe, setzt alles auf den Geist, setzt auf die gute Nachricht, die Gottes Reich verheißt, setzt auf die gute Nachricht, die Gottes Reich verheißt.

■ **Musik.** Diese Lernlandschaft wird von verschiedenen Liedern zum Thema »Liebe« durchzogen. Präsentiere in der Lerngruppe ein Liebeslied, das dich besonders anspricht. Gemeinsam könnt ihr dann eure eigene Chartliste zusammenstellen. Eine zusätzliche Auswahl von Liedern zum Thema findest du bei den auf der rechten Seite stehenden Liedtiteln.

■ **Anknüpfungspunkt.** Besprecht miteinander, inwiefern Lieder eine geeignete Form bieten, sich mit dem Thema zu beschäftigen.

■ **Annäherung und Auseinadersetzung.** Vergleiche die Textversion des Liedes oben mit dem biblischen Original in 1 Kor 13.
Diskutiert darüber, ob der biblische Text bzw. der Text des Liedes das Wesen der Liebe in deinen Augen zutreffend beschreibt.

STÖRT DIE LIEBE NICHT
Hätte die Liebe nicht …

Silbermond: Ich habe einen Schatz gefunden

DIE ÄRZTE: GIB MIR ZEIT

Rosenstolz: Liebe ist alles

Pink: Walk away

Beyoncé: Crazy in love

Udo Lindenberg: Ich lieb dich überhaupt nicht mehr

Adele: Love Song

DIE TOTEN HOSEN: ALLES AUS LIEBE

Jon Bon Jovi: Always

Roger Cicero: Erste Liebe

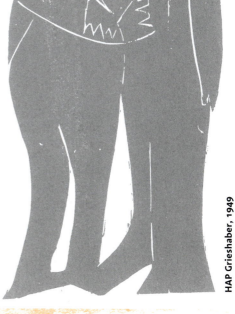

HAP Grieshaber, 1949

■ **Logik der Liebe.** Lass dir den Text über die Liebe aus 1 Kor 13 vortragen. Achte darauf, bei welchen Worten des Textes du gedanklich verweilst, und male ein Bild dazu. Stellt euch eure Bilder gegenseitig vor.

■ **Zwei Seiten.** Der Künstler HAP Grieshaber hat sein Bild »Bedrohtes Paar« genannt. Oben siehst du die vom Künstler gestaltete Bedrohung, rechts das Paar. Wähle eine der Darstellungen aus. Gestalte entweder die Bedrohungen, denen das Paar ausgesetzt ist, oder die Kraft, welche die Liebe der Bedrohung entgegensetzt.

81

Diese Lernlandschaft geht verschiedenen Versuchen nach, Erfahrungen mit Gott Ausdruck zu verleihen. Auf den folgenden Seiten könnt ihr euch einzeln und nacheinander mit solchen Ausdrucksformen beschäftigen. Zusammen ergeben sie ein Bild, eine Ahnung davon, wie bunt und vielfältig die Wirklichkeit Gottes sein könnte. Besonders für diese Lernlandschaft bietet es sich an, die einzelnen Lerngänge deines Religionsbuches genauer anzuschauen und zu vertiefen.

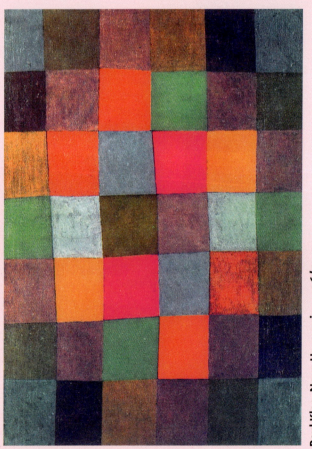

Paul Klee, Neue Harmonie, 1926/34

■ **Unsagbares ausdrücken.** Erinnere dich an eine Erfahrung, die dich »umgehauen« hat. Notiere für dich zehn Adjektive, die sie beschreiben. Überlegt gemeinsam, warum es so schwierig ist, manche Erfahrungen in Worten auszudrücken. Sucht in aktuellen Liedtexten nach Beispielen, in denen es um Unsagbares geht. Tauscht Euch im Team darüber aus, welche Worte diese Texte wählen und wie Sie auf euch wirken.

ERFAHRUNGEN MIT GOTT

im Wort: die Schöpfungstexte | im Weg: der Exodus | in der Heiligen Schrift | in Jesus: die Evangelien | im Ritus | in der Kunst | in der Tradition

GEWINNEN GESTALT

Gottes Schöpfung – damit Menschen leben können

Altorientalische Schöpfungsmythen beschreiben nicht naturwissenschaftlich, wie die Erde und der Kosmos entstanden sind. Vielmehr fragen sie nach dem Sinn, dem Ursprung und dem Ziel der Welt. Sie fragen vor allem nach dem Lebenssinn der Menschen, die in dieser Welt leben.

Der biblische Text in Gen 1,1–2,4a (entstanden um 550 v. Chr.) ist eine solche Schöpfungserzählung in der Form eines Lobliedes (Hymnus). Er beantwortet dem Volk Israel die Frage nach dem Sinn. Angesichts der Katastrophe des Babylonischen Exils (586–539 v. Chr.), angesichts der Erfahrungen der Verschleppung in ein fremdes Land, der Orientierungs- und Heimatlosigkeit, des Verlusts und des Zerreißens von Familien, Sippen und Stämmen stellen die Menschen die Fragen, ob dieses Chaos alles ist – oder ob es doch eine umfassendere Ordnung gibt, die alles zusammenhält.

Die Erzählung in Gen 1,1–2,4a benennt Chaos- und Unheilserfahrungen, sie kennzeichnet den Urzustand der Erde als »Tohuwabohu«, als lebensfeindliche und öde Wüste. In den Leuchten am Firmament (Sonne, Mond, Sterne) hatten die heidnischen Völker mächtige Gottheiten verehrt. Die Schöpfungserzählung betont, dass Gott dieses »Tohuwabohu« überwunden und so die Welt zum Wohnraum für alles Lebendige gemacht hat. Die heidnischen Götter haben keine Macht mehr.

In diesem Zusammenhang ist als eine weitere Erzählung die Sintflutgeschichte (Gen 6–9,17) bedeutsam. Im Exil erlebte Israel, dass das Chaos wieder in sein Leben einbricht – aber auch diese Erfahrung der Wiederkehr des Chaotischen wird in einer biblischen Erzählung verarbeitet. Gott selbst lässt über die Erde, die durch das Verhalten der Menschen verdorben worden ist, das Chaoswasser der Sintflut kommen und sie wieder in ein »Tohuwabohu« verwandeln. Dann aber verspricht Gott: »Nie wieder sollen alle Wesen aus Fleisch vom Wasser der Flut ausgerottet werden; nie wieder soll eine Flut kommen und die Erde verderben« (Gen 9,11). Zum bleibenden Bild dieses Versprechens Gottes und seiner lebenserhaltenden Macht wird der Regenbogen.

Aus den Schöpfungserzählungen geht auch die besondere Mitverantwortung des Menschen für die Schöpfung hervor. Deren Stellenwert wird heute vielleicht stärker als früher gesehen. Die biblischen Texte beschreiben sehr anschaulich, wie der Mensch mit der Schöpfung umgehen soll.

■ **Sintfluterzählung.** Lies den Schluss der Erzählung in Gen 9,8–17. Fasse den Text schriftlich zusammen. Überlege dabei, welche Bedeutung dieser Schluss der ganzen Erzählung gibt. Beachte dabei die Aussagen des Sachtextes zu den Schöpfungsmythen. Gestalte eine Seite in deinem Heft zu Gen 9,8–17 mit einem Regenbogen und bringe die Segenszusagen ins Bild.

■ **Schöpfungstexte.** Vergleiche Gen 1,1–2,4a und Gen 2,4b–25. Sprich mit deinen Mitschülerinnen und Mitschülern über Gemeinsamkeiten und Unterschiede in beiden Texten und überlegt gemeinsam, was den jeweiligen Erzählern in ihren Geschichten besonders wichtig ist.

■ **Der Schöpfungshymnus Gen 1,1–2,4a.** Gestaltet den Hymnus als Sprechmotette, z. B. so: Im ersten Durchgang lernt ihr den Text gut kennen. Lest den Text Satz für Satz laut vor – jede/r einen Satz oder Satzteil. Nachdem der letzte Vers gesprochen ist, beginnt ihr von vorn.

Im zweiten Durchgang liest die eine Hälfte eurer Lerngruppe gemeinsam die Sätze nacheinander, die andere Hälfte spricht einzelne Wörter, Satzteile oder Sätze laut und deutlich mit, sodass wiederkehrende Elemente ihre Wirkung entfalten.

Im dritten Durchgang lesen zwei von euch den fortlaufenden Text, die anderen sprechen die Wörter und Satzteile mit, die ihnen besonders wichtig sind.

Verändert dabei Tonfall, Stimmung und Lautstärke passend zur Textaussage.

Ihr könnt euren Vortrag zusätzlich durch Rhythmusinstrumente und/oder weitere akustische Signale unterstützen.

Abschließend tauscht ihr euch aus, was euch durch eure Sprechmotette am Text (neu) aufgefallen ist.

ERFAHRUNGEN MIT GOTT GEWINNEN GESTALT

im Wort – die Schöpfungstexte

■ **Arche Noah 2000.** Betrachte das Bild »Arche Noah 2000« von Hundertwasser. Notiere schriftlich deine Assoziationen dazu. Tausche dich mit deinem Nachbarn/deiner Nachbarin darüber aus. Formuliert gemeinsam fünf Konkretionen für den Imperativ »behave«.

Stadt

Es ist so viel soviel zu viel
Überall Reklame
Zuviel Brot und zuviel Spiel
Das Glück hat keinen Namen
Alle Straßen sind befahren
In den Herzen kalte Bilder
Keiner kann Gedanken lesen
Das Klima wird milder

Refrain:
Ich bau ne Stadt für dich
Aus Glas und Gold und Stein
Und jede Straße die hinausführt
Führt auch wieder rein
Ich bau eine Stadt für dich – und für mich

Keiner weiß mehr wie er aussieht – oder wie er heißt
Alle sind hier auf der Flucht – die Tränen sind aus Eis
Es muss doch auch anders gehen – so geht das nicht weiter
Wo find ich Halt, wo find ich Schutz – der Himmel ist aus Blei hier
Ich geb keine Antwort mehr – auf die falschen Fragen
Die Zeit ist rasend schnell verspielt – und das Glück muss man jagen

Refrain

Eine Stadt in der es keine Angst gibt nur Vertrauen
Wo wir die Mauern aus Gier und Verächtlichkeit abbauen
Wo das Licht nicht erlischt
Das Wasser hellt
Und jedes Morgengrauen
Und der Traum sich lohnt
Und wo jeder Blick durch Zeit und Raum in unsere Herzen fließt

Cassandra Steen

Hundertwasser, 775 A) ARCHE NOAH 2000. YOU ARE A GUEST OF NATURE – BEHAVE
Du bist Gast der Natur – Verhalte dich entsprechend, Original-Poster, 1981

■ **Schöpfungsverantwortung.** Die biblischen Texte im Buch Genesis machen nicht nur Aussagen über Gott als Schöpfer, sondern stellen auch die Verantwortung der Menschen heraus. Lies die Bibelstellen Gen 1,26–30; Gen 2,7–9; 15–17; Gen 9,1–7. Stelle zusammen, welche Verantwortung die Menschen übertragen bekommen. Setze deine Ergebnisse in Beziehung zum Bild von Hundertwasser.
Weitere Beispiele findest du in der Lernlandschaft »Meine Welt– eine Welt«.

■ **Schöpfung als Lebensraum.** Die deutsch-amerikanische Sängerin Cassandra Steen besingt zusammen mit dem Sänger Adel Tawil in ihrem Lied »Stadt« negative Gegenwartserfahrungen und entwirft das Bild einer Stadt, die einen echten Lebensraum bietet. Bildet Teams à 2–3 Personen. Besprecht den Liedtext und sammelt ausgehend davon – z. B. in einer Collage – verschiedene Beispiele für Lebensräume, die Leben ermöglichen, und für solche, die das nicht tun. Besprecht, welche Bedingungen gegeben sein müssen, damit auch andere Lebensräume lebenswert sind.

Zur Freiheit befreit

Israel macht am Berg Sinai eine überwältigende Gotteserfahrung: Gott erwählt sein Volk und schließt einen Bund mit ihm. Dieser Bundesschluss kommt durch die Vermittlung des Mose zustande. Im Laufe der Geschichte wurde dieses Ereignis zur Basis des biblischen Gottesglaubens: Gott ist und bleibt an sein Volk gebunden.

Der Dekalog (Das Zehnwort / die Zehn Gebote) gilt als Vertragstext dieses Bundes. Er stellt das Grundgesetz des Volkes Gottes dar. Daher ist er nicht einfach nur auf seinen ethischen Gehalt zu reduzieren, sondern er muss im Gesamtzusammenhang mit der Befreiung des Volkes Israel aus Ägypten und dem Bund mit Gott gesehen werden.

Die übliche Übersetzung der Weisungen des Dekalogs lautet: »Du sollst nicht …« Als Alternative bietet sich an: »Du wirst nicht …« Diese Übersetzung entspricht eher der Aussageabsicht, die deutlich machen will, dass der Dekalog zur Freiheit befreit.

■ **Textbild.** Gestaltet ein Plakat mit dem Dekalog (Ex 20,1–17) als Textbild: Variiert die Schriftart und die Schriftgröße und setzt weitere Gestaltungseffekte ein. Setzt dabei eure Erkenntnisse aus dem Sachtext oben um. Bringt dabei auch die Aktualität der Einzelworte dieses Grundlagentextes zum Ausdruck.

■ **Befreiung.** Erstellt arbeitsteilig auf der Basis von Ex 7,1–11,10 eine Liste der ägyptischen Plagen. Macht euch kundig über die Götter des Alten Ägyptens. Prüft, auf welche Gottheit des ägyptischen Pantheons – der sich über einen Zeitraum von gut 5 000 Jahren gebildet und verändert hat – sich die einzelnen Zeichen und Plagen beziehen lassen, und inwiefern darin eine Befreiung zum Ausdruck kommen kann. Visualisiert eure Ergebnisse auf einer Folie, einem Plakat.

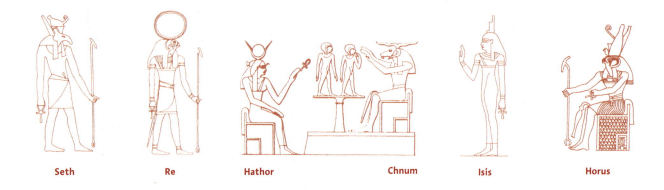

Seth Re Hathor Chnum Isis Horus

■ **Das goldene Kalb.** Betrachte das Bild von Nicolas Poussin genau. Wähle eine der dargestellten Personen aus. Versetze dich in ihre Situation. Verfasse einen Text, indem du ihre Gedanken zum Geschehen wiedergibst.

ERFAHRUNGEN MIT GOTT GEWINNEN GESTALT im Exodus – der Eine gegen die Vielen

Gott ist einzig

Eines der entscheidenden Kennzeichen des biblischen Gottesglaubens ist das Bekenntnis: Gott (JHWH) ist einzig. Die Nachbarvölker Israels lebten in dem selbstverständlichen Bewusstsein, dass es zahlreiche Götter geben musste. Das war im alten Babylonien ebenso wie in Ägypten. In Kanaan wurde vor allem die Fruchtbarkeit der Felder, der Tiere und auch der Menschen durch die Gottheit »Baal« repräsentiert. Als Symbol dieses Fruchtbarkeitskultes diente ein Stierbild. In der frühen Geschichte des biblischen Volkes Israel ist es nicht selten zu Verwechselungen gekommen. Dabei wurde der Glaube an den einen Gott zugunsten der Verehrung des Baal preisgegeben. Auch die Verehrung des Pharao ist so zu sehen. Die Auseinandersetzung zwischen dem Glauben an JHWH und der Verehrung Baals bzw. des Pharaos wurde zum Teil heftig geführt. Daher wundert es nicht, wenn auch in der Bibel Texte zu finden sind, die diesen Konflikt sehr anschaulich thematisieren. Immer wieder musste das Volk Gottes lernen, was es heißt: »Höre, Israel! Jahwe, unser Gott, Jahwe ist einzig.«

In der Erzählung vom Exodus (Auszug) aus Ägypten wird unter anderem auch dieses Grundbekenntnis des Glaubens in den Mittelpunkt gestellt. Gott allein ist heilig, kein Pharao und auch kein Baal. Diese Götter sind Götzen, von denen die Menschen abhängig werden, wenn sie an sie ihr Herzen hängen. Die wirkliche Freiheit findet der Mensch nur dann, wenn er sich vor dieser Versuchung schützt. Nur Gott ermöglicht dem Menschen die Freiheit. Die Weisungen des Dekalogs (Zehnwort oder Zehn Gebote) garantieren die von Gott geschenkte Freiheit.

■ **Woran du dein Herz hängst.** Erarbeite aus dem Sachtext »Gott ist einzig«, warum der Glaube an den einen Gott für die Bibel so wichtig ist. Lies Ex 32,1–14. Formuliere deine Eindrücke zum Text. Setze diese in Beziehung zum folgenden Zitat »Woran du dein Herz hängst, das ist dein Gott« (Martin Luther).

Nicolas Poussin, 1635

Gotteswort in Menschenwort

Die Bibel ist für Christinnen und Christen die Heilige Schrift. In ihr lesen und hören sie Gottes Wort. Wie ist das zu verstehen? In älteren Darstellungen wird oft dargestellt, wie der Heilige Geist in Gestalt einer Taube bei einem Evangelisten sitzt und dem Schreiber den biblischen Text Wort für Wort diktiert.

Ein solches Verständnis war lange Zeit vorherrschend. Und auch heute noch lesen nicht wenige Menschen die Bibel so, als stamme der Text wortwörtlich von Gott. Das aber wird dem biblischen Text nicht gerecht. Wer Bibelstellen wortwörtlich deutet, aus ihrem Zusammenhang herausreißt und das Umfeld des Textes nicht berücksichtigt, läuft Gefahr, fundamentalistisch zu werden.

Bei der Auslegung eines biblischen Textes ist immer darauf zu achten, was der Verfasser damit sagen wollte. Dabei sind sein sprachlicher, kultureller und umweltbedingter Hintergrund mitzubedenken. Wenn wir die Texte der Bibel also angemessen lesen und deuten wollen, müssen wir zahlreiche Informationen sammeln und gute Kenntnisse haben, um sie richtig verstehen zu können.

Christinnen und Christen bekennen, dass die Bibel Wort Gottes ist. Damit bringen sie zum Ausdruck, dass die Texte des Alten und Neuen Testaments unter dem Wirken des Heiligen Geistes entstanden, d.h. »inspiriert«, sind und auf diese Weise Gott zum Urheber haben. Deswegen sind sie »Wort Gottes«. Das bedeutet aber nicht, dass sie den Verfassern Wort für Wort eingegeben, »diktiert« wurden. Das II. Vatikanische Konzil hat es so formuliert, Gott hat »durch Menschen nach Menschenart gesprochen«. In den Worten der Heiligen Schrift ist Gott den Menschen nahe, er spricht ihnen zu und rührt sie an – wenn sie es denn zulassen.

Gottes Wort wirkt

Worte wirken, auch wenn sie manchmal einfach so dahingesprochen werden. Je nachdem, wie sie gemeint sind, wirken sie mal positiv und mal negativ. Wer etwas sagt, tut dies ja meist mit einer bestimmten Absicht. Die Absicht wird gleichsam vom gesprochenen (und geschriebenen) Wort transportiert. Ein »ich mag dich« hat eine andere Wirkung als ein »ich kann dich nicht ausstehen«.

Die Worte der Heiligen Schrift haben eine besondere Wirkung. Sie können die Menschen, die sie lesen, sprechen oder meditieren, mit Gott in Kontakt bringen. Sie können eine Form der Gotteserfahrung sein. In einem Liedvers heißt es »Gottes Wort ist wie Licht in der Nacht«: Gottes Wort schafft Klarheit und lässt einen sehen, was Sache ist. Eine besondere Bedeutung erhält dieser Vers, wenn Menschen ihn sich zu Herzen gehen lassen, ihn meditieren, wenn sie mit ihm »inwendig« in Kontakt kommen. Eine solche Wort-Meditation lebt von der Wiederholung. Meditation meint ursprünglich auch Auswendiglernen: einen biblischen Vers immer und immer wieder aussprechen, ihn in- und auswendig kennen. Dadurch wird das Wort Gottes vom Menschen verinnerlicht, also innerlich aufgenommen, wie eine Nahrung, die wir zu uns nehmen. Von diesem Wort Gottes können wir leben.

■ **Ein Wort für dich.** Lies den Sachtext »Gottes Wort wirkt«. Schlage dann in der Bibel den Psalm 119 nach. Wähle aus ihm einen Vers aus, der dich unmittelbar anspricht, und notiere ihn auf ein (gestaltetes) Vokabelkärtchen, das in deine Hosen- oder Jackentasche passt. Trage dieses Wort eine Woche lang immer bei dir und wiederhole es, so oft du kannst. Du kannst dir auch eine Melodie dazu ausdenken.

■ **Heilige Schrift.** Stell dir vor, du führst mit einem Muslim ein Gespräch über die Bedeutung der Bibel. Erkläre ihm, wie Christinnen und Christen die Bibel verstehen.

■ **Wort Gottes.** Lies den Sachtext »Gotteswort in Menschenwort« und notiere in dein Heft die Voraussetzungen, die zum richtigen Verständnis der Bibel wichtig sind.

■ **Menetekel.** Das Bild von Rembrandt thematisiert die Bibelstelle Dan 5,1–30. Prüfe, inwieweit Rembrandt diesen Text »wörtlich« oder »ernst« nimmt. Benenne die Merkmale, die dir bei deiner Prüfung helfen.

ERFAHRUNGEN MIT GOTT GEWINNEN GESTALT
in der Heiligen Schrift

Wenn man die Bibel wörtlich nähme, dann ...

... wäre dem Belschazzar eine Geisterhand erschienen.
(Daniel 5,5)

... wäre Jesus auf einer Wolke in den Himmel aufgefahren.
(Apostelgeschichte 1,9)

... hätte Jona im Bauch des Fisches gesessen.
(Jona 2,1)

Man kann die Bibel wörtlich nehmen,
oder man nimmt sie ernst.

Pinchas Lapide

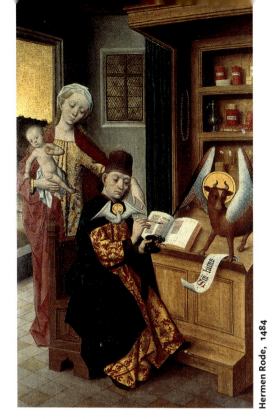

Hermen Rode, 1484

■ **Wenn man die Bibel wörtlich nähme ...** Zu welchem Verständnis der genannten Bibelstellen kann man kommen, wenn man die Bibel »ernst« nimmt? Finde weitere Beispiele für ein wörtliches Verständnis von Bibeltexten und setzt euch damit auseinander.

■ **Oder man nimmt sie ernst.** Erkläre den Satz von Lapide mit eigenen Worten. Berücksichtige dabei die Informationstexte auf dieser Seite.

■ **Ein Evangelist bei der Arbeit.** Beschreibe das Bild von Hermen Rode. Finde heraus, um welchen Evangelisten es geht. Zeige auf, wie sich der Maler die Entstehung des Evangeliums vorstellt. Setze deine Ergebnisse in Beziehung zum Text.

Rembrandt van Rijn, um 1635

In der Heiligen Schrift spricht Gott zum Menschen nach Menschenweise. Um die Schrift gut auszulegen, ist somit auf das zu achten, was die menschlichen Verfasser wirklich sagen wollten und was Gott durch ihre Worte uns offenbaren wollte.

Katholischer Erwachsenenkatechismus Nr. 109

Die Begegnung mit der Bibel bedeutet stets die Begegnung von Leben mit Leben, die Verbindung von einst gelebtem mit heutigem Leben. Ständig muss die Botschaft der Bibel »umgesprochen« und wie ein Brief, mit neuer Adresse versehen, den Zeitgenossen nachgesandt werden. Ohne Umadressierung würde das Evangelium aus einer »guten Nachricht« zu einer »alten Zeitung« werden – und eine alte Zeitung wirft man fort oder tut sonst etwas mit ihr.

Heinz Zahrnt, evangelischer Theologe

89

Von Menschen und Bildern

Ich kenne eine frau, eine malerin
eine ganz bedeutende porträtmalerin
sie beschäftigt sich in ihren zeichnungen und gemälden
mit dem gesicht der menschen
sie sagte mir
[...]
wenn ich die ersten zeichnungen mache
dann sind die blätter die abbilder alle ziemlich maskenhaft
jeder würde sagen
ja – das ist sie oder das ist er...
aber im grunde sind die ersten zeichenversuche
inhaltsleer und oberflächlich – maskenhaft
die malerin tastet sich mit dem zeichenstift
allmählich durch die oberfläche
durch die maske des gesichtes durch hinter die fassade
und bald löst sie sich im zeichnen
von dem bloßen abzeichnen
und es kommt etwas ganz neues ins bild
[...]
etwas zunächst verborgenes
sie sagt
ich muss mit dem, den ich zeichne, eine zeit umgehen
und dann entdeckt sie sein wirkliches gesicht
und wenn das bild [...] fertig ist
dann sagen manche
das ist fremd – das ist nicht getroffen
das ist ja gar nicht die frau müller
aber die nächsten angehörigen die sagen
doch das ist sie ganz genau
das ist ihr wesen
so kennen wir sie

Nach Wilhelm Willms

Verschiedene Porträts, die Picasso von seiner Freundin, der Malerin Dora Maar angefertigt hat.

■ **Ein Foto gestalten.** Suche ein Foto von einem Menschen, den du gut kennst. Klebe es auf und gestalte es so um, dass deutlich wird, was diesen Menschen aus deiner Sicht ausmacht.
Ihr könnt eure Bilder danach in der Klasse ausstellen. Vielleicht hängt ihr ein Blatt unter jedes Bild, so könnt ihr euch gegenseitig mitteilen, was ihr aus der Darstellung über die Person erfahrt.

■ **Bilder verstehen.** Erarbeite aus dem Text, wie die Malerin ihre Bilder von Menschen versteht. Notiere die Ergebnisse in deinem Heft.
Betrachtet nun die Bilder von Picasso. Tauscht euch darüber aus, welche Gedanken ihr wiedererkennen könnt.

| 0 | öffentliches Auftreten 30 n. Chr. | Ostererfahrungen der Jüngerinnen und Jünger | Zerstörung Jerusalems (70 n. Chr.) vorerst gab es nur eine mündliche Überlieferung, doch im Laufe der Zeit |

ERFAHRUNGEN MIT GOTT GEWINNEN GESTALT
in den Evangelien –

Ein fiktiver Monolog des Evangelisten Markus

»Jetzt habe ich schon so viele Geschichten über Jesus gehört und obwohl ich ihm selbst nie begegnet bin, glaube ich fest daran, dass er Gottes Sohn ist. Ich habe mit Menschen gesprochen, die gespürt haben, dass er auch nach seinem Tod bei uns ist, dass er auferstanden ist von den Toten. Diese Leute haben ihr ganzes Leben geändert, nachdem sie diese Erfahrung gemacht haben und deswegen glaube ich ihnen. Doch nun mache ich mir Sorgen, dass man Jesus vielleicht irgendwann vergessen könnte, dass die Menschen vielleicht irgendwann nicht mehr verstehen, wer Jesus wirklich war. Schon seit einiger Zeit sammle ich alles, was ich über Jesus erfahren kann – manchmal sind es nur einzelne Worte, die seine Freunde noch im Gedächtnis hatten, manchmal sind es Dinge, die er getan hat. Ich möchte gern beginnen, diese Einzigartigkeit Jesu in Worte zu fassen und festzuhalten, damit alle sehen, woran ich und diejenigen, die Jesus begegnet sind, glauben. Ich möchte die frohe Botschaft weitergeben: Jesus hat Gott sichtbar gemacht. In ihm wurde Gott Mensch.«

- **Die vier Evangelisten.** Fertige auf einer Seite in deinem Heft eine gestaltete Kurzvorstellung der vier Evangelisten an. Informiere dich über sie und die Symbole, die ihnen zugeordnet werden, im Lexikon und in der Bibel. Lies dort auch den Abschnitt Ez 1,4–10.

- **Ein Evangelist überlegt.** Der Evangelist Markus hat eine schwierige Aufgabe vor sich. Stelle zusammen, was Markus beim Schreiben seines Evangeliums beachten muss und welche Probleme auftreten könnten.
  Ergänze dazu zunächst folgende Sätze:
  Markus möchte in seinem Evangelium deutlich machen …
  Markus geht es nicht darum …

- **»Österliche Brille«.** Man kann sagen, dass die Evangelisten beim Schreiben eine »österliche Brille« trugen. Erläutere dies anhand des Zeitstrahls und überlegt dann gemeinsam, welche Konsequenzen dies für unser Verständnis der Evangelien haben könnte.

- **Recherche.** Die Karte zeigt, wo ungefähr die Evangelien entstanden sein könnten; ganz genau lässt sich das nicht sagen. Teilt euch in Gruppen auf und sammelt Informationen über den vermuteten Entstehungsort und die Adressaten jeweils eines Evangeliums. Dabei können euch die Einleitungsseiten der Einheitsübersetzung zu den vier Evangelien helfen.

- **Entschlüsseln.** »Die Evangelisten machen kein Foto von Jesus, sondern malen mit Worten Bilder von ihm.« Diskutiert in eurer Lerngruppe, wie dieser Satz verstanden werden kann. Bezieht dabei den Text von Willms und die Bilder mit ein.

- **Zeitstrahl.** Übertrage den Zeitstrahl in dein Heft. Du kannst ihn noch anschaulicher gestalten, indem du entsprechende Symbole für die verschiedenen Ereignisse und Phasen findest.

		Kanonisierung des Neuen Testaments	
kam es zur schriftlichen Überlieferung	100 n. Chr.	um 180 n. Chr.	

mit Worten Bilder von Jesus malen

Unglücksstelle der Loveparade-Katastrophe in Duisburg, bei der 21 Menschen starben und zahlreiche Besucher verletzt wurden

Rituale begleiten uns

Was geschieht, wenn du deine Freundinnen oder Freunde triffst? In irgendeiner Weise werdet ihr euch begrüßen. Die meisten von euch haben sicher eigene Rituale entwickelt: das Abklatschen der Hände, ein Schulterklopfen, eine Umarmung, ein Küsschen auf die Wange usw. Viele Menschen reichen sich Menschen bei der Begrüßung die Hände oder sie verneigen sich voreinander. Das alles sind eingespielte Rituale, die quasi wie von selbst ablaufen.

Ein Ritual ist eine nach bestimmten Regeln ablaufende Handlung mit symbolischem Charakter. Das bedeutet z. B. bei der Begrüßung, dass durch die jeweilige Form zum Ausdruck kommt, wie die Menschen zueinanderstehen. Häufig werden solche Rituale von festen Wortformeln und/oder festgelegten Gesten begleitet: »Wie geht's, was geht, alles klar?« Im weltlichen Bereich gibt es eine Fülle von Ritualen, ob bei Popkonzerten oder im Fußballstadion; und alle machen dabei mit, denn solche Rituale stiften Gemeinschaft.

Im religiösen Bereich gibt es besonders ausgeprägte Rituale. Diese werden bei bestimmten Anlässen verwendet und stärken so die Gemeinschaft der Gläubigen. Das bekannteste christliche Ritual ist wohl das Kreuzzeichen. Religiöse Rituale wollen immer auch bestimmte religiöse Inhalte und Erfahrungen vermitteln.

Eine klar geregelte, vorgegebene Ordnung von Ritualen nennt man Ritus. Wird z. B. ein Gottesdienst gefeiert, so läuft der nach einem bestimmten Ritus ab. Das gibt Halt und Orientierung, denn alle können sich darauf verlassen.

Jesus, in den vertrauten Worten unserer Gottesdienste
suche ich dich.
In den alten Zeichen und Symbolen der Kirche
suche ich dich.
Und ich bin froh darüber,
dass Menschen vor mir Worte gefunden haben,
um dich anzusprechen;
dass sie Zeichen gefunden haben,
mit denen ich dich feiern kann.
So kann ich dich finden
und du mich.
So können wir uns finden und uns um dich
versammeln,
du unsere Mitte, Jesus.

■ **Rituale und Riten im christlichen Leben.**
Erarbeitet in arbeitsteiligen Gruppen:
Rituale im Weihnachtsfestkreis
Rituale im Osterfestkreis
Rituale bei Taufe und Firmung
Rituale im Gottesdienst
Wählt eine geeignete Präsentationsform, bei der die verschiedenen Merkmale und die Bedeutung dieser Rituale verdeutlicht werden.

■ **»Und ich bin froh darüber.«** Der Betende zeigt sich dankbar, dass er auf »alte Zeichen und Symbole der Kirche« zurückgreifen kann. Befrage Menschen in deiner Umgebung nach ihren Erfahrungen mit kirchlichen Ritualen.

■ **Rituale begleiten uns.** Analysiert das Foto und erkundigt euch über das dargestellte Ritual. Macht in eurer Lerngruppe ein Brainstorming zum Thema »Ritual«. Systematisiert eure Ergebnisse – z. B. in einem Tafelbild.

ERFAHRUNGEN MIT GOTT GEWINNEN GESTALT
im Ritus

Freitagabend

Auch Schneiders Wohnzimmer schien mir feierlich ruhig. Frau Schneider breitete eine weiße Decke über den Tisch, so weiß, dass sie im schummerigen Zimmer strahlte. Aus dem Schrank nahm sie zwei Leuchter mit neuen Wachskerzen. Sie stellte die Leuchter auf den Tisch. Aus der Küche holte sie zwei kleine selbstgebackene Brote. Diese beiden Brote legte sie ebenfalls auf den Tisch zwischen die Leuchter und den Platz von Herrn Schneider.

Ich blickte schon lange nicht mehr zum Fenster hinaus, sondern sah Frau Schneider bei ihren Vorbereitungen zu. »Was ist los bei euch?«, fragte ich Friedrich flüsternd. »Sabbat!« antwortete Friedrich ebenso leise. Nur noch ein schmaler blutroter Streifen über einem Hausdach am Ende der Straße verlief, wo die Sonne versank. Er tauchte alles in Rot. Frau Schneider zog ihre Kittelschürze aus. Sie nahm einen großen silbernen Becher aus dem Schrank und stellte ihn an Herrn Schneiders Platz. Daneben legte sie ein Gebetbuch. Dann entzündete sie die beiden Kerzen. Dabei kehrte sie sich der Wand zu, die vom Abendrot übergossen war, und sprach etwas murmelnd vor sich hin.

Während Frau Schneider betete, hörten wir, wie Herr Schneider die Wohnungstür aufschloss. Kurz darauf betrat er im dunklen Anzug, den Kopf mit einem winzigen bestickten Käppchen bedeckt, das Wohnzimmer. Friedrich ging seinem Vater entgegen. Herr Schneider legte ihm eine Hand auf den Scheitel und sagte: »Möge dich Gott wie Efraim und Manasse werden lassen. Der Herr segne dich und behüte dich; der Herr lasse dir sein Angesicht leuchten und sei dir gnädig; der Herr wende dir sein Angesicht zu und verleihe dir Frieden.«

Dann schlug er das bereitliegende Buch auf und las seiner Frau etwas in hebräischer Sprache vor. Schweigend, mit geneigtem Kopf lauschte Frau Schneider dem Lesenden. Ich starrte noch immer verwundert in die Kerzenflammen und wusste mit alldem, was ich erlebte, nichts anzufangen. Herr Schneider nahm den Becher vom Tisch und goss ihn voll Wein. Mit beiden Händen hielt er ihn und betete. Dann tranken wir alle einen Schluck daraus, zuerst Herr Schneider, dann Frau Schneider, danach Friedrich, zuletzt ich.

Herr Schneider verließ das Zimmer, um seine Hände zu waschen. Als er zurückkehrte, sprach er über dem selbstgebackenen Brot: »Gelobt seist Du, Herr unser Gott, König der Welt, der das Brot aus der Erde hervorbringt.« Er schnitt ein Brot auf und reichte jedem von uns ein Stückchen. Wir verzehrten es schweigend.

> ■ **Das abendliche Ritual.** Erarbeite aus dem Text die einzelnen Elemente des abendlichen Rituals in der Familie und notiere den genauen Ablauf in deinem Heft (vgl. dazu auch die Lernlandschaft »Judentum« in MITTENDRIN 5/6). Entwirf zusammen mit einem Partner oder einer Partnerin den Ablauf für ein Ritual am Heiligen Abend in deiner Familie.

Methodenkarte: Pro-und-Kontra-Debatte

Vorbereitung
Bildet zunächst durch das Ziehen von Losen zwei gleich große Gruppen, in denen ihr möglichst viele und anschauliche Argumente dafür sammelt, ob und inwiefern Rituale hilfreich sind oder ob und inwiefern sie ihre Kraft verloren haben.
Überlegt dabei auch, wie ihr die Argumente der gegnerischen Partei widerlegen könnt. Bestimmt nun jeweils drei Gruppensprecherinnen und -sprecher sowie eine Gesprächsleitung.

Durchführung
Die Gesprächsleitung eröffnet die Debatte, begrüßt die Zuschauenden, nennt das Thema, stellt die Gesprächsteilnehmerinnen und -teilnehmer vor und erklärt den Ablauf der Debatte. Anschließend geben die Gruppensprecherinnen und -sprecher jeweils ein kurzes Eingangsstatement ab. Danach erfolgt in Rede und Gegenrede der Austausch der Argumente und Gegenargumente.

Auswertung
Die Gesprächsleitung fordert die Beobachtenden auf, mitzuteilen, welche Argumente sie überzeugend fanden und welche nicht.

Im Anfang ist das Erleben

Im Anfang ist das Erleben – das Wort folgt später. Aber wir müssen bei unseren Versuchen, das Erlebte und Erfahrene auszudrücken, eigentlich nicht nur sprechen oder schreiben, können wir doch auch musizieren, malen, tanzen …

Paulus selbst erzählt, wie die Erfahrung Jesu Christi ihn und sein Leben von Grund auf veränderte.

Diese Erfahrung des berufenden, zu neuem Leben mitreißenden Gottes hat im Laufe der Jahrhunderte vielfältige Umsetzungen und Deutungen erfahren. Auf dieser Doppelseite findest du Versuche, dieses einschneidende Berufungserlebnis des Paulus auszudrücken. Sie sollen Anregung sein, weitere Ausdrucksformen zu finden.

Vom Nutzen der Bilder

Der Nutzen der Bilder ist ein sechsfacher:
1. Information und Bildung: Das Bild ist das bessere Lehrmittel als die Schrift;
2. Vermehrung der Liebe zu Gott und den Heiligen;
3. Anregung, das Dargestellte nachzuahmen;
4. die Bilder erhalten in uns das Andenken an Christus und die Heiligen und lehren uns im Falle der Not, dass wir Patrone haben, die wir anrufen können;
5. in der Verehrung der Bilder der Heiligen legen wir selbst ein Bekenntnis zu deren Glauben, Lehre und heiligem Leben ab und stellen uns gewissermaßen an deren Seite […];
6. durch die Aufstellung von Statuen und Bildern werden Gott und die Heiligen geehrt […]

*Roberto Bellarmin,
De reliquiis et imaginibus (um 1590)*

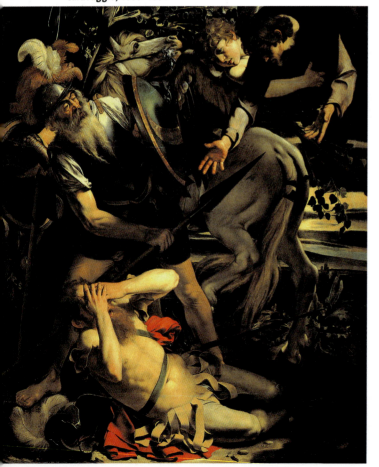

Caravaggio, 1600–1601

Kunst macht Unsichtbares sichtbar.

Paul Klee

Vielleicht hält Gott sich einige Künstler.

Nach Kurt Marti

■ **Gottes Künstler.** Notiert die beiden Zitate auf ein Plakat. Verfasst dazu ein Schreibgespräch.

■ **Bilder wirken.** Prüfe die sechs Punkte »Vom Nutzen der Bilder«. Führe Beispiele an, die deine Einschätzung bestätigen.

ERFAHRUNGEN MIT GOTT GEWINNEN GESTALT
in der Kunst

Wie Künstler vorgehen

In allen Epochen haben die Künstler mit dem von ihrem Zeitalter geprägten Stil, der ihnen selbstverständlich war, sich selbst und ihr persönliches Verständnis der Bibel eingebracht. Daher haben sie sich bei ihrer visuellen Deutung der Schrift – die stets Illumination, nicht Illustration war – in einem sehr viel engeren Rahmen bewegt, schon mit Rücksicht auf ihre geistlichen Auftraggeber. Wir finden darum in ihren Bildern die Art und Weise wieder, wie ein Künstler eine bestimmte Bibelstelle verstanden hat.
Immer wieder wird der Künstler gewisse Gesichtpunkte hervorheben, andere dagegen unberücksichtigt lassen. Immer geht es ihm um eine Vergegenwärtigung des dargestellten Geschehens. Immer macht er deutlich: Es handelt sich hier nicht um irgendeine Überlieferung, die uns nichts mehr angeht. Das, was ich zeige – so drückt es der Künstler aus –, gehört nicht irgendeiner Vergangenheit an, die versunken ist, sondern es steht in unmittelbarem Bezug zu meiner Gegenwart.
Darum werden die Geschehnisse in der alltäglichen Umgebung der Epoche angesiedelt, in welcher der Künstler lebte: Die biblischen Landschaften werden wie die Heimat des Künstlers gemalt, die auftretenden Personen in zeitgenössische Gewänder gekleidet. Den Künstlern geht es nicht um eine historische oder archäologische Richtigkeit – die sie ohnedies nicht kannten –, sondern um eine Aktualisierung der Verkündigung, eben das, was wir unter dem Begriff »Vergegenwärtigung« verstehen.

Nach Günter Lange

Thomas Zacharias, 1990

■ **Vergegenwärtigung.** Lies den Text »Wie Künstler vorgehen« und erläutere, wie Künstler mit einer Bibelstelle umgehen. Erkläre vor allem den Begriff »Vergegenwärtigung«.

■ **Bildvergleich.** Vergleiche die Bilder von Caravaggio und Zacharias. Setze sie in Beziehung zu Gal 1,11–17 und Apg 9,1–9. Beschreibe, wie sie das »Damaskuserlebnis« vergegenwärtigen. Suche weitere Bilder, die sich mit diese Erfahrung des Paulus auseinandersetzen.

■ **Berufung des Paulus.** Nicht nur in der Kunst hat die Damaskuserfahrung des Paulus eine vielfältige Umsetzung erfahren. Recherchiere die Vergegenwärtigung in Musik (Oratorien und Musicals) und Literatur (Gedichte, Erzählungen). Untersuche, wie die Wende im Leben des Paulus jeweils umgesetzt wird.

um 850 (Hagia Sophia)

Rogier van der Weyden, 1435

■ **Marienbilder.** Nimm dir Zeit für die Betrachtung der Marienbilder auf dieser Doppelseite und wähle das dich ansprechende Bild aus.
Formuliere schriftlich die Gedanken Marias oder richte Fragen an den Künstler. Tausche deine Ergebnisse mit einer Mitschülerin oder einem Mitschüler aus.

■ **Marienbild heute.** Die Bildbeispiele stammen aus verschiedenen Epochen. Besprecht Elemente, die ein aktuelles Marienbild enthalten sollte: Welche biblischen und zeitgenössischen Aspekte sind euch wichtig? Skizziert in eurem Heft ein solches Bild.

Die Bibel erzählt über einen mehr als 1500 Jahre währenden Zeitraum Lebens- und Glaubensgeschichten von Menschen. Dabei zeigen die biblischen Texte ein breites Spektrum menschlicher Erfahrungen auf, wie beispielsweise Liebe, Sehnsucht und Hoffnung, Angst, Eifersucht und Zweifel. All diese Erfahrungen werden durch die Begegnung mit Gott im Glauben gedeutet. Von Anfang an haben die Menschen diese Erzählungen fasziniert, weil sie in ihnen ihre eigenen Hoffnungen und Befürchtungen und ihre Frage nach dem Sinn der menschlichen Existenz entdeckten. So sind die biblischen Schriften auch für Künstlerinnen

ERFAHRUNGEN MIT GOTT GEWINNEN GESTALT
in der Tradition

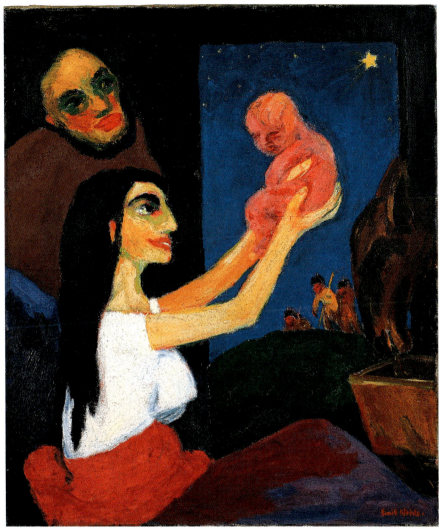

Emil Nolde, 1912

N. N., 20 …

und Künstler zu einer Inspirationsquelle geworden. Im kreativ-künstlerischen Schaffen wurden die biblischen Personen und Themen immer wieder neu dargestellt und interpretiert.

Eine Figur, die seit der frühen Zeit der christlichen Kunstgeschichte fasziniert hat und kontinuierlich bis heute zu künstlerischer Auseinandersetzung inspiriert, ist Maria. Obwohl die Person Marias im Neuen Testament nur an wenigen Stellen erwähnt wird, gibt es eine nahezu unüberschaubare Fülle von Kunstwerken, die sich mit Maria und ihrem Sohn befassen.

■ **Maria in der Bibel.** Teilt euch in Gruppen auf und stellt zusammen, was aus folgenden Bibeltexten über Maria zu erfahren ist: Mk 3,20f.; 3,31–35; 6,1–6a; Mt 1–2; Lk 1,38; 2,19.35.51; Joh 2,1–12; 19,25–27; Apg 1,14. Sprecht darüber, inwieweit die Kunstwerke dem biblischen Befund gerecht werden.
Stellt eure Ergebnisse zusammen und sprecht darüber, welchen Aspekt aus dem Leben Marias die hier dargestellten Kunstwerke hervorheben.

Die Bibel ist kein Kursbuch des christlichen Glaubens, mit festgelegtem Heilsfahrplan auf unverrückbaren Schienen. Sie gleicht eher einer Seekarte, auf der zwar auch Routen und Kurse eingezeichnet und Positionen abgesteckt sind, aber, mit mehr Raum zu eigenem Navigieren, je nach Gezeiten und Wind. Vielleicht ist die Bibel sogar noch treffender mit einem Logbuch zu vergleichen, in das frühere »Fahrensleute« ihre Positionen, Beobachtungen und Widerfahrnisse eingetragen haben, nicht genau zu wiederholen, wenn man nicht auflaufen will, schon gar nicht anzubieten, eher schon einmal nachzubieten, in jedem Fall gut und nützlich zu lesen für alle, die nach Spuren Gottes in der Welt suchen.

Heinz Zahrnt

■ **Seekarte und Logbuch.** Erläutert die Bilder der Seekarte und des Logbuches, die Heinz Zahrnt verwendet, anhand der Ausflüge in dieser Lernlandschaft. Gestaltet eine eigene Seekarte oder ein eigenes Logbuch zur Bibel: Welche »Positionen, Beobachtungen und Widerfahrnisse« tragt ihr ein?

■ **Erfahrungen mit Gott heute.** 2002 führte das Team der Jugendkirche TABGHA in Zusammenarbeit mit einem Religionskurs des Elsa-Brändström-Gymnasiums Oberhausen das Foto-Projekt »Jesus an der Ruhr« durch. Anliegen war es, die »alte Geschichte« des Lebens und Leidens Jesu mit modernen Mitteln (in diesem Fall der Fotografie) »neu« zu erzählen und an markante Orte in der Lebenswirklichkeit der Jugendlichen selbst zu versetzen. Informiert euch im Internet über dieses Projekt, z. B. bei www.rpi-virtuell.de. Überlegt, welches biblische Thema, welche biblische Erzählung euch besonders anspricht. Wie könntet ihr dies(e) »neu« erzählen und darstellen?
Hilfreich können dabei folgende Fragen sein:
– Was ist die wichtigste Aussage »meines« Bibeltextes?
– Was kann/soll sie uns heute sagen?
– Welche Personen sind wichtig?
– In welcher Beziehung stehen sie zueinander?
– Wie kann ich die Personen heute zeigen (Rolle, Beruf, Kleidung, Image, Alter etc.)?
– Wohin übersetze ich die Bibelstelle: an welchen Ort in meinem Lebensumfeld?
– Welchen Einfluss hat der Ort auf die Aussage der Botschaft?

ERFAHRUNGEN MIT GOTT GEWINNEN GESTALT
Logbuch

■ **aufRÄUMEn FÜR GOTT.** Beziehungen zu anderen Menschen brauchen »Räume«, in denen man sich wohl fühlen kann, die bewusst gestaltet sind. Auch in der Beziehung zu Gott kann ein solcher Raum hilfreich sein:

Nehmt die Gestaltung dieses Raums nun gemeinsam in Angriff.

Vorbereitung:
Zwei oder drei aus eurer Klasse kümmern sich um die Organisation. Sie brauchen dazu Müll und Plunder, Tücher, Naturmaterial, Kerzen, Teelichter, verschiedene Bibelausgaben, vielleicht Blumen, …
Der Raum, in dem ihr euch trefft, muss im Vorfeld sehr unordentlich »gestaltet« werden. Bonbonpapier, leere Flaschen, hingeworfene Jacken etc. liegen überall auf dem Boden im Raum herum.

Durchführung:
Mitten in diesem Chaos trefft ihr euch und setzt euch in einen Kreis. Dabei müssen wahrscheinlich schon erste Gegenstände zur Seite geräumt werden. Zwei oder drei aus eurer Klasse kümmern sich um die Organisation.
Wie nehmt ihr eure Umgebung wahr? Welchen Eindruck habt ihr von der Unordnung?

Eure Aufgabe ist es jetzt, einen Platz so zu gestalten, dass ihr euch wohl fühlt, ruhig werdet, die Zeit genießt. Nichts Störendes soll euch ablenken. Macht es euch schön, so wie ihr es vielleicht auch macht, wenn Freunde kommen.
Auch die Beziehung zu Gott braucht einen Raum, in dem ihr zur Ruhe kommen und euch auf ihn konzentrieren könnt. Das kann im Klassenraum, an einem anderen Ort in der Schule, draußen oder auch in einer Kirche sein.
Wählt aus den verschiedenen mitgebrachten Materialien diejenigen aus, die ihr zur Gestaltung nutzen wollt. Braucht ihr noch anderes?
Setzt euch in Kleingruppen zusammen und plant gemeinsam, wie eure (Kontakt-) Räume für Gott aussehen. Was ist euch wichtig und warum? Setzt eure Überlegungen praktisch um.

Präsentation:
Zeigt eure »Räume« euren Mitschülerinnen und Mitschülern – wenigstens als Plan oder Foto – und begründet eure Gestaltung, die gewählten Orte und Symbole …
Was kann auch in eurem Inneren zu einem aufRÄUMEn FÜR GOTT beitragen?

HERBST

Dunkelheit aushalten
Allerseelen / Totengedenken

Reifen und ernten
Herbst

Die Fülle genießen
Sommer

Mut schöpfen
Pfingsten

SOMMER

DAS JAHR –

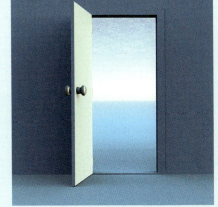

...t verbreiten
Weihnachten

Einen neuen Anfang wagen
Neujahr

Neues bricht auf
Frühling

Durchkreuztes Leben
Ostern

WINTER · FRÜHJAHR

Die Lernlandschaft, die dich hier erwartet, ist vielfältig einsetzbar. Die Meditationen und Impulse können in andere Lernlandschaften aufgenommen werden und dort die Themen ergänzen und vertiefen. Sie können aber auch begleitend durch das Jahr aufgegriffen werden, um den Jahreskreis, der geprägt ist durch christliche Feste, erlebbar zu machen.

EINE RUNDE SACHE

Ein Jahr geht zu Ende und wird von einem neuen abgelöst. Beim Jahreswechsel erinnern wir uns an wichtige Ereignisse des alten Jahres. Gleichzeitig sind wir gespannt, was das neue Jahr uns bringen wird.

Das neue Jahr ist wie ein unbeschriebenes Blatt, wie eine geöffnete Tür ... Was sich wohl dahinter verbirgt? Ergeben sich neue Wege? Tun sich bisher ungeahnte Zugänge und Einblicke auf? Erwarten mich neue Aufgaben und Schwierigkeiten im neuen Jahr?

■ **Eine offene Tür.** Schreibe deine Wünsche und Sehnsüchte sowie deine Ängste und Befürchtungen für das neue Jahr auf eine (Tür-)Postkarte und stecke sie in einen Briefumschlag. Klebe ihn zu und gib ihn einer Person deines Vertrauens mit der Bitte, ihn dir am Ende des gerade begonnenen Jahres zurückzugeben.

Neujahrswunsch

Nicht, dass es keine Wolken gibt,
nicht, dass jeden Tag die Sonne scheint,
nicht, dass dir niemals etwas wehtut,
nicht, dass du niemals traurig bist;
nein, das alles wünsche ich dir nicht.

Mein Wunsch an dich ist:
Dass du die Erinnerung bewahrst
an jeden schönen Tag;
dass du mutig bist,
wenn Schwierigkeiten kommen;
dass du nicht aufgibst,
wenn es keinen Ausweg zu geben scheint.

Dass du immer Freunde hast,
denen du vertrauen kannst;
dass du immer Menschen findest,
die dir helfen, wenn du Hilfe brauchst.

Dass jede Gabe, die Gott dir geschenkt hat,
in dir weiterwächst
und dass du immer Kraft hast,
andere froh zu machen.
Und dass zu jeder Zeit,
ob du froh oder traurig bist,
Gott mit dir ist
und du in Gottes Nähe bleibst.

Aus Irland

■ **Segenswunsch.** Wählt in der Gruppe jemanden aus, der oder die den irischen Neujahrswunsch der ganzen Klasse vorliest. Ihr könnt euch den Segenswunsch auch in Zweiergruppen gegenseitig zusprechen.

DAS JAHR – EINE RUNDE SACHE
Einen neuen Anfang wagen

■ **Überzeugungsarbeit.** Überlege dir ein Gespräch, in dem Mose und sein Bruder Aaron zwei sehr zögernde Israeliten überzeugen wollen, Ägypten zu verlassen. Diese jedoch machen es den beiden Brüdern nicht leicht, da sie viele Gefahren und Unsicherheiten im Zusammenhang mit dem Aufbruch sehen …
Formuliere einen Dialog.

■ **Schritte ins Leben.** Vieles in unserem (Schul-)Alltag ist Gewohnheit und Alltagstrott. Wir meinen, die anderen zu kennen, und haben sie in bestimmte Schubladen gesteckt. Wir selbst trauen uns nicht, aus der Rolle zu fallen, Ungewohntes zu denken oder Ungewöhnliches auszuprobieren. Oft sind wir dadurch in uns selbst gefangen, werden verschlossen und unbeweglich.
Überlege mit deinem Nachbarn oder deiner Nachbarin, wo ihr in der Klasse bzw. in eurem Alltag Festgefahrenes aufbrechen wollt. Schneidet Fußspuren aus und gestaltet sie mit Gedanken, Farben und Formen. Legt sie auf den Boden eures Klassenzimmers, sodass ein »Weg ins Leben« entsteht.

■ **Neubeginn.** Lies den Text von Dorothee Sölle laut vor und erinnere dich an die Geschichte vom Auszug aus Ägypten. Notiere stichwortartig auf verschiedenfarbigen Kärtchen, was die Israeliten an Negativem (z. B. Unterdrückung), aber auch an Positivem (z. B. Sicherheit) zurücklassen müssen. Stelle dem auch die Hoffnungen gegenüber, die das Volk Israel mit diesem Neubeginn verbindet und die sich in den Weisungen Gottes als neuer Freiheitsordnung widerspiegeln. Ordne alle Kärtchen an der Tafel.

Als israel aus ägypten aufbrach
als die unterdrückung ein ende nahm
als sie aufhörten sich ausbeuten zu lassen
als sie die antreiber loswurden
    da hörte die sicherheit auf
    da wurde es unbequem
    da sank der konsum
das volk murrt
    wollte gott wir wären in ägypten gestorben
    als wir bei den fleischtöpfen saßen
    und hatten brot in fülle zu essen
    denn ihr habt uns in die wüste geführt
    um uns alle verhungern zu lassen

Als israel aus ägypten aufbrach
als die bauarbeiter nicht mehr mitmachten
und die ziegelbrenner genug davon hatten
für königsgräber zu brennen
    da war es mit dem schönen leben zu ende
    da kam unter ihnen angst auf
    wohin sie kämen und was nun würde
das volk murrt
    hätten wir doch fleisch zu essen
    wir gedenken der fische, die wir in ägypten umsonst aßen
    der gurken melonen zwiebeln des knoblauchs
    nun bekommen wir
    nichts als manna zu sehen

Als israel die selbstbestimmung wählte
    statt der fremdbestimmung
als sie die wüste nahmen statt der wohnlichen städte
als sie die wanderschaft vorzogen der sesshaftigkeit
    da kamen sie nicht in das land
    von dem sie gesungen hatten
    nichts war da mit milch und honig
    da gab es einen langen marsch
    und viele starben darüber

das volk fragte sich
    wir müssen wissen was wir wollen genossen
    die kaufhäuser ägyptens
    oder den langen marsch durch die wüste
    vierzig jahre
    die permanente revolution

Dorothee Sölle

Ostern, das Fest der Auferstehung Jesu, wird am Sonntag nach dem ersten Frühlingsvollmond gefeiert. Gott schenkt Jesus nach Kreuz und Tod neues, unvergängliches Leben.

Der Frühling wird von vielen nach den langen, dunklen Wintermonaten ersehnt. Die Sonne gewinnt an Kraft und die Tage werden länger. In der Natur bricht das zarte Grün der Bäume hervor, die ersten Frühlingsblumen sorgen für bunte Farbtupfer und der Gesang der Vögel kündet das Frühjahr an.

Für den Menschen ist das wohltuend. Alle haben Lust, nach draußen zu gehen, Menschen zu treffen und Neues auszuprobieren.

Meditation: Auf-brechen

Vorbereitung:
Schneidet Papierblüten entsprechend der Vorlage aus; legt Farben und Stifte bereit.
Rückt die Tische zur Seite und bildet mit den Stühlen einen Stuhlkreis.
Stellt in die Mitte des Stuhlkreises eine große Schale auf eine Decke und legt in die Schale eine »Rose von Jericho«. Neben die Schale wird ein Krug mit warmem Wasser gestellt. Stellt rings um die Schale für jeden und jede von euch eine mit Wasser gefüllte kleinere Schale (z. B. einen Blumentopfuntersetzer). Besorgt euch meditative Musik, die während der Meditationsübungen leise eingespielt werden kann.

Auf-brechen

Jeder Frühling ist ein Neubeginn:

*neu wahrnehmen
was vorher war
neu sehen hören riechen schmecken*

*neu wahrnehmen
was schon da ist
neue Knospen, Farben, Töne, Wärme*

*neu wahrnehmen
was in mir steckt
neue Ideen, Fantasie, Lebenslust*

*neu wahrnehmen
was möglich ist
neue Begegnungen,
Abwerfen von Last,
die eigene Energie spüren.*

Jeder Frühling ist ein Neubeginn.

1. Körperübung
Setze dich entspannt auf deinen Stuhl. Schließe die Augen. Stelle deine Füße nebeneinander auf den Boden. Spüre den Boden und die Stuhlfläche. Versuche alles loszulassen und zu vergessen, was dich beschäftigt.

2. Symbolhandlung
Gieße bei leiser, meditativer Musik das Wasser aus dem Krug in die große Schale.
Lies den Text »Aufbrechen« oder lasse ihn dir vorlesen. Achte darauf, wie der Frühling beschrieben wird, und überlege, was du mit den Begriffen »Frühling« und »Neubeginn« verbindest.

3. Blumen gestalten bei meditativer Musik
Nimm dir eine der vorbereiteten Papierblumen.
Gestalte deine Blume, indem du darauf deine Gedanken zum Frühling und Neubeginn aufschreibst oder deine Gedanken in Farben und Formen umsetzt.
Falte, wenn du fertig bist, die Blütenblätter zur Mitte und halte deine Blume in deinen Händen.

4. Symbolhandlung
Gehe zur Mitte und lege deine Blüte in eine der kleinen Wasserschalen. Bleibe in der Mitte und beobachte, was passiert. Gehe um die kleinen Schalen herum und schaue dir die Blumen an.

5. Evtl. Austausch über die Meditation

■ **Auf-brechen.** Bereitet gemeinsam die Meditation vor. Jemand von euch oder eure Lehrkraft leitet die Meditation an und liest die Texte vor, spielt die Musik ein usw.

DAS JAHR – EINE RUNDE SACHE
Neues bricht auf

104

Lydia wagt den Aufbruch

In der Bibel ist immer wieder von Menschen die Rede, die aufbrechen oder die neu beginnen. In der Apostelgeschichte ist beispielsweise von einer Frau namens Lydia die Rede. Sie ist eine Heidin, die zum Judentum übergetreten ist, und Purpurhändlerin in Philippi. Der Apostel Paulus begegnet ihr auf seinen Reisen. Lydia zeigt sich als aufgeschlossene Gastgeberin. Später wird sie Gemeindeleiterin.

■ **Lydias Geschichte.** Lies Apg 16,11–15.40 und informiere dich über die gesellschaftlichen Verhältnisse der damaligen Zeit. Überlege, was es für eine Frau wie Lydia in der damaligen Gesellschaft bedeutete, sich zu Jesus Christus zu bekennen und ein neues Leben zu beginnen.

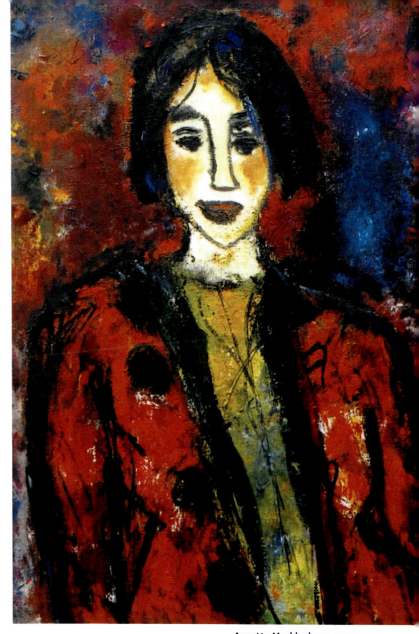

Annette Mecklenburg, 1995

■ **Bildbetrachtung.** Beschreibe Farbgebung und Gesichtsausdruck des Mädchens auf dem Bild von Annette Mecklenburg.
Das Bild trägt den Titel »Herbstmädchen«. Warum hat die Künstlerin wohl diesen Titel gewählt? Welchen Titel würdest du dem Bild geben?

■ **Aufbruchstimmung.** Stelle dir vor, das Mädchen auf dem Bild stehe vor einer Veränderung, einem Aufbruch in ihrem Leben. Schreibe einen Tagebucheintrag aus ihrer Sicht, in dem sie diesen Aufbruch und ihre Gefühle dabei beschreibt.

Passion und Auferweckung Jesu stehen im Zentrum des christlichen Glaubens. Auferweckung ist eine Verheißung, die jenseits des irdischen Lebens eines Menschen ihre Erfüllung findet. Sie beinhaltet aber auch, dass sich durch den Glauben an die Auferweckung Jesu das Leben des Menschen, so gebrochen es auch ist, grundsätzlich ändert, ja, dass es neu ausgerichtet wird.

1. Gerade sein
Schau dir den Ast an, befühle ihn und fasse ihn dann an beiden Enden an.
Dieses Stück Ast kann ein Gleichnis für mich und mein Leben sein.
So bin ich – so möchte ich sein:
jung, gesund, voller Kraft und Leben, natürlich und schön, ein Teil der guten Schöpfung.
Wird alles glattgehen im Leben – in meinem Leben?

2. Gespannt sein
Biege den Ast zwischen deinen Händen, erst leicht, dann etwas stärker, sodass er unter Spannung steht.
Nur keine Angst vor Anforderungen, ich verkrafte einiges!
Mich bringt so schnell nichts um, auch wenn ihr mich verbiegt!
Ich schaff das schon! Ich lasse mich nicht unterkriegen!
So schnell geb ich nicht auf!
Selbst ist der Mann, selbst ist die Frau!
Auch allein fühle ich mich nicht einsam und verlassen.

■ **Naturale Meditation.** Für diese Meditation brauchen alle Beteiligten ein Aststückchen von etwa 25 Zentimetern Länge und ungefähr Fingerdicke. Wichtig ist, dass diese Stückchen frisch und geschmeidig sind, damit sie beim starken Anspannen nicht ganz auseinanderbrechen. Zweige von Flieder oder Obstbäumen eignen sich besonders gut. Alle haben ein Aststückchen in der Hand und führen bei den sieben angegebenen Schritten das Entsprechende aus.
Jemand von euch oder eure Lehrkraft spricht die kurzen Sätze, alle anderen führen die Handlungen aus. Nach jedem Abschnitt kann zweimal ein Kyrie-Ruf gesungen werden.

ihr fragt
wie ist
die auferstehung der toten?
    ich weiß es nicht

ihr fragt
wann ist
die auferstehung der toten?
    ich weiß es nicht

ihr fragt
gibt's
eine auferstehung der toten?
    ich weiß es nicht

3. Belastet bis zum Äußersten
Biege den Ast immer stärker, fühle der intensiven Spannung innerlich nach und halte sie aus.
Belastung! Gespannt bis zum Äußersten.
Nicht zum Aushalten! Es geht über meine Kräfte.
Viel lastet auf meinen Schultern.
Ich beginne, an mir und an anderen zu zweifeln.
Auf Biegen und Brechen – hat das Sinn?
Ich kann nicht mehr, ich breche zusammen.

4. Gebrochen werden
Biege den Ast, bis er knackst, aber brich ihn nicht ganz durch.
Schuld, Leid, Enttäuschung!
In mir ist etwas zerborsten, gebrochen.
Zu viel! Sinnlos! Ohne Aussicht!
Versagt! Hoffnungslos!
Ausgeliefert und ausgebrannt!
Es fühlt sich leer und einsam an.
Einfach aus!
Einfach aus?

DAS JAHR – EINE RUNDE SACHE
Durchkreuztes Leben

ich weiß
nur
wonach ihr nicht fragt:
 die auferstehung derer die
 leben

ich weiß
nur
wozu Er uns ruft:
 zur auferstehung
 heute und jetzt
     Kurt Marti

■ **Auferstehung heute und jetzt.** Lies das Gedicht von
Kurt Marti. Überlege, wen Marti anspricht und was er
diesen Menschen sagen möchte. Erkläre, was Marti
mit der letzten Strophe ausdrücken möchte.

6. Verwundet anderen begegnen

Suche dir eine Mitschülerin, einen Mitschüler. Betrach-
tet gegenseitig eure gebrochenen Äste und lasst sie auf
euch wirken. Dann verkeilt sie an den Bruchstellen so, dass
ein Kreuz entsteht, das in den Bruchstellen gehalten wird.
Auch der und die andere ist gebrochen – ist wie ich.
Die Masken sind gefallen.
Es gibt nichts mehr zu verheimlichen.
Wir können ein Stück von uns preisgeben und einander
trauen.
Im Kreuzungspunkt des ungeschminkten Lebens
liegt die Chance einer echten Begegnung – mit dir, mit mir.
Wir werden eins: du und ich und du.

7. Gekreuzt hoffen

Biegt die Stäbe zurecht und schaut das gemeinsame
Kreuz an.
Mein Stab, dein Stab – unser Kreuz.
Mit dir gekreuzt – hoffen wir.
Wirst du unsere Schwachstelle zur Stärke verwandeln?
Wirst du alle Bruchstücke zusammenfügen
und zum Großen-Ganzen vollenden?
Lässt du Kraft aus Gebrechen, Leben aus Tod
– damals schon, heute auch, morgen noch –
wachsen?

Gott, in Jesu Kreuz,
in unserem Kreuz schenkst du
uns und mir
Begegnung und Hoffnung,
Stärke und Leben
für diese Zeit und in deiner Ewigkeit.

5. Gebrochen leben

Schau dir die Bruchstelle an und versetze dich
in diese offene Mitte.
Bis jetzt lief alles glatt.
Die Bruchstelle reißt auf, setzt aus, macht offen,
ermöglicht einen Blick in das Innere, in die Tiefe.
Das bin also ich – der Mensch.
Aufgebrochen, offen und verletzt.
Ich – und du auch.
Unverhüllt siehst du mich, hältst du mich.

■ **Jesu durchkreuztes Leben.** Verschaffe dir mithilfe des
Markus-Evangeliums (Mk 14–15) einen Überblick über
die Passion Jesu. Überlege, welche Abschnitte sich
mit der Meditation in Verbindung bringen lassen.
Inwiefern kannst du darauf hoffen, dass sich auch in
deinem Leben trotz Schwierigkeiten und Dingen, die
nicht gut gelingen, alles zum Guten wendet?

■ **Kreuz und Auferstehung kreativ.** Gestalte ein Bild
zum Thema Kreuz oder Auferstehung (weitere Hinweise findest du auf S. 162 und S. 216f.).

Die Pfingstgeschichte erzählt von einer Erfahrung, die von den Jüngern Jesu selbst als Geist-Erfahrung gedeutet wird und die als Geburtsstunde der Kirche gilt. Sie führt uns vor Augen, was die Sendung des Geistes bewirkt: Nach einer Phase tiefer Trauer und Resignation schöpfen die Jünger neuen Mut. Sie sprechen von Jesus in einer lebendigen, ansprechenden Sprache, durch die Menschen bewegt werden und die sie mitten ins Herz trifft. Es entsteht eine Bewegung der Umkehr und der Lebenserneuerung, der Sammlung zu einer neuen Lebensgemeinschaft im Geiste Jesu. Die Geist-Erfahrung selbst entzieht sich unserem Begreifen und lässt sich nicht erklären. Es ist aber möglich, sich dieser Geist-Erfahrung anzunähern und sich dem Geist zu öffnen, der begeistert, der Beziehungen stiftet, der uns von Jesus betroffen sein lässt und uns auf dem Weg der Nachfolge begleitet und führt.

■ **Bibellektüre.** Lest einander die beiden biblischen Erzählungen zum Pfingstereignis (Apg 2,1–13 und Apg 2,37–42) und dessen Wirkungen laut vor.

Zeugen gesucht

Zeugen gesucht.
Gefragt sind Frauen und Männer,
die überzeugen,
weil sie überzeugt sind von dem,
was sie verkünden.
Gefragt sind Menschen, die das ausstrahlen,
was sie sagen und verkörpern,
wovon sie reden,
die einfach glaub-würdig sind.

Zeugen gesucht.
Gefragt sind Frauen und Männer,
die Zeugnis geben
von der Hoffnung, die sie trägt,
vom Vertrauen, das sie prägt,
von der Sehnsucht, die sie bewegt,
von Gott, der zu uns steht

Zeugen gesucht.
Gefragt sind Frauen und Männer,
die zeigen, wie die Person und Botschaft
Jesu zum wahren Leben befreit
und ermutigt, Zuspruch und Anspruch
beinhaltet, fördert und fordert zugleich.
Gefragt sind Menschen,
die bereit sind, die Kraft zu empfangen,
die der Geist Gottes schenkt,
und sich von ihm beseelen und senden
zu lassen bis an die Grenzen.

Zeugen gesucht.
So fing es an.
Damals in der Apostelgeschichte.
So geht es weiter, heute in der Kirche.
So bleibt Gottes schöpferischer Geist am Werk in und durch uns Menschen.

Paul Weismantel

■ **Schreibgespräch.** Schreibe in die Mitte großer Plakate die Wörter »Sturm«, »Feuer«, »Wasser / Taufe« und »Bewegung«. Lege die Plakate auf Tische. Schreibe um die Stichwörter deine Gedanken auf. Du kannst auch auf einen Gedanken eines Mitschülers oder einer Mitschülerin reagieren, indem du eine Frage hinzufügst oder den Gedanken ergänzt.

■ **Zeugen gesucht.** Lies das Gedicht von Paul Weismantel. In der letzten Strophe heißt es, es gehe heute weiter, auch heute seien Zeugen gesucht. Schreibe eine eigene Strophe, in der deutlich wird, wofür heute Zeugen gesucht werden.

■ **Aufhellen.** Greife dir eine Szene oder einen Gedanken aus den Bibeltexten oder aus dem Gedicht von Paul Weismantel heraus und gestalte dazu ein Bild. Male mit Farben auf einen schwarzen oder dunkelbraunen Fotokarton im Format DIN A4.

■ **Sprechmotette.** Gestaltet das Gedicht von Paul Weismantel (oder eure eigenen Strophen) als Sprechmotette. Arbeitet in Gruppen von drei bis vier Schülern und Schülerinnen zusammen. Ihr könnt Verse ergänzen, einzelne Verse oder Wörter wiederholen, einzeln oder in Gruppen sprechen, laut und leise lesen usw. Tragt die Motette im Plenum vor.

DAS JAHR – EINE RUNDE SACHE
Mut schöpfen

Stefanie Wiegel, 2006

■ **Bildbetrachtung.** Notiere die Eindrücke, die bei dir durch das Bild der Schülerin Stefanie Wiegel entstehen. Überlege, was diese Zeichnung mit »Pfingsten – Mut schöpfen« zu tun hat.

■ **Bild gestalten.** Fertige ein Bild oder eine Collage zum Thema »Pfingsten – Mut schöpfen« an (vgl. S. 111).

Im Sommer erreicht die Sonne ihren höchsten Stand. Die Tage sind lang und warm, erst der Abend bringt etwas Abkühlung. Der Höhepunkt des Sommers – der längste Tag und die kürzeste Nacht – wird besonders in Skandinavien ausgiebig gefeiert. Das Johannisfeuer steht als Abbild der Sonne im Mittelpunkt der Johannisfeiern auch bei uns. Im Sommer quillt die Natur über vor Lebenskraft und Lebensfülle: Auf den Wiesen und in den Gärten blühen bunte Blumen, die Linden duften, an Sträuchern und Pflanzen hängen pralle süße Früchte. Der Sommer ist eine Zeit der Fülle und der Freude, eine Zeit, in der man staunend und dankbar die Fülle der uns von Gott geschenkten Gaben betrachtet und genießen kann. In Psalm 104, einem Loblied auf Gott, den Schöpfer, wird dies so ausgedrückt: »Lobe den Herrn, meine Seele! Herr, mein Gott, wie groß bist du! Du bist mit Hoheit und Pracht bekleidet ... Du lässt Gras wachsen für das Vieh, auch Pflanzen für den Menschen, die er anbaut, damit er Brot gewinnt von der Erde und Wein, der das Herz des Menschen erfreut, damit sein Gesicht von Öl erglänzt und Brot das Menschenherz stärkt ... Herr, wie zahlreich sind deine Werke! Mit Weisheit hast du sie alle gemacht, die Erde ist voll von deinen Geschöpfen.« (Ps 104,1.14–15.24).

Sommerzeit ist auch Ferienzeit. In den Ferien hast du freie Zeit, die du nach deinen Bedürfnissen gestalten und genießen kannst.

■ **Sommerspaziergang.** Mache einen Spaziergang. Genieße die Farbenpracht der Gärten und Wiesen, lausche dem Summen der Bienen und dem Zwitschern der Vögel, rieche und schmecke die Süße und den fruchtigen Geschmack der Beeren. Nimm mit allen Sinnen wahr, wie die Natur im Sommer vor Lebenskraft und Lebensfülle überquillt.

■ **Schöpfungspsalm.** Lies in deiner Bibel alle Verse des Psalms 104 nach. Finde heraus, für was der Beter Gott als Schöpfer lobt, und verfasse anschließend selbst ein Loblied auf den Schöpfer.

■ **Buchstabenplakate.** Schreibt die einzelnen Buchstaben des Wortes »Ferienzeit« auf je ein Plakat. Gestaltet diese Buchstabenplakate in kleinen Gruppen aus, indem ihr Assoziationen, Wünsche oder Symbole zu den einzelnen Buchstaben notiert und das Plakat mit Farben verschönert.
Setzt eure ausgestalteten Buchstabenplakate zusammen und klebt sie in der richtigen Reihenfolge an eine Wand. Vielleicht könnt ihr sie auch für den Schuljahresabschlussgottesdienst verwenden.

■ **Mandala.** Pflücke, sammle und suche Dinge aus der Natur (z. B. Blütenblätter, Gräser, Steine, Muscheln, Früchte), die du mit in die Schule bringst. Lege zusammen mit deinen Mitschülerinnen und Mitschülern ein großes Mandala – ein Kreisbild – mit den mitgebrachten Dingen aus der Natur (wenn möglich draußen auf einer Wiese oder auf dem Schulhof). Geht folgendermaßen vor:
1. Skizziert oder legt zunächst die äußere Begrenzung des Kreises und markiert die Mitte (mit einem besonders schönen Stein, einer Blume, einer Kerze).
2. Legt nun eure mitgebrachten Dinge in das Kreisinnere. Achtet darauf, dass jedes Mandala aus seiner Mitte lebt, d. h. jede Bewegung von dort ausgeht und auf sie zurückführt. Entwickelt gemeinsam, ohne miteinander zu reden, Muster und Symmetrien.
3. Stellt euch außen um das Mandala herum. Lest/sprecht das Gebet »Du Gott der Fülle«.

DAS JAHR – EINE RUNDE SACHE
Die Fülle genießen

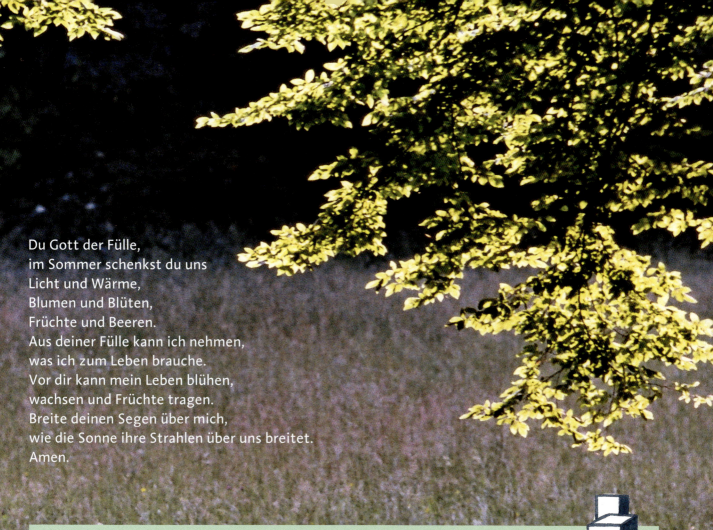

Du Gott der Fülle,
im Sommer schenkst du uns
Licht und Wärme,
Blumen und Blüten,
Früchte und Beeren.
Aus deiner Fülle kann ich nehmen,
was ich zum Leben brauche.
Vor dir kann mein Leben blühen,
wachsen und Früchte tragen.
Breite deinen Segen über mich,
wie die Sonne ihre Strahlen über uns breitet.
Amen.

Bilder gestalten

Gestalten bedeutet, etwas eine bestimmte äußere Form zu geben, etwas zu verändern, verwandeln, eventuell auch verschönern. Mithilfe von Stiften und Farben kannst du einem weißen Blatt Papier ein völlig neues Gesicht verleihen. Wenn jede und jeder von euch ein Bild gestaltet, wird die Unterschiedlichkeit und Individualität der Bilder ins Auge springen, denn alle bringen jeweils das zu Papier, was sie in sich tragen. Gestalten hat somit immer auch mit »etwas zum Ausdruck bringen« zu tun. Im Prozess des Gestaltens drückst du durch sichtbare Formen und Farben etwas aus, was zuvor unsichtbar war – beispielsweise ein Gedanke, eine Idee, eine (bereits gemachte) Erfahrung. Manches, was bis dahin unbewusst war, gelangt beim Gestalten ins Bewusstsein. Bei allen Gestaltungsprozessen solltest du dich nicht an einem scheinbar von außen festgelegten (Schönheits-)Ideal orientieren, sondern die Dinge so verändern, wie sie dir entsprechen und gefallen.
Es gibt zwei unterschiedliche Wege, etwas zu gestalten:

- Entweder überlegst du dir im Vorhinein, wie das Endprodukt aussehen soll. In diesem Fall wählst du Materialien und Arbeitstechniken aus, die dich zu diesem Ziel führen.

- Oder du lässt dich vom vorhandenen Material und deinen spontanen Einfällen leiten, ohne vorher zu wissen, was dabei als Endprodukt herauskommen wird. Dieser Weg ist risikoreicher, bietet aber auch viele positive Überraschungen.

Färben sich die Blätter der Bäume und Sträucher ins Gelblich-Rötliche, so ist es unverkennbar Herbst geworden. Die heißen Sommertage sind vorüber. Herbstzeit ist Reife- und Erntezeit: Was noch nicht geerntet wurde, was noch reifen muss, nimmt jetzt die Kraft der Sonne in sich auf. Anderes ist bereits eingelagert und für den Winter haltbar gemacht worden. Zu allen Zeiten hat es Feste gegeben, mit denen die Menschen für eine gute Ernte, für die reichen Gaben ihrem Schöpfer gedankt haben. Das größte Fest im Herbst – Erntedank – lädt uns ein, darüber nachzudenken, was uns an Lebensnotwendigem geschenkt ist, wofür wir Gott danken wollen.

Der Engel der Dankbarkeit

Dankbarkeit ist heute selten geworden. Die Menschen haben unermessliche Ansprüche. Sie haben den Eindruck, sie würden zu kurz kommen. Daher brauchen sie immer mehr. Sie sind unersättlich geworden und können daher nichts mehr genießen.

Der Engel der Dankbarkeit möchte einen neuen Geschmack in dein Leben bringen. Er möchte dich lehren, alles mit neuen Augen anzuschauen, mit den Augen der Dankbarkeit. Dann kannst du mit einem dankbaren Blick auf den neuen Morgen schauen, dass du gesund aufstehen kannst und dass du die Sonne aufgehen siehst. Du bist dankbar für den Atem, der dich durchströmt. Du bist dankbar für die Gaben der Natur, die du beim Frühstück genießen kannst. Du lebst bewusster. Dankbarkeit macht dein Herz weit und froh.

Du bist nicht mehr fixiert auf Dinge, die dich ärgern könnten. Du fängst den Morgen nicht gleich mit dem Ärger über das schlechte Wetter an. Du bist nicht gleich frustriert, weil die Milch überkocht. Es gibt ja Menschen, die sich das Leben selbst schwermachen, weil sie nur das Negative sehen. Und je mehr sie das Negative sehen, desto mehr werden sie durch ihr Erleben bestätigt. Sie ziehen kleine Unglücksfälle durch ihre pessimistische Sichtweise geradezu an.

Danken kommt von denken. Der Engel der Dankbarkeit möchte dich lehren, richtig und bewusst zu denken. Wenn du zu denken anfängst, kannst du dankbar erkennen, was dir in deinem Leben alles gegeben wurde.

Du wirst dankbar sein für deine Eltern, die dir das Leben gegeben haben. Der Engel der Dankbarkeit möchte dir die Augen dafür öffnen, dass dich dein ganzes Leben ein Schutzengel vor manchem Unglück bewahrt hat.

Der Engel der Dankbarkeit schenkt dir neue Augen, um die Schönheit der Schöpfung bewusst wahrzunehmen und dankbar zu genießen, die Schönheit der Wiesen und Wälder, die Schönheit der Berge und Täler, die Schönheit der Meere und Flüsse und Seen. Du wirst nicht mehr unbewusst durch die Schöpfung gehen, sondern denkend und dankend. Du wirst wahrnehmen, dass dich in der Schöpfung der liebende Gott berührt und dir zeigen möchte, wie verschwenderisch er für dich sorgt.

Wer dankbar auf sein Leben blickt, der wird einverstanden sein mit dem, was ihm widerfahren ist. Er hört auf, gegen sich und sein Schicksal zu rebellieren. Er wird erkennen, dass täglich neu ein Engel in sein Leben tritt, um ihn vor Unheil zu schützen und ihm seine liebende und heilende Nähe zu vermitteln. Versuche es, mit dem Engel der Dankbarkeit durch die kommende Woche zu gehen. Du wirst sehen, wie du alles in einem neuen Licht erkennst, wie dein Leben einen neuen Geschmack bekommt.

Anselm Grün

▪ **»Sorgt euch nicht …«.** Lies die Fortsetzung dieses Satzanfanges in der Bergpredigt (Mt 6,25–34) nach. Überlege, weshalb es uns so schwerfällt, dieser Aufforderung Folge zu leisten. Male dir aus, was sich in deinem Leben ändern würde, wenn du materiellen, vergänglichen Dingen wie Kleidung oder Nahrung weniger Bedeutung geben würdest.

▪ **Dein Engel der Dankbarkeit.** Überlege, was dir in deinem Leben alles gegeben wurde – wofür du dankbar bist. Zeichne den Umriss eines Engels auf Papier/Pappe und gestalte ihn mit Gedanken, Symbolen und Farben aus. Schenke einen solchen Engel einer Person, der gegenüber du Dankbarkeit empfindest: deiner Mutter, deinem Vater, deinen Großeltern, deinen Freunden …

▪ **Erntedankgottesdienst.** Besucht gemeinsam den Erntedankgottesdienst in eurer Gemeinde oder bereitet mit eurem Pfarrer eine Dankandacht vor. Es steht jeder und jedem von euch frei, dabei einen persönlich formulierten Dank auszusprechen.

DAS JAHR – EINE RUNDE SACHE
Reifen und ernten

Paul Klee, 1939

Anfang November feiern Christen die Feste Allerheiligen und Allerseelen. Die Kirche gedenkt am 1. November, dem Fest Allerheiligen, ihrer Heiligen, besonders der vielen Heiligen, die keinen eigenen Feiertag und dennoch eine Vorbildfunktion für den Glauben im Alltag haben. Das Fest Allerseelen, das am 2. November gefeiert wird, ist dem Gedenken an alle Verstorbenen gewidmet. Die Gläubigen erinnern sich an die Endlichkeit des Lebens, sie setzen sich mit ihrem eigenen Tod auseinander und denken an Menschen, die bereits gestorben sind. Das Fest wird von Christen aber im Bewusstsein gefeiert, dass ihnen die Auferstehung verheißen ist. Allerseelen ist also nicht bloß von Traurigkeit, sondern auch von Hoffnung und Zuversicht geprägt.

Predigt zum Fest »Allerseelen«

Sie alle, Sie kennen ihn, den Tod. Er hat sich Ihnen aufgedrängt, er hat Sie nicht gefragt, so wie er nie einen von uns fragen wird; und Sie alleine wissen, was er Ihnen genommen hat – und viele von Ihnen tragen den Schmerz der Verwundung überdeutlich noch mit sich. Sie mussten erfahren, dass er nicht nur den Menschen neben Ihnen, sondern auch einen Teil Ihres Herzens, Ihrer Liebe, Ihrer Hoffnung und gar Ihres Glaubens geraubt hat. Und ich wünschte mir gerade heute, wenn all die Namen der Verstorbenen genannt werden, ich könnte Ihnen das alles wieder geben: Ihre Liebe, Ihre Hoffnung, Ihren Glauben.

Sie wissen, dass ich es nicht kann und kein anderer von uns, aber gemeinsam können wir dorthin blicken, wohin alles gelegt wird, wenn es uns genommen wird: in manus tuas pater, in die Hände des Vaters, an sein Herz, in sein Licht. Wir wagen diesen Blick, weil da einer vor uns war; er hat es uns gesagt: Jesus von Nazaret. Wir tasten glaubend danach, dass es im Haus des Vaters, in seinem Herzen, in seinen Händen ein Bleiben und ein Bewahrtsein gibt und dass es kein endgültig aufgezwungener Abschied sein wird, sondern ein vorläufiger – als wäre einer ins Zimmer nebenan gegangen, um vorzubereiten, wohin auch wir gehen werden.

Vielleicht kann es Ihnen ein Trost sein, dass man das Weggenommensein und das Fortgegangensein auch als Vorausgegangensein bezeichnen kann; und dass wir erwartet werden im Leben, hier und dort. Denn unsere Verstorbenen sind in das Leben bei Gott gegangen, der Liebe und Leben in Fülle ist. Wo immer wir uns diesem Leben und dieser Liebe zuwenden, dort werden wir von ihnen, die wir selbst lieben, erwartet.

So schenken uns unsere Verstorbenen die Zuversicht, dass wir im Leben erwartet werden, ja, dass sie von uns erwarten, wir könnten uns wieder dem Leben entgegenstrecken und nicht stehen bleiben unter den Schatten des Todes.

Karl-Heinz Berger

In manus tuas …

todesschatten und grauen
unausweichlich bedrängen sie einen
wenn weggeholt wird von den tischen
ein mensch
in dessen augen glanz für mich war
ein lächeln auf dem mund
ein wort für die seele –
wohin lege ich meinen schmerz
die trauer
die angst
wohin lege ich meine liebe
in manus tuas pater
in deine hände
VATER
vielleicht, dass du sie für mich bewahrst

Karl-Heinz Berger

- **In manus tuas.** Lies das Gedicht von Karl-Heinz Berger und betrachte das Gemälde von Edvard Munch. Notiere, was im Text und/oder im Bild über den Tod ausgedrückt wird.

- **Predigt.** Lest den Auszug aus der Predigt von Pfarrer Karl-Heinz Berger und fasst seine Aussagen zusammen. Tauscht euch über seine Sichtweise des Todes und des Lebens nach dem Tod aus.

- **Orte der Trauer.** Überlege, wo heute Orte der Trauer sind und wie sie aussehen. Male einen solchen Ort.

DAS JAHR – EINE RUNDE SACHE
Dunkelheit aushalten

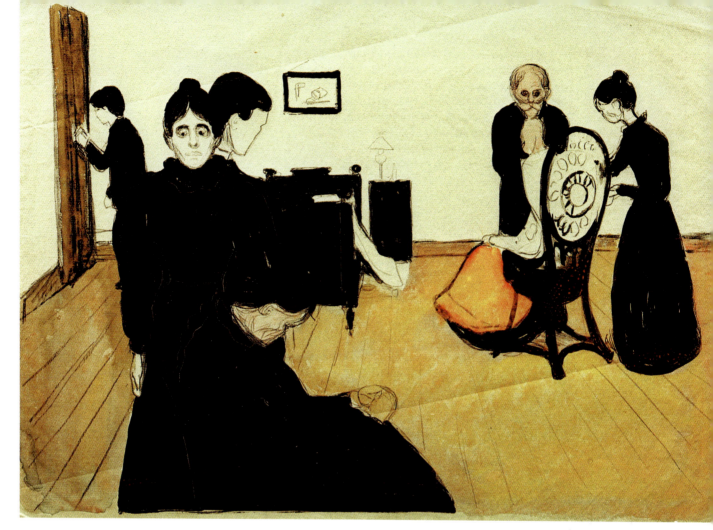

Edvard Munch, 1895

■ **Noch einen Tag.** Stelle dir vor, du hättest noch einen Tag zu leben. Schreibe auf, was du an diesem Tag machen würdest.

■ **Kreuz aus Garn.** Gestalte ein Kreuz. Lege ein Kreuz aus zwei Ästen, knote das Garn an einem Ast fest und wickle den Faden so um die Äste, dass sie zusammenhalten und sich ein Muster ergibt. Du musst ihn dabei um die eine Seite des Längsbalkens führen, dann zu einer Seite des Querbalkens und diesen umwickeln, dann zur anderen Seite des Längsbalkens führen und diesen umwickeln usw. Du kannst die Farbe des Garns wechseln, indem du das Ende des einen Fadens mit dem Anfang des nächsten verknotest. Achte darauf, dass der Knoten überwickelt wird oder sich auf der Rückseite des Kreuzes befindet. Zum Schluss den Faden festknoten.

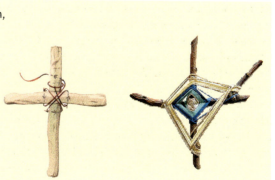

An Weihnachten feiern Christen die Geburt Jesu Christi. Mitten in der Dunkelheit der Welt wird Gott Mensch und macht so das Leben der Menschen hell. Der himmlische Glanz der Heiligen Nacht, wie ihn Lukas am Beginn seines Evangeliums über den Hirtenfeldern »malt«, soll auch in unseren Alltag hineinstrahlen. Jesus gilt als das Licht der Welt, und in der Bergpredigt ermutigt er uns: »Ihr seid das Licht der Welt.« (Mt 5,14). Dieses Licht soll den Menschen leuchten – nicht nur an Weihnachten.

Ansprache einer Kerze

Vorbereitung einer Meditation
Bildet einen Stuhlkreis. Stellt in die Mitte eine große Kerze und entzündet sie. Legt, ausgehend von der Kerze, eine Spirale mit Tüchern oder grünen Zweigen. Stellt vor jeden Stuhl ein Teelicht und lasst im Hintergrund meditative Musik laufen. Stellt euch vor, die Kerze in der Mitte spräche folgende Worte:

Ihr habt mich angezündet und seht nun mein Licht. Ich freue mich, dass ich brenne. Denn wenn ich jetzt nicht brennen würde, dann läge ich in einem Karton mit anderen Kerzen, die nicht brennen, und das wäre sinnlos. Es gibt nur zwei Möglichkeiten: Entweder ich bleibe ganz und unversehrt im Karton liegen, dann werde ich zwar nicht kürzer, aber verpasse auch mein eigentliches Kerzenleben. Oder ich brenne und gebe dabei etwas von mir selbst ab: Licht und Wärme. Dann entfalte ich meine Fähigkeiten, dann weiß ich, wofür ich da bin. Bei dir ist das genauso. Wenn du dich zurückhältst mit deinem Tun, mit deinen Äußerungen und in den Begegnungen mit anderen Menschen, dann kann dir zwar wenig passieren, aber dann spürst und weißt du auch nicht, was du mit deinem Leben und deinen Fähigkeiten anfangen kannst. Dann bist du wie die Kerze im Karton. Die andere Möglichkeit ist, dass du brennst, manchmal nur auf Sparflamme, aber manchmal auch lichterloh. Das heißt, dass du dein Leben lebst und dabei auch Licht und Wärme an deine Mitmenschen, deine Umwelt abgibst. Dann freust du dich über das Aufleuchten deiner Möglichkeiten und andere freuen sich, dass es dich gibt. Dann gibst du etwas von dir selbst: von deiner Freude, von deiner Herzlichkeit, von deinem Lachen und Weinen, von deinen Ängsten, von deinen Sehnsüchten und Träumen, von allem, was in dir steckt. Die Angst, dabei kleiner zu werden, ist unbegründet, das ist nur äußerlich so. Innerlich wirst du zu menschlicher Größe wachsen. Manchmal passiert es auch heute noch, dass plötzlich das elektrische Licht ausgeht. Dann ist es unerwartet finster. Alle rufen nach einer Kerze und wenn sie leuchtet, ist die Dunkelheit schon überwunden. So ist es auch bei dir. Du erlebst in dir selbst oder in deiner Umgebung Zeiten, die du als finster empfindest. Du fühlst dich ausgebrannt, traurig und verzweifelt. Dann gibt es vielleicht jemand, der oder die dir leuchtet, dich wärmt, dir Kraft und Energie, Zuwendung und Liebe schenkt und dir Lebenskraft gibt. Jetzt ist Weihnachtszeit. Jetzt darf ich für dich, für euch, leuchten als Erwartungs- und Hoffnungszeichen. Ich möchte dich ermutigen, mitzubrennen. Warte nicht immer auf die anderen! Brenne, leuchte und wärme! Das ist der Sinn deines Lebens!

> ■ **Meditation.** Bereitet gemeinsam die Meditation vor. Wählt jemanden aus, der oder die den Text vorliest.

> ■ **Ein Licht entzünden.** Gehe, nachdem du die »Ansprache einer Kerze« gehört hast, die Spirale entlang in die Mitte des Stuhlkreises und entzünde dort deine Kerze. Gehe mit dem Licht wieder zurück an deinen Platz und stelle es vor dich auf den Boden.

> ■ **Ein Begleiter im Alltag.** Nimm deine Kerze mit in deinen Alltag. Entzünde sie hin und wieder, um über ihre Botschaft nachzudenken und um dich auf das Weihnachtsfest, die Geburt des Lichts, vorzubereiten.

> ■ **Gestalte deine eigene Kerze.** Verziere eine Kerze mit Motiven, die du aus Wachsplatten ausschneidest, oder schreibe mit einem Kerzenwachsstift deinen Namen auf ein Teelicht.

DAS JAHR – EINE RUNDE SACHE
Licht verbreiten

Gottes Wort ist wie Licht in der Nacht

M: aus Israel (Vijhuda)

Got-tes Wort ist wie Licht in der Nacht; es hat Hoff-nung und Zu-kunft ge-bracht; es gibt Trost, es gibt Halt in Be-dräng-nis, Not und Ängs-ten, ist wie ein Stern in der Dun-kel-heit.

■ **Gottes Wort ist wie Licht.** Singt gemeinsam das Lied »Gottes Wort ist wie Licht in der Nacht«. Überlegt euch dann Gesten, mit denen ihr das, was ihr singt, unterstreicht.

■ **Liedersuche.** Sucht im Gotteslob oder in anderen Liedheften Texte, in denen es um das Licht geht, das durch die Geburt Jesu in die Welt gekommen ist. Ihr könnt diese Lieder gemeinsam singen.

Jesus sagt über sich:

»Ich bin das Licht der Welt. Wer mir nachfolgt, wird nicht in der Finsternis umhergehen, sondern wird das Licht des Lebens haben.«
Johannes 8,12

»Solange ich in der Welt bin, bin ich das Licht der Welt.«
Johannes 9,5

Simeon, ein gerechter, frommer Mann, sagt über Jesus:

»Meine Augen haben das Heil gesehen, das du vor allen Völkern verbreitet hast, ein Licht, das die Heiden erleuchtet, und Herrlichkeit für dein Volk Israel.«
Lukas 2,30–32

■ **Bildworte.** Lies die Bibelverse. Überlege, was es bedeutet, wenn Jesus als »Licht« bezeichnet wird. Suche eigene Bildworte, die ausdrücken, welche Bedeutung Jesus für die Menschen hat.

Als Getaufte und Gefirmte sind wir gefordert im Blick auf den auferstandenen Herrn Jesus Christus, dem Gesicht der Kirche in unserer Gesellschaft, in unserer Zeit, in unserer Welt einen glaubwürdig liebevollen Ausdruck zu verleihen.

Robert Zollitsch (geb. 1938), Erzbischof von Freiburg i. Br., 2008–2014 Vorsitzender der Deutschen Bischofskonferenz

Wir »machen« nicht Kirche. Sie ist der Ort für Gottes Kommen in unsere Welt durch Jesus Christus. Wir sind beansprucht, seine Zeugen zu sein bis an die Grenzen der Welt.

Karl Kardinal Lehmann (geb. 1936), Bischof von Mainz, 1987–2008 Vorsitzender der Deutschen Bischofskonferenz

Niemand kann für sich allein glauben, so wie auch niemand für sich allein leben kann. Wir empfangen den Glauben von der Kirche und leben ihn in Gemeinschaft mit den Menschen, mit denen wir unseren Glauben teilen.

Youcat, Nr. 24

Wo zwei oder drei in meinem Namen versammelt sind, da bin ich mitten unter ihnen.

Matthäus 18,20

Zweifel

Trefflich sorgt
Hierorts die Kirche
Für einige Nebenbedürfnisse
Des Mittelstandes.

Gefragt sind:
Ein Hauch heiler Welt
Mit Dias und Filmen
Bei Kuchen und Tee

Ist dafür
Einer
Einst aufgehängt
Worden?

Kurt Marti

■ **Kirche ist … / Kirche ist nicht …** Ergänze diese Satzanfänge unter Bezugnahme auf die Wahrnehmungen von Kirche, wie sie in den Zitaten zum Ausdruck kommen.

■ **Nikolaikirche.** Informiert euch, z. B. unter www.nikolaikirche-rostock.de, über die besondere Nutzung des Gebäudes. Diskutiert die Frage, ob die Umwidmung von Kirchengebäuden für andere Zwecke ein unzulässiges Zugeständnis an den Zeitgeist ist. Beziecht den Text von Kurt Marti in eure Überlegungen ein.

DEM GLAUBEN EIN

GESICHT GEBEN

Gottesdienst feiern in der Jugendkirche TABGAH

1. »ES IST GUT, DASS DU DA BIST«

Zu Beginn des Gottesdienstes ist es wichtig, anzukommen und sich zu sammeln. Dieses Ankommen will gestaltet sein: [...] Oft wurden die Gottesdienstteilnehmenden schon an der Kirchentür begrüßt. [...] Auch der Möglichkeit zur persönlichen Kontaktaufnahme wird Zeit eingeräumt [...]: »Woher kommst du? Wo hast du was von der Jugendkirche gehört?« Fragen, die das Ankommen erleichtern und erste Kontakte knüpfen.

2. »ICH STEH VOR DIR MIT LEEREN HÄNDEN, HERR«

Der Bußakt mit Schuldbekenntnis und Vergebungsbitte ist eine Chance, das Dasein vor Gott zu thematisieren, die Erfahrung von Versagen und Schuld aufzuzeigen. Eine Gewissenserforschung hat hier ihren Platz. [...] Zeichen und Gestaltungsmöglichkeiten thematisieren unsere Fehler vor Gott und voreinander: Scherben, Nägel, Asche, Zettel verbrennen [...].

3. »SEI GEGRÜSST«

[...] Gerade wenn die persönliche Begrüßung untereinander eine wichtige Rolle zu Beginn des Gottesdienstes gespielt hat, darf auch dieser Teil des Gottesdienstes durchaus Zeit in Anspruch nehmen: Wir begrüßen den Herrn in unserer Mitte.

4. »GOTTES WORT IST WIE LICHT IN DER NACHT«

[...] Die Verkündigung des Evangeliums findet inmitten der Feiernden statt. [...] Das Evangeliar wird zum eigens gestalteten »Tisch des Wortes« gebracht, manchmal begleitet voneiner Prozession oder einem Tanz. [...] Die Frohe Botschaft wird so ereignishaft und lebensbezogen dargestellt.

5. »ICH GLAUBE«

6. »FÜR-BITTE«

7. »HOCH-GEBET«

[...] Die bleibende Mitte der Jugendkirche ist der große Altar. Während die Gaben von Brot und Wein zur Feier des Mahls bereitet werden, sind die Mitfeiernden eingeladen, sich in einem Kreis um den Altar zu versammeln. [...] Das eucharistische Hochgebet wird durch lobende und dankende Antwortrufe oder -gesänge begleitet. Außerdem können die Mitfeiernden auch ihren konkreten Dank zum Ausdruck bringen.

8. »SHALOM«

9. »EINGELADEN«

10. »GUTES SAGEN«

Im Segen wird uns von Gott her Gutes zugesagt: Benedicere – Gutes sagen – wird mit »Segnen« übersetzt. Daher bietet es sich am Schluss eines Festes an, sich gegenseitig Gutes zu wünschen oder sich im wahrsten Sinn des Wortes gegenseitig zu segnen, ein Kreuz auf die Stirn zu machen.

Gott begegnen

In den Gottesdiensten sind wir eingeladen, Gott zu begegnen. Seine Nähe soll erfahrbar und spürbar werden. Wenn wir miteinander Gottesdienst feiern, dann tun wir dies als ganze Menschen und deshalb auch mit allen unseren Sinnen:

Riechen:	Kerzenduft, Weihrauch
Fühlen:	Nähe zulassen, die Hand reichen
Schmecken:	Brot und Wein
Hören:	Wort Gottes, Texte, Musik, Gebete
Sehen:	Farben, Zeichen und Symbole, Licht

Es ist wichtig, dass Liturgie erfahren, gelebt und gefeiert wird – denn so kann man begreifen, was Liturgie für uns Menschen sein will: lebendige Begegnung mit Gott.

■ **Grundanliegen und Eigensicht.** Stelle dir eine Liturgie vor, wie sie der Text »Gott begegnen« andeutet. Schildere deine Eindrücke und vergleiche sie mit Gottesdiensten in deiner Heimatgemeinde.

■ **Gestaltung.** Formuliere die oben fehlenden Elemente »5., 6., 8., 9.« auf dem Hintergrund des Textes »Gott begegnen« so aus, dass diese in ihrer Bedeutung für uns Menschen sinnlich erfahrbar werden.

■ **Jugendkirche und Liturgie.** Erörtert, ob der Ablauf des Jugendgottesdienstes mit der geschichtlichen Entwicklung der Liturgie vereinbar ist (vgl. dazu auch Gotteslob, Nr. 582).

DEM GLAUBEN EIN GESICHT GEBEN
Kirche betet und feiert

Jugendkirche TABGAH, Oberhausen

Umgestaltung der Jugendkirche für ein Musical

Eine kurze Geschichte der Liturgie

Der Glaube an die Auferstehung Jesu führte von Anfang an Menschen regelmäßig zusammen und machte sie zu einer Gemeinschaft, die sich gegenseitig stützte. Dabei erfüllten sie auch den Auftrag Jesu (»Tut dies zu meinem Gedächtnis«) und erinnerten sich zugleich an ihn, an seine Worte und Taten, vor allem an sein letztes Abendmahl. Und sie machten die Erfahrungen, dass Jesus in diesen Feiern gegenwärtig unter ihnen ist. Im Gottesdienst selbst gab es zusätzlich Raum, die sozialen Belange der Gemeinde, z. B. die Versorgung der Bedürftigen, zu regeln.

Zunächst traf man sich in Synagogen, später in Privathäusern zum Gottesdienst. Als die Wohnungen der Christen nicht mehr ausreichten, um die Ortsgemeinden zu versammeln, entstanden die ersten Kirchenbauten (3. Jh.) und vom 4. Jh. an die großen Basiliken, deren Baustil dem der römischen Markt- und Gerichtshallen nachempfunden ist. Das Haus der Gemeinde Christi wurde noch dadurch ausgezeichnet, dass man unter dem Altar die Gebeine von Märtyrern und Heiligen barg.

Von Augen- und Ohrenzeugen hatten die ersten Christen die Worte Jesu gehört. Die Christengemeinden wurden immer größer und verbreiteten sich im ganzen Mittelmeerraum. Diese neuen Mitglieder haben Jesus selbst nicht mehr gesehen und gekannt und auch in der jüdischen Tradition waren sie nicht mehr verwurzelt. Deshalb musste der Gottesdienst einen festen Rahmen bekommen. Aus dem 2. Jh. stammt die älteste Darstellung der Grundelemente der gottesdienstlichen Feier. Es gab liturgische Bücher, die dem Priester Gebete und den Ablauf der Eucharistiefeier vorschrieben. Ebenso entstanden Lektionare mit festgelegten Lesungen aus den biblischen Büchern. Die übliche Gottesdienstsprache war Latein. Es entwickelten sich auch die Verwendung liturgischer Farben und Gewänder sowie besondere Gottesdienstformen für Festtage. Eine große Veränderung der römisch-katholischen Liturgie brachte zuletzt das 2. Vatikanische Konzil (1962–65): Der Gottesdienst wird von nun an in der Landessprache und unter Mitwirkung der Gläubigen z. B. als LektorInnen oder KommunionhelferInnen gefeiert, der Kommunionempfang unter beiderlei Gestalten von Brot und Wein ist in bestimmten Fällen für alle erlaubt und die Gegenwart Gottes in seinem Wort (Wortgottesdienst) wird hervorgehoben.

■ **Liturgie.** Stelle ausgehend vom Text in einer Tabelle zusammen, welche geschichtlichen Entwicklungen die Liturgie durchlaufen hat und wie sich diese Veränderungen auf die Gläubigen ausgewirkt haben.

■ **Eindrücke.** Beschreibe die Raumgestaltung der Jugendkirche TABGHA in Oberhausen. Neben den Gottesdiensten finden dort auch verschiedene Events statt. Was hältst du davon, dass ein Kirchenraum derartig genutzt wird? Weitere Informationen findest du auf der Homepage www.jugendkirche-oberhausen.de.

Der Aufbau der katholischen Kirche

Die römisch-katholische Kirche ist eine Weltkirche, die durch den Papst von Rom aus geleitet wird. Der Sitz des Papstes ist der Vatikan, ein Stadtteil in Rom, der zugleich als Kirchenstaat über die Rechte eines souveränen Staates verfügt. Das Territorium des Vatikans umfasst 0,44 km² und trägt den Namen »Vatikanstadt«. Hier findet sich auch die Römische Kurie mit ihren Kongregationen, Gerichtshöfen und Sekretariaten, der die konkreten Aufgaben der Leitung, Rechtsprechung und Verwaltung der Weltkirche obliegen. Der Papst wird vom Kollegium der Kardinäle, also der Versammlung der besonders ausgezeichneten Mitarbeiter des Papstes, im sogenannten »Konklave« (von con claudere, gemeinsam einschließen) in geheimer Abstimmung auf Lebzeiten gewählt. Der Papst ist zugleich der Bischof von Rom. Das Leitungsamt in den vielen Regionen der Weltkirche nehmen Bischöfe wahr. Sie werden vom Papst ernannt und leiten jeweils ein Bistum, im Kirchenrecht »Diözese« genannt. Mehrere Bistümer bilden zusammen eine Kirchenprovinz. Jeder Kirchenprovinz steht ein Erzbischof vor, der in dieser Kirchenprovinz das jeweilige Erzbistum leitet. So steht z. B. der Erzbischof von Köln an der Spitze der sogenannten Kölner Kirchenprovinz, zu der neben dem Erzbistum Köln die Bistümer Aachen, Essen, Limburg, Münster und Trier gehören.

Ein Bistum wiederum gliedert sich in verschiedene Pfarrgemeinden, die einzeln oder im Verbund von einem Pfarrer geleitet werden. Zur besseren Organisation fasst der Bischof mehrere Pfarrgemeinden seines Bistums in ein Dekanat zusammen, dem dann ein aus dem Kreis der Pfarrer bestimmter Dechant vorsteht. Dem Pfarrer steht in jeder Pfarrgemeinde für Fragen der Seelsorge ein aus Gemeindemitgliedern gewählter Pfarrgemeinderat, für Fragen der Finanzen ein ebenso gewählter Kirchenvorstand zur Seite.

Volk Gottes auf dem Weg

Die Kirche versteht sich als Volk Gottes auf dem Weg durch die Zeit. Dieses Bild knüpft an die biblische Rede an, nach der Gott sich Israel als sein Volk erwählt hat (Ex 19,3–6). Im Laufe der Geschichte fand sich die Kirche als neues Volk Gottes immer wieder vor zum Teil bedrohlichen Herausforderungen von innen wie von außen gestellt. Das erinnert an die Wanderung des Volkes Israel durch die Wüste, in der dessen Existenz auf vielfältige Weise in Frage gestellt war. Auch gegenwärtig sind die Herausforderungen für die Kirche groß und viele fragen, wie die Kirche zukünftig bestehen kann. Wie das alte Volk Israel, so vertraut auch die Kirche, als das Volk des neuen Bundes, darauf, dass Gottes Geist es ist, der selbst in den größten geschichtlichen Turbulenzen die Kirche leitet.

■ **Volk Gottes.** Verschafft euch arbeitsteilig einen Überblick über die großen Herausforderungen der Kirche in den unterschiedlichen Epochen ihrer Geschichte. Erstellt dazu einen Wandfries, auf dem ihr dokumentiert, auf welche Weise die Kirche den jeweiligen Herausforderungen begegnet ist. Prüft, inwiefern das Wirken des Heiligen Geistes erkennbar ist. Formuliert dafür geeignete Kriterien.

■ **Geschwister im Glauben.** Informiere dich über den Aufbau der evangelischen Kirchen und lege eine Tabelle an, in der du die wichtigsten Unterschiede zur Struktur der katholischen Kirche gegenüberstellst.

■ **Kirche als Gemeinschaft.** Die Struktur der Kirche hat sich über viele Jahrhunderte entwickelt. Jesus selbst hat in unterschiedlicher Weise von der Kirche gesprochen. Die bekanntesten Stellen sind Mt 16,18: »Ich aber sage dir: Du bist Petrus, auf diesen Felsen werde ich meine Kirche bauen, und die Mächte der Unterwelt werden sie nicht überwältigen« sowie Mt 18,20: »Denn wo zwei oder drei in meinem Namen versammelt sind, da bin ich mitten unter ihnen«. Diskutiert, inwieweit die beiden Aussagen sich in der heutigen Struktur der katholischen Kirche wiederfinden lassen, und ordnet sie den verschiedenen Ebenen und Elementen des Kirchenbildes zu.

■ **Kirche in der Öffentlichkeit.** Stellt eine Collage zusammen, in der ihr Schlagzeilen, Fotos und Berichte sammelt, in denen von im Text genannten Ämtern oder Orten (Papst, Bischof, Bistum, Pfarrer, Pfarrgemeinderat etc.) die Rede ist.
Überprüft im Anschluss daran, welche Personen und Orte der katholischen Kirche besonders in der Öffentlichkeit präsent sind und welche weniger oder gar nicht.
Diskutiert, wie sich eure Ergebnisse erklären lassen.

DEM GLAUBEN EIN GESICHT GEBEN
Der Aufbau der katholischen Kirche

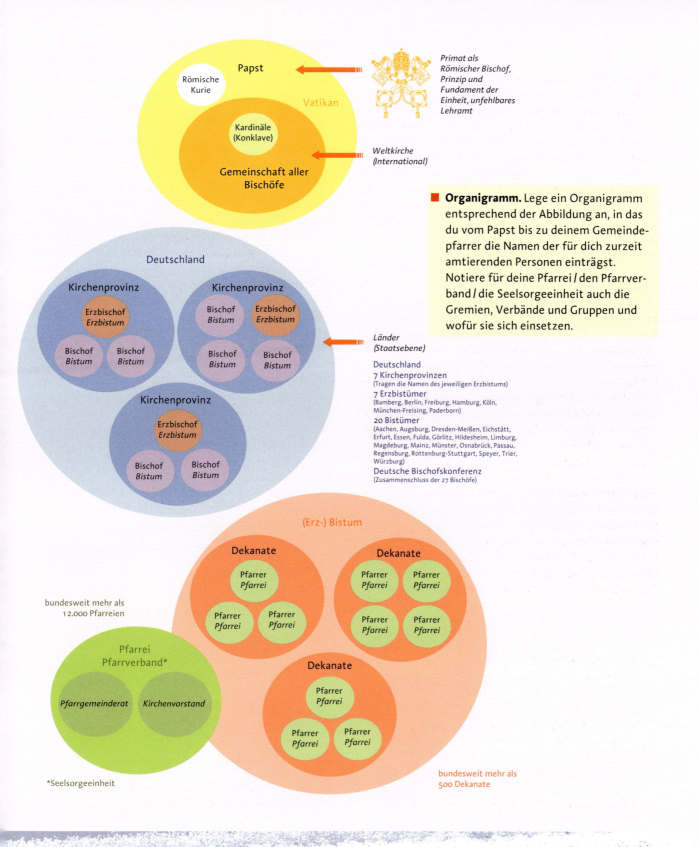

Die Kirche bezieht Stellung

In der Zeit der nationalsozialistischen Herrschaft in Deutschland 1933–1945 erlebten viele Christinnen und Christen, dass sie aufgrund ihres Glaubensbekenntnisses benachteiligt und verfolgt wurden. Auch für die katholische Kirche als Institution stellte diese Zeit eine schwere Prüfung dar. Die nationalsozialistische Weltanschauung wurde von den deutschen Bischöfen zu Beginn sehr genau wahrgenommen und den Lehren des katholischen Glaubens gegenübergestellt, wie das folgende Dokument zeigt:

> »… das Programm der NSDAP [enthält] Sätze, die sich mit katholischen Lehren und Grundsätzen nicht vereinigen lassen. Namentlich ist es der § 24 des Programms, den kein Katholik annehmen kann, ohne seinen Glauben in wichtigen Punkten zu verleugnen … Wir fragen: Was ist Sittlichkeits- und Moralgefühl der germanischen Rasse? Wie verhält sich dieses … zur christlichen Moral? Das christliche Sittengesetz gründet sich auf die Nächstenliebe. Die nationalsozialistischen Schriftsteller anerkennen dieses Gebot nicht in dem von Christus gelehrten Sinn; sie predigen Überschätzung der germanischen Rasse und Geringschätzung alles Fremdrassigen (s. Programm § 4ff.). Diese Geringschätzung, die bei vielen zu vollendetem Hass der fremden Rassen führt, ist unchristlich und unkatholisch. – Das christliche Sittengesetz ist ferner allgemein, es gilt für alle Zeiten und für alle Rassen …
> Vorstehende Ausführungen geben Antwort auf die Fragen: Kann ein Katholik eingeschriebenes Mitglied der Hitlerpartei sein? Kann ein katholischer Pfarrer gestatten, dass Mitglieder dieser Partei korporativ an kirchlichen Beerdigungen oder sonstigen Veranstaltungen teilnehmen? Kann ein Katholik, der sich zu den Grundsätzen dieser Partei bekennt, zu den hl. Sakramenten zugelassen werden? Wir müssen dies verneinen.«
>
> *Stellungnahme des Bischöflichen Ordinariates Mainz,*
> *30. September 1930*

■ **Kirche im Nationalsozialismus.** Erarbeite aus den beiden offiziellen kirchlichen Stellungnahmen die Haltung der Kirche zum Nationalsozialismus 1930 und 1933. Vergleiche die Argumentationsweisen.

Nach der Machtergreifung machte Adolf Hitler in seiner Regierungserklärung vom 23.3.1933 der Kirche Versprechungen: Ihre Rechte und Freiheiten sollten unangetastet bleiben, ihr Einfluss auf die Gesellschaft sichergestellt werden. Hitler bot der Kirche eine aufrichtige Zusammenarbeit mit dem Staat an und stellte seine Kooperation mit dem Vatikan in Aussicht. Kurz danach erschien folgende Erklärung der der deutschen Bischöfe:

> »Die Oberhirten der Diözesen Deutschlands haben aus triftigen Gründen, die wiederholt dargelegt sind, … in den letzten Jahren gegenüber der nationalsozialistischen Bewegung eine ablehnende Haltung durch Verbote und Warnungen eingenommen, die so lange und insoweit in Geltung bleiben sollten, wie diese Gründe fortbestehen.
> Es ist nunmehr anzuerkennen, dass von dem höchsten Vertreter der Reichsregierung, der zugleich autoritärer Führer jener Bewegung ist, öffentlich und feierlich Erklärungen gegeben sind, durch die der Unverletzlichkeit der katholischen Glaubenslehre und den unveränderlichen Aufgaben und Rechten der Kirche Rechnung getragen, sowie die vollinhaltliche Geltung der von den einzelnen deutschen Ländern mit der Kirche abgeschlossenen Staatsverträge durch die Reichsregierung ausdrücklich zugesichert wird. Ohne die in unseren früheren Maßnahmen liegende Verurteilung bestimmter religiös-sittlicher Irrtümer aufzuheben, glaubt daher der Episkopat, das Vertrauen hegen zu können, dass die vorbezeichneten allgemeinen Verbote und Warnungen nicht mehr als notwendig betrachtet zu werden brauchen.
> Für die katholischen Christen, denen die Stimme ihrer Kirche heilig ist, bedarf es auch im gegenwärtigen Zeitpunkte keiner besonderen Mahnung zur Treue gegenüber der rechtmäßigen Obrigkeit und zur gewissenhaften Erfüllung der staatsbürgerlichen Pflichten unter grundsätzlicher Ablehnung allen rechtswidrigen oder umstürzlerischen Verhaltens.
> In Geltung bleibt die so oft in feierlicher Kundgebung an alle Katholiken ergangene Mahnung, stets wachsam und opferfreudig einzutreten für Frieden und soziale Wohlfahrt des Volkes, für Schutz der christlichen Religion und Sitte, für Freiheit und Rechte der katholischen Kirche und Schutz der konfessionellen Schule und katholischen Jugendorganisationen.«
>
> *Kundgebung der Fuldaer Bischofskonferenz,*
> *28. März 1933*

DEM GLAUBEN EIN GESICHT GEBEN
Kirche und Nationalsozialismus

Das Reichskonkordat

Nach jahrzehntelangen ergebnislosen Verhandlungen um einen gegenseitigen Vertrag zwischen dem Vatikan und dem Staat gelang es Adolf Hitler bereits ein halbes Jahr nach seiner Machtergreifung, ein solches Konkordat abzuschließen. Dieses enthielt in Auszügen folgende Vereinbarungen:

ARTIKEL 1

Das Deutsche Reich gewährleistet die Freiheit des Bekenntnisses und der öffentlichen Ausübung der katholischen Religion. Es anerkennt das Recht der katholischen Kirche, innerhalb der Grenzen des für alle geltenden Gesetzes, ihre Angelegenheiten selbstständig ... zu ordnen und zu verwalten und im Rahmen ihrer Zuständigkeit für ihre Mitglieder bindende Gesetze und Anordnungen zu erlassen.

ARTIKEL 21

Der katholische Religionsunterricht in den Volksschulen, Berufsschulen, Mittelschulen und höheren Lehranstalten ist ordentliches Lehrfach und wird in Übereinstimmung mit den Grundsätzen der katholischen Kirche erteilt. Im Religionsunterricht wird die Erziehung zu vaterländischem, staatsbürgerlichem und sozialem Pflichtbewusstsein ... gepflegt werden ...

ARTIKEL 23

Die Beibehaltung und Neueinrichtung katholischer Bekenntnisschulen bleibt gewährleistet.

ARTIKEL 31

Diejenigen katholischen Organisationen und Verbände, die ausschließlich religiösen, rein kulturellen und karitativen Zwecken dienen und als solche der kirchlichen Behörde unterstellt sind, werden in ihren Einrichtungen und in ihrer Tätigkeit geschützt. Diejenigen katholischen Organisationen, die ... sozialen oder berufsständischen Aufgaben dienen, sollen ... den Schutz des Art. 31, Abs. 1 genießen, sofern sie Gewähr dafür bieten, ihre Tätigkeit außerhalb jeder politischen Partei zu entfalten.

ARTIKEL 32

Aufgrund der in Deutschland bestehenden besonderen Verhältnisse ... erlässt der Heilige Stuhl Bestimmungen, die für die Geistlichen und Ordensleute die Mitgliedschaft in politischen Parteien und die Tätigkeit für solche Parteien ausschließen.

■ **Konkordat.** Stelle tabellarisch die Verpflichtungen von Kirche und Staat einander gegenüber, wie sie im Reichskonkordat von 1933 festgelegt wurden. Beurteile dieses Abkommen aus der Sicht der Kirche und aus der Sicht des NS-Staates.

■ **Konsequenzen.** Erörtert die Konsequenzen des Konkordats für das Verhältnis von Kirche und Staat im Nationalsozialismus. Recherchiert, inwiefern das Konkordat formal von den Nationalsozialisten eingehalten wurde.

Hirtenbrief im Krieg

»In schwerster Zeit des Vaterlandes, das auf weiten Fronten einen Krieg von nie gekanntem Ausmaße zu führen hat, mahnen wir Euch zu treuer Pflichterfüllung, tapferem Ausharren, opferwilligem Arbeiten und Kämpfen im Dienste unseres Volkes. Wir senden einen Gruß dankbarer Liebe und innige Segenswünsche unseren Soldaten, ... die in heldenmütiger Tapferkeit unvergleichliche Leistungen vollführen ... möge die trostvolle Gewissheit Euch stärken, dass Ihr damit nicht bloß dem Vaterlande dient, sondern zugleich dem heiligen Willen Gottes folgt, der alles Geschehen ... in seiner weisen Vorsehung lenkt.«

Hirtenbrief des deutschen Episkopats vom 26. Juni 1941. Am 22. Juni hatte die Deutsche Wehrmacht mit ihrem Angriff auf die Sowjetunion begonnen

■ **Hirtenbrief.** Beschreibe die damalige Einstellung der Kirche zum Zweiten Weltkrieg und verfasse eine persönliche Stellungnahme zu dieser Einstellung.

125

Widerstand aus christlicher Überzeugung

Trotz der drohenden Lebensgefahr widersetzten sich Christinnen und Christen dem nationalsozialistischen Regime immer wieder und auf vielfältige Weise. Ein Beispiel für diesen Widerstand aus christlicher Überzeugung ist Maria Terwiel, die im Alter von 33 Jahren von den Nationalsozialisten zum Tod verurteilt und hingerichtet wurde.

Maria Terwiel wurde am 7. Juni 1910 in Boppard am Rhein geboren. Ihre Mutter war Jüdin und kurz vor ihrer Heirat zum Katholizismus übergetreten. Die Kindheit und Jugend von Maria Terwiel und ihren zwei Geschwistern war christlich geprägt. Nach dem Abitur 1931 begann Maria Terwiel ein Jurastudium in Freiburg und München, das sie aber 1935 abbrach: Durch die »Nürnberger Rassengesetze« vom September 1935 wurde die Studentin zur »Halbjüdin« erklärt und hätte keine Stelle als Referendarin erhalten. Unter diesen Umständen erschien es ihr sinnlos, die bereits fertiggestellte juristische Doktorarbeit an der Universität Freiburg einzureichen. Obwohl ihr die Rassengesetze auch verboten, ihren Freund Helmut Himpel zu heiraten, verlobten sich die beiden und zogen 1940 nach Berlin. Helmut Himpel eröffnete eine Zahnarztpraxis und Maria Terwiel arbeitete als Sekretärin in einem Textilunternehmen. Über einen Patienten ihres Verlobten bekamen sie Kontakt zur Widerstandsgruppe um Arvid Harnack und Harro Schulze-Boysen, die von den Nationalsozialisten die »Rote Kapelle« genannt wurde und in der etwa 100 Mitglieder unterschiedlicher Herkunft und Weltanschauung organisiert waren. Ihren Widerstand äußerten die Mitglieder über Flugschriften, die Maria Terwiel in unermüdlicher Arbeit auf ihrer Schreibmaschine mit jeweils mehreren Durchschlägen vervielfältigte. Außerdem half sie bei der Verbreitung der Abschriften an sämtliche in Berlin ansässige Auslandskorrespondenten, aber auch an führende Parteifunktionäre und viele evangelische und katholische Pfarrämter. Die Predigten des Münsteraner Bischofs Clemens August von Galen, in denen er die als Euthanasie bezeichnete gezielte Ermordung von geistig und körperlich behinderten Menschen anprangerte, wurden unter anderem durch den Einsatz von Maria Terwiel in vermutlich weit über tausend Exemplaren in Berlin verbreitet. Die von der Widerstandsgruppe verfasste Flugschrift »Die Sorge um Deutschlands Zukunft geht durch das Volk« wurde ebenfalls von Maria Terwiel abgetippt und verbreitet.

In den Jahren 1940–42 halfen sie und ihr Lebensgefährte jüdischen Mitbürgern, indem sie ihnen Lebensmittelmarken und Personalpapiere beschafften – und riskierten dabei ihre Verhaftung. Gegen die 1942 in Berlin stattfindende NS-Propagandaausstellung »Das Sowjetparadies« beteiligten sich Maria Terwiel und Helmut Himpel durch eine Aktion, bei der sie in der Nacht zum 18. Mai 1942 über 80 Klebezettel an Häuser und Bäume klebten.

Am 17. September 1942 wurden Maria Terwiel und Helmut Himpel von der Gestapo verhaftet. Helmut Himpel wurde am 13. Mai 1943, Maria Terwiel am 5. August 1943 in der Berliner Hinrichtungsstätte Plötzensee ermordet.

In ihrem Abschiedsbrief an ihre Geschwister, den sie drei Tage nach dem Todesurteil verfasste, schrieb Maria Terwiel:

»Ich habe absolut keine Angst vor dem Tode und schon gar nicht vor der göttlichen Gerechtigkeit, denn die brauchen wir jedenfalls nicht zu fürchten. Bleibt euren Grundsätzen treu und haltet immer und ewig zusammen ... das genialste, schönste u. ergreifendste Werk, das die Weltliteratur aufzuweisen hat, ist und bleibt allen Stürmen zum Trotz das Neue Testament ... Christine [ihre Mitgefangene Krystyna Wituska] hat mir täglich aus ihrem polnischen Exemplar übersetzt, das war die schönste Stunde am Tage!«

- **Maria Terwiel.** Stelle Gründe zusammen, die für Maria Terwiel aus christlicher Überzeugung gegen die nationalsozialistische Weltanschauung sprechen mussten.

- **Einspruch eines Bischofs.** Informiere dich über die Inhalte und Wirkung der sogenannten Euthanasiepredigten von Bischof Clemens August von Galen (1941), die u. a. von Maria Terwiel vervielfältigt wurden.

DEM GLAUBEN EIN GESICHT GEBEN
Gegen den Strom

Mit brennender Sorge

Entgegen der im Konkordat von 1933 gemachten Zusicherungen für die Kirche richteten sich kurz darauf etliche Maßnahmen des NS-Regimes gegen das katholische Verbands- und Pressewesen und gegen die Konfessionsschulen. Durch diese Maßnahmen sollte die Kirche mehr und mehr aus dem öffentlichen Bereich gedrängt werden, um den Nationalsozialismus als weltanschauliches Monopol zu installieren. Nach erfolglosen Protesten seitens des Vatikans äußerte sich die katholische Kirche in dem päpstlichen Rundschreiben »Mit brennender Sorge« zu ihrer Situation. Diese Enzyklika wurde durch Kuriere übermittelt und in vertrauenswürdigen Druckereien vervielfältigt, sodass sie am 21.3.1937 in den Gottesdiensten verlesen werden konnte. Hitler und seine Regierung werteten das Papstwort nicht nur als Verstoß gegen das Konkordat, sondern als Akt des Hochverrats. Alle erreichbaren Exemplare der Schrift wurden sofort konfisziert und deren weitere Verbreitung verboten.

1. Mit brennender Sorge und steigendem Befremden beobachten Wir seit geraumer Zeit den Leidensweg der Kirche, die wachsende Bedrängnis der ihr in Gesinnung und Tat treu bleibenden Bekenner und Bekennerinnen inmitten des Landes und des Volkes, dem St. Bonifatius einst die Licht- und Frohbotschaft von Christus und dem Reiche Gottes gebracht hat …

3. Als Wir, Ehrwürdige Brüder, im Sommer 1933 die Uns von der Reichsregierung in Anknüpfung an einen Jahre alten früheren Entwurf angetragenen Konkordatsverhandlungen aufnahmen und zu Euer aller Befriedigung mit einer feierlichen Vereinbarung abschließen ließen, leitete Uns die pflichtgemäße Sorge um die Freiheit der kirchlichen Heilsmission in Deutschland und um das Heil der ihr anvertrauten Seelen – zugleich aber auch der aufrichtige Wunsch, der friedlichen Weiterentwicklung und Wohlfahrt des deutschen Volkes einen wesentlichen Dienst zu leisten.

4. Trotz mancher schwerer Bedenken haben Wir daher Uns damals den Entschluss abgerungen, Unsere Zustimmung nicht zu versagen. Wir wollten Unsern treuen Söhnen und Töchtern in Deutschland im Rahmen des Menschenmöglichen die Spannungen und Leiden ersparen, die andernfalls unter den damaligen Verhältnissen mit Gewissheit zu erwarten gewesen wären. Wir wollten allen durch die Tat beweisen, dass Wir, einzig Christus suchend und das, was Christi ist, niemandem die Friedenshand der Mutterkirche verweigern, der sie nicht selbst zurückstößt.

5. Wenn der von Uns in lauterer Absicht in die deutsche Erde gesenkte Friedensbaum nicht die Früchte gezeitigt hat, die Wir im Interesse Eures Volkes ersehnten, dann wird niemand in der weiten Welt, der Augen hat, zu sehen, und Ohren, zu hören, heute noch sagen können, die Schuld liege aufseiten der Kirche und ihres Oberhauptes. Der Anschauungsunterricht der vergangenen Jahre klärt die Verantwortlichkeiten … In die Furchen, in die Wir den Samen aufrichtigen Friedens zu pflanzen bemüht waren, streuten andere … die Unkrautkeime des Misstrauens, des Unfriedens, des Hasses, der Verunglimpfung, der heimlichen und offenen, aus tausend Quellen gespeisten und mit allen Mitteln arbeitenden grundsätzlichen Feindschaft gegen Christus und Seine Kirche. Ihnen, und nur ihnen, sowie ihren stillen und lauten Schildhaltern fällt die Verantwortung dafür zu, dass statt des Regenbogens des Friedens am Horizont Deutschlands die Wetterwolke zersetzender Religionskämpfe sichtbar ist …

12. Wer die Rasse, oder das Volk, oder den Staat, oder die Staatsform, die Träger der Staatsgewalt oder andere Grundwerte menschlicher Gemeinschaftsgestaltung – die innerhalb der irdischen Ordnung einen wesentlichen und ehrengebietenden Platz behaupten – aus dieser ihrer irdischen Wertskala herauslöst, sie zur höchsten Norm aller, auch der religiösen Werte macht und sie mit Götzenkult vergöttert, der verkehrt und fälscht die gottgeschaffene und gottbefohlene Ordnung der Dinge. Ein solcher ist weit von wahrem Gottesglauben und einer solchem Glauben entsprechenden Lebensauffassung entfernt.

Enzyklika von Papst Pius XI., 14. März 1937

Papst Pius XI.

■ **Stellungnahme des Papstes.** Fasse die Inhalte der hier abgedruckten Auszüge aus der Enzyklika »Mit brennender Sorge« zusammen und nimm – auch unter Heranziehung deiner Erkenntnisse aus den voranstehenden Seiten – Stellung zum Auftreten der Kirche zur Zeit des Nationalsozialismus.

Kirche und Staat

Das Verhältnis von Religion bzw. Kirche und Staat ist so aktuell und umstritten wie schon lange nicht mehr. Die Meinungen dazu gehen weltweit stark auseinander. Unsere eigene europäische Sichtweise hat sich im Laufe der Geschichte herausgebildet. Daher ist es nicht verwunderlich, dass es in anderen Kulturen (z. B. in islamischen Ländern) auch andere Auffassungen dazu gibt.

Im mittelalterlichen Europa war die Beziehung zwischen Staat und Kirche sehr eng. Der Adel besetzte die geistlichen und weltlichen Ämter gleichermaßen. Bischöfe und Äbte waren in der Regel nicht nur geistliche Führer, sondern auch weltliche Herrscher. Der Kaiser verstand sich als Schutzherr der Kirche und nutzte die kirchlichen Strukturen ganz selbstverständlich für seine Zwecke. Im sogenannten Investiturstreit (11./12. Jh.) begann die Kirche, sich gegen diese Praxis zu wehren. Der Papst wurde in dieser Phase zum großen Gegenspieler des Kaisers. Er beanspruchte nun seinerseits die oberste weltliche Macht und betrachtete den Kaiser lediglich als ein Organ, welches den päpstlichen Willen auszuführen habe.

Die Mächte in Europa haben sehr lange gebraucht, um aus dieser Konfliktlinie herauszufinden. Die Reformation (Anfang 16. Jh.), der Dreißig-jährige Krieg (1618–1648), die Aufklärung (18. Jh.) und die Französische Revolution (1789) sind wichtige Stationen auf diesem Weg. Man fand schließlich in der Neuzeit zu einer Trennung von Staat und Kirche. Diese Trennung wurde freilich oft wieder infrage gestellt, so z. B. während der Zeit des Nationalsozialismus, in welcher der Staat versuchte, die Eigenständigkeit der christlichen Kirchen zu beschneiden.

Heute finden sich in Europa unterschiedliche Modelle einer Staat-Kirchen-Trennung, die sich in drei Grundmodelle unterteilen lassen: In manchen europäischen Ländern werden Staat und Kirche strikt voneinander getrennt. Hier ist die Kirche fast völlig auf den privaten Bereich verwiesen und ihre öffentliche Wirkung ist nicht erwünscht. In anderen Ländern gibt es eine Staatskirche. Hier wird eine bestimmte Religionsgemeinschaft privilegiert, d. h., sie genießt aufgrund der historischen Entwicklung gewisse Vorrechte gegenüber anderen Religionsgemeinschaften. Ein drittes Modell versucht, eine Mischung dieser beiden Ausprägungen zu verwirklichen. Hier handelt es sich um eine Kooperation von Staat und Kirche bei einer Trennung in der Wurzel. Kirchen bzw. Religionsgemeinschaften sind dabei prinzipiell gleichberechtigt. Sie unterstützen den Staat bei der Erfüllung unterschiedlicher Aufgaben und erhalten im Gegenzug dafür staatliche Zuwendungen.

Von der Vision zur Institution

Von der Ostererfahrung überrascht und motiviert durch die heilige Geistkraft Gottes beim Pfingstereignis (Apg 2) begannen die Jüngerinnen und Jünger Jesu, dessen Vision, seine Verheißung eines Lebens als Kinder Gottes, in ihrer Gemeinschaft weiterzuleben. Neue Fragen und Anforderungen stellten sich, auf die die Nachfolger Antworten im Sinne Jesu suchten. Schließlich entstanden Formen der Institutionalisierung. Dabei griffen die Christinnen und Christen auf die ihnen bekannten Möglichkeiten der Gemeinschaftsbildung zurück. Die Vorteile solcher Institutionen liegen auf der Hand: Strukturierte Gemeinschaften sind in der Lage, die Beziehungen der Menschen zu stabilisieren und entlasten außerdem von dem Druck, bestimmte Dinge ständig neu entscheiden zu müssen. Auf der anderen Seite können Institutionen, wenn sie sich nicht ausreichend dem Wandel der Lebensverhältnisse anpassen, lähmend wirken oder sich von der ursprünglichen Vision entfernen. Im schlimmsten Fall können Institutionen zur Quelle von Unterdrückung und Fremdbestimmung werden.

■ **Kooperation.** Finde Bereiche, in denen Kirche und Staat in Deutschland miteinander kooperieren, und benenne Vor- und Nachteile dieser Kooperation.

■ **Kirche und Staat.** Entwirf zu dem nebenstehenden Text ein Mindmap und recherchiere, wie z. B. unsere Nachbarstaaten oder andere europäische Länder das Verhältnis von Staat und Kirche heute verwirklichen.

■ **Institution.** Zeige an geeigneten Beispielen auf, wo du die Institutionalisierung der Kirche positiv und wo du sie negativ erlebst.

■ **Kunstwerk.** Beschreibe die Plastik von Walter Zacharias und deute sie im Blick auf die Problematik einer institutionalisierten Kirche. – Beziehe dich dabei auf die Überlegungen »Von der Vision zur Institution«.

■ **Begegnen.** Besuche eine kirchliche Einrichtung in deiner Nähe und befrage Mitarbeiterinnen und Mitarbeiter nach ihrem Selbstverständnis als kirchliche Einrichtung (im Unterschied zu einer staatlichen Einrichtung).

DEM GLAUBEN EIN GESICHT GEBEN
Die Kirche als Institution

Walter Zacharias, 1996

Ins Gespräch kommen

Wenn ein Interview gelingen soll, ist eine gute inhaltliche Vorbereitung wichtig. Dazu gehört u. a., einen Fragenkatalog aufzustellen, der jedoch nicht als starres Schema aufgefasst werden sollte.

Aufbau eines persönlichen Interviews:
- zu Beginn des Gesprächs dem/der Befragten die Möglichkeit der Anonymität anbieten;
- dem Gesprächspartner mit Respekt begegnen, mit lockeren, alltäglichen Fragen beginnen;
- langsam zu persönlicheren oder provokanteren Fragen steigern;
- dem/der Interviewten Raum für die eigene Sichtweise geben; mit dem eigenen Urteil zurückhaltend sein, es aber auch nicht verschweigen, sondern, wenn nötig, den Dissens höflich formulieren;
- bei persönlichen Interviews nicht stur an seinen Fragen festhalten, sondern auch Bereitschaft zeigen, auf neue Aspekte einzugehen, die sich während des Gesprächs ergeben.

Möglichkeiten der Dokumentation des Interviews:
- Videodokumentation (persönlichkeitsschützende Aufnahmen macht man von hinten oder gegen das Licht und durch Verwendung eines veränderten Namens);
- Verwendung eines Diktiergerätes;
- zu zweit interviewen (eine/r konzentriert sich auf das Gespräch und eine/r schreibt mit);
- bei sehr persönlichen Interviews ist es angemessen, sich auf sein Gedächtnis zu verlassen.

Ein Traum von Kirche

Unser Traum von Kirche … soll die Frage beantworten helfen: Wenn es wirklich stimmt, dass Gott Anwalt unseres Lebens ist und in Jesus, seinem Christus, der Durchbruch geschafft wurde, wie wird dann für uns heute Erlösung als Befreiung erfahrbar und wirklich?

Hierauf sagen wir unverdrossen: in der Kirche, und meinen damit: bei uns. Dies sagen wir, weil wir Kirche als Lebensfeld inmitten der Gesellschaft begreifen, wo anders, »alternativ« gelebt wird – anders als in den wichtigen gesellschaftlichen Lebensfeldern. Anders vor allem, weil hier nicht Beziehungsarmut, Sinnlosigkeit und Hoffnungslosigkeit verdoppelt werden, sondern weil hier der Mensch in Richtung auf Beziehungsfähigkeit, Hoffnung und Leben in Bewegung kommt, umkehrt bzw. umgekehrt wird. Unser Traum von Kirche sagt also: Wenn ein Mensch in dieses Lebensfeld der Kirche gerät, mit ihm in Berührung kommt, in einen lebensbedeutsamen Austausch eintritt, dann begegnet er Menschen und in ihnen jener erlösend befreienden Lebenstradition, die von Jesus herkommt. Er erlebt hier einen anderen Geist, den die Bibel den »Geist Jesu« nennt. Und indem er mit diesen Menschen sein Leben teilt, gelangt er selbst »ins Leben«. Er lernt, seine Lebensgeschichte, also die »Schrift« seines Lebens, nach der für Christen einzigen Vorschrift zu schreiben, nämlich nach der Lebensgeschichte Jesu, nach seinem Leben, Leiden, Sterben und Auferstehen. Christ ist daher einer, so steht es … im 1. Johannesbrief, der »in Christus ist und lebt wie er«.

Konkret heißt dies aber wieder: Der Christ ist nicht einer, der im Strom der Geschichte schwimmt und bestrebt ist, sich möglichst rasch an das Ufer der Ewigkeit zu retten, um womöglich von dort (schadenfroh) zuzusehen, wie andere untergehen. Ein Christ ist gleichsam ein »Rettungsschwimmer Gottes«. Er rettet sich selbst, indem er andere rettet. Er gelangt zum Leben, indem er anderen leben hilft. Und er tut dies, weil er in den Herrschaftsbereich des lebendigen Gottes Jesu eintritt, also glaubt und Gott liebt. Darin stellt er sich auf die Seite Gottes. So aber beginnt er, an der »Arbeit« Gottes für den Menschen teilzunehmen, welches Grundthema der ganzen Welt und Heilsgeschichte ist: nämlich dem Menschen leben zu helfen. Will doch Gott nicht den Tod des Sünders, sondern dass er sich bekehrt und lebt.

Kirche, von der wir hier träumen, erweist sich so im Auftrag Gottes als Anwalt des Lebens der Menschen. Noch mehr, Christen, die Erlösung zum Leben erfahren haben, gehen daran, die Lebensweise in den gesellschaftlichen Lebensfeldern mitzugestalten, damit die verordnete Lebensbehinderung und Lebenszerstörung eingedämmt wird.

Paul M. Zulehner

Die Kirche leitet ihr Selbstverständnis und ihre Grundvollzüge aus dem Leben Jesu ab. Neben der gottesdienstlichen Feier (»Liturgia«) und dem helfenden Handeln (»Diakonia«) kommt der »Martyria«, dem Glaubenszeugnis in Wort und Tat, eine zentrale Funktion zu. Jesus legte durch sein Leben und seine Verkündigung Zeugnis davon ab, dass Gott seine frei machende Herrschaft jetzt durchsetzen werde. Dieser Überzeugung blieb er treu bis zum Tod am Kreuz. Viele Christen mussten, weil sie Jesus vertrauten und an ihn glaubten, ebenfalls leiden und sterben. Das Blutzeugnis der Märtyrer (griech. *martys* = [Blut-] Zeuge) steht für ihre Überzeugung im Glauben, der sie treu blieben, auch als sie mit dem Tod bedroht wurden. Noch heute müssen Christinnen und Christen ihren vom Evangelium motivierten Einsatz für andere Menschen mit dem Leben bezahlen.

■ **Standpunkt.** Beschreibe, wo du in dieser »traumhaften Kirche« vorkommst oder vorkommen kannst.

■ **Traum von Kirche.** Erarbeite aus dem Text von Zulehner die Grundzüge einer »traumhaften Kirche«.

■ **In der Welt.** Zeige an Beispielen auf, dass Zulehners Traum von Kirche den Ansprüchen der Martyria gerecht wird.

■ **Kirchenbild.** Paulus sieht die Kirche als Leib Christi – mit einem Leib und vielen Gliedern (1 Kor 12,12–27). Lies die angegebene Bibelstelle und setze sie in Bezug zum Text von Zulehner.

DEM GLAUBEN EIN GESICHT GEBEN
Kirche bekennt ihren Glauben

Katharina Fritsch, 1988

Doch meint der Begriff »Martyria« nicht ausschließlich das Zeugnis durch die Hingabe des eigenen Lebens, sondern kennzeichnet allgemein eine Lebensforderung an jeden einzelnen Christen und die Kirche, in ihrer jeweiligen Zeit Zeugnis dafür abzulegen, dass das Evangelium keine leere Vertröstung auf ein Danach, sondern Aufforderung zur konkreten Lebenspraxis und -gestaltung in der Gegenwart ist. Alle Christen sollen nach ihren Möglichkeiten dafür eintreten, dass das Reich Gottes Wirklichkeit werden kann: Dies muss sich individuell im Handeln an und für die Nächsten zeigen, aber auch sozial in der kritischen Auseinandersetzung mit den verschiedenen Strömungen der Gesellschaft. Somit beinhaltet die individuelle Gestaltung der »Martyria« auch eine politische Dimension.

■ **Anschauung.** Betrachte das Bild und formuliere einen Bildtitel. Lass eine Figur auf die Frage antworten: Was ist dir wichtig im Leben?

■ **Veränderung gestalten.** Entwirf ein Plakat, das darstellt, wie sich diese Tischrunde durch das Gespräch mit dir verändert hat. Begründe, inwieweit dieses Plakat ein Modell für die Kirche sein kann.

■ **Dialog.** Stell dir vor, du kannst mit einem Museumsbesucher über dieses Kunstwerk diskutieren. Führe einen Dialog und halte fest, ob das Kunstwerk »Kirche« darstellt oder ob Kirche diesen Figuren ein tragfähiges Modell einer anderen Gesellschaft bietet.

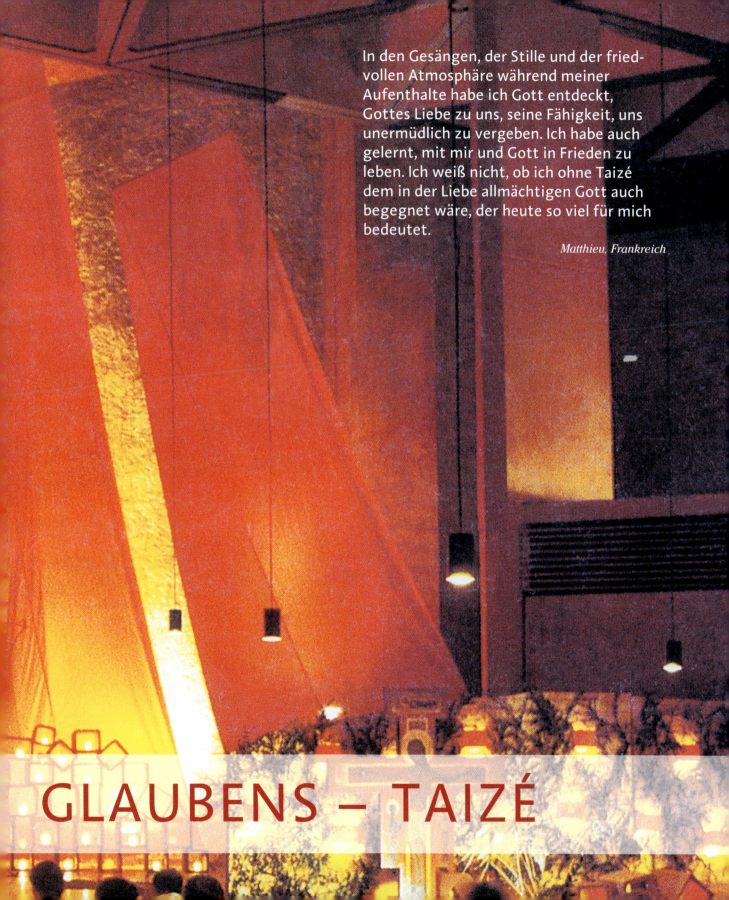

In den Gesängen, der Stille und der friedvollen Atmosphäre während meiner Aufenthalte habe ich Gott entdeckt, Gottes Liebe zu uns, seine Fähigkeit, uns unermüdlich zu vergeben. Ich habe auch gelernt, mit mir und Gott in Frieden zu leben. Ich weiß nicht, ob ich ohne Taizé dem in der Liebe allmächtigen Gott auch begegnet wäre, der heute so viel für mich bedeutet.

Matthieu, Frankreich

GLAUBENS – TAIZÉ

Am Schwarzen Brett

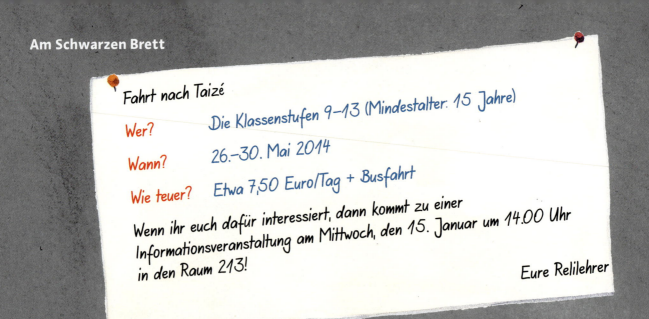

Fahrt nach Taizé

Wer? Die Klassenstufen 9–13 (Mindestalter: 15 Jahre)

Wann? 26.–30. Mai 2014

Wie teuer? Etwa 7,50 Euro/Tag + Busfahrt

Wenn ihr euch dafür interessiert, dann kommt zu einer Informationsveranstaltung am Mittwoch, den 15. Januar um 14.00 Uhr in den Raum 213!

Eure Relilehrer

Nach dieser Veranstaltung beschließt die ganze Klasse 9a, gemeinsam nach Taizé zu fahren. Um sich genauer über Taizé zu informieren, gehen alle Schülerinnen und Schüler in den Computerraum der Schule und erhalten die Aufgabe, Seiten über Taizé zu finden, zu lesen und Wichtiges bzw. Eindrückliches auf einem Zettel festzuhalten:

- Warum singen in einem Dorf in Burgund Jugendliche immer wieder dasselbe? Ist das nicht langweilig?
- Den Glauben leben – einfach und konsequent
- Mord in Taizé – Frère Roger von Frau erstochen
- Friedens- und Menschenrechtserziehung
- Religiöse Hits – Lieder, die mitreißen
- Selbstfindung und religiöse Erfahrung
- 5000 Jugendliche sind beinahe Normalität
- Gelebte Ökumene: Protestanten und Katholiken beten und feiern gemeinsam
- Zelten und beten

■ **Eindrücke abfragen.** Greift euch in Partnerarbeit einen Zettel der Klasse 9a heraus und besprecht, was ihr euch unter den genannten Aspekten vorstellt bzw. was ihr schon darüber wisst.

■ **Informationen herausfinden.** Sucht in Partnerarbeit einen Zettel der Klasse 9a heraus und vertieft euer Wissen darüber. Berichtet anschließend in einem Gruppenpuzzle euren Mitschülerinnen und Mitschülern von euren Ergebnissen.

EIN ORT GELEBTEN GLAUBENS – TAIZÉ

Begegnung mit Taizé

Ein typischer Tag in Taizé

■ **Tagesablauf.** Informiert euch (z. B. im Internet), wie ein typischer Tag in Taizé aussieht. Diskutiert dann, was euch spontan gefällt und womit ihr Schwierigkeiten haben könntet.

Frère Roger

Roger Louis Schutz-Marsauche kommt am 12. Mai 1915, als letztes von neun Kindern, in dem Dorf Provence in der Französischen Schweiz zur Welt.

Im Theologiestudium beschäftigt er sich v. a. damit, warum sich Menschen (auch Christen) untereinander bekämpfen, und kommt zu folgender Lösung: »Wenn es diesen Weg, einander zu verstehen, gibt, beginne bei dir selbst und engagiere dich selbst; versuche, alles von jedem Menschen zu verstehen.«

Frère Roger betet dort täglich alleine und beherbergt illegale Flüchtlinge, weswegen die Gestapo im Herbst 1942 das Haus besetzt. Frère Roger kann gerade noch fliehen.

1944 kehren Roger und seine Freunde nach Taizé zurück. In den ersten Jahren arbeiten die Brüder der Gemeinschaft auf dem Feld und bauen das alte Haus wieder auf. Sie richten Wohngruppen für Waisenkinder ein; zudem kümmern sie sich um deutsche Kriegsgefangene, womit sie den Ärger der Frauen, die ihre Männer in Konzentrationslagern verloren haben, auf sich ziehen.

Obwohl Roger Pastorensohn ist, zählt er sich während seiner Gymnasialzeit zu den Nichtglaubenden, was sich erst nach einer schweren Tuberkuloseerkrankung ändert.

Um mit anderen dieses konfessionsüberschreitende Christsein zu leben, sucht er in Frankreich ein Haus – und findet es im August 1940 in einem beinahe ausgestorbenen Dörfchen namens Taizé in Burgund.

Roger Schutz muss die folgenden zwei Jahre in der Schweiz bleiben, wo er und drei andere Brüder die Communauté nach ihrer Regel weiterführen: »Lass in deinem Tag Arbeit und Ruhe vom Wort Gottes ihr Leben empfangen; wahre in allem die innere Stille, um in Christus zu bleiben; lass dich durchdringen vom Geist der Seligpreisungen: Freude, Barmherzigkeit, Einfachheit.«

An Ostern 1949 legen die ersten Brüder ihre Profess ab, womit sie versprechen, sich ein Leben lang für die Mitbrüder zu engagieren. 1952/53 wird dann die erste Ordensregel der noch protestantischen Gemeinschaft formuliert, doch ab dem Jahre 1969 wird aus ihr die erste ökumenische Gemeinschaft überhaupt.

> ■ **Frère Roger (1915–2005).** Informiere dich über Frère Rogers weiteres Leben (www.taize.fr). Stelle dann den Lebensweg von Frère Roger mit einfachen grafischen Elementen dar, z. B. 👓 für neue Einsicht, ⚡ für einen Umbruch im Denken/Leben etc.

EIN ORT GELEBTEN GLAUBENS – TAIZÉ
Taizé entsteht

Die Gemeinschaft der Brüder von Taizé

»Willst du aus Liebe zu Christus dich ihm hingeben mit allem, was du bist?« – »Ich will es.«
»Willst du von nun an den Ruf Gottes an die Communauté erfüllen, in Gemeinschaft mit deinen Brüdern?« – »Ich will es.«
»Willst du stets Christus in deinen Brüdern erkennen und so über sie wachen in guten und schlechten Tagen, im Leiden und in der Freude?« – »Ich will es.«
Dieses Gelübde legt jeder neue Bruder bei seinem Eintritt in die Communauté ab, erhält aber auch eine bindende Zusage:
»Bruder, der du dich der Barmherzigkeit Gottes anvertraust, denk daran, dass Jesus Christus deinem schlichten Glauben zu Hilfe kommt, sich auf dich einlässt und für dich die Verheißung erfüllt: Jeder, der um Christi und um des Evangeliums willen alles verlassen hat, wird das Hundertfache dafür empfangen. Ziehe von nun an auf den Spuren Christi. Sorge dich nicht um morgen. Der Herr Jesus Christus hat dich in seinem Erbarmen und in seiner Liebe zu dir dazu berufen, in der Kirche ein Zeichen brüderlicher Liebe zu sein. Er ruft dich auf, mit deinen Brüdern das Gleichnis des gemeinsamen Lebens zu verwirklichen.«

■ **Bildbeschreibung.** Schau dir das Foto an und beschreibe es. Überlege, welche Gefühle und Erwartungen in der Geste der Handauflegung zum Ausdruck kommen.

Ein Bruder gibt stellvertretend Auskunft darüber, was ihn dazu bewogen hat, der Gemeinschaft beizutreten, und wie er in dieser Gemeinschaft lebt:

Was hat Sie persönlich damals in Taizé angesprochen?
Bruder: Ganz klar die Offenheit, mit der ich hier aufgenommen wurde. Auch der religiöse Ernst, mit dem die Jugendlichen bei allem freien Leben hier da waren. Hier konnte man die weltweite Kirche erleben, und zwar ohne Veranstaltungen. Die Leute waren einfach da. Auch damals schon war dies ein Ort, an dem Lagerdenken keinen Platz hat. Hier spürte ich eine große Weite, ohne dass Tiefe verloren ging. Hier wurde mir deutlich, dass Gott kompromisslos die Liebe ist. Es ging darum, zu den Quellen zu gehen und in eine lebendige Beziehung mit Christus einzutreten.

Wie ist das heute? Ist Taizé sich treu geblieben?
Bruder: Es ist schwierig, dies selbst zu beurteilen. Aber Leute sagen immer wieder: »Taizé ist sich treu geblieben – und dennoch hat sich fast alles verändert.« Wir wären früher nicht auf die Idee gekommen zu fragen, ob man die Bänke polstern könnte. Heute kann es einem passieren, dass Jugendliche sagen: »Mit Polster wäre es besser …« Aber das Entscheidende ist gleich geblieben: das Stillwerden in der Kirche. Dass die Jugendlichen erfahren und bestätigt bekommen, dass Gott die Liebe ist.

■ **Dein Gelübde.** Schreibe das Gelübde der Brüder von Taizé in dein Heft; streiche alle Wörter heraus, die nicht auf dich zutreffen, und ersetze sie durch Wörter, die auf dich zutreffen.

■ **Zahnräder.** Notiere in einer zweispaltigen Tabelle positive sowie negative Seiten des Lebens in einer Gemeinschaft. Nimm dazu auch das Interview mit Bruder Wolfgang zu Hilfe. Erkläre, warum in einer Gemeinschaft die einzelnen Mitglieder wie Zahnräder ineinandergreifen müssen.

Die Quellen von Taizé

Die Gemeinschaft von Taizé hat eine anhaltende starke Ausstrahlung auf unsere Gesellschaft und alle, die eine bewusste christliche Glaubensform für ihr Leben suchen. Dies kann sicherlich auch auf die religiösen Wurzeln des Glaubens von Taizé zurückgeführt werden. Sie gleichen einer starken und frischen Quelle, die von religiösen Überzeugungen und Werten gespeist wird, welche uns auf den ersten Blick altbekannt vorkommen. Allerdings wird ihnen eine tiefere Innerlichkeit abgewonnen, was sich auch in einer ungewohnten, mystisch-bildhaften Sprache ausdrückt. Gerade so soll die Begeisterung einer zeitgemäßen religiösen Haltung vermittelt werden. Die Worte leben von der Lebenserfahrung im Alltag: an Orten, wo der Geist von Taizé lebt, von Personen, die dies im eigenen Alltag verwirklichen. Frère Roger hat dafür ein gewichtiges Zeugnis gegeben, er ist der geistige Vater von Taizé.

■ **Innerlich ergriffen.** Informiere dich im Lexikon oder unter www.kontemplation.at/mystik.php über die Kennzeichen einer mystischen Glaubenshaltung. Berücksichtige die Informationen auch bei der Beschäftigung mit den folgenden Seiten und ihren ungewohnten Sprachformen.

»Etwas ganz Einfaches« – die Basis

Beim Aufschlagen des Evangeliums könnte man sich vorstellen: Die Worte Jesu stammen wie aus einem uralten Brief, der mir in einer unbekannten Sprache geschrieben wurde. Da ihn jemand an mich richtet, der mich liebt, versuche ich den Sinn zu verstehen; und ich werde das Wenige, das ich begreife, in die Tat umsetzen.
Zunächst kommt es nicht auf umfangreiches Wissen an. Dieses hat zwar seinen Wert, aber der Mensch beginnt das Geheimnis des Glaubens zuerst mit dem Herzen zu erfassen, tief im Innern. Das Wissen kommt später. Man bekommt nicht alles auf einmal. Inneres Leben wächst allmählich. Heute – mehr als gestern – ergründen wir den Glauben Stück für Stück. Tief im Menschen liegt die Erwartung einer Gegenwart, das stille Verlangen nach einer Gemeinschaft.
Vergessen wir nie: Das schlichte Verlangen nach Gott ist schon der Anfang des Glaubens. Es zeigt sich, dass der Glaube, das Vertrauen auf Gott, etwas ganz Einfaches ist, so einfach, dass alle ihn annehmen können. Er ist wie ein Schritt, den wir tausendfach von Neuem tun, ein Leben lang, bis zum letzten Atemzug.

Frère Roger, Taizé

■ **Denkanstoß.** Nimm diesen kurzen Text von Frère Roger nach mehrmaligem Lesen als Denkanstoß: Wie empfindest du seine Worte? Welche Worte gehen tiefer und können sich weiter entfalten? Erkläre auch, was für dich schwer greifbar ist.

EIN ORT GELEBTEN GLAUBENS – TAIZÉ
Das Geheimnis von Taizé

Wichtige Bestandteile der Glaubensweise von Taizé

Gott

Eines fasziniert an Gott: die Demut seiner Gegenwart. Niemals verletzt er die Menschenwürde. Jede herrschsüchtige Geste würde sein Antlitz entstellen. Die Vorstellung, dass Gott kommt und bestraft, ist eines der größten Glaubenshindernisse.

Vertrauen

Wäre das Vertrauen des Herzens aller Dinge Anfang …
Wer könnte dann noch fragen:
Wozu bin ich auf der Erde?
Damit überall auf der Erde das Vertrauen wächst, braucht es dein Leben und das unzähliger anderer.

Frieden

Frieden und Freude sind die Perlen des Evangeliums, sie können Abgründe von Angst zuschütten.

Jesus

Jesus Christus ist für alle, nicht nur für einige gekommen; er hat sich ausnahmslos an jeden Menschen gebunden. Er führt dich auf einen Weg des Lichts: Ich bin, aber auch: Ihr seid das Licht der Welt.

Versöhnung

Die Versöhnung ist ein Frühling des Herzens. Wer sich ohne Aufschub versöhnt, macht eine Entdeckung: Das eigene Herz verändert sich. Es zieht Frieden in das Herz ein.

Gemeinschaft

Wer seinen Besitz teilt, kann nicht umhin, den eigenen Lebensstil zu vereinfachen und die Wohnungen zu öffnen. Es braucht nur ganz wenig, um gastfreundlich zu sein, Besitz hemmt die Gemeinschaft eher. Bei Tisch entfaltet sich der Geist der Gemeinschaft in der Einfachheit.

Gebet

Das Gebet ist eine ungebrochene Kraft, die im Menschen wirkt und ihn durchformt; eine Kraft für den Kampf, Lebensbedingungen zu verändern und die Erde bewohnbar zu machen. Sie lässt es nicht zu, dass man die Augen vor dem Bösen verschließt.

■ **Puzzleteile zusammenfügen.** Suche nach Gemeinsamkeiten einzelner Aussagen und erstelle dazu ein Netz (des Glaubens), dessen Knotenpunkte von wichtigen Begriffen der religiösen Haltung zusammengehalten werden.

■ **Beurteilt gemeinsam.** Welche Punkte kannst du auch in deiner Gemeinde wiederfinden, was hört sich aus deiner Erfahrung noch sehr ungewohnt an?

Was suchen die Jugendlichen da?

Das hätte in der französischen Provinz wohl keiner erwartet: 4000 singende Jugendliche, deren Kehlen in fast allen Sprachen der Welt in einer einfachen Kirche auf einem kleinen Bergrücken mitten in Burgund das Lob Gottes anstimmen. Hierher nach Taizé kommen junge Menschen, um sich in aller Schönheit der Jugend zu zeigen und miteinander zu feiern, ausgelassen zu lachen und intensiv zu flirten. Und – das jedenfalls ist in den Augen der Brüder der Ökumenischen Kommunität von Taizé das Entscheidende – sie kommen, um nach ihrem Glauben zu fragen, den Sinn des Lebens zu ergründen, intensiv nach der Wahrheit der Bibel zu forschen und etwas von der Gemeinschaft zu erleben, die über allen Konsum, über alle Markenidentität, über alle sozialen Grenzen hinweg die Gemeinschaft aller Geschöpfe im Reich Gottes vorwegnimmt.

Aus: »Taizé hin und zurück«. Begleitbuch für Taizéfahrer

Beobachtungen von Frère Wolfgang

Es ist atemberaubend, wie verschieden die Jugendlichen sind, die zu uns kommen. Einige sagen uns: »Wenn ich eine Zeit lang in der Kirche sitze und eine Weile diese Wiederholgesänge gesungen habe, dann bin ich so frei und leer und voll zugleich. Dann besucht mich Gott.« Sie machen also eine tiefe innere Erfahrung, wie gerade Jugendliche spontan etwas aufnehmen können. Auf der anderen Seite herrscht aber auch ein großer Realismus. Man zahlt seinen Kostenbeitrag und hat keine Probleme damit mitzuhelfen: Toiletten reinigen, Essen austeilen, abwaschen usw.

■ **Unvereinbar?** Überlegt gemeinsam, wie die im Text genannten, sehr unterschiedlichen Beweggründe für den Besuch von Taizé eine Beschäftigung mit dem persönlichen Glauben beeinflussen.

■ **Themen zum Nachdenken.** Im Laufe des Tages finden in Taizé zahlreiche Gesprächsgruppen zu religiösen Themen und Bibelanstößen statt. Entwirf eine Liste mit Themenvorschlägen, die ihr auch im Religionsunterricht besprechen wollt.

EIN ORT GELEBTEN GLAUBENS – TAIZÉ
Religiöser Raum für Jugendliche

Jugendtreffen in Taizé

Viele Gruppen von Jugendlichen aus zahlreichen europäischen und außereuropäischen Ländern besuchen für eine Woche Taizé und verbringen diese Zeit auf eine intensive Weise als Beschäftigung mit dem Glauben. Die religiösen Veranstaltungen bieten wenig ›event‹-Charakter, dafür aber umso mehr Raum und Tiefe für überraschende Erfahrungen und Begegnungen. Eine Woche lang mit bisher fremden jungen Menschen zusammenleben, Zeiten des Gebets, des gemeinsamen Singens, der Meditation und Stille oder auch der persönlichen Begegnung mit einzelnen Brüdern. Viele neue Anstöße im Glauben.

Warmes Kerzenlicht,
schlichter Gesang,
wohltuende Harmonie,
beruhigende Wiederholung,
einfache und starke Worte,
zärtliche Zeremonie,
leise Liturgie.

Sie berührt mich –
schafft einen weiten Raum in mir,
wärmt mich,
bereitet mir einen leuchtenden Festsaal,
erfreut mein müdes Gesicht
und stellt mich vor den,
den ich in meinem alltäglichen Beten
nie zu erreichen glaube.
Das Gebet weht mir göttliche Gedanken zu,
bringt meine inneren Saiten zum Schwingen,
füllt mein Ohr mit gewaltigem Klang,
läuft sanft über meinen Rücken
und treibt mir Tränen in die Augen.

So war es in den Tagen von Taizé
in der Kraft der herrlichen Lieder,
und wieder zu Hause
dreht mein Beten sich im Leerlauf,
ist kühl und trocken,
hölzern und leer.
Leider.

■ **Begeistert und dann?** Arbeite aus dem Gedicht heraus, was der Verfasser als persönliche Bereicherung in Taizé erfährt. Klärt gemeinsam euer Verständnis der letzten Verse ab und nehmt dazu Stellung.

■ **Anstöße mitnehmen.** Sammle verschiedene Möglichkeiten, die Anstöße von Taizé mit in den eigenen Alltag zu nehmen. Überprüfe, welche dir dabei besonders wertvoll erscheinen.

■ **Ökumene vor Ort.** Teilt verschiedene Teams für die Nachforschung zum Thema Ökumene bei uns ein: Befragt dazu einen katholischen und einen evangelischen Pfarrer, Gruppenleiter, Religionslehrer u.a.
Findet heraus: Was bedeutet für sie Ökumene, wo wird diese erfahrbar und worin sehen sie die Verbindung von Taizé und Ökumene?
Seht euch das Logo der ökumenischen Bewegung der christlichen Kirchen an und beschreibt es.
Entwerft ein eigenes Logo, das Elemente der ökumenischen Ausprägung von Taizé enthält.

Ein kleiner Frühling im kalten Hamburg

Ein europäisches Taizé-Jugendtreffen

Ein Tag des Taizé-Jugendtreffens beginnt mit dem Morgengebet und einer Gesprächsrunde in einer Pfarrgemeinde. Zahlreiche Gemeinden haben sich wochenlang auf ihre Gastgeberrolle vorbereitet. »Uns ist klar, dass es eine Riesenchance ist, die Leute in der Kirchengemeinde einzubeziehen«, sagt Elisabeth Soltau. Die 81-Jährige ist die älteste Gastgeberin in der Gemeinde St. Agnes in Hamburg, der 250 Taizé-Gäste zugeordnet sind.

Zum Mittagsgebet und zum Essen strömen die Teilnehmer im Messegelände zusammen. Am Info-Stand wartet eine Gruppe von vier jungen Männern aus Kattowitz (Polen). Sie sind an diesem Punkt mit einer Mädchengruppe aus Mailand verabredet. »Wir haben uns im vergangenen Jahr beim Taizé-Treffen in Paris kennen gelernt und vereinbart: Im nächsten Jahr treffen wir uns wieder«, berichtet Dawid M. (24). Damals stand noch gar nicht fest, in welcher europäischen Stadt das sein würde. Endlich sind die Mädchen da. Umarmungen, Händeschütteln, Begrüßung auf Italienisch und Polnisch, schließlich einigt man sich auf Englisch. Das versteht jeder. »Wir sind das ganze Jahr per E-Mail in Kontakt geblieben«, sagt Valentina I. (18) aus Mailand. Die polnisch-italienische Gruppe wühlt sich durch das Gedränge, bis sie von einem Herrn im dunklen Anzug angesprochen wird. Der Fremde stellt sich vor: »Mein Name ist Werner Thissen und ich bin der Erzbischof von Hamburg«, sagt er auf Deutsch, und statt der dreisprachigen Übersetzung zieht er sein Bischofskreuz aus dem Mantel.

»O Taizé, dieser kleine Frühling!«, so soll Papst Johannes XXIII. einmal bei einer Begegnung mit Frère Roger ausgerufen haben. Einen solchen Frühling der Begeisterung und der schlichten Besinnung auf den Grund des Evangeliums kann auch die Kirche in Norddeutschland gebrauchen. »Ich habe die Hoffnung, dass sich das Treffen auch in unserer Jugendarbeit bemerkbar macht«, sagt der Erzbischof nach der Abreise der 60 000 Teilnehmerinnen und Teilnehmer. »Als Christen in Hamburg sind wir in der Minderheit. Aber die Chancen für das Evangelium sind auch in unserer Zeit groß. Taizé hat Hamburg geholfen, die Seele zu entdecken. Ist das nichts?«

Frère Roger, Gründer der Gemeinschaft von Taizé, während des Abendgebets am 29. Dezember 2003 in Hamburg

■ **Taizé-Gäste bei uns.** Stelle dir vor, dass deine Familie Gäste für ein Jugendtreffen in Deutschland aufnimmt. Was interessiert dich an ihnen und ihren Reiseabsichten? Überlege dir geeignete Fragen und verfasse einen kleinen Dialog.

■ **Ausbreitung des Taizé-Geistes.** Sammle Besonderheiten und feste Elemente von Taizé, die sich gut in verschiedene Regionen der Welt übertragen lassen. Überprüfe auch, wo du Grenzen erkennen kannst, weil bestimmte Formen doch an den Ort Taizé oder die dortige Gemeinschaft der Brüder gebunden sind.

EIN ORT GELEBTEN GLAUBENS – TAIZÉ
Taizé vor Ort – weltweit

An manchen Sommerabenden, unter einem sternklaren Himmel, hören wir in Taizé die Jugendlichen durch die geöffneten Fenster. Wir sind nach wie vor erstaunt, wie zahlreich sie sind.
Sie suchen, sie beten. Und wir sagen uns: Ihr Verlangen nach Frieden, ihre Sehnsucht nach Vertrauen sind wie diese Sterne, kleine Lichter in der Nacht.

Frère Roger in seinem »Brief 2005 – Eine Zukunft in Frieden«

■ **Farben und Formen.** Betrachte das Bild, lass dich von ihm und dem Zitat von Frère Roger inspirieren und kreiere daraus einen Prospekt über Taizé. Überlege, welche Formen und Farben des abgedruckten Bildes du mit welchen religiösen Elementen und Ansichten von Taizé verbindest.

■ **Ein eigenes Bild.** Versuche deine Eindrücke, Gefühle und Gedanken zu Taizé in ein eigenes Bild zu bringen.

Und sie singen, singen, singen. Die Lieder von Taizé sind ernst, schlicht und einladend. Oft nur eine Zeile lang und von warmer, unkomplizierter Melodie. Sie sind seit 1975 speziell für Taizé von Jacques Berthier (1923–1994) und einigen Brüdern der Comunauté komponiert worden. Mittlerweile existieren zahlreiche Taizé-Liederbücher und -CDs, die in nahezu allen Ländern zu bekommen sind. Das gemeinsame Singen ist ein tragendes Element der Glaubenspraxis von Taizé, bei der viele Menschen die Melodien verinnerlichen und eine besondere innere Erfahrung der Andacht machen. Einige Personen beschreiben dies so, dass es aus ihnen selbst heraus singt und sie eine neuartige Kraft verspüren.

Wait for the Lord

M: Jacques Berthier (1923–1994)

Wait for the Lord.
Contemplaré tu vida en mi. Contemplaré, Señor, tu amor.
Nah ist der Herr, es kommt sein Tag. Nah ist der Herr, habt Mut, bleibt wach.
Confia em Deus, teu salvador. Confia em Deus, Ele é amor.
Pan blisko jest, oczekuj Go. Pan blisko jest, w Nim serca mod.
Blizu je Bog, prihajak nam. Blizu je Bog, le cakaj nanj.
Blízko je Pán a jeho den. Blízko je Pán, nemejte strach.
Várj és ne félj, az Ur jön már. Vár és ne félj: hu szível várj!
Viešpaties lauk, jau Jis arti. Viešpaties lauk, budek šridy.
Blizu je Bog, ocekuj ga. Blizu je Bog, odagnaj strah!
Zotin ti prit se ai po vjen zotin ti prit es mos ki frik.

■ **Ein Lied in verschiedenen Sprachen – eine Botschaft in unterschiedlichen Klangfarben.** Die Lieder von Taizé verbinden Menschen verschiedener Herkünfte und Kulturen. Jeder kann dabei auch über seine eigene Sprache hinauswachsen. Probiert dies am Lied *Wait for the Lord* aus:
Wählt in einer Fünfer-Gruppe das Lied in einer Sprache aus und übt es gemeinsam ein.
Singt den anderen das Lied mehrfach vor und lasst sie dann auch bei euch mitsingen. Alle sollen das Lied in den verschiedenen Sprachen mitgesungen haben.
Versucht das Lied einmal in zwei Sprachen gleichzeitig zu singen, dann immer im Wechsel.
Was klingt für euch harmonischer oder passend? Wie wirkt das Lied bei übereinander gesungenen Sprachen?

EIN ORT GELEBTEN GLAUBENS – TAIZÉ
Mit Gesängen beten

EINE PERSÖNLICHE ERFAHRUNG

Für mich ist es etwas Besonderes zu wissen, dass ich dreimal am Tag die Möglichkeit habe, an einem Gebet teilzunehmen, zu dem alle hingehen, das zum Tagesablauf gehört, einfach dazusitzen, in Gemeinschaft mit anderen vor Gott. Beim Singen wird man von den anderen getragen; auch wenn ich nicht singe, geht das Gebet weiter. Wenn ich singe, singe ich eine Stimme von vielen, und die Schönheit entsteht gerade durch die Verschiedenheit der Stimmen. Für mich haben die Gesänge etwas sehr Beruhigendes, ein Zu-sich-Kommen.

■ **Zeit zum Auftanken.** Werte den Erfahrungsbericht daraufhin aus, welche Energien neu gesammelt werden können. Welche sind dir besonders wichtig?

Eine Welt der Klänge: Der Glockenturm auf dem Gelände der Communauté ruft die Brüder und Besucher zu den Gottesdiensten und Andachten.

Musik als Ausdruck des Glaubens

Seit frühen Zeiten gehört Musik in verschiedenen Formen zum christlichen Glauben und bietet so eine Möglichkeit der Begegnung mit Gott. Musik, und besonders Gesänge können religiöse Worte aufgreifen und bereichern, sie einprägsam vermitteln oder ihnen sogar eine neue Form geben. Durch Musik können auch neue Räume der Glaubenserfahrung geöffnet werden. Ebenso kann Gottes Lied in uns erklingen, eine verinnerlichte Melodie des Glaubens mehr ausdrücken als viele Worte.

In Taizé wird mit dem eigenen Gesangsstil eine besondere Form der tiefen Gottesbegegnung praktiziert, die auf klaren Prinzipien beruht: einfache, kurze Texte; einfache Harmonien; mehrfache Wiederholungen; vierstimmige Anlage der Lieder.

Durch das Einüben solcher Lieder kann jeder und jede einen eigenen inneren Erfahrungsraum erschließen.

■ Lieder gemeinsam einüben, klingen und weiter eindringen lassen.
■ Durch den Gesang inneren Gleichklang finden – mit anderen und der Melodie.
■ Lieder in verschiedenen Sprachen und Klangfarben erfahren.

145

Taizé-Andachten vor Ort

In vielen evangelischen und katholischen Kirchengemeinden werden regelmäßig Taizé-Andachten gefeiert. Die schlichte meditative Form zieht viele Menschen an, die der Hektik des Alltags einen bewussten Ruhepunkt entgegensetzen wollen. Mit einfachen Mitteln lässt sich in nahezu jedem Raum eine einladende, gesammelte Atmosphäre schaffen. Dennoch sollte das Gebet möglichst in einer Kirche stattfinden. Wo es in unaufdringlicher Gemeinschaft schlicht und schön gehalten wird, fühlen sich viele willkommen. Eine kleine Gruppe, die sich nicht um sich selbst dreht, sondern sich im Gebet mit Menschen aller Länder und Zeiten verbunden weiß, verwandelt jeden Kirchenraum in einen gastlichen Ort. Dazu benötigt man nichts weiter als ein Kreuz, eine offene Bibel, einige Lichter und evtl. einige Ikonen. Für gedämpftes, warmes Licht sorgen am besten viele kleine Lichter sowie orangefarbene Tücher. Man kann Teppiche oder Decken ausbreiten, damit die einen auf dem Boden knien können, während andere sich dahinter auf Stühle oder Bänke setzen. Werden viele erwartet, sollte jemand an den Eingängen das Liedblatt austeilen und dazu einladen, sich nach vorne zu setzen. In der Mitte des Altars steht die Kreuzikone. Auf dem Boden liegt ein großes, schlichtes Holzkreuz mit einer Reihe von Teelichtern, welche zu den Fürbitten angezündet und auf das Holzkreuz gestellt werden können.

Weil im Gebet Christus das Gegenüber ist, liegt es nahe, dass alle in dieselbe Richtung schauen.

Es soll unbemerkt bleiben, wer das Gebet vorbereitet hat oder leitet. Vor und während des Gebets bedarf es keiner Begrüßung, keiner Erklärungen oder Hinweise, die die gesammelte Atmosphäre beeinträchtigen.

Möglicher Ablauf einer Taizé-Andacht

Ihr findet hier einen Vorschlag für eine Taizé-Andacht, wie ihr sie auch im schulischen Rahmen – etwa zu Weihnachten oder zum Schuljahresbeginn – feiern könnt.

Eingangslied *(z. B. »Laudate omnes gentes« – alle Gesänge aus Taizé können mit Notensatz unter www.taize.fr heruntergeladen werden)*

Psalm-Rezitation *(z. B. aus Ps 25. Wenn Menschen mit anderer Muttersprache mitfeiern, sollte der Psalm nach Möglichkeit in verschiedenen Sprachen rezitiert werden)*

Lesung des Evangeliums *(z. B. Joh 20,19–23)*

Stille

Fürbitten *(ggf. mehrsprachig)*

Vaterunser

Gebet von Frère Roger *(auch hier finden sich eine Fülle schöner Texte auf www.taize.fr)*

Lied *(z. B. »Im Dunkel unserer Nacht« – während des Gesangs werden Kerzen entzündet und auf ein Holzkreuz gestellt)*

Kurze Ansprache zum Evangelium

Schlusslied *(z. B. »Meine Hoffnung und meine Freude«)*

■ **Taizé vor Ort.** Erkundige dich, ob es in deiner Nähe Taizé-Andachten gibt; ladet eventuell eine Person ein, die schon solche Andachten vorbereitet hat, und sprecht mit ihr über die persönlichen Erfahrungen, die diese Person bei Taizé-Andachten macht.

■ **Eine Taizé-Andacht selbst gestalten.** Gestaltet im »Geist von Taizé« selbst eine Andacht zu einem von euch bestimmten Thema in der Lerngruppe. Der hier gezeigte Ablaufplan hilft euch bei der Vorbereitung.

EIN ORT GELEBTEN GLAUBENS – TAIZÉ
Taizé erfahren

Ikonen – »Fenster in Gottes Wirklichkeit«

Ikonen sind geweihte Kultbilder, auf denen Christus, Maria, Apostel oder Heilige dargestellt sind. Sie haben v. a. in den orthodoxen Kirchen eine weite Verbreitung, auch in der Kirche von Taizé gibt es einige Ikonen. Ihre Funktion wird auf der Homepage von Taizé folgendermaßen beschrieben: »Ikonen sind wie Fenster, die auf die Wirklichkeit des Reiches Gottes hin geöffnet sind und sie gegenwärtig machen, wo immer Menschen auf der Erde beten. Ikonen sind zwar Bilder, aber keine reinen Bebilderungen oder Schmuck. Sie vergegenwärtigen dem Auge die spirituelle Botschaft, die das Ohr durch das Wort empfängt.« Ikonen spielen im religiösen Leben von Taizé eine große Rolle.

■ **Ikonen und Taizé.** Für Frère Roger war die hier abgebildete Ikone zeitlebens äußerst wichtig. Erkläre in eigenen Worten, warum für ihn ein so enger Kontakt zwischen Ikonen und Glaube besteht.

■ **Ikone.** Betrachte die abgebildete Ikone in aller Ruhe (Farben, Figuren und deren Körperhaltungen, Symbole …) und gib ihr einen Titel. Überlege dir einen Dialog zwischen den beiden Figuren, an dessen Ende die auf der Ikone abgebildete Geste stehen könnte, und schreibe diesen Wortwechsel in dein Heft. Vergleicht eure Dialoge miteinander; vielleicht wollt ihr sogar einige aufführen.

■ **Ikonen vergleichen.** Seht euch weitere Ikonen (in Bildbänden, in Lexika, im Internet) an und vergleicht sie miteinander. Vervollständigt dann folgende Sätze: »Gleich ist bei allen Ikonen …« und »Unterschiedlich ist bei allen Ikonen …«.

- **Einsicht.** Verfasse zu einer der Jesusdarstellungen eine Bildbeschreibung. Vervollständige dabei diese Sätze:
  Auf dem Bild sehe ich …
  Das Bild sagt über Jesus aus …
  Das Bild spricht mich an / gefällt mir nicht, weil …

- **»Für wen aber haltet ihr mich?«** (Mk 8,27). Beantworte diese Frage Jesu für dich. Diskutiert miteinander, wie Menschen in unserer Gesellschaft auf diese Frage antworten.

JESUS – DIE SPUR

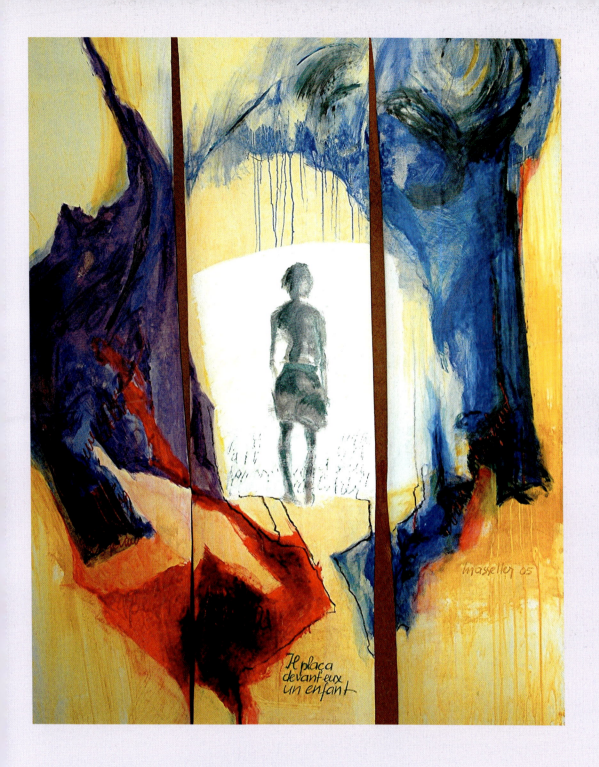

VON MORGEN

»Für wen haltet ihr mich?«

Menschen beziehen Stellung zu Jesus. Von eurem Standpunkt aus begebt ihr euch jetzt auf eine Spurensuche nach Jesus. »Für wen haltet ihr mich?«, fragt bereits Jesus seine Schülerinnen und Schüler (Mk 8,29). Diese Frage hat nichts an Aktualität verloren. Auch heute noch fragen sich Menschen, wer Jesus für sie ist und welche Spur er in ihrem Leben hinterlässt. Auf dieser Seite finden sich Spuren, die Jesus bei Menschen hinterlassen hat, und es klingt die Frage an, warum er sie bis heute hinterlässt.

Was mich unablässig bewegt, ist die Frage,
wer Jesus Christus heute für uns eigentlich ist.

Dietrich Bonhoeffer, 1906–1945,
deutscher evangelischer Theologe,
durch das NS-Regime im KZ Flossenbürg ermordet

Obwohl Christus unerreichbar
über allen Menschen ist,
findet sich doch jeder in ihm wieder.

Ricarda Huch, 1864–1947,
deutsche Lyrikerin und Philosophin

Jesus habe ich von Jugend auf
als meinen großen Bruder empfunden.

Martin Buber (Mordechai), 1878–1965,
jüdischer Religionsforscher und Religionsphilosoph

Jesus, wer soll das sein? Ein Galiläer.
Ein armer Mann. Aufsässig. Eine Großmacht. Und eine Ohnmacht. Immer. Heute noch.

Marie Luise Kaschnitz, 1901–1974,
deutsche Schriftstellerin

Jesus ist nicht unumstritten. Nur wer Jesus glaubt, dass Gottes neue Welt schon begonnen hat, kann sich mit ihm und den Zöllnern fröhlich an einen Tisch setzen. Nur wer Jesu Grundüberzeugung teilt, versteht auch sein Verhalten.

Martin Ebner, geb. 1956,
katholischer Bibelwissenschaftler

Christus empfangen, im Frieden der Nacht, in der Stille des Tages, in der Schönheit der Schöpfung, aber auch in Stunden heftiger innerer Kämpfe, heißt wissen, dass er in jeder Lage, dass er stets bei uns ist.

Frère Roger Schutz, 1915–2005,
Gründer der Gemeinschaft von Taizé

Und als Jesus weiterging, sah er einen Mann namens Matthäus am Zoll sitzen und sagte zu ihm: Folge mir nach! Da stand Matthäus auf und folgte ihm.

Matthäus 9,9

■ **Meine Meinung – meine Überzeugung.** Formuliere in einem Satz, ob Jesus eine Spur bzw. welche Spur Jesus in deinem Leben hinterlässt.

■ **Zeitsprung.** Die Tatsache, dass Jesus verschiedene Reaktionen hervorruft, ist nicht nur eine Erscheinung der neueren Zeit. Lies folgende Bibelstellen: Joh 1,29; Joh 6,14; Lk 7,34; Mt 26,65 und Mk 15,39. Stelle die Meinungen in einer Übersicht zusammen und gib mögliche Gründe für die unterschiedlichen Haltungen Jesus gegenüber an.

■ **Hintergrund.** Wähle eines der außerbiblischen Zitate aus und informiere dich über die Biografie seines Urhebers/seiner Urheberin. Schreibe einen kurzen Text, der aus der Perspektive des Urhebers/der Urheberin das je eigene Zitat erklärt.

JESUS – DIE SPUR VON MORGEN
Gestern und heute

Dornenhecke: stachelig, abweisend,
unbequem, verdorrt.
Sie wird beengt durch Stacheldraht,
der tief in die Pflanzen eindringt.
Rückzug ist angesagt, bloß weg hier.

ER trug eine Dornenkrone.
SIE hatten keine Hoffnung mehr.

Lichtschein: zaghaft, zart,
unscheinbar, kaum fassbar.
Er schimmert durch die Dornen hindurch.
Vielleicht doch stehen bleiben und innehalten.

ER erschien ihnen.
SIE begannen, neuen Mut zu fassen.

Dornenhecke im Licht: verschwommen,
unterbrochen, an-sprechend.
Sie bleibt, vom Licht umhüllt.
Das Bisherige in neuem Licht sehen.

ER ließ SIE nicht los.
SIE gibt es bis heute.

Alles: konzentriert, strahlend, anziehend.
Es wird vom Licht bestimmt.
In diesem Licht ankommen.

Wenn ER wiederkommt, bin ICH …

■ **Meditation.** Tragt euch den Text zu den Bildern in Ruhe mehrmals vor. Beschreibt – jeder für sich –, wer mit ER, SIE und ICH gemeint ist und welche Entwicklungen ER und SIE durchleben. Tauscht euch über eure Eindrücke aus.

Wovon Jesus überzeugt war

Die Spurensuche nach Jesus führt uns ins Neue Testament, zu den Evangelien, in denen über Erfahrungen von Menschen mit Jesus erzählt wird: Nehmen wir einmal an, der Verfasser des Matthäus-Evangeliums sitzt an seinem Schreibtisch. Viele beschriebene Seiten liegen vor ihm. Er hat von Jesus erzählt, von seiner Geburt. Er hat auch vom Kindermord in Betlehem erzählt und wie es geschah, dass Jesus den Schergen des Herodes entkam, so wie auch Mose dem Kindermord in Ägypten entkommen war. Und er hat erzählt, wie sich Jesus auf den Weg begeben hat und von Johannes im Jordan getauft wurde.

Der Autor erzählt von Jesu vierzigtägigem Fasten in der Wüste. Im selben Zeitraum schrieb Mose die Worte auf, die er von Gott vernommen hatte, die heilige Tora.

Jetzt ist für den biblischen Schriftsteller der Augenblick gekommen, da er sich die Worte Jesu vor Augen führt: Er möchte aus diesen Worten eine »Tora Jesu«, eine Sammlung mit den wichtigsten Überzeugungen Jesu, die »Bergpredigt«, verfassen. Denn an welchem anderen Ort, wenn nicht auf einer Erhöhung, könnte Jesus seine Predigt in den Augen des Matthäus gehalten haben? Es handelt sich hierbei nicht um eine topografische Angabe. Vielmehr ist der »Berg« als Ort der göttlichen Offenbarung zu sehen in Parallele zum Berg Horeb im Sinaigebirge, wo Mose die Zehn Gebote empfangen hat. In seiner theologischen Konzeption geht es Matthäus darum, die Offenbarung vom Sinai in ihrer bleibenden Gültigkeit darzustellen und Jesus als den zu zeigen, der die alttestamentliche Offenbarung erfüllt und mit seinen Worten und Taten – in seiner Person – Gott den Menschen ganz nahe bringt.

> ■ **Komposition.** Stelle anhand des Textes oben zusammen, auf welche Weise und mit welcher Absicht die Bergpredigt wohl entstanden ist.

> ■ **Lektüre.** Verteilt folgende Leseabschnitte in eurer Lerngruppe: Mt 5,1–20; Mt 5,21–32; Mt 5,33–48; Mt 6,1–18; Mt 6,19–34; Mt 7,1–12; Mt 7,13–27. Lest euch die Verse gegenseitig vor. Lasst beim Wechsel des Vorlesers oder der Vorleserin genügend Zeit, um eure spontanen Eindrücke, Fragen, Kritikpunkte zum Gehörten zu notieren. Diskutiert anschließend darüber und vergleicht das Notierte in eurer Lerngruppe.

Die Hauptteile der Bergpredigt

1. Seligpreisungen (Mt 5,3–12)
Hierbei handelt es sich um eine besondere Sprachform, die bereits im Alten Testament bekannt ist. Auf eine widersprüchlich erscheinende Weise wird den Menschen ein »Glückwunsch« ausgesprochen: Sie werden zu einem Verhalten ermutigt, das sich unter üblichen Verhältnissen nicht lohnt. Wer sich aber für den Weg Jesu entscheidet, darf mit Recht erwarten, »selig« zu werden. Denn in dem Bereich, in dem Gott seine Herrschaft schon durchgesetzt hat, gelten – auch hier auf Erden – neue, eben Gottes Maßstäbe.

2. Grundsatzerklärung (Mt 5,17–20)
Thematisiert wird das Verhältnis von Gerechtigkeit und Gesetz: Das Gesetz wird auf seine Wurzeln, nämlich Gerechtigkeit unter uns Menschen zu garantieren, zurückgeführt und in dieser Funktion von Jesus interpretiert.

3. Antithesen (Mt 5,21–48)
Jesus knüpft mit dieser Redefigur aus der jüdischen Tradition an die Tora an. Ihm geht es nicht darum, sich der Tora gegenüberzustellen. Vielmehr praktiziert er einen Umgang mit der Tora, wie ihn auch ein Teil der jüdischen Gelehrten pflegte. Diese stritten darum, wie der Gotteswille in der von der Tora vorgegebenen Richtung konkret umzusetzen sei. Für Jesus bedarf es nicht des Streits; für ihn ist der Wille Gottes für jeden Menschen im Herzen spürbar.

4. Vaterunser (Mt 6,9–13)
In der Mitte der Bergpredigt erfährt man, wie der Mensch sich auf Gott einlässt und zu ihm betet. Jesus möchte den Menschen das Gnadenhandeln Gottes und damit einen Leitfaden für das eigene Handeln aufzeigen.

5. Goldene Regel (Mt 7,12)
Matthäus und Lukas formulieren die »Goldene Regel« positiv. In der damaligen Zeit findet sie sich sowohl in negativer Formulierung als auch in anderen Kulturkreisen.

> ■ **Begriffswahl.** Beurteile, ob die Bezeichnung »Antithesen« dem, was inhaltlich ausgesagt wird, angemessen ist.

> ■ **Unterschied?** Formuliere die Goldene Regel negativ. Benenne Unterschiede in der Wirkung, welche die beiden Formulierungen auf dich haben.

JESUS – DIE SPUR VON MORGEN

Jesu Worte

Anspruch der Bergpredigt

Die Bergpredigt gehört zu den Abschnitten im Neuen Testament, in denen die Ethik Jesu besonders deutlich wird. Dabei können gerade die sogenannten Antithesen den Eindruck hinterlassen, dass die Ethik der Bergpredigt sehr radikal ist: Das Gebot der Feindesliebe, die Forderung des vollständigen Gewaltverzichts, der Rat, sich ein Auge auszureißen oder eine Hand abzuhacken, wenn sie einen zu Unrecht verführen, die Verurteilung bereits des begehrenden Blicks – all dies sprengt menschliche Vorstellungskraft. Gerade aufgrund dieser Radikalität haben sich Menschen immer wieder mit der Auslegung der Bergpredigt und speziell der Antithesen auseinandergesetzt. Leitend war und ist die Frage, wie mit der Radikalität dieser Forderungen umgegangen werden kann. Sind sie wirklich so gemeint? Wie lassen sie sich mit dem Alltag der Menschen vereinbaren? Sind sie etwa unerfüllbar? Verschiedene Positionen zur Auslegung und zum Anspruch der Bergpredigt können eingenommen werden:

- Die Idee, die Bergpredigt unmittelbar auf die Politik eines Staates zu übertragen, ist naiv. Was hätte es dem Frieden genutzt, wenn beispielsweise ein ausländischer Staat Hitler oder Stalin auch noch die andere Backe hingehalten hätte? *(nach Helmut Schmidt, ehemaliger Bundeskanzler)*

- Die Bergpredigt zeigt eine Zweiklassenethik. Gewaltverzicht, Feindesliebe, für diejenigen beten, die einen verfolgen, das ist etwas für besondere Menschen, für »Heilige«, aber nicht für den Durchschnittsmenschen. So wie die Welt ist, muss man sich durchsetzen, wenn man nicht untergehen will.

- Wenn man Hass mit Hass vergilt, wird sich das Böse nur vermehren. Hass erzeugt Hass, Gewalt erzeugt Gewalt. Die größte Schwäche der Gewalt liegt darin, dass sie gerade das erzeugt, was sie vernichten will. Durch Gewalt kann man den Lügner ermorden, aber man kann weder die Lüge ermorden noch die Wahrheit aufrichten. *(nach Martin Luther King, US-Bürgerrechtler)*

- Die Bergpredigt will eine Gesinnungsethik sein, bei der es auf die innere Einstellung der Liebe, aber nicht auf die buchstäbliche Befolgung der Forderungen der Bergpredigt ankommt. Die praktische Verwirklichung tritt hinter der rechten Gesinnung zurück. *(nach Wilhelm Herrmann, evang. Theologe)*

- Wenn die Forderungen Jesu beispielsweise in den Antithesen radikal wirken, so hat das seinen Sinn. Jesus will aufzeigen, wo die *radix* (lat. = Wurzel, davon abgeleitet: radikal) der alttestamentlichen Gebote liegt. Er machte die Menschen damals und auch heute darauf aufmerksam, dass die Wurzel, der ursprüngliche Sinn der Gebote die Liebe zu Gott, zum Nächsten und zu sich selbst ist. Ohne Wenn und Aber gilt es, den Wert dieser Liebe in allen Geboten zu suchen und zu verwirklichen.

Unser Vater im Himmel, geheiligt werde dein Name, dein Reich komme, dein Wille geschehe, wie im Himmel so auf Erden. Unser tägliches Brot gib uns heute und vergib uns unsere Schuld, wie auch wir vergeben unseren Schuldigern. Und führe uns nicht in Versuchung, sondern erlöse uns von dem Bösen.

- **Selig.** Suche Bilder und Texte, die verdeutlichen, was die Seligpreisungen heute bedeuten können.

- **Gebet.** Das »Vaterunser« ist auf dieser Seite dargestellt. Gestalte selbst das Vaterunser im Hinblick auf Schriftart, Illustration, Farben etc. so, dass es deiner Nähe oder Distanz zu diesem Gebet entspricht. Tauscht euch über eure Entwürfe aus.

- **Erfüllbarkeit.** Wählt in Partnerarbeit eine der sechs Antithesen der Bergpredigt aus. Begründet anschließend, welche der aufgeführten Meinungen zur Auslegung der Bergpredigt im Text »Anspruch der Bergpredigt« euch am meisten zusagt in Hinblick auf eure gewählte Antithese und welche Position am wenigsten.

»Meister, welches Gebot im Gesetz ist das wichtigste?«

Die Antwort Jesu auf diese Frage der Jünger findet sich unten auf der Seite. Was Jesus konkret damit meint, zeigt sich in seinem Umgang mit den Geboten des jüdischen Volkes, die in die Tora (hebr. Anweisung) aufgenommen wurden. Für das jüdische Volk beinhaltet die Tora den Willen Gottes, der sich seinem Volk offenbart hat. Jesus war ganz in dieser Tradition verwurzelt. So wird er auch in den verschiedenen Evangelien dargestellt. Dabei lässt sich Jesus nicht auf eine Sichtweise der Tora-Auslegung festlegen. Er hält immer an der Wichtigkeit der jüdischen Gesetze fest, betrachtet sie aber auf dem Hintergrund der Anwendung in einer konkreten Situation.

Es geht ihm um die Erfüllung der Gebote, jeder Gesetzesbuchstabe zählt (Lk 16,17), er steht aber im Rahmen des alles umfassenden Liebesgebots (Mt 22,36–40). Die Liebe kommt für Jesus von seinem Vater, dem menschenfreundlichen und befreienden Gott. Die konkrete Anwendung eines Gebotes muss im Sinne Jesu auch dann Bestand haben, wenn man mit dem Maßstab der Liebe misst. Dies verhindert, dass man sich hinter einer Gesetzesforderung verstecken kann und die Tragweite der Gesetzesanwendung für den Menschen vergisst. Nicht jede Situation in der ein und dasselbe Gebot angewendet werden kann, ist gleich zu beurteilen. Immer ist von der Anwendung des Gesetzes ein Mensch betroffen, der sich in einer ganz konkreten, für ihn spezifischen Lebenssituation befindet.

Das Markus-Evangelium berichtet z. B. davon, wie Jesus am Sabbat einen Mann mit einer verdorrten Hand heilt (vgl. Mk 3,1–6). Dabei verdeutlicht er den Umstehenden, wie er mit dem Sabbatgebot (Ex 20,8–11; Dtn 5,12–15) umgeht. »Was ist am Sabbat erlaubt: Gutes zu tun oder Böses, ein Leben zu retten oder es zu vernichten?« Er zeigt damit auf, dass sein Handeln nicht im Widerspruch zum Dekalog steht, sondern dass es der Menschenwürde dient, die dieses Gebot der Tora sichern will. Jesus möchte im Vergleich zu anderen Gesetzeslehrern seiner Zeit die ursprüngliche Intention des Gesetzes, nämlich für den Menschen da zu sein, wieder ins Bewusstsein rufen.

»Du sollst ... lieben!«

Auf dieser Doppelseite findet sich eine Lebensgeschichte, die aufzeigt, dass Jesu Haltung bis heute Spuren hinterlassen kann.

Zum Beispiel: Familie Idic

Die Roma-Familie Idic ist 1989 vor dem Krieg in Ex-Jugoslawien geflohen. Tochter Semra war gerade zwei Monate alt. In Düsseldorf sind die Kinder Merima (*1992), Vesna (*1994) und Edijan (*2000) geboren.

Der Vater wurde bereits im Jahr 2005 abgeschoben. Grundlage ist ein Abkommen zwischen Deutschland und der Republik Serbien über die Rückführung aller Kriegsflüchtlinge, darunter 20 000 Roma. Die Lage in Serbien habe sich stabilisiert, Gefahr für Leib und Leben drohe nicht mehr, so die offizielle Begründung. Doch insbesondere Roma werden nach wie vor diskriminiert, erhalten keine Arbeit und leben am untersten Rand der sozialen Leiter in bitterer Armut.

Der Anwalt der Familie Idic hat die Härtefallkommission des nordrhein-westfälischen Landtags eingeschaltet. Diese Kommissionen können in Fällen, in denen nach ihren Feststellungen dringende humanitäre oder persönliche Gründe die weitere Anwesenheit des Ausländers im Bundesgebiet rechtfertigen, ein Härtefallersuchen an das Innenministerium des zuständigen Bundeslandes richten. Bei Familie Idic hat die verantwortliche Härtefallkommission den Fall zur endgültigen Entscheidung jedoch wieder an die Ausländerbehörde zurückgegeben. Die Familie befindet sich nun wegen der drohenden Abschiebung im Kirchenasyl eines Franziskanerklosters. Düsseldorfs Stadtdechant Monsignore Rolf Steinhäuser, der als Vertreter der Katholischen Gesamtkirche in Düsseldorf die Gespräche der Kirche mit der Kommune führt, hält derweil schützend seine Hände über die Mutter und ihre vier Kinder. »Wir hoffen, dass diese Menschen in Deutschland bleiben dürfen«, sagt er. Am 7. Februar 2007 hat die Düsseldorfer Ausländerbehörde ein zunächst befristetes Bleiberecht erteilt. Der Einsatz vieler Menschen in einem fast aussichtslosen »Fall« hat sich gelohnt. Heute lebt Familie Idic von selbst verdientem Geld. Semra macht eine Ausbildung zur Medienkauffrau. Der Vater ist allerdings immer noch abgeschoben.

■ **Jesus und das Gesetz.** Lies den obigen Text und die darin angegebenen Bibelstellen. Ermittelt zu zweit, was Jesus über das Gesetz denkt, und fasst eure Ergebnisse in einem Schaubild zusammen.

■ **Konkret.** Informiere dich mithilfe des Textes und anderer Medien, was es für die Familie bedeuten würde, wenn sie nach Serbien zurückkehren müsste. Beachte dabei besonders die Situation der Sinti und Roma.

JESUS – DIE SPUR VON MORGEN
Vorrang geben

Aufenthaltsgesetz

§ 1 AufenthG

Das Gesetz dient der Steuerung und Begrenzung des Zuzugs von Ausländern in der Bundesrepublik Deutschland. Es ermöglicht und gestaltet Zuwanderung unter Berücksichtigung der Aufnahme- und Integrationsfähigkeit, sowie der wirtschaftlichen und arbeitsmarktpolitischen Interessen der Bundesrepublik Deutschland. Das Gesetz dient zugleich der Erfüllung der humanitären Verpflichtung der Bundesrepublik Deutschland.

§ 58 AufenthG

Der Ausländer ist abzuschieben, wenn die Ausreisepflicht vollziehbar ist und die freiwillige Erfüllung der Ausreisepflicht nicht gesichert ist …

§ 60a AufenthG: Vorübergehende Aussetzung der Abschiebung (Duldung)

Die oberste Landesbehörde kann aus völkerrechtlichen und humanitären Gründen oder zur Wahrung politischer Interessen der Bundesrepublik Deutschland anordnen, dass die Abschiebung von Ausländern aus bestimmten Staaten oder von in sonstiger Weise bestimmten Ausländergruppen allgemein oder in bestimmte Staaten für längstens sechs Monate ausgesetzt wird …

■ **Blickwinkel.** Stelle zusammen, was die Texte aus dem deutschen Aufenthaltsgesetz regeln und welche Absicht sie verfolgen. Formuliere, worauf Jesus heute im Zusammenhang des Aufenthaltsgesetzes aufmerksam machen könnte.

Die 17-jährige Semra nimmt im Mai 2006 Stellung zu ihrer Lage

»Meine Heimat ist hier in Deutschland. Ich will nicht nach Serbien. Ich kenne Serbien nicht, ich lebe schon immer hier in Deutschland. Ich kann kein Serbisch sprechen, dafür Deutsch umso besser. Ich habe ehrenamtlich bei der ›Caritas‹ Nachhilfe für benachteiligte deutsche und ausländische Kinder erteilt …

Was mich sehr traurig macht, ist, … dass wir alle trotz sehr guter Integration nach Serbien sollen, wo wir niemanden kennen und wo man Roma diskriminiert. Ich kann das einfach nicht verstehen. Meine Eltern haben, seit wir hier in Deutschland sind, meistens gearbeitet … Als dann die Ausländerbehörde der Stadt Düsseldorf die Arbeitsgenehmigungen meiner Eltern eingezogen hat, mussten sie Sozialhilfe beantragen. Dabei wollten meine Eltern nie vom Staat abhängig sein …

Meine Mutter, meine Geschwister und ich waren nach Papas Abschiebung psychisch völlig am Ende … Gerade wir Kinder vermissen unseren Vater so sehr. Wir haben ihn nun schon mehr als ein halbes Jahr nicht gesehen … Das Allerschlimmste ist, dass wir, seitdem uns die Abschiebung angedroht wurde, alle zwei Wochen zum Ausländeramt gehen müssen, um die Verlängerung der Duldung zu bekommen … Meine Mutter kann schon seit Tagen nicht mehr schlafen und hat jede Nacht Angst, dass sie uns holen und in einen Flieger stecken. Das wurde uns oft angedroht …

Wenn wir dorthin müssten, könnten meine Schwestern und ich wieder in der ersten Klasse anfangen, weil nämlich unsere deutsche Schulbildung in Serbien nicht anerkannt wird und wir auch kein Serbisch sprechen … Der deutsche Staat hat in unsere Bildung investiert, und nun soll alles verloren gehen?«

■ **Hilfegesuch.** Entnimm der Stellungnahme von Semra, welche Konsequenzen die Anwendung des Aufenthaltsgesetzes für sie und ihre Familie hat. Formuliere für die Familie Idic ein Petitionsschreiben an die zuständige Härtefallkommission, das die Botschaft Jesu aufgreift. Arbeite dabei ein biblisches Beispiel deiner Wahl mit ein.

155

Uwe Pfeifer, 1973

Umgang mit Kranken zur Zeit Jesu

Krankheit wurde im Judentum zur Zeit Jesu als Strafe Gottes für Verfehlungen und als Folge dämonischen Wirkens aufgefasst. So waren Kranke nicht nur im vitalen Bereich beschädigt – wir würden heute sagen: behindert –, sondern auch in sozialer und religiöser Hinsicht. Kranke durften unter Umständen nicht mehr ihr bisheriges Leben führen: Ausgestoßen von ihren Familien lebten sie ohne berufliche, soziale und religiöse Anbindung. Die in Gesellschaft und Religion gezogenen Trennungslinien galten als gottgewollt und damit als unaufhebbar. Aber auch die Sorge um die Gesunden und deren Reinheit machten die Aussonderung möglich. Ganz selbstverständlich erwartete man, dass Gott auf der Seite der gesellschaftlich und religiös Angesehenen seinen Standort hatte.

Von Jesus erzählt das Matthäus-Evangelium: »Er heilte Kranke und Besessene.« Indem sich Jesus gerade den Kranken und Behinderten zugewandt hat, ignorierte er souverän die religiösen und gesellschaftlichen Barrieren. Indem er sich den Ausgestoßenen seiner Zeit näherte und gerade ihnen die Gottesherrschaft zusagte, stellte er alle Diskriminierungen radikal infrage. Stattdessen veranschaulichte er in Wort (z. B. in seinen Gleichnissen) und Tat, besonders in seinen Krankenheilungen, für wen seiner Meinung nach Gott Partei ergriffen. Jesu Handeln am hilfsbedürftigen und ausgegrenzten Menschen eröffnete diesem wieder einen Raum, in dem Leben gelingen konnte, der Raum, in dem Gott voll Zuneigung und Güte herrscht.

■ **Ausblick.** Lass das Bild in Ruhe auf dich wirken. Verweile bei den Dingen, die dir wichtig erscheinen. Vervollständige dann die Satzanfänge: Ich sehe …; Mir fällt auf …; Ich vermute …; Ich frage mich …

■ **Zeitphänomen.** »Einsamkeit – das Verhängnis unserer Tage.« Nimm Stellung zu dieser These. Inwiefern trifft sie auf Jugendliche zu? Diskutiert darüber.

■ **Bindeglieder.** Schreibe eine Geschichte zu dem Bild, welche die Information des Textes »Umgang mit Kranken zur Zeit Jesu« in die heutige Zeit überträgt.

»Kommt alle zu mir,

JESUS – DIE SPUR VON MORGEN
Heil werden

wussten sie schon

wussten sie schon
dass die nähe eines menschen
gesund machen krank machen
tot und lebendig machen kann
wussten sie schon
dass die nähe eines menschen gut
machen
böse machen
traurig und froh machen kann
wussten sie schon
dass das wegbleiben eines
menschen
einen anderen menschen
wieder aufhorchen lässt
der für alles taub war
wussten sie schon
dass das wort
oder das tun eines menschen
wieder sehend machen kann
einen
der für alles blind war
der nichts mehr sah
der keinen sinn mehr sah in
dieser welt
und in seinem leben
wussten sie schon
dass das zeithaben für einen menschen
mehr ist als geld
mehr als medikamente
unter umständen mehr als eine geni-
ale operation
wussten sie schon

dass das anhören eines menschen
wunder wirkt
dass das wohlwollen zinsen trägt
dass ein vorschuss an vertrauen
hundertfach auf uns zurückkommt
wussten sie schon
dass tun mehr ist als reden
wussten sie das alles schon
wussten sie auch schon
dass der weg vom wissen über das reden
zum tun
interplanetarisch weit ist …
als jesus
den blinden heilte
da ist er ganz nahe
an den blinden herangegangen
und dann hat jesus ihn angeschaut
und dann hat er ihm eine brille
nach der anderen
von der nase
von den augen genommen
eine falsche brille nach der
anderen
die milieubrille
die parteibrille
die kirchliche brille
die brille mit diesem vorurteil
die brille mit jenem vorurteil
und danach musste Jesus
noch näher herantreten
und dem blinden
noch ein paar richtige häute
von den augen ziehen
denn manches vorurteil

war schon an den augäpfeln
festgewachsen
und dann
hat jesus den mann
wieder angeschaut
ganz tief
bis auf den grund
und dann brach ein quell hervor
aus den augen des mannes
er weinte
das war seine rettung
seine letzte rettung
und dieser quell
der aus seinen augen hervorbrach
spülte den letzten dreck
aus seinen augen
den stolz und das nichtsehen
wollen
was ja bekanntlich
das sehen am meisten behindert
und der blinde erkannte in jesus
einen menschen
einen wirklichen menschen
der sehen kann
ganz tief sehen
und vor allem auch
übersehen
und einsehen
und dann
konnte der blinde mann wieder sehen
als er einen menschen
gesehen hatte
der sehen konnte
der ihn richtig sehen konnte

wilhelm willms

■ **Illustration.** Sammle aktuelle Bilder, die die Botschaft des Gedichtes »wussten sie schon« verdeutlichen, und ordne sie den einzelnen Teilen zu.

■ **Blindheit.** Stelle dar, wie Blindheit im Gedicht »wussten sie schon« gedeutet wird, und vergleiche deine Ergebnisse mit der Aussage von Mk 10,46-52.

■ **Vergleich verschiedener Heilungserzählungen.** Jesus heilt nicht nur einmal. Vergleiche verschiedene Heilungserzählungen (z. B. Mk 8,22–26; Mk 9,14–29; Mk 10,46–52; Lk 8,40–56). Finde heraus, was es für die Menschen seiner Zeit bedeutet, dass Jesus in Zusammenhang mit seinen Taten verkündet: Das Reich Gottes ist bereits angebrochen.

die ihr euch plagt und schwere Lasten tragt.«

Vergeben soll sein?

Still ist es im Wohnzimmer des Ehepaars Schauer. Nur Atemgeräusche sind gelegentlich zu hören. Walter, 53, steht hinter Klara, 51. Kleine Pause zwischen Dehnübungen. Und eine eher beiläufige Konversation. Über den letzten Urlaub, wohin man als Nächstes fahren könnte. »Wie früher in die Berge?« Auf einmal wird Walters Stimme leise. Nachdem er seine Frau durch einen Schuss in den Rollstuhl gebracht hat, ist er zwar immer mal wieder mit ihr in der Seilbahn auf einen Gipfel gefahren, das Gleiche ist es aber nicht mehr.

Manchmal fragen sie sich, ob sie das Unheil nicht hätten verhindern können. Wenn er vor ein paar Jahren, als junger Mann, nicht einem Fremden die Pistole abgekauft hätte … Und sie, wenn sie tatsächlich, wie versprochen, die Affäre beendet hätte … Vielleicht wäre es nicht so weit gekommen.

Rückblick: Mit Mann und Kinder schien Klara alles zu haben. Doch die täglichen Verrichtungen im Haushalt befriedigten die Mutter und Ehefrau nicht. Sie fühlte sich missverstanden, nicht anerkannt. Zeitweise tobte ihr Mann, worauf sie über längere Zeit nicht mehr mit ihm sprach: »Früher war ich diejenige von uns, die nicht verzeihen konnte.« In dieser Situation vergrub sich Walter in die Arbeit. Seine Frau hingegen suchte unbewusst nach dem, was sie zu Hause nicht bekam: Aufmerksamkeit. Sie fand sie schließlich bei einem fremden Mann, der ihr nicht wirklich etwas bedeutete. Als ihr Ehemann durch einen anonymen Anruf von der Affäre erfuhr, kam es zu einem langen Gespräch, das jedoch die jahrelang aufgestauten Probleme nicht aus der Welt schaffen konnte. Klara hielt an ihrer Affäre fest, bis ihr Mann versuchte, sich das Leben zu nehmen. »Das passt einfach nicht zusammen: erkennen, wie schlimm es um die eigene Ehe steht, und gleichzeitig mit der Leichtigkeit eines Teenagers durchs Leben gehen.« Ohne Mann und Kinder versuchte sie ihre Gedanken zu ordnen.

Als sie wieder nach Hause kam, hatte sie sich vorgenommen, noch einmal anzufangen. »Aber da war immer noch so viel Sprachlosigkeit zwischen uns. Und nach außen hin bemühte sich Walter, die Fassade vom perfekten Paar zu wahren.« Am Silvesterabend 1991 schließlich holten Walter die Erinnerungen ein. Wie es schließlich zum Schuss kam, weiß er nicht mehr genau zu sagen.

Klara lag am Boden und versuchte, wieder aufzustehen. Es ging nicht. Im Schein des Flurs sah sie Blut, dann ihren Mann, wie er verwirrt den Gang auf und ab lief. Da habe sie eine solche Liebe für ihn empfunden. Eine Liebe, die zustande kommt, wenn man es schaffe, wirklich zu vergeben. Die eigene Schuld. Wie auch den Schuldigern. »In diesem Moment«, sagt Klara Schauer, »war Gott bei mir.« »Ich verzeihe dir«, habe sie gesagt. Und ihn gebeten, Hilfe zu holen.

■ **Meinungsbild.** Tragt Meinungen zusammen, die Freunde und Verwandte des Ehepaars nach dem Unfall geäußert haben könnten.

■ **Gefesselt.** Eine Psychologin äußerte sich zu obigem Fall: »Wer verzeiht, macht sich unabhängig, wer nachträgt, bleibt an den anderen gebunden.« Nimm Stellung zu dieser Aussage.

Bilder vergleichen

1. Betrachte zunächst jedes Bild einzeln, wie du es bereits gelernt hast.
2. Arbeite Gemeinsamkeiten und Unterschiede beider Bilder heraus. Beachte dabei folgende Vergleichspunkte:
   ■ Bildkomposition (Personen, Landschaften, Linien, Farben, Anordnung)
   ■ Bildaussage (zeitgeschichtlicher Hintergrund, Selbstaussagen der Künstler zum Bild)
   ■ Bildwirkung (Wirkung auf den Betrachter heute, auf den zeitgenössischen Betrachter)
3. Reflektiere, ob sich deine Wahrnehmung des einzelnen Bildes durch den Bildvergleich verändert hat.

»Wer von euch ohne Sünde ist, werfe als Erster

JESUS – DIE SPUR VON MORGEN
Versöhnung leben

Pieter Bruegel d. Ä., 1564/65

Otto Pankok, 1936

- **Szenen.** Lass die beiden Bilder auf dich wirken und vergleiche sie miteinander (siehe Lerngang Sehen: »Bilder vergleichen«).

- **Gedanken.** Grundlage der nebenstehenden Bilder ist der biblische Text Joh 7,53 – 8,11. Lies die Bibelstelle und formuliere die Gedanken der Frau nach ihrer Begegnung mit Jesus.

- **Schuld, Sünde, Sühne, Vergebung, Versöhnung.** Auf viele Zeitgenossen wirken diese vier Begriffe eher befremdlich. Informiere dich über ihre Bedeutung mithilfe des Lexikons. Erläutere anhand aktueller Beispiele, was diese Begriffe für Menschen heute bedeuten können.

einen Stein auf sie.«

159

Von allen verlassen

Endet die Spurensuche unter dem Kreuz? Für die Jünger muss es zunächst so gewesen sein. Wegen seiner Prophetie gegen den Tempel (Mk 14,58 vgl. Jer 26,4–9) und seiner »handfesten« Kritik am Tempel (Mk 11,15–19) zog sich Jesus als möglicher politischer Unruhestifter die Feindschaft der lokalen Tempelaristokratie zu. Vom höchsten jüdischen Gericht, dem Synedrium, angeklagt und von der römischen Besatzungsmacht als Aufrührer und Bandenchef verurteilt erleidet Jesus den Kreuzestod, mit dem die Römer Schwerverbrecher bestraften. – Der, auf den die Jünger all ihre Hoffnung gesetzt hatten, für den sie ihre Familien verlassen und ihr Hab und Gut aufgegeben hatten, stirbt auf die gleiche Art wie ein Mörder. Jesu Kreuzestod war ein Skandal für seine Jünger: Sie fürchteten nun um ihr eigenes Leben und mussten mit dem Vorwurf leben, Anhänger eines Kapitalverbrechers (gewesen) zu sein. Alles, was ihnen blieb, war ein Begräbnis für den Gekreuzigten, und mit ihm mussten seine Freundinnen und Freunde auch ihren Lebenssinn und ihre Hoffnungen begraben.

Was liegt nun zwischen der Depression nach Jesu Skandaltod und dem Aufbruch zur Verkündigung des Gekreuzigten? Die Bibel spricht in diesem Zusammenhang von dem, was wir Auferstehung nennen, jedoch in der Weise, dass nichts über die Auferstehung an sich oder gar ihren Ablauf berichtet wird (vgl. S. 206 ff.). Was uns geblieben ist, sind biblische Zeugnisse, die vom Glauben an die Auferstehung sprechen: Bekenntnisse (z. B. 1 Kor 15,3b–5), die Erzählungen vom leeren Grab (z. B. Mt 28,1–8) und Erscheinungsgeschichten (z. B. Lk 24,13–35).

■ **Auferstehung.** Lies den Text oben und überlege, welcher der folgenden Begriffe deiner Meinung nach am ehesten trifft, was biblisch unter Auferstehung zu verstehen ist, und begründe deine Wahl: Fall, Erfahrung, Geschichte, Begebenheit, Vorkommnis, Ereignis, Widerfahrnis, Sache, Episode, Intermezzo.

■ **Auf dem Weg.** Für die Jüngerinnen und Jünger war der Tod Jesu eine Katastrophe. Die Dynamik dieser Situation könnt ihr gut nachvollziehen, wenn ihr sie nachspielt. Lasst euch von S. 218/219 inspirieren.

■ **Vertiefung.** Informiere dich mithilfe des Lexikons, wie Auferstehung christlich definiert wird. Setze aufgrund deiner gewonnenen Erkenntnisse die Begriffe Leib, Heil, Seele, Tod, Hier und Jetzt in ein Schaubild um, das ihren Zusammenhang mit Auferstehung verdeutlicht. Dann vergleiche dieses Schaubild mit der Vorstellung von Wiedergeburt/Reinkarnation, die du aus dem Kapitel »Faszination Fernost« kennst (vgl. S. 170, Karma und Moksha, sowie im Lexikon Wiedergeburt/Reinkarnation). Welche Stichwörter kommen nicht vor oder sind völlig verschieden? Wie bewertest du die unterschiedlichen Vorstellungen von einem Leben nach dem Tod?

Arcabas, 1985

JESUS – DIE SPUR VON MORGEN
Verlassen

Sich verlassen

Die biblischen Auferstehungserzählungen sind zum großen Teil als Reaktion auf die Begegnung mit dem Auferstandenen zu verstehen. Nach der Niedergeschlagenheit, die sich aus dem Kreuzestod Jesu ergab, kann man von der Auferstehung als Initialzündung für das Fortleben des Glaubens an den Gekreuzigten sprechen, ohne dass man weiß, wie diese Initialzündung tatsächlich vor sich gegangen ist oder welchen Charakter sie gehabt hätte. Die ältesten christlichen Osterverkündigungen sind Formeln (z. B. 1 Kor 15, 3b–5), die das Handeln Gottes an Jesus beschreiben: Gott weckt den Gekreuzigten auf vom Tod. Dabei verwendet die Bibel das Bild des Aufweckens am Morgen nach dem Schlaf für das Geschehen. Weniger abstrakt sind die Geschichten von Erscheinungen des auferstandenen Jesus im Kreise der Jünger, sie bestimmen das Denken und den Glauben heutiger Christen. Am bekanntesten ist wohl die Erzählung vom Gang nach Emmaus (Lk 24,13–35). Wie auch bei anderen Erscheinungsgeschichten fällt hier eine Sprache auf, die von paradoxen Formulierungen geprägt ist: Die Emmaus-Jünger erkennen Jesus nicht und dann doch wieder, wenn er etwas Bedeutungsvolles tut: beim Brotbrechen. Fremdheit und Vertrautheit wechseln sich ab. Nicht anders als mit dem Stilmittel der Paradoxie lässt sich diese unfassbare, aber wirkliche Erfahrung ausdrücken.
Diese Initialzündung bewirkte eine Veränderung:

- *Sich verlassen – weg von den eigenen, bisherigen Sicherheiten: den vertrauten Orten, die gewohnten Denkmuster loslassen können.*

- *Sich verlassen – hin zu Neuem, Ungewohntem: Vertrauen ohne Netz und doppelten Boden.*

Arcabas, 1994

■ **Reflexion.** Beschreibe das linke Bild, das der Künstler Arcabas zur Emmauserzählung gemalt hat. Übertrage die Konturen der Personen in dein Heft. Notiere in Sprechblasen die Gedanken der beiden Personen am linken und rechten Bildrand. Lies anschließend Lk 24,13–35 und vergleiche deine Überlegungen mit dem Bibeltext.

■ **Schreibmeditation.** Bildet Gruppen und legt ein Blatt Papier und Stifte bereit. Lest dann den obigen Text. Wer seinen Eindruck zum Bild oben äußern möchte, notiert diesen auf dem Blatt der Gruppe. Danach könnt ihr sowohl neue Eindrücke zum Bild als auch zu den bisherigen Notizen festhalten. Macht eure Schreibmeditation den anderen Gruppen zugänglich.

161

Die Spur von morgen

Die Freundinnen und Freunde Jesu haben ihre Freude über die Auferstehung mit anderen Menschen geteilt, sie sind der Spur Jesu gefolgt.

Bis heute gibt es Menschen, die mit ihrem Leben bezeugen, dass Jesus Spuren bei ihnen hinterlassen hat, und die durch ihren Lebensstil dazu einladen, dieser Spur Jesu ebenfalls zu folgen. Sie zeigen damit, dass die Spur Jesu nicht auf ein Gestern verweist, sondern ins Morgen führt. Für sie ist Jesus die Spur von morgen: Sein Leben macht ihnen Hoffnung, sie spüren, dass sie Anteil an der Auferstehung haben, und handeln in seinem Sinne.

Ein Mensch, bei dem Jesus seine Spuren hinterlassen hat, ist der chinesische Künstler Li Jinyuan. In seinem Hungertuch möchte er die Botschaft Jesu mit ihrer ungeheuren Dynamik ins Bild setzen. Im Zentrum steht Jesus in einer Art von Lichtkreuz.

Die vier Kreisbilder knüpfen an die Seligpreisungen der Bergpredigt an: Links oben erzählt der Künstler von Armut und Hunger in der Welt. Es findet sich aber auch eine Frau vor einer offenen Tür, die Ausschau hält nach Hoffnung. Ihre Sehnsucht verbindet sich mit dem »Selig sind die Armen« der Botschaft Jesu. Der letzte Hoffnungsgrund für die Armen ist Gottes Erbarmen, der sich in Jesus für die Armen einsetzt.

Im Kreisbild rechts oben werden ungerechte Herrschaftsverhältnisse ins Bild gesetzt: »Selig, die um der Gerechtigkeit willen verfolgt werden …« Überlagert werden sie von einer Ordensschwester, die als Symbol für Engagement im Namen der Gerechtigkeit einen kranken Gefangenen besucht.

Links unten hat der Künstler zwei Szenen des Trostes dargestellt: »Selig sind die Trauernden …« Die Kreativität der Betrachtenden soll geweckt werden, wie und wann sie selbst trösten können.

Im Kreisbild rechts unten greift der Künstler auf die Vision vom »messianischen Tierfrieden« (Jes 11,6–9) zurück und verknüpft diese mit Jesu Botschaft: »Selig, die Frieden stiften …« Zwei Frauen lassen Tauben als Symbole der Friedenssehnsucht in Richtung der Jesusgestalt fliegen.

Jesus kommt in einer Lichtbahn auf die Welt zu. Diese Lichtbahn zeigt die Zuwendung Gottes zu uns Menschen. Diesem ersten Teil der Dynamik in der Bildmitte entspricht eine zweite Dynamik, die durch den Pflanzenhalbkreis am unteren Bildrand dargestellt wird. Wenn die Menschen sich auf die Botschaft Jesu einlassen, sie aufnehmen und wachsen lassen wie die Pflanze aus dem Senfkorngleichnis, dann mündet die von Gott in Jesus begründete Dynamik in die Dynamik der Menschen.

■ **Glauben schenken.** Benenne Personen, Institutionen, Medien, die von Ereignissen berichten, die du nicht selbst miterlebt hast. Diskutiert in Kleingruppen, welche Kriterien erfüllt sein müssen, damit ihr diesen Erzählungen glaubt.

■ **Zeuge sein.** Die Auferstehungserzählungen wurden lange nach Jesu Tod aufgeschrieben von Menschen, die keine Augenzeugen waren. Diskutiert weiter, was diese Menschen überzeugt haben könnte. Beachtet dabei die Kriterien, die ihr entwickelt habt.

■ **Auferstanden für mich.** Die Zuwendung Jesu zu den Menschen geht auch über seinen Tod hinaus. Dies wird u.a. in der Emmausgeschichte (Lk 24,13-35) thematisiert, lies dazu S. 216/217. Stelle in einer Collage dar, wie diese Zuwendung in deinem Leben konkret werden könnte. Lass dich von den Bildern und Texten in MITTENDRIN anregen.

■ **Auferstehungsbilder.** Künstlerinnen und Künstler durch alle Jahrhunderte haben die Auferstehung Jesu ins Bild gebracht (vgl. S. 217). Recherchiere verschiedene Auferstehungsbilder und wähle ein Bild, das dich besonders anspricht, aus und begründe deine Entscheidung.

JESUS – DIE SPUR VON MORGEN
Ein Morgen ermöglichen

Li Jinyuan, 2007

Die Jünger, die zuvor jede Hoffnung verloren hatten, kamen zum Glauben an Jesu Auferstehung, weil sie ihn nach seinem Tod auf unterschiedliche Weise sahen, mit ihm sprachen und ihn als lebend erfuhren.

Youcat, Nr. 105

Für die Auferstehung Jesu gibt es keine Beweise im naturwissenschaftlichen Sinn. Es gibt aber sehr starke individuelle und kollektive Bezeugungen durch eine Vielzahl von Zeitgenossen der Jerusalemer Ereignisse.

Youcat, Nr. 106

■ **Hungertuch.** Schlage im Lexikon das Stichwort »Hungertuch« nach. Übertrage die Komposition des Hungertuchs »Selig seid ihr« in dein Heft. Notiere deine Eindrücke zum Hungertuch an die entsprechenden Stellen. Zeichne dich selbst an den Ort, an den der Künstler dich malen sollte, wenn du einen Platz in diesem Tuch einnehmen könntest. Stelle dein Bild in der Lerngruppe vor.

■ **Die Spur von morgen.** Lies den gleichnamigen Text und gehe anschließend in Gedanken die Lernlandschaft durch. Stelle zusammen, inwiefern Jesus für Menschen der sein kann, der ein Morgen ermöglicht.

- **Faszination Fernost.** Betrachte das Titelfoto dieser Lernlandschaft, das eine Unterweisung in einem tibetisch-buddhistischen Zentrum in Hamburg zeigt. Beschreibe, was du siehst, und tausche dich mit deinen Mitschülerinnen und Mitschülern über die Wirkung dieser Aufnahme aus.

- **Fernost ganz nah.** Recherchiere, ob es in deinem Wohnort oder in der näheren Umgebung Angebote im Zusammenhang mit dem Hinduismus oder Buddhismus gibt, und stelle diese zusammen. Überlege, warum Angebote zur Lehre und Praxis fernöstlicher Religionen in den westlichen Ländern seit Jahren immer beliebter werden.

- **Themensammlung.** Sammelt eure Fragen zu Hinduismus und Buddhismus, indem ihr eure Fragen möglichst konkret auf Karten notiert. Verwendet für jede Frage eine eigene Karte. Stellt anschließend die Fragen in der Lerngruppe vor und ordnet sie zu Themengebieten. Ihr könnt »Experten«-Gruppen bilden, die sich ausgehend von dieser Lernlandschaft ein Themengebiet erarbeiten und ihre Ergebnisse den anderen vorstellen.

- **Fernöstliche Religionen in der Literatur.** Du kannst diese Lernlandschaft durch eine Lektüre begleiten, z. B. »Siddharta« von Hermann Hesse oder »Der leere Spiegel« von Janwillem van de Wetering.

FASZINATION

FERNOST

Ankommen in einem japanischen Zen-Kloster

Ich war allein, sechsundzwanzig Jahre alt, sauber angezogen, gewaschen und rasiert; ich wollte mich um eine Stelle als Mönch oder Laienbruder bewerben. Ich hatte meinen Koffer niedergestellt; er enthielt nichts als ein paar Kleidungsstücke, Bücher und Waschzeug. Das Taxi, das mich hergebracht hatte, war abgefahren. Um mich herum sah ich grauweiß getünchte Mauern, gedeckt mit Ziegeln aus grauem, gebranntem Ton. Jenseits der Mauern standen schön geformte Kiefern, sorgsam beschnitten von geübten Händen; dahinter ragte das Tempeldach auf, mit dichtem Balkenwerk und sacht abfallenden Seiten, die sich an den Kanten abrupt aufwärts bogen. Ich zog am Strang der riesigen grünspanbedeckten Kupferglocke, die im Gebälk des Tores hing. Später erfuhr ich, dass die Glocke heilig war und nur während bestimmter religiöser Zeremonien benutzt werden durfte. Besucher hatten ohne vorherige Ankündigung einzutreten.

Um diesen Augenblick zu erleben, hatte ich meine Reise unternommen, mein bisheriges Dasein aufgegeben. Dies war der Beginn eines neuen Lebens, eines Lebens, wie ich es mir kaum vorstellen konnte. Ein feierlicher Moment; da stand ich, neugeboren, ein unbeschriebenes Blatt. Fröhlich und nervös zugleich trat ich in den Tempelgarten und sah das Kloster, dessen unterer Teil nun nicht mehr von der schützenden Mauer verdeckt wurde, in seinem vollen Glanz. Es erschien kühl und abweisend, versunken in unantastbaren Frieden; es war, als wäre es der Erde entwachsen als Teil des Gartens, eines Gartens ohne Blumen, ausgelegt mit Steinen, Sträuchern, Bäumen und sauber geharkten Pfaden. Und überall Moos, vielerlei Sorten Moos, von zartgrau bis tiefgrün: ruhige, friedvolle Farben. Gar nicht friedvoll erschien mir der Mönch, der jetzt auf mich zukam. »Guten Tag«, sagte er auf Englisch. »Was wünschen Sie?«
»Ich möchte Ihren Meister sprechen«, sagte ich. »Ich möchte ihn fragen, ob ich hier leben darf.« Ich deutete auf meinen Koffer und dann auf den Tempel. Ein paar Sekunden sahen wir uns schweigend an; dann machte er eine Geste, ich solle ihm folgen. Wir kamen auf eine Veranda, und ich erblickte unter den japanischen Sandalen ein Paar große Schuhe westlicher Machart. Der Mönch hob die Tür beiseite und verschwand. Ich befand mich in einem Raum zusammen mit einem alten Japaner und einem jungen breitschultrigen Weißen, der mich aufmerksam betrachtete. »Setz dich«, sagte der Weiße in amerikanisch klingendem Englisch. »Ich heiße Peter«, sagte der Amerikaner, »und du hast Glück, dass ich gerade in der Gegend war, denn hier spricht man nur japanisch. Der Meister möchte gern wissen, warum du deinen Koffer im Tempelvorraum abstellen willst.«

Der Meister sprach lange und mit Pausen, damit Peter dolmetschen konnte. Als er geendet hatte, dachte ich, nun sei eine gute Gelegenheit, ein paar Fragen zu stellen. Ich versuchte, einige intelligente Fragen zu formulieren, aber sie liefen alle auf dieselbe hinaus: Hat das Leben einen Sinn oder nicht? Der Meister schüttelte den Kopf. »Was du fragst, könnte ich wohl beantworten. Aber ich tue es nicht, denn du würdest mich nicht verstehen. Hör zu. Stell dir vor, ich habe eine Kanne Tee und du bist durstig. Du möchtest, dass ich dir Tee gebe. Ich kann dir Tee eingießen, aber dazu musst du mir eine Tasse hinhalten. Ich kann den Tee nicht in deine Hand gießen, sonst verbrennst du dich. Wenn ich ihn auf den Boden gieße, gibt es Flecken auf der Matte. Du musst eine Tasse haben. Diese Tasse formst du in dir selbst durch die Ausbildung, die du hier erhalten sollst.«
Der Gedanke ans Teetrinken musste ihn durstig gemacht haben; er sagte ein paar Worte zu Peter, der sich ehrerbietig verneigte und hinausging. Gleich darauf kam er zurück, in der Hand ein Tablett mit einer Kanne Tee, Tassen, einer Schale mit Gebäck, Zigaretten und einem Aschenbecher.

Janwillem van de Wetering

■ **Ich habe eine Kanne Tee und du bist durstig.** Stelle Beweggründe zusammen, weshalb sich der junge Europäer auf den Weg nach Japan in ein fernöstliches Kloster gemacht haben könnte. Deute den bildhaften Vergleich mit dem Teetrinken, den der Meister anstellt.

FASZINATION FERNOST
Das Ankommen

Achtsames Hören

Nimm dir für die folgende Übung zwei bis fünf Minuten Zeit. Setze dich ruhig hin und schließe die Augen. Um dich auf die Übung einzustimmen und eventuell aufsteigenden Gedanken nachzuhängen, kannst du einige Atemzüge lang auf deinen Atem achten, z. B. auch durch das Atemzählen (siehe unten). Nimm nun alle Geräusche wahr, die an deine Ohren dringen. Versuche, nur die akustischen Reize wahrzunehmen, ohne die mögliche Geräuschquelle zu benennen. Forme also nicht den Gedanken »Auto/Vogel/ Schritte« in dir, sondern vergegenwärtige dir den Klang, die Art des Geräusches, nicht dessen Ursache. Versuche also nicht herauszufinden, was du hörst. Vermeide auch Bewertungen der Geräusche (»angenehm« oder »störend«). Wenn verschiedene Geräusche zu hören sind: Höre erst das eine, dann das andere. Dann höre alles gleichzeitig. Dann atme ein paar Mal tief ein und aus und öffne die Augen wieder.

Dem Atem folgen

Die Methode, den Atem ruhig und gleichmäßig werden zu lassen, heißt: »Dem Atem folgen«. Wenn euch das anfangs zu schwer fällt, könnt ihr stattdessen die Methode »Die Atemzüge zählen« anwenden. Beim Einatmen zählt ihr im Geist eins und, wenn ihr ausatmet, wieder eins. Einatmen – zwei, Ausatmen – zwei. Zählt bis zehn und beginnt dann wieder von vorne. Das Zählen gleicht einer Linie, die die Achtsamkeit an den Atem bindet. Diese Übung ist der Anfangspunkt in dem Prozess, euch des Atems fortwährend bewusst zu sein. Ohne Achtsamkeit werdet ihr aber das Zählen schnell vergessen. Wenn ihr es vergessen habt, kehrt einfach wieder zur Eins zurück. Versucht es immer wieder, bis ihr das Zählen korrekt einhalten könnt. Wenn ihr eure Achtsamkeit wirklich auf das Zählen ausrichten könnt, habt ihr den Punkt erreicht, an dem ihr damit aufhören könnt. Jetzt fangt damit an, euch nur auf den Atem zu konzentrieren.

Wenn ihr aufgeregt und zerstreut seid und es schwierig findet, Achtsamkeit zu üben, kehrt zum Atem zurück: Sich des Atems bewusst zu werden, ist schon Achtsamkeit. Der Atem ist das Wundermittel, mit dem wir unser Bewusstsein sammeln können. Eine religiöse Gemeinschaft hat folgende Aussage in ihren Regeln: »Verliert euch nie in geistiger Zerstreutheit oder in der Umgebung. Lernt den Atem zu betrachten, um Körper und Geist zu beherrschen, Achtsamkeit zu üben und Konzentration und Weisheit zu entwickeln.«

Thich Nhat Hanh, buddhistischer Mönch aus Vietnam

■ **Erleben.** Lass dich auf die Übung »Dem Atem folgen« oder »Achtsames Hören« ein. Tausche dich über deine Erfahrungen aus.

■ **Experimente.** Probiere im Sinne einer achtsamen Wahrnehmung weitere Übungen aus, z. B. bewusstes Sitzen, Stehen, Gehen, Riechen oder Sehen. Beschreibe jeweils, welche Wirkung diese Übung auf dich hat.

■ **Rituale.** Sammle Erfahrung damit, wie diese Übungen auf dich wirken, wenn du sie über einen längeren Zeitraum in deinen Tagesablauf integrierst. Ihr könnt euch auch in eurer Lerngruppe Zeit für gemeinsames Üben vornehmen, z. B. zu Beginn jeder Religionsstunde.

■ **Übungen.** Auch im Christentum gibt es Formen von Gebet und Meditation, durch die Achtsamkeit und Konzentration gefördert werden. So kann man sich auf einen Vers aus der Bibel einlassen, indem man sich diesen auf einen Zettel schreibt und über ihn in Stille nachdenkt. Ein solcher Spruchzettel kann als Begleiter durch den Tag dienen. Auch das Ruhigwerden zu Beginn und am Ende des Tages ist ein wichtiges Moment geistlicher Übung. Überlegt gemeinsam, welche Erfahrungen ihr mit diesen Übungen bereits gemacht habt und legt eine Sammlung von Vorschlägen für die »geistliche Gestaltung« des Alltags an.

Erste Eindrücke

- **Erste Eindrücke.** Betrachte die Bilder und wähle eines aus, das dich besonders anspricht. Zeige auf, wie du dieses Bild mit dem Hinduismus verbindest.

- **Sammlung.** Legt eine Mindmap an, in der ihr euer bisheriges Wissen über den Hinduismus ordnet und darstellt. Diskutiert, wie ihr die Bilder in eure Mindmap integrieren könnt.

- **Vertiefung.** Wähle ein Bild aus und erarbeite ein Kurzreferat zu diesem Motiv. Vergleicht eure Ergebnisse untereinander.

FASZINATION FERNOST
Der Hinduismus – Religion der Inder

Der Hinduismus – Geschichte und Gegenwart

Der Hinduismus ist die drittgrößte Weltreligion. Heute gibt es weltweit etwa 800 Millionen Hindus, die vorwiegend in Indien leben. In Deutschland leben wohl mehr als 90.000 Hindus, in Hamm wurde im Juli 2002 der Sri Kamadchi Ampal Tempel als Europas größter Hindu-Tempel im südindischen Stil eröffnet.

Der Name Hinduismus leitet sich von »*hindu*« ab. So bezeichneten die islamischen Eroberer Indiens jeden, der nicht Muslim, Christ oder Jude war. Ursprünglich stammt das Wort »*hindu*« von den Persern, die damit die Siedler am Fluss Indus bezeichneten. Die britischen Kolonialherren führten um 1830 den Begriff »Hinduismus« als Religionsbezeichnung ein. Die Hindus selber nennen ihren Glauben nicht Hinduismus sondern »*sanatana dharma*«, was als »ewiges Weltgesetz« übersetzt werden kann. Scheinbar problemlos vereinigt »*sanatana dharma*« zahlreiche teils widersprüchliche Traditionen und Strömungen. Einige glauben an viele Götter, andere verehren nur einen Gott und betrachten ihren Glauben als Monotheismus; sie glauben an eine große Seele, Kraft oder Gottheit, genannt »Brahman«, die gestaltlos, unsichtbar und allgegenwärtig ist. Alle Götter sind dann Manifestationen dieses einzigen Gottes. Fremd ist im Hinduismus dagegen die Vorstellung eines Gottes, der Person ist und somit für den Menschen als Ansprechpartner und Gegenüber zugänglich ist. Gott vertrauensvoll als »Abba« anzureden, ist im Hinduismus nicht denkbar. Neben den vielen Göttern kennt der hinduistische Volksglaube noch eine Vielzahl von Geistern, Dämonen und hilfreichen Wesen. Im Hinduismus spricht man oft von einer göttlichen Dreigestalt (sanskrit ›*Trimutri*‹), bestehend aus den Göttern Brahma (Schöpfer), Vishnu (Erhalter) und Shiva (Zerstörer).

Die Hindus verstehen sich als älteste Religion der Welt, die einen kontinuierlichen Prozess ohne Anfang und Ende darstellt. Wie alt diese Religion tatsächlich ist, lässt sich nicht

eindeutig sagen. Es ist nur bekannt, dass es vor rund 4.000 Jahren im Indus-Tal, im Gebiet des heutigen Indien und Pakistan, eine Zivilisation gab, deren Religion eine Vorform des heutigen Hinduismus gewesen ist. Ein Gründungsereignis oder einen Stifter wie Christus, Abraham, Muhammad oder Buddha gibt es im Hinduismus nicht. Hinduismus ist also Sammelbegriff für unterschiedliche religiöse Traditionen, die sich auf die ältesten Heiligen Schriften Indiens, die Veden (ca. 1.200 v. Chr.), stützen. Die Veden gelten als zeitlose Wahrheiten. »*Veda*« bedeutet übersetzt »Wissen«. Die fünf alten vedischen Sammlungen enthalten in urtümlichen Sanskrit-Versen (rig-veda) Lieder, Sprüche, Magie und Heilkunst. Diese Sammlungen wurden von den Brahmanen überliefert und waren nicht allgemein zugänglich. Etwas später kamen rituelle Erklärungen und mystische Geheimtexte (z.B. *Upanishaden*) hinzu. Das Sanskrit ist bis heute Indiens heilige Sprache.

■ **Zum Namen.** Arbeite heraus, woher der Begriff »Hinduismus« stammt, und vergleiche diese Bezeichnung mit den Namen anderer Weltreligionen. Wo siehst du entscheidende Unterschiede?

■ **Die Gottheit Shiva.** Beschreibe die abgebildete Skulptur und deute ihre verschiedenen Attribute. Recherchiere, welche Bedeutung Shiva im Hinduismus hat.

Glaubensvorstellungen im Hinduismus

Karma – In welche Existenzform jedes Lebewesen nach seinem Tod übergeht, bestimmt sein Karma. Karma (sansk. = Handlung) bezeichnet die Summe aller Taten, die im Leben getan werden. Zugleich bezeichnet Karma die Gesetzmäßigkeit, nach der das Selbst des Menschen (sansk. atman) nach dem Tod in eine neue Existenzform eingebunden wird, wobei die Ansammlung von gutem bzw. schlechtem Karma für die Stufe der folgenden Existenzform bestimmend ist.

Samsara – Das Wort Samsara (sansk. sam = herum; sar = gehen, sich bewegen, kreisen) meint den ewigen, nie zur Ruhe kommenden Kreislauf des Werdens und Vergehens. Diesem Kreislauf ist die Welt und jedes Lebewesen darin unterworfen, d. h., es gibt nach dem Leben eine Reinkarnation (Wiedergeburt). Dem Samsara unterworfen zu sein, gilt in dieser Weltanschauung als leidvoll.

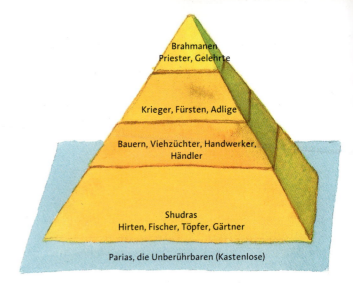

Atman – Unter Atman versteht man das wahre Selbst, den Wesenskern des Menschen. Das Karma verbindet sich mit dem Atman und bedingt die Existenzform nach der Wiedergeburt. In den Upanishaden wird die Einheit von Atman und Brahman, der Quelle allen Seins, gelehrt.

OM – Das OM ist das bekannteste Symbol des Hinduismus und zugleich eine heilige Silbe, die häufig in Meditationen verwendet wird. Die Silbe selbst hat keine Bedeutung und kann nicht übersetzt werden. Stattdessen hat sie eine rituelle und mystische Funktion. Das OM steht für die körperliche, geistige und unbewusste Welt sowie die Verbindung von Brahman, Vishnu und Shiva als hinduistische Dreiheit. In der Meditation wird es wie »Aum« gesprochen.

Kastenwesen – Das Kastenwesen entwickelte sich historisch aus der Unterwerfung der dunkelhäutigen Ureinwohner durch die zwischen 2200 und 1200 v. Chr. von Norden her eingewanderten Indogermanen, die sogenannten »Arier«. Um die Herrschaft über die Ureinwohner und deren Nachkommen, die teilweise aus Ehen zwischen Einwanderern und Ureinwohnern stammten, zu sichern, ordnete man sie einer unteren Kaste zu. Über Kastengrenzen hinweg zu heiraten, war verboten. Das Kastensystem verband sich mit der Karma-Lehre und erhielt somit eine religiöse Legitimation. Aus den vier ursprünglichen Kasten sind im Lauf der Zeit 3000 verschiedene Kasten entstanden.

Moksha – Ziel des Daseins ist die Erlösung (sansk. moksha) aus dem ewigen Kreislauf des Leidens, Sterbens und der Wiedergeburt. Die Upanishaden stellen zum ersten Mal die Frage, wie eine Befreiung aus diesem ewigen Prozess möglich sei. In der indischen Tradition sind drei Wege zur Erlösung entfaltet worden: Erlösung durch Erkenntnis und Meditation, Erlösung durch Opfer und Rituale (Handeln) und Erlösung durch Hingabe und Gottesliebe. Der erste Erlösungsweg blieb den Brahmanen vorbehalten.

Gottheiten – Auch die vielen Gottheiten, die im Vedismus verehrt werden, sind dem Kreislauf des Werdens und Vergehens unterworfen. Für Hindus ist die ganze Welt von Gott und Göttern erfüllt – frühe vedische Gottheiten sind Indra, Wettergott und zugleich höchster vedischer Gott. Agni, der Feuergott, und Varuna, der höchste Herrscher. In späteren Jahrhunderten traten Vishnu, Krishna und Shiva in den Vordergrund. Heute sehen Hindus ihre Religion nicht als Vielgötterei (Polytheismus), sondern als Glauben an eine Gottheit, die sich in vielen Bildern ausdrückt.

■ **Weltbild.** Skizziere mithilfe der zentralen Begriffe oben das Weltbild des Hinduismus.

■ **Stellungnahme.** Benenne ansprechende oder befremdende Aspekte der hinduistischen Welterklärung. Tausche dich mit einem Partner/einer Partnerin aus.

FASZINATION FERNOST
Glaube und Leben im Hinduismus

Mahatma Gandhi – die »große Seele«

Mahatma Gandhi (1869–1948) wurde in einer Händlerkaste in Indien geboren und studierte später Rechtswissenschaften in London. Im Anschluss daran arbeitete er mehr als 20 Jahre als Rechtsanwalt in Südafrika und lebte bereits dort unter dem Regime der Apartheid seine [Philosophie](#) der Gewaltlosigkeit *(ahimsa)*. Nachdem er 1915 nach Indien zurückgekehrt war, setzte er sich gewaltlos für die indische Unabhängigkeit ein. In den indischen Nationalkongress gewählt, wurde Gandhi zur wichtigsten Stimme der Kongresspartei, die sich nachdrücklich dem politischen Kampf für Unabhängigkeit verschrieben hatte. Dass Indien 1947 schließlich die Unabhängigkeit erlangte, war maßgeblich auch sein Verdienst. Ein weiteres Anliegen Gandhis war die Emanzipation der »Unberührbaren«, jener untersten Kaste, die er die »Kinder Gottes« nannte. Auch hier zeigten seine Bemühungen Wirkung, denn es kam zur Abschaffung der Unberührbarkeit im unabhängigen Indien, auch wenn die Diskriminierung unterer Kasten bis heute fortbesteht.

Die Kuh – das Geschenk des Hinduismus an die Welt

»Im Mittelpunkt des Hinduismus steht der Schutz der Kuh. Für mich ist der Schutz der Kuh eine der wunderbarsten Erscheinungen in der menschlichen Entwicklung. Er führt den Menschen über seine eigene Spezies hinaus. Für mich bedeutet die Kuh die gesamte nicht-menschliche Schöpfung. Durch die Kuh ergeht an den Menschen der Auftrag, seine Einheit mit allem, was lebt, zu verwirklichen. Es ist für mich klar, warum die Kuh für diese Apotheose (»Apotheose« steht für »Vergottung«, »Verklärung«, »Verherrlichung«) gewählt wurde. In Indien ist die Kuh der beste Freund, das Füllhorn. Sie gab nicht nur Milch, sie machte die Landwirtschaft erst möglich. Die Kuh ist ein Gedicht des Mitleids. Man kann Mitleid an dem freundlichen Tier lernen. In Indien ist sie die Mutter von Millionen. Schutz der Kuh heißt Schutz der ganzen stummen Kreatur Gottes … Dies ist das Geschenk des Hinduismus an die Welt. Und der Hinduismus wird leben, solange es Hindus gibt, die die Kuh beschützen.«

Mahatma Gandhi

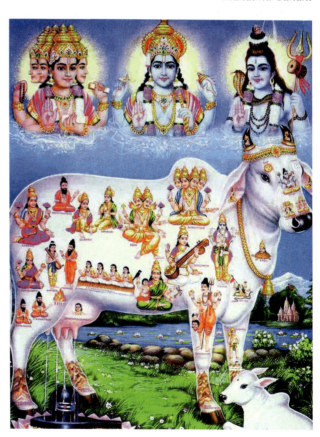

■ **Der Schutz der Kuh.** Strukturiere den Text und schreibe die Argumente heraus, mit denen Gandhi den Schutz und die Verehrung der Kuh im Hinduismus begründet. Diskutiert, inwieweit ihr den Argumenten Gandhis folgen könnt.

■ **Der Schutz des Lebens.** Auch wenn die Kuh in besonderer Weise im Hinduismus verehrt wird, so stehen doch alle Lebewesen für einen gläubigen Hindu unter einem besonderen Schutz und sind mit Achtsamkeit zu behandeln. Benenne, mit welchen Glaubensvorstellungen des Hinduismus (vgl. S. 170) dieser Schutz aller Lebewesen zusammenhängt.

Siddharta Gautama – der Buddha

Die Lebensgeschichte des Siddharta Gautama, genannt der Buddha, ist im Pâli-Kanon, einer Sammlung früher buddhistischer Schriften aus dem 1. Jh. n. Chr., überliefert. Diese Überlieferung wurde im Laufe der Zeit immer weiter mit Legenden ausgeschmückt, in die auch die Vorstellungen nicht-buddhistischer Kulturen eingegangen sind (vgl. S. 174f., »Der Sangha«).
Geboren wurde Siddharta Gautama vermutlich 560 v. Chr., wobei auch frühere Datierungen nicht ganz auszuschließen sind. In seinem Geburtsort Lumbini im heutigen Nepal wuchs der junge Siddharta (»einer, der seine Aufgabe vollenden wird«) in der Familie Gautama auf, die zum Stamm der Kshatriya innerhalb der Kriegerkaste zählte. Er wurde also in einem hinduistischen Umfeld erzogen.

Siddharta als Asket, Schieferstatue Gandhara, 3. Jh. n. Chr.

Die »Geburt« des Buddha, Schieferrelief, Gandhara, 2. Jh. n. Chr.

Die Jugend Siddhartas als Sohn eines adligen Großgrundbesitzers verlief vermutlich ohne größere materielle Sorgen. Um den späteren Verzicht auf das sorgenfreie Leben seiner Jugend als große Lebenswende zu verdeutlichen, macht die Legende einen reichen König aus Siddhartas Vater und ihn selbst zum verwöhnten Prinzen. Sicher ist jedoch nur, dass Siddharta eine sehr gute Ausbildung im Kriegswesen erhielt, wie es seiner Kaste und Familienzugehörigkeit entsprach, und dass er als 16-Jähriger mit Yasodhara (andere Quellen nennen sie Gopa) verheiratet wurde. Siddharta beschäftigte sich mit der Flüchtigkeit allen Glücks und es quälte ihn die Frage, wie man sich angesichts der eigenen Vergänglichkeit verhalten solle. Legendarisch werden die sogenannten »Vier Ausfahrten« des Buddha überliefert. Dies waren Ausflüge in die nähere Umgebung, bei denen er menschlichem Leid, Altern, Krankheit, Tod und zuletzt einem Mönch begegnet sei.

Da Siddharta in seinem Umfeld keine Antwort auf seine Fragen finden konnte, verließ er im Alter von 29 Jahren seine Frau und den gerade geborenen Sohn, den er Rahula (»Fessel«) nannte. Er schloss sich mindestens zwei namentlich überlieferten Predigern und Wanderasketen an und erlernte Praktiken der Meditation und des Yoga. Da er durch diese aber auch keine Antworten auf seine Fragen fand, unterwarf er sich strengster Askese. Seine schwindenden Lebenskräfte mahnten ihn, einen neuen Weg zu suchen, den er später als den »mittleren Weg« zwischen dem luxuriösen Leben seiner Jugend und der Zeit härtester Askese bezeichnete.

Der Legende nach wurde Siddharta im Alter von 35 Jahren in einer Vollmondnacht unter dem Pappelfeigenbaum in Bodh-Gaya/Uruvela meditierend zum »Buddha«, was so viel bedeutet wie »der Erwachte«, »der Erleuchtete«.
Der Buddha wollte seine Erkenntnis an die Menschen weitergeben und begann zu predigen. Berühmt ist die erste Predigt von Benares, die er vor seinen ehemaligen Weggefährten hielt. Darin formulierte der Buddha zum ersten Mal die sogenannten vier Edlen Wahrheiten. Die Lehre des Buddha fand schnelle Verbreitung und viele Anhänger. Im Alter von etwa 80 Jahren (ca. 480 v. Chr.) ging Buddha in das sogenannte Pari-Nirvana, das endgültige Nirvana, ein.

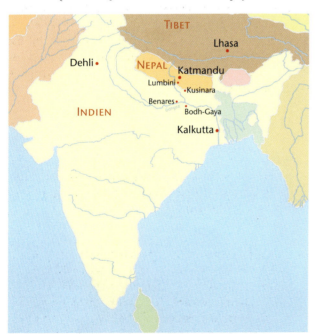

Wichtige Orte aus dem Leben Buddhas

FASZINATION FERNOST
Der Buddha

- **Siddharta Gautama.** Verfasse einen knappen Artikel über das Leben des Siddharta Gautama, wie er im Lexikonteil dieses Buches stehen könnte.

- **Religionsstifter.** Recherchiere im Internet die Legende von der Empfängnis und Geburt des Siddharta sowie ausführliche Informationen zu seiner Lehre. Vergleiche dies mit den biblischen Überlieferungen von Empfängnis, Geburt und der Lehre Jesu.

Verehrung des liegenden Buddha in Kusinara, Nirvana Tempel

Die Reform des Buddha

Siddharta Gautama wuchs in einer Zeit auf, in der die Brahmanen als Angehörige der höchsten Priesterklasse das religiöse Leben bestimmten: Nur die Brahmanen hatten Zugang zu den heiligen Schriften (sansk. *veda* = Wissen) und durften sie interpretieren. Die Brahmanen ordneten religiöse Rituale an und opferten Tiere, um den Beistand der Götter zu erhalten. Die Menschen begannen, an den Privilegien und den religiösen Praktiken der Brahmanen zu zweifeln, zumal diese den offensichtlichen Verfall der politischen und moralischen Ordnung nicht aufhalten konnten. Die überzeugendste Antwort auf die Fragen der Zeit gab Siddharta Gautama. Sein Lebensweg mündete in die Erkenntnis des mittleren Weges zwischen Hedonismus und Askese. Der Buddha übernahm weitgehend die vedische Lehre des Samsara und des Karma, richtete sich jedoch gegen die Vorstellung der vielen Gottheiten des Vedismus, gegen die Privilegien der Brahmanen und die von ihnen angeordneten Speisegebote und Tieropfer, gegen übertriebene Spekulationen über das Absolute (Brahman) und das Selbst (Atman) und gegen den Ausschluss der Kastenlosen aus der Religion.

Der Buddha entwarf ein neues Grundverständnis des Daseins und stellte vor allem eine neue Form von Erlösung in Aussicht, die weder durch einen bestimmten Götterglauben noch durch religiöse Praktiken zu erlangen ist: Wer der Lehre Buddhas folgt und die Erlösung erlangen will, muss sich selbst auf den Weg machen.

Auswirkungen der Reform

Große Bedeutung hatte der Buddha für die Achtung der Frau in Religion und Gesellschaft. Buddha spendete den Frauen wiederholt Lob für ihre charakterlichen Fähigkeiten, ihre hohe Erkenntnisfähigkeit, ihre Herzenswärme und Opferbereitschaft. Entscheidend ist Buddhas Einsicht, dass Frauen ebenso mündig und zur Erlösung befähigt sind wie Männer.

Das Kastensystem wollte der Buddha nicht abschaffen. Er war weder sozialer Reformator noch hatte er die Absicht, gezielt in politische oder soziale Verhältnisse einzugreifen. Er nahm das Kastenwesen als gegeben hin, arbeitete jedoch der Vorstellung entgegen, die Kaste eines Menschen sage etwas über seine ethischen Fähigkeiten aus. Jeder Mensch, welcher Kaste er auch angehören mag, hat die gleiche Fähigkeit zur Erlösung.

So interpretierte er das Kastensystem zu einem ethischen System um: Brahmane ist man nicht durch seine Geburt, sondern man wird es durch sein Tun. Demnach ist in Buddhas Überzeugung nicht der ein Brahmane, welcher in der Brahmanenkaste geboren wurde, sondern wer ein gezügeltes Leben führt.

- **Reform.** Stelle zusammen, was den Vedismus zur Zeit des Buddha für viele Anhänger unglaubwürdig gemacht haben könnte.

- **Kastenwesen heute.** Recherchiere im Internet und mithilfe des Buches (vgl. S. 170), welchen Beitrag Mahatma Gandhi und Bhimrao Ramji Ambedkar im 20. Jh. zur Emanzipation der »Unberührbaren« in Indien geleistet haben und welche Erscheinungsformen das Kastenwesen im heutigen Hinduismus hat.

Jokhang Tempel in Lhasa, Tibet

Die Lehre vom Nicht-Ich

Die buddhistische Anthropologie *(= Lehre vom Menschen) hält die Vorstellung eines Wesenskerns (Selbst) oder einer Seele letztlich für eine Illusion des Menschen. Die Illusion eines Ichs, das sich aus unterschiedlichen Komponenten (skandhas) zusammensetzt, muss erkannt und überwunden werden. Diese Lehre erklärte der Mönch Nagasena im 1. Jh. n. Chr. dem König Milinda anhand eines Gleichnisses:*

Der Weise Nagasena sagte zum Griechenkönig Milinda, als dieser ihn fragte, wer er sei: »Ich bin als Nagasena bekannt. Das ist aber nur ein Name, eine Benennung, eine landläufige Bezeichnung, denn eine Person wird dadurch nicht erfasst.«
Darauf sagte der König: »Wenn es keine Person gibt, wer ist dann dieser Nagasena? Sind es seine Haare, sein Fleisch, sein Herz, sein Eingeweide, sein Blut, seine Galle, sein Gehirn?« »Nein, o König!«
»Ist es seine Empfindung oder seine Wahrnehmung oder seine Willensregung oder sein Bewusstsein?« »Nein, o König!«
»Dann bilden wohl Körper, Empfindung, Wahrnehmung, Willensregung und Bewusstsein zusammen den Nagasena?« »Nein, o König!«
»Soll Nagasena etwa außerhalb dieser Faktoren existieren?« »Nein, o König!« »Soll denn das Wort ›Nagasena‹ schon Nagasena selber sein?« »Nein, o König!«
»Dann existiert Nagasena also gar nicht?« Da fragte Nagasena den König: »Bist du zu Fuß oder mit dem Wagen gekommen?« »Mit dem Wagen.« »Dann erkläre mir, was ein Wagen ist. Seine Deichsel? Oder die Achse? Oder die Räder? Oder der Wagenkasten?«
Als der König alles verneint hatte, fragte Nagasena: »Soll etwa der Wagen außerhalb dieser Dinge existieren oder der Name ›Wagen‹ der Wagen selbst sein?« »Nicht doch, o Herr!«
»Nun, was ist denn dieser Wagen? Du sprichst die Unwahrheit. Der Wagen existiert ja gar nicht.« Da sprach der König zu Nagasena: »Ich lüge nicht. In Abhängigkeit von Deichsel, Achsel, Rädern usw. entsteht der Name, die Bezeichnung, das Wort ›Wagen‹.« »Ganz richtig, o König. Gerade so entsteht in Abhängigkeit von Körper, Empfindung, Wahrnehmung, Willensregungen und Bewusstsein der Begriff und das Wort ›Nagasena‹. Eine Person ist da aber nicht vorzufinden.«

Das Rad der Lehre und die vier edlen Wahrheiten

Das Rad ist zum Symbol des Buddhismus geworden. Die Überlieferung sagt, dass der Buddha das Rad der Lehre, den Dharma, in Bewegung setzte, als unter den Hörern seiner Predigt Menschen waren, die seine Lehre verstanden. Die acht Speichen des Rades verweisen auf den »achtfachen Pfad«, die Ethik des Buddhismus. Der äußere Kreis des Rades soll an die Bewegung der Welt erinnern und der Mittelpunkt an die Ruhe, welche die Lehre Buddhas schenkt. Häufig wird das Rad von zwei Gazellen flankiert, die auf den Gazellenhain in Sarnath bei Benares hinweisen, in dem der Buddha zum ersten Mal predigte.
Nachdem der Buddha die Erleuchtung erlangt hatte, hielt er vor seinen ehemaligen Weggefährten die folgende Predigt: »Dies ist die *edle Wahrheit vom Leiden:* Geburt ist leidvoll, Altern ist leidvoll, Krankheit ist leidvoll, Sterben ist leidvoll. Mit Unlieben vereint zu sein, ist leidvoll, von Lieben getrennt zu sein, ist leidvoll, und wenn man etwas, das man sich wünscht, nicht erlangt, auch das ist leidvoll. Dies ist die *edle Wahrheit von der Entstehung des Leidens:* Es ist der Durst (die Gier), der die Wiedergeburt hervorruft, der von Freude und Leidenschaft begleitet ist, der hier und dort seine Freude findet, der Durst nach Sinnenlust, der Durst nach Werden, der Durst nach Entwerden. Dies ist die *edle Wahrheit von der Aufhebung des Leidens:* Es ist eben dieses Durstes Aufhebung durch völlige Leidenschaftslosigkeit, das Aufgeben, Sich-Entäußern, Sich-Loslösen, Sich-Befreien von ihm. Dies ist die *edle Wahrheit von dem zur Aufhebung des Leidens führenden Wege:* Es ist dieser edle achtgliedrige Pfad, nämlich: rechte Ansicht, rechtes Wollen, rechte Rede, rechtes Handeln, rechtes Leben, rechte Anstrengung, rechte Achtsamkeit und rechte Meditation.«

Samyutta Nikāya (Sammlung von Buddha-Texten)

> ■ **Vier Edle Wahrheiten.** Fasse den Inhalt der vier edlen Wahrheiten in eigenen Worten zusammen. Ermesse die Konsequenzen, die diese Lehre für das Leben eines Buddhisten hat. Tauscht euch in Kleingruppen darüber aus.

> ■ **Das Wagen-Gleichnis.** Vergleiche die buddhistische Anschauung des Nicht-Ichs mit der christlichen Vorstellung.

FASZINATION FERNOST
Der Dharma

ZUWENDUNG ZUR LEHRE

MEDITATION, HINFÜHRUNG UND ZIEL

STTLICHKEIT

Rechte Ansicht
Erkenntnis und Anerkennung der vier edlen Wahrheiten

Rechtes Wollen
Umsetzung der Lehre: Befreiung von Begierde und Hass und Gewalttätigkeit

Rechte Meditation
Vollkommene Einsicht und Freiheit werden in der Meditation erreicht.

Rechte Rede
Meiden von Lüge, Verleumdung, unnützem Gerede, roher Sprache, eitlem Reden, Klatsch

Rechte Achtsamkeit
Bewusstes Wahrnehmen der Faktoren, die das Dasein und das Selbst bestimmen

Der achtfache Pfad: Die Ethik des Buddhismus

Rechtes Handeln
Unterlassen von Töten, Stehlen, sexuellen Ausschweifungen

Rechte Anstrengung
Unterbindung von Gemütsregungen, die der Meditation entgegenstehen; Zügelung der Sinne

Rechtes Leben
Einen Beruf ausüben, der anderen keinen Nachteil bringt

■ **Christliche Ethik.** Stellt in Gruppen zusammen, welche zentralen Glaubensinhalte der Bibel für Christinnen und Christen gelten und welche Weisungen für ein christlich verstandenes Selbstverständnis und Zusammenleben der Menschen gegeben sind (vgl. S. 24 f. u. S. 148 ff.). Gestaltet ein Plakat, das eure Ergebnisse zur christlichen Ethik veranschaulicht. Stellt euere Ergebnisse einander vor und vergleicht sie mit der buddhistischen Ethik: Auf welche ethischen Grundsätze könnten sich Christentum und Buddhismus gleichermaßen verpflichten und wo bleiben Unterschiede bestehen?

■ **Achtfacher Pfad.** Übertrage eine Skizze des achtfachen Pfades in dein Heft. Ergänze die Beschreibungen der Pfade mit Beispielen, die sich auch auf dein Leben beziehen.

Die drei »Fahrzeuge« des Buddhismus

Buddha hatte für seine Mönchsgemeinschaft (sansk. *sangha* = Versammlung) keinen Nachfolger bestimmt und auch keine Instanz geschaffen, die für die Einheitlichkeit seiner Lehre garantierte. Es entsprach seiner Überzeugung, dass die Befolgung seiner Lehre für jeden Menschen eine persönliche Entscheidung und keine reglementierte Anordnung von anderen sein kann. So zerfiel der Sangha rasch in mehrere Gruppen, die verschiedene Wege zur Überwindung des Leids einschlugen. Im Verlauf seiner mehr als 2400 Jahre umspannenden Geschichte lassen sich drei stark voneinander abweichende Formen des Buddhismus erkennen, die in der Übersetzung häufig als »Fahrzeuge« (sansk. *yana* = Fahren, Überfahrt, Vehikel) zum Heil bezeichnet werden: Hinayana (»Kleines Fahrzeug«, auch Theravada, »Lehre der Ältesten« oder »Mönchsbuddhismus«), Mahayana (»Großes Fahrzeug« oder »Volksbuddhismus«) und Vajrayana (»Diamantfahrzeug«).

Schon vier Monate nach Buddhas Tod wurde eine Versammlung einberufen, auf der über die Regelungen des Ordenslebens verhandelt wurde. Bei der zweiten buddhistischen Versammlung etwa 100 Jahre nach Buddhas Tod führten die Fragen, ob nur Mönche das Nirvana erreichen könnten oder ob auch Laien in ihrem täglichen Leben dazu fähig sind, und Unstimmigkeiten der Mönche in Bezug auf das Annehmen von Geld, den Genuss von Alkohol und die Bestechlichkeit einiger Mönche zur Trennung in erste buddhistische Richtungen.

Die Gruppe des Hinayana hielt daran fest, dass nur Mönche ins Nirvana gelangen können und dies nur aus ihrer eigenen Kraft, wohingegen die Gruppe des Mahayana davon ausging, dass alle Menschen ins Nirvana gelangen können und Hilfe von sogenannten Bodhisattvas (sansk. = bereits Erlöste) erhalten. Besonders unter Kaiser Ashoka (268–236 v. Chr.) fand diese Laienethik weite Verbreitung.

Im 4. Jh. n. Chr. gelangten Hinayana- und Mahayana-Buddhismus nach China, wobei sich nur die Richtung des Mahayana aufgrund ihrer größeren Offenheit dauerhaft mit der chinesischen Kultur verbinden konnte.

Etwa im 7. Jh. n. Chr. gelangte der Buddhismus in das Gebiet des heutigen Tibet. Dort stieß er auf ein ganz urtümliches religiöses Leben, in dem Magie, Zauberei und Opferrituale praktiziert wurden: die »Bön«-Religion. Der Buddhismus verband sich hier mit einigen Elementen der alten Religion. Die farbenfrohen Feste, magischen Formeln (Mantras), geheimnisvollen Rituale und die priesterliche Hierarchie (Lamaismus) wurden übernommen, während die Opferpraxis aufgrund des buddhistischen Tötungsverbotes ganz abge-

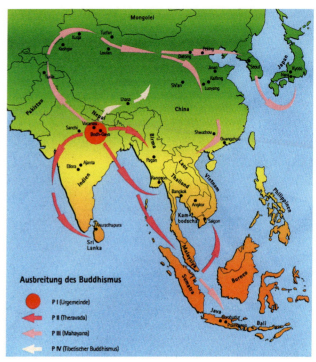

Die Ausbreitung des Buddhismus

lehnt wurde. Meist wird diese Form als »Vajrayana« bezeichnet. Vajra heißt ursprünglich Donnerkeil und bezeichnet den unbesiegbaren Blitzstrahl des vedischen Gottes Indra. Das Wort hat auch die Bedeutung »Diamant«, ein Symbol des Kostbaren und Unzerbrechlichen. Besonders durch die Popularität seines Oberhauptes, des XIV. Dalai Lama, ist der tibetische Buddhismus im Westen sehr bekannt geworden. Ebenso bekannt ist die Richtung des Zen-Buddhismus, die sich seit dem 13. Jh. in Japan entwickelt hat. Kennzeichen des japanischen Zen ist eine ausgeprägte Meditationsschulung (vgl. S. 178).

- **Drei Fahrzeuge.** Stelle die »Fahrzeuge« des Buddhismus und ihre Kennzeichen in einer Skizze dar.

- **Der Dalai Lama.** Beschreibe den Eindruck, den der geschilderte Lebenslauf und das Gespräch mit dem Dalai Lama auf dich machen.

- **Interview.** Füge dem Gespräch deine eigenen Fragen an den Dalai Lama hinzu und stelle durch eine Recherche mögliche Antworten zusammen.

FASZINATION FERNOST
Der Sangha

Tenzin Gyatso – der XIV. Dalai Lama

Im 17. Jh. verbanden sich in Tibet die geistliche und weltliche Herrschaft des Dalai Lama. Der Dalai Lama genießt seitdem ein Ansehen wie nur wenige religiöse Oberhäupter sonst in der Welt. Das tibetisch-mongolische Wort »Dalai Lama« heißt »Ozean-Meister« und bezeichnet einen Lehrer, dessen Weisheit so unermesslich wie der Ozean ist. Tenzin Gyatso wurde 1935 im Nordosten Tibets geboren. Er erkannte als Dreijähriger sofort die verkleideten Mönche der Suchkommission, die aufgrund gewisser Indizien in seinen abgelegenen Heimatort kamen. Ohne Zögern wählte Tenzin Gyatso die Gegenstände seines Vorgängers aus einer größeren Zahl ähnlicher Gegenstände aus und rief dabei: »Das gehört mir.« 1940 kam er als Reinkarnation seines Vorgängers nach Lhasa und erhielt dort seine Ausbildung. Mit 16 Jahren wurde er in sein Amt eingesetzt, nachdem die Chinesen unter Mao Tse Tung in Tibet einmarschiert waren. Seine Bemühungen gegen die chinesische Besetzung des Landes blieben erfolglos, sodass er 1959 aus Tibet fliehen musste. In Indien wurde er Oberhaupt der tibetischen Exilregierung (1963–2011). Der Dalai Lama hat auf seinen Reisen, in seinen Schriften und durch Vorträge den Buddhismus vor allem auch für die westliche Welt zugänglich gemacht. Für seinen prinzipiellen Verzicht auf Gewalt und seine Toleranz gegenüber anderen Religionen wurde er 1989 mit dem Friedensnobelpreis ausgezeichnet.

Das Gespräch wurde 1998 vor einer Deutschlandreise des Dalai Lama geführt:

Zeit Magazin: *Zur Veranstaltung »Buddhas Weg zum Glück« … werden Tausende von Menschen kommen. Was erwarten die Besucher wohl von Ihnen?*

Dalai Lama: Viele kennen die Grundlagen des Buddhismus und wollen mehr erfahren. Einige kommen aber auch mit unrealistischen Erwartungen. Also sage ich gleich am Anfang: Erwartet lieber nicht zu viel (lacht).

Was für unrealistische Erwartungen?

Sie hoffen auf Wunder. Das passiert überall, wo ich hinkomme. Kranke erwarten von mir, dass ich sie heile. Oder Menschen mit anderen Problemen glauben, ich kann sie einfach so davon befreien. Sie suchen schnelle Lösungen – Erlösung ohne Mühsal, ohne tiefe Meditation. Das nenne ich unrealistisch. Buddha selbst musste sechs Jahre lang fasten und meditieren.

Was kann der Buddhismus den Menschen geben, was das Christentum nicht zu bieten hat?

Schwer zu sagen. Vielen fehlt etwas in der heutigen, materiellen Zeit, das Spirituelle. Und die eigenen Religionen haben vielleicht nicht mehr den gewünschten Effekt. Einige glauben, im Buddhismus fündig zu werden. Christentum und Buddhismus befassen sich mit denselben Fragen – Vergänglichkeit, Tod, Erbarmen und Vergebung, aber einige Traditionen, wie bestimmte Meditationsarten, sind im Christentum nicht mehr lebendig. Da etwa können unsere christlichen Brüder und Schwestern buddhistische Methoden annehmen.

Sie raten allerdings allen, der eigenen Religion, den eigenen Traditionen treu zu bleiben?

Ja, das ist besser. Ich gehe niemals zu solchen Veranstaltungen, um die Leute zum Konvertieren zu bewegen. So ein Wechsel ist nicht einfach. Er kann später im Leben zu großer Verwirrung führen. Schließlich handelt es sich um Glauben, um Gefühle.

Wie meinen Sie das?

Ich habe das bei europäischen Freunden beobachtet. Zunächst haben sie großes Interesse am Buddhismus, aber später – kurz vor dem Tod – geraten sie deswegen in Verwirrung. Das ist schlecht.

Befürchten Eure Heiligkeit nicht, dass der Buddhismus im Westen zurzeit in Mode ist?

Das kann in Einzelfällen passieren. Deswegen rede ich meist über allgemeingültige Themen, der Bedeutung eines reinen Herzens, des Mitgefühls, der Fürsorge. Und erst später mehr über die buddhistische Lehre.

Der Zen-Buddhismus

Der Zen-Buddhismus (jap. *zen* = Versenkung, Meditation, Konzentration) entwickelte sich im 4. Jh. n. Chr. aus dem chinesischen Mahayana-Buddhismus, in welchen Elemente des chinesischen Taoismus aufgenommen wurden. Zu Beginn des 13. Jh. wurde der Zen-Buddhismus in Japan eingeführt, wo verschiedene Künste und Wege (jap. *do*) ausgebildet wurden, die vom Geist des Zen getragen sind, z. B. der Weg des Tees (jap. *sado*), die Wege des Schwertes und des Bogenschießens (jap. *kendo* und *kyudo*) oder der Weg des Ringens (jap. *judo*). Im 20. Jh. wurde die Form des Zen-Buddhismus mit der besonderen Technik der Sitz-Meditation (jap. *zazen*) von Karlfried Graf Dürckheim (1896–1988) und dem Jesuiten und Zen-Meister Hugo Enomiya-Lassalle (1898–1990) im Westen bekannt gemacht. Kennzeichen für den Zen-Buddhismus sind die Bindung des Zen-Schülers an einen Meister oder Lehrer und eine ritualisierte Form des Meditierens, zu der auch das Lösen eines Koans gehört. Der äußeren Form nach handelt es sich bei einem Koan meist um einen knappen Text, häufig auch in Form eines Dialogs zwischen Meister und Schüler.

ALLTAG IM ZEN-KLOSTER

Der erste Tag im Kloster verlief ruhig. Nach der frühmorgendlichen Meditation wurde ich nicht beim Meister vorgelassen, sondern in meine Kammer geschickt. Jemand kam und holte mich zum Frühstück. Alle saßen vor niedrigen Tischen auf dem Boden, natürlich in der Lotusstellung; nur ich durfte knien. Das war zwar leichter, aber nach einer Weile ebenfalls schmerzhaft, denn der Essraum hatte einen harten Holzboden.

Nach dem Frühstück arbeiteten wir. Ich bekam einen Scheuerlappen und wurde in einen langen Korridor gebracht. Als ich damit fertig war, mussten noch weitere Gänge gewischt werden. Endlich läutete jemand eine Glocke. Wir hatten eine Stunde frei. Ich ging in meine Kammer und schlief ein. Es war noch immer sehr früh: sechs Uhr. Um sieben ging ich mit den anderen in den Gemüsegarten zum Gurkenpflücken. Die Mönche trugen Overalls; sie lachten und schwatzten und rempelten einander an. Die meisten waren jung, zwischen siebzehn und einundzwanzig; es waren auch einige ältere darunter, aber sie blieben unter sich und ich lernte nur die jungen kennen …

Nach dem Mittag begann wieder die Meditation, vier Perioden von zusammen zwei Stunden. Das Abendessen wurde schon um vier Uhr eingenommen und war die letzte Mahlzeit des Tages. Am Abend meditierten wir wieder, von sieben bis zehn. In der ersten Woche des Monats verschloss das Kloster seine Tore, die Mönche erhielten keine Post, das Telefon wurde gesperrt.

Der Meister empfing uns nicht ein-, sondern dreimal täglich. Nach einem Monat wurde ich zum ersten Mal in das Zimmer des Meisters eingelassen. Vorher musste ich üben, wie man »den Meister sieht«, ohne dass er da war. Ich musste langsam eintreten, mich verbeugen, dreimal den Boden berühren und dann knien; wenn die Unterhaltung zu Ende war, hatte ich dasselbe umgekehrt zu machen und den Raum rückwärtsgehend zu verlassen. Ich musste es ein paar Mal probieren, bis der Vorsteher zufrieden war. Er sagte, ich müsse sachter auftreten lernen, denn meine größere Länge und mein höheres Gewicht brächten die Bodenmatten ein wenig zum Hüpfen und die Bewegung könnte den Meister stören.

Ich musste einfach die Lösung des Koans finden – eine befriedigende Antwort auf eine Frage, die weder verstanden noch erklärt werden konnte. Ich hatte schon alle Antworten, die mir einfielen, gegeben, aber keine war gut genug gewesen. Der richtigen Antwort hatte ich mich noch nicht einmal genähert, sagte mir der Meister immer wieder … Ich betrat seine Kammer, verbeugte mich, streckte mich dreimal vor ihm auf dem Boden aus, ging in die Knie, sagte mein Koan auf, und der Meister sah mich an und sagte: »Nun?« »Nun, nichts. Nun, gar nichts.«

Ich brauchte nicht einmal das zu sagen. Ich wusste nichts, und man sah mir an, dass ich nichts wusste.

Janwillem van de Wetering

■ **Leben im Zen-Kloster.** Schildere deine Eindrücke des hier beschriebenen Kloster-Alltags. Begründe, ob du eine Zeit lang in einem solchen Kloster mitleben wolltest.

■ **Christliche Klöster.** Tragt Informationen zum Lebensalltag in christlichen Klöstern zusammen. Vielleicht gibt es in der Nähe eures Heimatortes ein Kloster. Vergleicht eure Informationen mit dem Klosteralltag im Zen-Kloster.

FASZINATION FERNOST

Der Weg des Zen

Der Inhalt des Koans erscheint oft widersprüchlich und entzieht sich unseren logischen Denkmustern. Erst wem es gelingt, die vorhandenen Vorstellungen von Koan, Denken und »Ich« zu überwinden, kann in den Zustand der vollkommenen Leere gelangen, in dem auch das Koan nicht mehr existiert. Häufig wird dieser Zustand in Form eines Kreises dargestellt, dessen Mitte leer ist. Die vollkommene Leere ist in der Vorstellung des Zen-Buddhismus die Voraussetzung für ein Erleuchtungserlebnis.

Koan-Beispiele

Hakuin klatschte in die Hände,
dann erhob er die eine Hand und sagte:
Höre den Ton der einen Hand!

Gebrauche den Spaten,
den du in leeren Händen trägst.

Halte den Regen auf.

Zeig mir das Gesicht, das du hattest,
bevor deine Eltern geboren wurden;
zeig mir dein ursprüngliches Gesicht.

Einst fragte ein Schüler seinen Zenmeister:
»Was ist der Buddha?«
Dieser antwortete: »Drei Pfund Flachs.«

Eines Tages bat ein Mensch den Zen-Meister, er solle ihm etwas über Zen sagen. Dieser fragte ihn:
»Hast du schon gefrühstückt?«
»Ja, Meister, ich bin mit dem Frühstück fertig!«
»Dann geh und wasch deine Schüssel.«

Ein Mensch fragte den Meister:
»Sind Geld und Besitz erstrebenswert?«
Er antwortete: »Einigen gehört die ganze Welt, anderen nur ein Teil davon.«

■ **Der vollkommene Kreis.** Versuche mit einem Pinselstrich einen möglichst vollkommenen Kreis zu zeichnen. Schildere deine Erfahrungen bei dieser Aufgabe.

■ **Koan.** Wähle ein Koan für eine Mitschülerin oder einen Mitschüler aus und schreibe es schön für sie oder ihn ab.
Lasse das dir überreichte Koan einige Minuten auf dich wirken und tausche deine Gedanken in einer Kleingruppe aus. Erörtert auch den Nutzen eines Koans für die Meditation.

■ **Die vollkommene Leere.** Schreibe auf, was die Vorstellung in dir auslöst, die Idee eines existierenden Ich ganz aufzugeben.

Erklärung über das Verhältnis der Kirche zu den nicht christlichen Religionen

1. In unserer Zeit, da sich das Menschengeschlecht von Tag zu Tag enger zusammenschließt und die Beziehungen unter den verschiedenen Völkern sich mehren, erwägt die Kirche mit umso größerer Aufmerksamkeit, in welchem Verhältnis sie zu den nicht christlichen Religionen steht. Gemäß ihrer Aufgabe, Einheit und Liebe unter den Menschen und damit auch unter den Völkern zu fördern, fasst sie vor allem das ins Auge, was den Menschen gemeinsam ist und sie zur Gemeinschaft untereinander führt.

Alle Völker sind ja eine einzige Gemeinschaft, sie haben denselben Ursprung, da Gott das ganze Menschengeschlecht auf dem gesamten Erdkreis wohnen ließ; auch haben sie Gott als ein und dasselbe letzte Ziel. Seine Vorsehung, die Bezeugung seiner Güte und seine Heilsratschlüsse erstrecken sich auf alle Menschen, bis die Erwählten vereint sein werden in der Heiligen Stadt, deren Licht die Herrlichkeit Gottes sein wird; werden doch alle Völker in seinem Lichte wandeln.

Die Menschen erwarten von den verschiedenen Religionen Antwort auf die ungelösten Rätsel des menschlichen Daseins, die heute wie von je die Herzen der Menschen im Tiefsten bewegen: Was ist der Mensch? Was ist Sinn und Ziel unseres Lebens? Was ist das Gute, was die Sünde? Woher kommt das Leid, und welchen Sinn hat es? Was ist der Weg zum wahren Glück? Was ist der Tod, das Gericht und die Vergeltung nach dem Tode? Und schließlich: Was ist jenes letzte und unsagbare Geheimnis unserer Existenz, aus dem wir kommen und wohin wir gehen?

2. Von den ältesten Zeiten bis zu unseren Tagen findet sich bei den verschiedenen Völkern eine gewisse Wahrnehmung jener verborgenen Macht, die dem Lauf der Welt und den Ereignissen des menschlichen Lebens gegenwärtig ist, und nicht selten findet sich auch die Anerkenntnis einer höchsten Gottheit oder sogar eines Vaters. Diese Wahrnehmung und Anerkenntnis durchtränkt ihr Leben mit einem tiefen religiösen Sinn.

Im Zusammenhang mit dem Fortschreiten der Kultur suchen die Religionen mit genaueren Begriffen und in einer mehr durchgebildeten Sprache Antwort auf die gleichen Fragen … In den verschiedenen Formen des Buddhismus wird das radikale Ungenügen der veränderlichen Welt anerkannt und ein Weg gelehrt, auf dem die Menschen mit frommem und vertrauendem Sinn entweder den Zustand vollkommener Befreiung zu erreichen oder – sei es durch eigene Bemühung, sei es vermittels höherer Hilfe – zur höchsten Erleuchtung zu gelangen vermögen. So sind auch die übrigen in der ganzen Welt verbreiteten Religionen bemüht, der Unruhe des menschlichen Herzens auf verschiedene Weise zu begegnen, indem sie Wege weisen: Lehren und Lebensregeln sowie auch heilige Riten.

Die katholische Kirche lehnt nichts von alledem ab, was in diesen Religionen wahr und heilig ist. Mit aufrichtigem Ernst betrachtet sie jene Handlungs- und Lebensweisen, jene Vorschriften und Lehren, die zwar in manchem von dem abweichen, was sie selber für wahr hält und lehrt, doch nicht selten einen Strahl jener Wahrheit erkennen lassen, die alle Menschen erleuchtet.

Unablässig aber verkündet sie und muss sie verkündigen Christus, der ist »der Weg, die Wahrheit und das Leben« (Joh 14,6), in dem die Menschen die Fülle des religiösen Lebens finden, in dem Gott alles mit sich versöhnt hat.

Deshalb mahnt sie ihre Söhne, dass sie mit Klugheit und Liebe, durch Gespräch und Zusammenarbeit mit den Bekennern anderer Religionen sowie durch ihr Zeugnis des christlichen Glaubens und Lebens jene geistlichen und sittlichen Güter und auch die sozial-kulturellen Werte, die sich bei ihnen finden, anerkennen, wahren und fördern.

Nostra Aetate 1–2, 1965

■ **Nostra Aetate.** *Nostra Aetate* (lat. = »In unserer Zeit«) ist der Titel der Erklärung des 2. Vatikanischen Konzils (1962–1965) über die nicht christlichen Religionen. Stellt die Aussagen zu den nicht christlichen Religionen und zum Buddhismus auf Kärtchen oder an der Tafel in eigenen Worten zusammen. Bewertet diese Aussagen auch vor dem Hintergrund der im Text erwähnten Gemeinsamkeiten und Unterschiede zwischen Christentum und nicht christlichen Religionen.

■ **Grenzenlose Toleranz?** Diskutiert Bespiele, in denen die Toleranz an Grenzen kommen kann.

FASZINATION FERNOST
Strahlen der Wahrheit

Das Projekt Weltethos

1993 hat das Parlament der Weltreligionen auf seiner Sitzung in Chicago eine Erklärung zum Weltethos vorgelegt. Darin wird herausgearbeitet, was alle Religionen der Welt in ihrem Ethos, also in ihrem Grundbestand an Werten, Normen und Weisungen, gemeinsam haben. Diese Erklärung haben 6.500 Menschen aus verschiedensten Religionen der Welt diskutiert und verabschiedet:

Den Dialog gestalten

Seit dem 2. Vatikanischen Konzil hat es vielfältige Bemühungen gegeben, einen konstruktiven Dialog zwischen den Religionen anzuregen, in dem es zu einem Austausch über die Gemeinsamkeiten, aber auch über die Unterschiede im Glauben an Gott kommen kann. Ziel eines solchen Dialoges muss es sein, sich gegenseitig zu verstehen und einander zu bereichern und zwar im Vertrauen auf die Wahrheit des eigenen Glaubens und im Respekt vor der Freiheit.
Die Erfahrung der vergangenen Jahrzehnte hat allerdings gezeigt, dass eine Einigung in Wahrheitsfragen schwierig ist, weil sie dem Anspruch jeder Religion eigentlich widerspricht. Wenn man in zentralen Punkten übereinstimmt, warum braucht es dann verschiedene Religionen? Sinnvoller ist es dagegen, in Sorge um die Zukunft der Menschheit sich um das friedliche Miteinander der Völker und damit auch der Religionen zu mühen. Alle Religionen kennen ethische Weisungen, die oft in ähnlicher Weise formuliert sind und ein gemeinsames Anliegen haben. Das »Projekt Weltethos« versucht deshalb seit Mitte der 1980er-Jahre einen ethischen Konsens der Weltreligionen herauszuarbeiten.

Mit Weltethos meinen wir einen Grundkonsens bezüglich bestehender verbindender Werte, unverrückbarer Maßstäbe und persönlicher Grundhaltungen. Dieser Grundkonsens lässt sich in vier zentrale ethische Aussagen zusammenfassen:
- Verpflichtung auf eine Kultur der Gewaltlosigkeit und der Ehrfurcht vor allem Leben;
- Verpflichtung auf eine Kultur der Solidarität und eine gerechte Wirtschaftsordnung;
- Verpflichtung auf eine Kultur der Toleranz und ein Leben in Wahrhaftigkeit;
- Verpflichtung auf eine Kultur der Gleichberechtigung und die Partnerschaft von Mann und Frau.

■ **Menschenrechte.** Auf der Grafik ist erkennbar, dass die Verfasser das Weltethos mit den Menschenrechten gleichsetzen. Recherchiere die Geschichte und Bedeutung des Begriffs »Menschenrechte« und prüfe, inwieweit beide Begriffe gleichgesetzt werden können.

■ **Religionsstifter.** Auch nicht christliche Religionen sind meistens auf eine »Stifterperson« zurückzuführen. Recherchiert wichtige Lebensdaten der Personen und stellt sie in einem Steckbrief zusammen. Erläutert, warum diese Person für die jeweilige Religion von Bedeutung ist.

■ **Der Begriff »Weltethos«.** Erkläre, warum das Parlament der Weltreligionen den Begriff »Weltethos« als Überschrift für sein Programm gewählt hat.

■ **Die vier Weisungen.** Legt eine Sammlung von Aussagen und Zitaten an, die ihr in den verschiedenen Religionen der Welt findet, die zu den vier Weisungen des Weltethos passen. Prüft, ob sich für alle Weisungen Belege in den verschiedenen Religionen finden lassen.

■ **Gemeinsamkeiten und Unterschiede.** Diskutiert in der Gruppe, was dem Leben und Wirken der Personen bzw. Religionsstifter gemeinsam ist und was sie unterscheidet.

Religion ist im weitesten und tiefsten Sinne des Wortes das, was uns unbedingt angeht. Religiös sein bedeutet, leidenschaftlich nach dem Sinn unseres Lebens zu fragen und für Antworten offen zu sein, auch wenn sie uns tief erschüttern.

Paul Tillich

■ **Formulieren.** Der Bildhintergrund kann als Visualisierung einer Aussage über Religion gesehen werden. Formuliere die dazugehörige Aussage.

Die Religionen und Mythen sind, ebenso wie die Dichtung, ein Versuch der Menschheit, eben jene Unsagbarkeit in Bildern auszudrücken, die ihr vergeblich ins flach Rationale zu übersetzen versucht.

Hermann Hesse

Das Wesen der Religion besteht im »Gefühl der schlechthinnigen Abhängigkeit«. Religion ist Sinn und Geschmack fürs Unendliche.

Friedrich Schleiermacher

Religion ist die Beziehung zu etwas, das anders und größer und ursprünglicher als der Mensch ist.

Bernhard Welte

Die Menschen erwarten von den verschiedenen Religionen Antwort auf die ungelösten Rätsel des menschlichen Daseins, die heute wie von je die Herzen der Menschen im Tiefsten bewegen: Was ist der Mensch? Was ist Sinn und Ziel unseres Lebens? Was ist das Gute,
was die Sünde? Woher kommt das Leid und welchen Sinn hat es? … Was ist jenes letzte und unsagbare Geheimnis unserer Existenz,
aus dem wir kommen und wohin wir gehen?

Zweites Vatikanisches Konzil, Nostra aetate 1

■ **Darstellen.** Wähle eines der auf diesen Seiten abgedruckten Zitate aus und stelle es in Form eines Standbildes oder einer Pantomime dar.

■ **Definieren.** Suche nach einer eigenen Definition von Religion. Formuliere kurz und prägnant.

Glauben bedeutet die Entscheidung dafür, dass im Innersten der menschlichen Existenz ein Punkt ist, der nicht aus dem Sichtbaren und dem Greifbaren gespeist und getragen werden kann, sondern an das nicht zu Sehende stößt, sodass es ihm berührbar wird und sich als Notwendigkeit für seine Existenz erweist.

Joseph Ratzinger/Benedikt XVI.

Die Religion ist der Seufzer der bedrängten Kreatur, das Gemüt einer herzlosen Welt, wie sie der Geist geistloser Zustände ist. Sie ist Vertröstung aufs Jenseits, ist das Opium des Volkes.

Karl Marx

MEHR ALS ALLES

Die Frage, ob es einen Gott gibt

Einer fragte Herrn K., ob es einen Gott gäbe. Herr K. sagt: »Ich rate dir nachzudenken, ob dein Verhalten je nach der Antwort auf diese Frage sich ändern würde. Würde es sich nicht ändern, dann können wir die Frage fallen lassen. Würde es sich ändern, dann kann ich dir wenigstens noch so weit behilflich sein, dass ich dir sage, du hast dich schon entschieden: Du brauchst einen Gott.«

Bertolt Brecht

■ **Gottesfrage.** Zeige auf, was für die Autoren Bertold Brecht und Max Frisch Anlass ist, über Gott nachzudenken, und vergleiche die beiden Positionen miteinander.

■ **Antwort geben.** »Der Heutige« aus dem Drama von Max Frisch gab seine Antwort 1955. Formuliere eine Antwort »Des Jetzigen« auf die Frage Mee Lans.

■ **Sehnsucht nach Gott.** Überlege dir Gründe, warum viele Menschen Sehnsucht nach (einem) Gott haben – und andere nicht.

■ **Stellung beziehen.** Auf S. 225 findest du verschiedene Thesen zum Stichwort Religion / Gott. Wähle die These, die dich anspricht, und begründe deine Wahl in zwei bis drei Sätzen.

Mee Lan: Ihr glaubt an einen Gott?

Der Heutige: Was soll ich dazu sagen! Energie gleich Masse mal Lichtgeschwindigkeit im Quadrat, das heißt: Masse ist Energie, eine ungeheuerliche Ballung von Energie. Und wehe, wenn sie losgeht! Und sie geht los. Vermutlich seit zwei Milliarden Jahren. Was ist unsere Sonne? Eine Explosion. Das ganze All: eine Explosion. Es stiebt auseinander. Und was wird bleiben? Die größere Wahrscheinlichkeit (so lehrt unsere moderne Physik) spricht für das Chaos, für den Zerfall der Masse. Die Schöpfung (so lehrt unsere moderne Physik) war ein Ereignis der Unwahrscheinlichkeit. Und bleiben wird Energie, die kein Gefälle mehr hat, die nichts vermag. Wärme-Tod der Welt! Das ist das Ende: das Endlose ohne Veränderung, das Ereignislose.

Mee Lan: Ich fragte, ob ihr an einen Gott glaubt?

Der Heutige: Man erfand das Mikroskop. Aber je schärfer man die Schöpfung durchforschte, umso weniger war von einem Schöpfer zu sehen. Man hielt sich, um Gott zu ersetzen, an das Gesetz von Ursache und Wirkung. Alles andre galt uns als Unfug. Aber plötzlich, siehe da, ein Atom mit dem freien Willen des Selbstmörders: das Radium-Atom. Und überhaupt das Verhalten der Elektronen! Die Materie, das Einzige, woran wir uns halten können, was ist sie? Ein Tanz von Zahlen, eine Figur des Geistes. So weit sind wir heute: Gott, der nicht im Mikroskop zu finden war, rückt uns bedrohlich in die Rechnung; wer ihn nicht denken muss, hat aufgehört zu denken.«

Max Frisch

MEHR ALS ALLES
Religion fragt nach Gott

Paul Klee, 1939

■ **Formensprache.** Betrachte das Bild von Paul Klee und schreibe auf, welche Formen du siehst und wie sie einander zugeordnet sind. Welche Themen der Doppelseite spiegeln sich im Bild wider? Formuliere einen Titel für das Bild.

Die Anthropologie, die Lehre vom Menschen, nennt als ein Hauptwesensmerkmal des Menschen seine Weltoffenheit. Im Gegensatz zum Tier kommt der Mensch relativ unfertig auf die Welt, denn weder helfen ihm ausgeprägte Triebe und Instinkte noch eine optimale Anpassung auf die Umwelt, damit er sein Leben bewältigen kann.

Er muss einen eigenen offenen Blick auf seine Wirklichkeit entwickeln und sich in ihr einrichten. Dabei macht der Mensch die Erfahrung, dass ihm vieles als fremd und nicht vertraut begegnet – und darin sieht er sich selbst in Frage gestellt. Trotz seiner Fähigkeit, diese Welt zu gestalten und

zu verändern, merkt er, dass ihm die Frage nach seinem Menschsein unbeantwortbar bleibt. Schon die schlichte Frage »Wer bin ich?« lässt sich für ihn nicht so beantworten, dass er sich in der Antwort voll erfasst sieht. Der Mensch begegnet sich als Fragender und Angefragter zugleich und erfährt, dass er sich nicht selbst Antwort auf die Frage ist. »Wer bin ich?« – diese Frage führt den Menschen über sich hinaus, eine Antwort aber braucht er.

■ **Tier – Mensch.** Lies den Sachtext durch und fertige anschließend eine Tabelle an, in der du notierst, welche Merkmale einerseits ein Tier und andererseits den Menschen charakterisieren.

Ungewisse Untiefen

Gibt es ein Geheimnis unter der Oberfläche menschlichen Tuns? Oder sind die Menschen ganz und gar so, wie ihre Handlungen, die offen zutage liegen, es anzeigen?

Es ist in höchstem Grade merkwürdig, aber die Antwort wechselt in mir mit dem Licht, das auf die Stadt und den Tejo fällt. Ist es das verzaubernde Licht eines flirrenden Augusttages, das klare, scharfkantige Schatten hervorbringt, so erscheint mir der Gedanke einer verborgenen menschlichen Tiefe absonderlich und wie ein kurioses, ein bisschen auch rührendes Fantasma, einer Luftspiegelung ähnlich, wie sie sich einstellt, wenn ich zu lange auf die in jenem Licht aufblitzenden Wellen blicke. Werden Stadt und Fluss dagegen an einem trüben Januartag von einer Kuppel aus schattenlosem Licht und langweiligem Grau überwölbt, so kenne ich keine Gewissheit, die größer sein könnte als diese: dass alles menschliche Tun nur höchst unvollkommener, geradezu lächerlich hilfloser Ausdruck eines verborgenen inneren Lebens von ungeahnter Tiefe ist, das an die Oberfläche drängt, ohne sie jemals auch nur im Entferntesten erreichen zu können.

Und zu dieser sonderbaren, beunruhigenden Unzuverlässigkeit meines Urteils kommt noch eine Erfahrung hinzu, die, seitdem ich sie kennengelernt habe, mein Leben stets von neuem in eine verstörende Unsicherheit taucht: dass ich in dieser Sache, über die hinaus es für uns Menschen eigentlich nichts Wichtigeres geben kann, genauso schwanke, wenn es um mich selbst geht. Wenn ich nämlich vor meinem Lieblingscafé sitze, mich von der Sonne bescheinen lasse und dem glockenhellen Lachen der vorbeigehenden Senhoras lausche, so kommt es mir vor, als sei meine gesamte innere Welt bis in den hintersten Winkel hinein ausgefüllt und mir durch und durch bekannt, weil sie sich in diesen angenehmen Empfindungen erschöpft. Schiebt sich dann jedoch eine entzaubernde, ernüchternde Wolken-

decke vor die Sonne, so bin ich mit einem Schlag sicher, dass es in mir verborgene Tiefen und Untiefen gibt, aus denen heraus noch ungeahnte Dinge hervorbrechen und mich mit sich fortreißen könnten. Dann zahle ich schnell und suche mir hastig eine Zerstreuung in der Hoffnung, die Sonne möge bald von neuem hervorbrechen und der beruhigenden Oberflächlichkeit zu ihrem Recht verhelfen.

Pascal Mercier

■ **Ungewisse Untiefen.** Formuliere das Lebensgefühl des Ich-Erzählers in eigenen Worten und begründe, ob und ggf. inwiefern diese Wahrnehmung des eigenen Lebens typisch menschlich ist.

■ **Beruhigende Oberflächlichkeit.** Der Ich-Erzähler sucht hastig Zerstreuung. Lege dar, warum in ihm dieser Wunsch entsteht, und sammle Beispiele, in denen Menschen heute schnell Zerstreuung suchen.

■ **Moderne Sinn- und Heilsangebote.** Nicht nur in den Religionen suchen Menschen nach Heil und Sinn. Es gibt auch einen zunehmenden Markt von Heilsangeboten, die häufig unter dem Sammelbegriff »Esoterik« auftauchen. Unter diesem Begriff finden sich Elemente des Okkultismus, der Astrologie, der spirituellen Lebenshilfe. Informiere dich im Internet über das Stichwort »Esoterik«, z. B. auf www.esoterikmesse.de. Prüfe die Angebote und Versprechen der verschiedenen Anbieter hinsichtlich ihres Menschen- und Gottesbildes.

MEHR ALS ALLES
Unheilbar religiös?

René Magritte, 1928

Ich hielt das übernächtigte Gesicht in die Morgensonne und dachte: Sie wollen einfach noch mehr vom Stoff ihres Lebens, wie leicht oder beschwerlich, wie karg oder üppig dieses Leben auch sein mag. Sie wollen nicht, dass es zu Ende sei, auch wenn sie das fehlende Leben nach dem Ende nicht mehr vermissen können – und das wissen.

Pascal Mercier

■ **Stoff des Lebens.** Formuliere unter Bezugnahme auf das Zitat unter dem Bild für eine der beiden Figuren einen inneren Monolog, in dem diese darüber nachdenkt, ob sie angesichts ihres Lebens verhüllt bleiben oder das Tuch ablegen soll.

■ **»Wer bin ich?«** Diskutiert in der Klasse, ob das Verhüllen des Gesichts eines Menschen seine Persönlichkeit verdeckt.

Das Wesen des Dialogs

Im Oktober 1986 lud Papst Johannes Paul II. zum Weltfriedensgebet nach Assisi ein, einem einzigartigen historischen Ereignis. Damals waren neben dem Papst auch viele Vertreter der großen Weltreligionen anwesend, vom Dalai Lama bis zum Erzbischof von Canterbury. Bekanntlich begann dort ein Weg, den die Gemeinschaft Sant' Egidio mit den internationalen Friedenstreffen »Uomini e Religioni« in besonderer Weise fortgesetzt hat. Seit 1987 fanden Jahr für Jahr die Treffen in wichtigen Städten Italiens und mehreren Hauptstädten Europas statt. Sie boten eine außergewöhnliche Gelegenheit zum Dialog und zur Überwindung kultureller und religiöser Gegensätze.

Der Dialog zwischen den Kirchen und den Religionen bedeutet weder den Verlust der Identität noch die Hinwendung zu einer einfachen Vermischung von unterschiedlichen Glaubensweisen. Ein wahrer Dialog, der diesen Namen verdient, setzt auf beiden Seiten Dialogbereitschaft voraus, die jeweils in der Verantwortung der Beteiligten liegt. Ein echter Dialog verwischt weder die Unterschiede zwischen den unterschiedlichen Dialogpartnern noch betoniert er die Grenzen zwischen ihnen. Dialog ist eine Antwort auf die tiefen Beweggründe für die Liebe. Er ist eine Kunst des Zusammenlebens in unserer zerstückelten und getrennten Welt. Die Freundschaft zwischen den Gläubigen muss den bestehenden Schwierigkeiten und Unterschieden widerstehen – im Bewusstsein, dass es keine Alternative zum Dialog gibt. So kann sie zu einem Anziehungspunkt für alle Menschen werden, die auf der Suche nach einer gerechteren und menschlicheren Welt sind.

Ein Dialog kann nur gelingen, wenn Schwieriges und Strittiges in Bezug auf das Zusammenleben der Religionen nicht ausgeklammert wird. Eine Verständigung über solche Konfliktsituationen muss dabei getragen sein von der Notwendigkeit der gegenseitigen Stärkung der Religionen durch Solidarität und Freundschaft. Auf diese Weise kann verhindert werden, dass die Religionen durch Gewalt oder Vorurteile instrumentalisiert werden.

Johannes Paul II. schrieb in seiner Botschaft zur Begegnung in Lissabon im September 2000:

»Der Dialog übersieht nicht die realen Unterschiede, doch er löscht auch nicht unsere gemeinsame Pilgerschaft hin zu einer neuen Erde und einem neuen Himmel aus. So lädt der Dialog alle Menschen zur Stärkung der gegenseitigen Freundschaft ein, die weder trennt noch vermischt. Wir alle müssen mutiger sein auf diesem Weg, damit die Männer und Frauen dieser Welt – welchem Volk und Glauben sie auch angehören – sich als Söhne und Töchter des einen Gottes und als Brüder und Schwestern erkennen können.«

■ **Dialog.** Beschreibe das Wesen des Dialogs in eigenen Worten.

■ **Sant' Egidio.** Informiere dich über die Gemeinschaft Sant' Egidio, z. B. im Internet. Eines ihrer Ziele besteht in der Förderung des interreligiösen Dialogs. Nenne die Gründe, warum Sant' Egidio den interreligiösen Dialog als zentrale Aufgabe begreift, und beschreibe die Aktivitäten, durch die Sant' Egidio den Dialog der Religionen fördert.

MEHR ALS ALLES
Religionen im Dialog

Die Verantwortung der Religionen für Frieden und Gerechtigkeit

Zum Abschluss des interreligiösen Friedensgipfels in Assisi (2002) haben Vertreter von zwölf Weltreligionen und 31 christlichen Kirchen und Gemeinschaften folgende Erklärung verabschiedet:

1. ... Wir verurteilen jeden Rückgriff auf Gewalt und Krieg im Namen Gottes oder der Religion und verpflichten uns, alles Mögliche zu tun, um die Ursachen des Terrorismus auszumerzen.
2. Wir verpflichten uns, die Menschen zu gegenseitigem Respekt und gegenseitiger Hochachtung zu erziehen, damit sich ein friedliches und solidarisches Zusammenleben zwischen den Angehörigen unterschiedlicher Ethnien, Kulturen und Religionen realisieren lässt.
3. Wir verpflichten uns, die Kultur des Dialogs zu fördern, damit gegenseitiges Verständnis und Vertrauen zwischen den Einzelnen und Völkern wachsen, die Voraussetzung für einen echten Frieden sind.
4. Wir verpflichten uns, das Recht jeder menschlichen Person auf ein würdiges Leben gemäß seiner eigenen kulturellen Identität zu verteidigen – und auf die freie Gründung einer eigenen Familie.
5. Wir verpflichten uns zum aufrichtigen und geduldigen Dialog, ... dass die Begegnung mit einer anderen Realität zu besserem gegenseitigen Verständnis beitragen kann.
6. Wir verpflichten uns, uns gegenseitig die Irrtümer und Vorurteile in Vergangenheit und Gegenwart zu verzeihen ...
7. Wir verpflichten uns, an der Seite der Leidenden und Verlassenen zu stehen und uns zur Stimme derer zu machen, die selber keine Stimme haben ...
8. ... Wir wollen mit all unseren Kräften dazu beitragen, der Menschheit unserer Zeit eine echte Hoffnung auf Gerechtigkeit und Frieden zu geben.
9. Wir verpflichten uns, jede Initiative zu ermutigen, die Freundschaft zwischen den Völkern fördert, in der Überzeugung, dass technologischer Fortschritt ein steigendes Risiko von Zerstörung und Tod für die Welt einschließt, wenn solidarisches Einverständnis unter den Völkern fehlt.
10. Wir verpflichten uns, die Verantwortlichen der Nationen aufzufordern, alle Anstrengungen zu unternehmen – auf nationaler wie internationaler Ebene – dass eine Welt in Solidarität und Frieden erbaut und gefestigt wird – auf der Grundlage von Gerechtigkeit.

Wir sind überzeugt, dass ... Sicherheit, Freiheit und Frieden nicht durch Gewalt, sondern nur durch gegenseitiges Vertrauen garantiert werden können.
Möge Gott unsere Vorschläge segnen und der Welt Gerechtigkeit und Frieden schenken.

Assisi, 2002

■ **Priorität.** Wenn du, ähnlich wie Jesus in Mt 22,36, gefragt werden würdest, welche der hier genannten Regeln die wichtigste sei, was würdest du antworten? Begründe deine Antwort.

»Ich will, dass meine Religion lebt«

Bernhard Schlink erzählt in seiner Kurzgeschichte »Die Be-
schneidung« von Andi, einem jungen Deutschen, und Sarah,
seiner jüdischen Freundin. Sie sind in New York zur Feier der
Bar-Mizwa von Sarahs kleinem Bruder David eingeladen;
hier trifft Andi zum ersten Mal auf Sarahs Familie. Im Verlauf
der Feier lernt Andi die wechselvolle Geschichte dieser Fa-
milie kennen und auch Sarahs Schwester Rachel, die verhei-
ratet ist und zwei kleine Söhne hat. Mit ihr unternimmt Andi
einen Ausflug. Sie sprechen über sich und ihre Kindheit, da-
rüber, was Kindern Schlimmes widerfahren kann. Als Andi
Rachel danach fragt, was sie für das Schlimmste hielte, das
ihren Söhnen passieren könnte, bekommt er zur Antwort:
Die Heirat einer nicht jüdischen Frau. Andi stutzt einen Mo-
ment, er denkt sofort an Sarah und sich.

Nach einer Weile fragte er: »Warum wäre das so schlimm?«
»Sie würden alles verlieren. Die Kerzen am Freitagabend
anzünden, den Kiddusch über dem Wein und den Segen
über dem Brot sprechen, koscher essen, an Rosch-ha-
chana das Schofar hören, sich vor Jom Kippur versöhnen,
an Sukkoth eine Laubhütte bauen und schmücken und darin wohnen – wie könnten meine Söhne das mit jemand anderem als mit einer Jüdin tun?«
»Vielleicht wollen deine Söhne oder einer von ihnen das alles gar nicht. Vielleicht hat er Spaß daran, mit seiner katholischen Frau zu entscheiden, welchen Feiertag sie wie
feiern, jüdisch oder katholisch oder auf eine dritte Weise,
und welches Kind sie wie erziehen. Warum soll nicht er mit
seinem Sohn am Sabbat in die Synagoge und sie am Sonntag mit ihrer Tochter in die Kirche gehen? Was ist daran
schlimm?«
Sie schüttelte den Kopf. »So läuft es nicht. In Mischehen
findet nicht ein besonders reiches geistiges Leben statt,
sondern keines.«
»Vielleicht sind die beiden glücklich, weder jüdisch noch

katholisch zu sein. Aber darum sind sie keine schlechten
Menschen; du schätzt und magst doch wohl auch Leute,
die weder jüdisch noch katholisch sind. Und ihre Kinder
mögen wieder ein reiches geistiges Leben entdecken als
Buddhisten oder Muslime oder auch Katholiken oder Juden.«
»Wie soll mein Sohn glücklich sein, wenn er nicht mehr jüdisch ist? Außerdem stimmt einfach nicht, was du sagst.
Die zweite Generation kehrt nicht wieder zum Judentum
zurück. Sicher gibt es einzelne Fälle. Aber statistisch ist,
wer eine Mischehe eingeht, für das Judentum verloren.«
»Aber vielleicht wird er oder werden seine Kinder für etwas anderes gewonnen?«
»Was bist du? Katholik, Protestant, Agnostiker? Jedenfalls
gibt es von euch so viele, dass ihr auf die Mischehen verzichten könnt. Wir können niemanden verlieren.«
»Nehmen die Juden in der Welt ab? Ich habe keine Statistik
im Kopf, kann's mir aber nicht vorstellen. Außerdem –
wenn eines Tages niemand mehr Katholik, Protestant,
Agnostiker oder Jude sein will, was ist dagegen zu sagen?«
»Was dagegen zu sagen ist, wenn es eines Tages keine Juden mehr gibt?« Sie sah ihn ungläubig an. »Das fragst du?«
Er wurde ärgerlich. Was sollte ihre Frage? Durfte er als
Deutscher nicht denken, dass die jüdische wie jede Religion davon lebt, dass sie freiwillig gewählt wird, und stirbt,
wenn sie es nicht mehr wird? Glaubte Rachel, die jüdische
Religion sei etwas Besonderes? Die Juden seien tatsächlich das auserwählte Volk?
Als hätte sie seine Frage gehört, sagte sie: »Wenn du an
deine Religion so wenig glaubst, dass du sie aussterben
lassen kannst, ist das deine Sache. Ich will, dass meine lebt
und meine Familie mit ihr und in ihr. Ja, ich halte meine Religion für einzigartig, und ich verstehe deinen Ärger nicht,
weil ich keinem anderen verwehre, seine Religion auch für
einzigartig zu halten.«

■ **Positionen.** Formuliere die beiden Positionen von Andi
und Rachel in eigenen Worten. Stelle die jeweiligen
Begründungen einander gegenüber und nimm dazu
Stellung.

MEHR ALS ALLES
Absolutheit und Religion

Die Absolutheit des Christentums und die vielen Wege zu Gott

Der christliche Glaube steht angesichts der Frage seiner Absolutheit vor einem scheinbar unlösbaren Dilemma. Einerseits ist es fester Bestandteil der christlichen Glaubensüberzeugung, dass der Weg des Menschen zu Gott über Christus führt. Andererseits glauben Christen, dass Gott das Heil *aller* Menschen will. Ferner ist es heute angesichts der Fülle religiöser Heilsangebote schwierig, verständlich zu machen, dass alle Menschen, die Christus niemals kennenlernen konnten oder aus irgendwelchen Gründen den Glauben an Christus ablehnen, vom Heil ausgeschlossen bleiben sollen. Anhänger anderer Religionen wären mit ihrer Suche nach Gott danach per se zum Scheitern verurteilt. Die traditionelle theologische Lehre, die als *Exklusivismus* bezeichnet werden kann und die Erlangung des Heils ausschließlich (exklusiv) auf das Bekenntnis zu Christus beschränkt, hat heute ihre Überzeugungskraft verloren. Man hat deshalb versucht, Anders- bzw. Nichtglaubende in ihrem je eigenen Bemühen, ein gottgefälliges oder jedenfalls ein ethisch gutes Leben zu führen, wahrzunehmen und ihnen die Möglichkeit einer Erkenntnis Gottes zuzubilligen. Auch ein Nichtglaubender kann dieser Lehre zufolge Gott erkennen, wenn er Gottes Willen tut, selbst wenn er die Existenz Gottes leugnet. Ein solcher Nichtglaubender ginge demzufolge einen »anonymen« Weg zu Gott. Dieser *inklusivistischen Auffassung* wird häufig vorgeworfen, Andersdenkende zu vereinnahmen und sie somit in ihrer Eigenheit nicht wirklich ernst zu nehmen.

Am weitesten in der Gesellschaft ist heute vermutlich die *pluralistische Hypothese* verbreitet, die behauptet, es gäbe viele verschiedene Wege zu Gott, die grundsätzlich das gleiche Recht für sich in Anspruch nehmen könnten. Diese pluralistische Sichtweise kann jedoch nicht deutlich machen, warum ich mich ganz auf Christus einlassen soll, wenn es daneben noch unzählig viele andere Wege zu Gott gibt, die im Prinzip genauso gangbar wären.

Christen können nicht von der fundamentalen Grundwahrheit abrücken, dass sich Gott in Christus in unüberbietbarer Weise gezeigt hat. Wenn Gott, der unendlich viel mehr als ein Mensch ist, sich in Gestalt eines Menschen zeigt, dann schlüpft er nicht in die Rolle eines absoluten Herrschers oder in die eines superreichen Topmanagers, sondern er führt ein Leben, wie es Jesus von Nazaret getan hat, d. h. ein Leben, das von bedingungsloser Liebe zu den Menschen geprägt ist und das auch da noch die Kraft zur Liebe aufbringt, wo ihm der blanke Hass entgegenschlägt. Wer einem wirklich bedingungslos liebenden Menschen begegnet, der kann nicht so tun, als ginge ihn diese Liebe nichts an, er wird von ihr in Anspruch genommen. Das heißt aber auch, dass überall da, wo ein Mensch wahrhaft liebt, sich Gott den Menschen zeigt. Dies kann unter Menschen geschehen, die Christus nicht kennen oder die sich als ungläubig bezeichnen. In einzigartiger Weise zeigte sich Gott in Jesus von Nazaret. Und genau dies macht die Besonderheit des christlichen Glaubens aus.

- **Jonglieren.** Erläutere die Aussageabsicht des Karikaturisten. – Diskutiert anschließend in der Klasse über die Aussage. Achtet darauf, dass ihr Argumente für unterschiedliche Positionen findet.

- **Schaubilder.** Skizziere die Positionen des Exklusivismus, des Inklusivismus und des Pluralismus in drei Schaubildern.

- **Absolutheitsanspruch.** Versuche zu erklären, inwiefern in dem Text ein Absolutheitsanspruch des Christentums behauptet wird, der andere Positionen weder abwertet noch in ihrem Eigenrecht beschneidet.

■ **Christentum.** Bestimme den prozentualen Anteil des Christentums an der Weltbevölkerung in den Jahren 1990 und 2025.

■ **Religiöse Vielfalt.** Teilt euch in acht Gruppen auf. Informiert euch arbeitsteilig über Judentum, Christentum, Islam, Hinduismus, Buddhismus, Schintoismus, Konfuzianismus und Taoismus und erstellt jeweils ein Plakat mit folgenden fünf Grundinformationen:
a) Hauptlehren,
b) wichtige Symbole,
c) Hauptorte und Entstehung,
d) Hauptrichtungen/Konfessionen,
e) wichtige Feste.

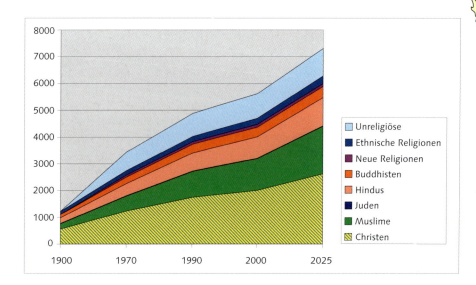

	1900	1970	1990	2000	2025*
Christen	558,1	1236,4	1747,5	1999,6	2616,7
Muslime	199,9	553,5	962,4	1188,2	1784,9
Juden	12,3	14,8	14,2	14,4	16,1
Hindus	203,0	462,6	686,0	811,3	1049,2
Buddhisten	127,1	233,4	323,1	360,0	418,3
Neue Religionen	5,9	77,8	92,4	102,4	114,7
Ethnische Religionen	117,6	160,3	200,0	228,4	277,2
Unreligiöse	3,2	697,5	852,8	918,3	1034,6

* geschätzte Werte

MEHR ALS ALLES
Religionen heute

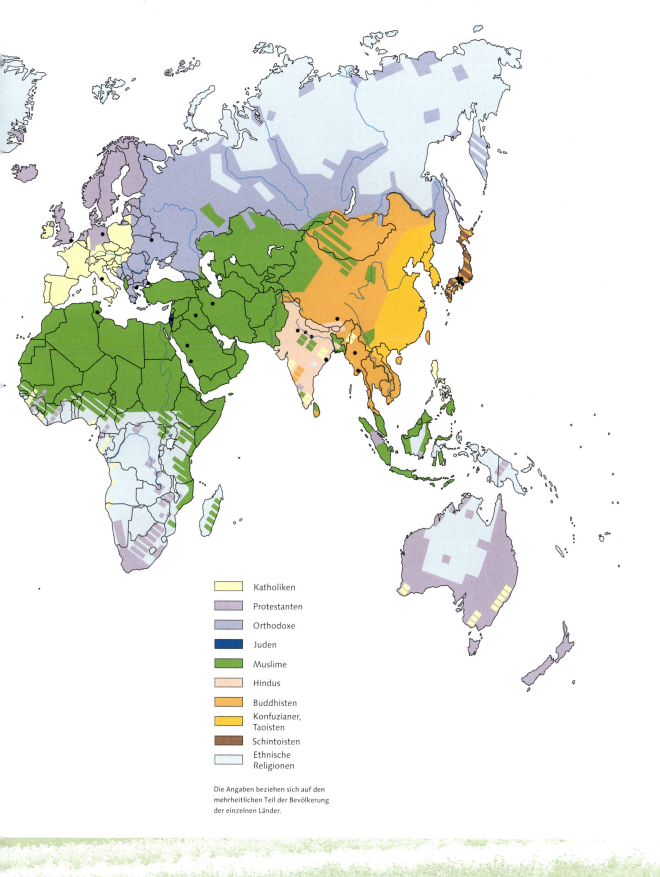

■ **Todeserfahrung.** Nimm dir einen Augenblick Zeit, um darüber nachzudenken, welche Erfahrungen mit dem Tod du bereits gemacht hast. – Schreibe auf ein DIN-A4-Blatt (im Querformat), welches der schwerste Verlust in deinem Leben war. Ihr könnt mit den Blättern eure eigene Klagemauer bilden oder die Blätter in eure Hefte kleben.

Hast du je einen Toten

Hast du Freunde

Bleiben Erinnerungen

Trauert jemand

Kreuze, Kerzen,

Achtest du den Tod mehr

Bist du

Fürchtest du

Wem wünschst du

Lohnt es sich, jemanden lieben zu

Hast du noch etwas zu sagen,

Willst du das Datum

Hast du Worte

Wo begegnet dir

berührt?
unter den Toten?
an dich?
um dich?
Kränze …?
als das Leben?
vorbereitet?
den Tod?
den Tod?
lernen, der in sechs Monaten stirbt?
bevor du stirbst?
deines Todes wissen?
für den Tod?
der Tod?

MEMENTO MORI

■ **Internetfriedhöfe.** Seit einigen Jahren veröffentlichen Hinterbliebene Nachrufe für verstorbene Freunde oder Verwandte im Internet. Einer von vielen virtuellen Friedhöfen ist unter www.memoriamportal.de zu finden. Suche die Seiten einiger Internetfriedhöfe auf und erkunde, welcher Umgang mit Trauer und Tod dort festzustellen ist.

■ **Treppenstufen.** Steige die hier abgebildete Treppe gedanklich Stufe für Stufe hinauf und beantworte für dich die dir dabei entgegenkommenden Fragen.

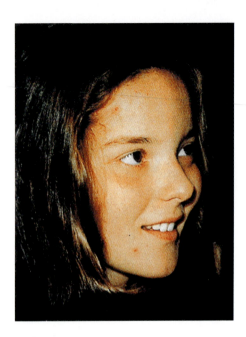

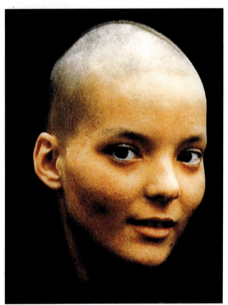

Isabell Zachert

Isabell Zachert war gerade 15 Jahre alt, als ihr mitgeteilt wurde, dass sie Krebs habe. Chemotherapien wurden notwendig, um diese oft tödlich verlaufende Krankheit zu bekämpfen. Zwischen zwei Krankenhausaufenthalten besuchte Isabell ihre alte Klasse. Isabells Mutter Christel hat in einem Buch ihre Erfahrungen aus dieser Zeit dargelegt und jenen Besuch geschildert.

Bevor wir wieder nach Köln mussten, wolltest du unbedingt noch einmal in die Schule. Du hattest dich so darauf gefreut – und kamst so enttäuscht zurück! Du wolltest auf alle Fälle die Klasse überraschen, aber die Schüler und Lehrer waren nicht vorbereitet. Du hattest dich sehr schick gekleidet. Kess, mit einer Baskenmütze und Sonnenbrille, ein schickes Tuch um den Hals. Du machtest nicht den Eindruck eines schwer kranken Mädchens. Deine Mitschüler waren irritiert. Sie trauten sich nicht, dich anzugucken, um ja nicht auf die Perücke zu starren. Aber war das denn überhaupt eine Perücke? Du sahst doch so schick aus, anstarren wollte man dich ja nicht. Was sollte man mit dir reden? Tausend Fragen hatte jeder. »Stimmt es wirklich, dass du Krebs hast?«, fragte sich jeder, aber keiner traute sich, es auszusprechen. Musst du vielleicht sogar sterben? Tausend andere Fragen bohrten sicherlich auch. Aber jeder verschloss den Mund aus Angst, etwas Falsches zu sagen. Sollte man sich vielleicht mit dir über das Wetter und die letzte Klassenarbeit unterhalten? Solche Alltäglichkeiten verboten sich von selbst! So oder so ähnlich wird es gewesen sein. Und du hattest davon geträumt, dass sie auf dich zukommen, dich in die Arme nehmen, dir sagen, dass sie sich freuen, dass du wieder da bist, dass sie hoffen, dass du weiter so kraftvoll kämpfst, dass sie dich vielleicht bei der nächsten Therapie besuchen und dir von der Schule erzählen und dass sie es ganz toll finden, dass du so gut aussiehst. Aber ...

■ **Aussehen.** Betrachte die beiden Fotos von Isabell Zachert. Beschreibe, wie das veränderte Aussehen Isabells auf dich wirkt.

■ **Auftauchen.** Stell dir vor, Isabell ist deine Mitschülerin. Du weißt von ihr, dass sie Krebs hat. Jetzt taucht sie plötzlich in der Klasse auf. – Schreibe auf, welche Gedanken und Gefühle dich in dieser Situation befallen. Benutze dabei die Ich-Form.

MEMENTO MORI
todkrank

Michael, 16 Jahre

Das letzte Jahr von Isabell Zachert

Isabells Mutter Christel hat in der Fernseh-Talkshow »Boulevard Bio« über die letzte Zeit mit ihrer Tochter berichtet:

Alfred Biolek: Sie sagten, sie hat sich unglaublich in diesem Jahr entwickelt, verändert – in welcher Weise?
Christel Zachert: Verändert will ich nicht sagen. Ich glaube nicht, dass in einem Menschen etwas wachsen kann, was nicht angelegt war, aber es ist in ihr zu einer Entwicklung und Entfaltung gekommen, zu der es vielleicht ohne diesen Bruch des Schicksals nicht gekommen wäre in so kurzer Zeit. Dann hätte sie wahrscheinlich Jahrzehnte dazu gebraucht, um diese Persönlichkeit zu einer reifen Frau zu entwickeln.
Talkshow-Gast: Sie hat intensiver gelebt.
Zachert: Sie hat viel intensiver gelebt. Sie wusste, dass ihr Leben endlich war. Das hatte sie körperlich empfunden, und das war ihr ganz, ganz klar.
Biolek: Das war ja die Chance, weil sie es nicht verdrängt hat.
Zachert: … dadurch hat sie wirklich das Leben begriffen als ein Geschenk, und jede Stunde, in der sie schmerzfrei leben konnte und in der sie etwas geben konnte, entweder uns, den Krankenschwestern oder sich anvertrauen konnte ihren Freunden in Briefen – das hat sie genutzt! Sie hat diese Zeit nicht verdöst oder verjammert. Sie hat sie durchlitten und durchlebt und sie hat noch so viel Schönes erlebt! Wir haben mit ihr in ihren letzten Stunden noch gelacht, das kann man sich gar nicht vorstellen. Das war – phänomenal!
Biolek: Wie war das Verhältnis in diesem einen Jahr? Wie war da der Umgang mit den Geschwistern? Wie haben sie darauf reagiert, die ganze Familie – das ist ja fast eine Überforderung: Die ganze Aufmerksamkeit wird diesem Kranken gewidmet. – Ihre Kraft ist ja größtenteils da draufgegangen. Man fragt sich überhaupt, wie eine Mutter noch strahlend da reinkommt, ins Krankenzimmer – denn das muss man ja.
Zachert: Also wir haben selbst an uns erlebt, dass der Mensch so unwahrscheinliche Kräfte hat, wenn er will und wenn er muss. Man glaubt es gar nicht vorher, man kann sich das nicht vorstellen – wir hätten es selbst auch nicht gedacht. Und das prägt einen hinterher auch und das bleibt als Erfahrung und als Schatz auch hinterher übrig.
Biolek: Das bleibt auch nach dem Tod.
Zachert: Auch nach dem Tod … Aber die Familie hat eben auch in diesem Jahr ganz eng zusammengehalten. Und wir alle haben versucht, Isabell das Gefühl zu geben, dass wir mit ihr hoffen und mit ihr kämpfen.

■ **Verändern.** Beschreibe, wie sich Isabells Einstellung dem Leben gegenüber in ihrem letzten Lebensjahr verändert hat.

■ **Kämpfen.** Überlege, worin der Unterschied zwischen »gegen den Tod kämpfen« und »den Tod verdrängen« bestehen könnte, und tausche dich mit einem Nachbarn/einer Nachbarin aus.

■ **Beziehen.** Interpretiere die Zeichnung des 16-jährigen Michael, indem du eine zu Michaels Bild passende Familiensituation schilderst. Suche auch nach Bezugspunkten zur Situation in Isabells Familie.

Edvard Munch, 1897/99

Memento

Vor meinem eignen Tod ist mir nicht bang,
Nur vor dem Tode derer, die mir nah sind.
Wie soll ich leben, wenn sie nicht mehr da sind?

Allein im Nebel tast ich todentlang
Und laß mich willig in das Dunkel treiben.
Das Gehen schmerzt nicht halb so wie das Bleiben.

Der weiß es wohl, dem Gleiches widerfuhr;
– Und die es trugen, mögen mir vergeben.
Bedenkt: den eignen Tod, den stirbt man nur,
Doch mit dem Tod der andern muß man leben.

Mascha Kaléko

- **Gedicht.** Setze dich mit den Aussagen des Gedichtes auseinander, indem du in einem Brief oder einem Gedicht eine Antwort an Mascha Kaléko formulierst.

- **Kunstwerk.** Betrachte das Bild in Ruhe und für dich alleine. – Suche dir eine Person auf dem Bild und schreibe einen inneren Monolog aus der Sicht dieser Person.

- **Vergleich.** Vergleiche Bild und Text hinsichtlich ihrer inhaltlichen Aussage miteinander. Tausche dich anschließend mit einer Mitschülerin oder einem Mitschüler aus.

MEMENTO MORI
todergriffen

Überall in der Natur begegnet uns Menschen der Tod. Leben und Tod gehören zusammen wie Licht und Schatten. Das eine existiert nicht ohne das andere. So ist das Sterbenmüssen ein unauslöschlicher Bestandteil des menschlichen Lebens. Der Tod begleitet, ja bedroht das menschliche Leben auf Schritt und Tritt. Er kann als natürlich empfunden werden, wenn ein alter Mensch nach einem erfüllten Leben stirbt; er kann grausam erscheinen, wenn er einen Menschen in der Blüte seiner Verantwortung oder gar ein Kind mit sich reißt; er kann aber auch erlösend wirken, wenn Krankheit und Leid die Widerstandskräfte eines Menschen längst überstiegen haben.

Aus diesen Gründen ist es nicht verwunderlich, dass sich Menschen immer schon mit dem Tod auseinandersetzten. In der bildenden Kunst oder der Literatur hat man häufig versucht, den Erfahrungen mit dem Tod Ausdruck zu verleihen.

Schlussstück
Der Tod ist groß.
Wir sind die Seinen
lachenden Munds.
Wenn wir uns mitten im Leben meinen,
wagt er zu weinen
mitten in uns.
Rainer Maria Rilke

■ **Schlussstück.** Setzt das Gedicht in einem Standbild um.

■ **Wort und Bild.** Setzt das Gedicht mit den Aussagen des abgebildeten Totentanzes in Beziehung.

■ **Totentanz.** Informiere dich im Lexikon, was man unter einem Totentanz versteht.

■ **Gestaltung.** Überlegt euch Situationen, in denen der Tod ins Leben tritt. Gestaltet einen eigenen Totentanz.

Vier Szenen aus einem Totentanz in der Kapelle St. Michael, Alter Friedhof, Freiburg i. Br.

Der Tod gehört von Anfang an zum Leben

Der Philosoph Martin Heidegger (1889–1976) hat das Leben des Menschen als ein »Sein zum Tod« bezeichnet. Der Tod gehört für ihn unausweichlich zum Leben dazu, wenngleich wir im Alltag diese Grundtatsache unserer Existenz immer wieder zu verdrängen versuchen.

Die folgende Zusammenfassung lehnt sich an einige Passagen aus seinem frühen Hauptwerk »Sein und Zeit« (1927, ¹⁹2006) an.

Jeder Mensch weiß, dass sein Leben endlich ist und dass er irgendwann einmal sterben wird. Und doch versuchen wir Menschen diesen Moment des Todes aus unserem Alltag zu verdrängen. Im Alltag tun wir so, als beträfe der Tod uns nicht, zumindest nicht jetzt. Das liegt daran, dass wir im Alltag uns mit solchen Dingen beschäftigen, die wir selbst regeln können, Heidegger sagt, die ›besorgbar‹ sind. Im Alltag sind wir geschäftig im wahrsten Sinne des Wortes, manchmal sogar besinnungslos geschäftig. Jedenfalls hindert uns diese Geschäftigkeit oft daran, uns zu besinnen. Damit verhindert sie auch, dass wir an das denken, was uns unbedingt angeht, zum Beispiel den Tod. Damit wird der Tod aus dem Alltag gedrängt, er wird auf ein ›später einmal‹ hinausgeschoben und wir vergessen, dass er eigentlich in jedem Augenblick möglich ist. Wenn wir etwas nicht mit uns persönlich in Verbindung bringen möchten, sondern uns lieber hinter einem Allgemeinen verstecken, dann benutzen wir häufig das Wörtchen ›man‹: man sagt …, da hat man wieder einmal gesehen … usw. Für Heidegger wird dieses Man zum Signalwort dafür, dass wir nicht wirklich bei uns selbst, sondern in einem unpersönlichen Allgemeinen befangen sind. Die Lebensweise der Alltäglichkeit mit ihrer Verdrängung des Todes ist für ihn die Seinsweise des Man. Diese Verdrängung geschieht genau genommen in doppelter Weise: Einerseits haben wir gesehen, dass ›das Man‹ die Gewissheit des Todes verdrängt, andererseits aber verdrängt es auch die Unbestimmtheit seines Zeitpunktes. Dies geschieht nicht, indem der Zeitpunkt des Todes festgelegt oder vorausberechnet würde, sondern indem sich die Dinge des Alltags als wichtiger und dringlicher vor die existentiellen Grundtatsachen unseres Lebens schieben. Somit wird im Alltag der Tod auf zweierlei Weise überspielt. Zum einen überspielen wir seine Gewissheit, dass er uns bevorsteht, und zum anderen verdrängen wir die Tatsache, dass er jeden Augenblick möglich ist. Denn eigentlich ist der »Tod als Ende des Daseins die eigenste, unbezügliche, gewisse und als solche unbestimmte und unüberholbare Möglichkeit des Daseins«.

■ **Man.** Überlege dir Beispiele aus deinem Alltag, in denen du dein eigenes Handeln nicht mit dem Pronomen »ich«, sondern mit »man« umschreibst.

■ **Umgang mit dem Tod.** Bestimme, wie der Mensch nach Heidegger in seinem alltäglichen Dasein mit dem Faktum des Todes umgeht.

■ **Die Rolle des Todes.** Erläutere Heideggers Sicht auf die Rolle des Todes für das menschliche Dasein. Formuliere anschließend Anfragen an Heideggers Sichtweise aus der Perspektive, wie sie sich aus Isabell Zacherts Umgang mit dem Tod (S. 196 f.) ergibt. Du kannst auch Beispiele aus der christlichen Tradition benennen, die einen anderen Umgang mit dem Tod belegen.

■ **Tod im Alltag.** Sprich Menschen in deinem engeren Umfeld auf den Tod an. Wie gehen sie mit der Tatsache ihrer Endlichkeit um? Vergleiche deine Erkenntnisse mit M. Heideggers Aussagen zum alltäglichen Umgang des Menschen mit dem Tod.

■ **Bildbetrachtung.** Betrachte das Bild für dich und in aller Ruhe. Vielleicht könnt ihr ruhige Musik dazu laufen lassen. – Setzt euch in Gruppen von vier bis fünf Personen zusammen und beginnt eine Schreibmeditation zu dem Bild. Der erste Satz lautet: »Mein Leben hat viele Dimensionen, die sich berühren und auf einen Punkt hin verdichten können.« Ergänzt den Satz um eine eigene Bemerkung und gebt das Blatt anschließend an euren linken Nachbarn weiter. Achtet darauf, dass ihr in der Ich-Form schreibt.

MEMENTO MORI
Leben und Tod

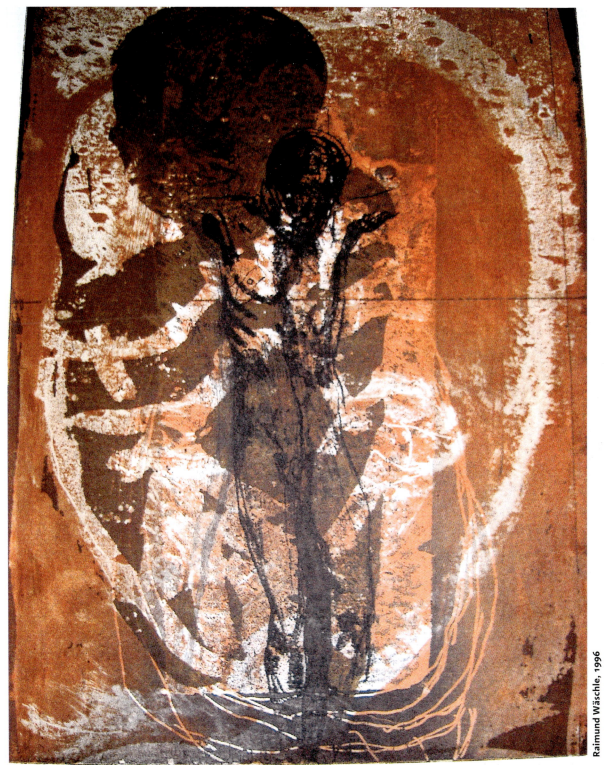
Raimund Wäschle, 1996

Streitgespräch

Der Philosoph Robert Spaemann zählt zu den bedeutendsten deutschsprachigen Philosophen der Gegenwart, er vergleicht die Sterbehilfe mit der NS-Euthanasie. Der Journalist Bartholomäus Grill hat seinen Bruder in den Freitod begleitet und über seine Erfahrungen in der Wochenzeitschrift DIE ZEIT berichtet. In einem Gespräch, das in der Zeitschrift Stern abgedruckt wurde, versuchen beide, ihre Positionen verständlich zu machen.

Robert Spaemann, 79, und Bartholomäus Grill, 52, Anfang November 2006 in Spaemanns Haus in Stuttgart

Grill: Die letzte Reise meines krebskranken Bruders zu den Sterbehelfern von »Dignitas« nach Zürich muss für Sie eigentlich in höchstem Maße verwerflich sein.

Spaemann: Über die Entscheidung eines einzelnen Menschen urteile ich nicht, ich werde sie auch nicht verwerfen. Ich bin nicht betroffen von einer solchen Situation. Mein Interesse beginnt dort, wo die Dinge verallgemeinert werden, wo also nicht die Frage gestellt wird: »Hat Ihr Bruder recht oder unrecht getan?«, sondern: »Sollte es solche Einrichtungen geben?« Einem Menschen, der in Not ist, kann man diesen Ausweg nicht vorwerfen, selbst dann nicht, wenn man einen solchen Ausweg in generalisierter Form falsch findet …

Grill: In Ihren Veröffentlichungen gehen Sie stets davon aus, dass alle Menschen eine fundamentale Solidarität verbindet … Ich finde, wir haben die schwierigste Solidarität überhaupt geleistet [als wir unseren Bruder zu den Sterbehelfern von »Dignitas« begleitet haben]. Wir sind unserem Bruder beigestanden. Er war sich sehr wohl bewusst, welche Zumutung er uns da aufbürdet. Aus unserer Sicht war es nicht ein Akt der Barbarei, sondern der Barmherzigkeit.

Spaemann: Ich nehme an, dass in Ihrem Fall das tatsächlich so ist, aber ich würde nicht so einen krassen Gegensatz zwischen Barbarei und Mitleid machen. Mitleid ist eine zweideutige Sache. Mitleidstötungen, die man ja immer wieder erlebt, auch in Altenheimen, geschehen oft aus »Mitleid«, weil man sich nämlich selbst das Mitleiden ersparen will. Und so meine ich, dass sich auch eine Begleitung des eigenen Angehörigen auf diesem Weg mit einer klaren Missbilligung dessen, was er tut, verbinden kann … Denn man kann jemanden auch begleiten auf einem falschen Weg. Aber ich kann nicht sagen: »Es soll dich nicht mehr geben.« Neuere Untersuchungen zeigen, dass in der weitaus größten Zahl der Fälle der Suizid-Wunsch verschwindet, wenn der Patient erlebt: Es gibt jemanden, dem daran liegt, dass ich noch lebe …
Die Entsolidarisierung fängt meines Erachtens da an, wo jemand die Selbsttötung akzeptiert, weil er sagt, das erspart mir die Aufwendungen, die auf mich zukommen, wenn der Kranke am Leben bleibt.

Grill: Sie meinen die explodierenden Kosten im Krankenhaus, wenn das Leben künstlich verlängert wird … Sie befürchten also, dass aktive Sterbehilfe, wie sie zum Beispiel in den Niederlanden oder Belgien erlaubt ist, zu einem rein nutzbringenden Handeln führt, das nur noch von Zweckmäßigkeit geleitet wird?

Spaemann: Ja, und zwar ist das nicht nur eine vage Sorge, sondern eine Prognose, die man mit ziemlicher Sicherheit stellen kann, weil die Menschen nun einmal so sind, wie sie sind. Man sieht doch, dass die Tötung ohne Verlangen – also genau das, was die Nazis machten – die Beurteilung eines Lebens als nicht lebenswert voraussetzt. Menschen werden, ohne je danach verlangt zu haben, getötet, und zwar in einer jährlich wachsenden Zahl. Es gibt in den Niederlanden Fälle, in denen der Arzt sagt: »Ich musste das schnell machen, weil ich die Betten brauchte.« Das ist die Realität. Und über die kann man gar nicht hart genug sprechen.

Grill: Sie erinnern in Ihren Beiträgen zur Debatte immer wieder an die NS-Zeit … Auch ich halte die Praxis der aktiven Sterbehilfe in den Niederlanden für höchst problematisch. [Aber] man kann die Barbarei der Nazis doch nicht ernsthaft mit der umstrittenen Praxis in Holland verknüpfen. Es ist ein fundamentaler Gegensatz, ob viele Men-

MEMENTO MORI
lebensmüde

schen von einer Vernichtungsmaschinerie gegen ihren Willen systematisch ermordet werden oder ob ein Individuum die schwere Entscheidung trifft, freiwillig seine Qualen zu beenden.

Spaemann: Das ist ein großer Unterschied. Aber in den Niederlanden werden Menschen auch ohne ihren Willen getötet. Ich kann es ja auch nicht für Zufall halten, dass der Ruf nach Legalisierung der Euthanasie in einem Augenblick laut wird, wo wir uns auf eine enorme Überalterung der Gesellschaft hinbewegen. Freunde weisen es entrüstet von sich, wenn ich sage: »Es wird hier vielleicht nicht planmäßig, aber tatsächlich ein Ausweg vorbereitet für die Lösung eines Problems.« Laut Umfragen sind zwei Drittel in Deutschland für die aktive Sterbehilfe. Aber wenn sie in den Altenheimen nachfragen, sind 90 Prozent der Leute dagegen, weil sie Angst haben.

Grill: Sie halten also eine Perversion, wie wir sie in unserer Geschichte hatten, durchaus wieder für möglich?

Spaemann: Ja … Wenn ich ein Recht habe und es nicht in Anspruch nehme, dann habe ich normalerweise die Folgen dafür zu tragen, dass ich es nicht tue. Das ist dann meine freie Entscheidung. In der gegenwärtigen Rechtslage ist es so, dass Angehörige all die Mühen, das Geld und die Opfer für Pflegefälle aufbringen müssen, weil sie sich in der Solidargemeinschaft befinden. Das ist hart und bedrückend für den Schwerkranken – aber es lässt sich nicht ändern. In dem Augenblick, wo ich das Recht habe, meine Tötung zu verlangen, kehrt sich die Sache um. Da kann jeder zu mir sagen: Du lädst den anderen all diese Lasten auf, du könntest sie ganz leicht davon befreien. In dem Augenblick wird die Verantwortungslast auf ihn abgewälzt, er ist jetzt schuld. Ich sehe nicht, wie sich das vermeiden ließe … Es sind gar nicht die böswilligen Angehörigen. Aber der Kranke muss das Gefühl haben: Alles, was sie für mich tun, könnte ich ihnen ersparen, und zwar auf legale Weise. Wenn ich es nicht tue, dann belädt es mich mit einer großen Verantwortung. Und dann kann ich mir vorstellen, dass mancher wirklich nicht mehr gerne leben möchte.

Grill: Aber es gibt doch die ausweglose Situation, in der ein unheilbar kranker, schwer leidender Mensch einfach nur seine Qualen beenden will. Er muss sagen können: Da ist keine Hoffnung mehr, ich möchte sterben. Es muss die Möglichkeit geben, dass er von seiner letzten Freiheit Gebrauch macht, die ihm noch geblieben ist: Ich scheide aus freien Stücken aus dem Leben.

Spaemann: Gewiss, das ist ein anderer Fall. Hier muss man aber unterscheiden zwischen dem Gebrauch der eigenen Freiheit und der Inanspruchnahme anderer. Wenn ein Mensch einen anderen Menschen in Anspruch nimmt, um sich töten zu lassen, tritt das Gesetz der menschlichen Solidargemeinschaft, von der wir sprachen, in Kraft.

Wir wenden uns gegen alle Aussagen, die das Leben von Menschen als »nicht mehr lohnend« oder »nicht mehr lebenswert« abqualifizieren. Wir verweisen demgegenüber auf die Kostbarkeit jedes einzelnen Menschen und die unabdingbare Würde jeder einzelnen Person …, die in der Gottebenbildlichkeit des Menschen gründet.

Karl Kardinal Lehmann (DBK) und Präses Manfred Kock (EKD), Bonn/Hannover 2003

■ **Begriffe.** Kläre mithilfe des Lexikons die Begriffe »aktive« und »passive Sterbehilfe«.

■ **Argumente.** Sammle und veranschauliche die Argumente, die für die unterschiedlichen Positionen zur Sterbehilfe angeführt werden. Beziehe dazu auch die Textsammlung kirchlicher Erklärungen »Sterbebegleitung statt aktiver Sterbehilfe« mit ein, die du auf der Homepage der Deutschen Bischofskonferenz (www.dbk.de) findest.

■ **Euthanasie.** Informiere dich über den Begriff »Euthanasie« und begründe, warum er in Deutschland besonders problembeladen ist.

■ **Hospiz.** Recherchiere im Internet über Hospizeinrichtungen – auch in deiner Umgebung. Beschreibe Ziele und Arbeitsweise der Hospizeinrichtungen.

■ **Um Rat gefragt.** Du bist Mitarbeiter in einer Hospizeinrichtung. Ein Verwandter eines Todkranken, der die Hilfe von »Dignitas« in Anspruch nehmen möchte, fragt dich um Rat. Formuliere einen Brief.

In ihren Passionserzählungen thematisieren die Evangelisten die Frage nach der Nähe oder Ferne Gottes angesichts des unausweichlichen Todesschicksals Jesu. Die Synoptiker zeigen das Leiden des Mannes aus Nazaret beim nächtlichen Gebet in Getsemani als existenzielle Krise, die sich in einen Gott anfragenden Schrei Jesu bei seinem Sterben steigert: Jesus zitiert bei den Evangelisten Matthäus und Markus Worte aus Psalm 22, den der Schriftsteller Arnold Stadler frei und manchmal eigenwillig aus dem Hebräischen übersetzt hat:

² Mein Gott, mein Gott,
warum hast du mich verlassen!
Warum bist du fern
meinem Schreien und Klagen, meinem Aufschrein,
meiner Sprachlosigkeit!
Mein Gott!

³ Ich schreie! wenn es hell ist, und du hörst mich nicht,
wenn es dunkel ist, und du antwortest mir nicht.

⁴ Und doch bist du *der Heilige,* der Lebendige,
der über den Liedern Israels wohnt.
⁵ Auf dich setzten unsere Väter ihre Hoffnung.
Sie hofften auf dich und kamen davon.
⁶ Zu dir hin schrien sie und wurden befreit.
Dir trauten sie und wurden nicht beschämt.

⁷ Doch ich, ich bin ein Wurm.
Kein Mensch.
Die Menschen – lachen mich aus.
Das Volk – verachtet mich.
⁸ Alle, die mich sehen, lachen,
entrüsten sich, lassen sich aus:
⁹ *der* soll seine Sorgen auf Gott abschieben!
Sein Gott soll ihn herausreißen!
Er soll ihn befreien, wenn er ihm zusagt!

¹⁰ Ach,
du bist es doch, der mich
aus dem Bauch meiner Mutter gezogen hat! der mich
daheim sein ließ an der Brust der Mutter.
¹¹ Vom Licht der Welt an bin ich auf deinem Boden
Vom Bauch der Mutter an
bist du mein Gott.

¹² Sei nicht so fern!
Ich liege im Dreck.
Keiner hilft mir.
¹³ Sie haben mich umzingelt.
Der Mob hat mich eingekreist.
¹⁴ Sie haben ihre Mäuler aufgerissen.
Und sind schlimmer als Bestien.
¹⁵ Und ich – bin wie Wasser,
hingeschüttet.
Meine Knochen sind wie aufgelöst –

Mein Herz?
Ist in mir zerflossen. Wie Wachs.
¹⁶ Meine Kehle? Ausgetrocknet, eine Scherbe.
Die Zunge klebt mir am Gaumen.
Du hast mich in den Staub des Todes gelegt!
¹⁷ Hundevolk umlagert mich, eine ganze Meute.
Sie haben mir Hände und Füße durchbohrt.
¹⁸ Ich kann all meine Knochen zählen.
Ihr Blick herrscht über mich.
¹⁹ Sie teilen meine Kleider unter sich auf,
werfen das Los über meine Sachen.

²⁰ Und du, Herr!
Hilf doch!
Schreite ein!
Du, meine Stärke,
komm jetzt!
²¹ Rette mein Leben vor ihrer Mordlust, das einzige,
das ich habe, vor der Gewalt dieser Hände!

²² Rette mich,
vor dieser Todesmaschine,
vor dieser Zerstörungswut,
rette mich!

²³ Ich werde deinen Namen weitersagen!
Vor dem Rest der Welt dich preisen!

²⁴ Die ihr von Gott wisst, rühmt ihn!
Alle ihr von Jakob her, preist ihn!
Lasst euch erschüttern, ihr Nachkommen Israels!
²⁵ Denn *er* hat das Elend des Armen nicht übersehen.
Er hat sich nicht vor ihm versteckt.
Er hat auf sein Schreien gehört.

²⁶ Vor allen will ich nun deine Treue preisen.
Vor den Seinen will ich nun tun,
was ich versprochen habe:
²⁷ die Armen sollen essen und satt werden.
Den Herrn sollen finden, die ihn suchen,
und aufleben soll euer Herz,
für immer!

Psalm 22

MEMENTO MORI
Gottverlassen in Angst und Tod?

Lovis Corinth, 1915

■ **Betrachten.** Beschreibe die Gefühle, die das Bild zum Ausdruck bringt. Welche gestalterischen Mittel setzt der Maler ein?
Erzähle die Geschichte des Bildes.

■ **Vergleichen.** Vergleiche die Aussage des Bildes mit dem dazugehörigen Bibeltext (Lk 22,39–46).

■ **Mit Gott ringen.** Die Frage nach Gott kann auch soweit gehen, dass Menschen mit Gott ringen. Auf S. 214/215 wird Jakobs Kampf mit Gott thematisiert. Setze dich mit den Arbeitsanregungen zur psychologischen Deutung dieser biblischen Erzählung auseinander.

■ **Psalmen.** Informiere dich im Lexikon über die literarische Gattung der Psalmen.

■ **Beten.** Schreibe einen Klage-Psalm aus deiner eigenen oder aus der Sicht eines anderen. Sprich dabei Gott direkt an.

■ **Theodizee.** Mehr zur Ferne Gottes findest du im Lexikon.

■ **Hilf doch.** Analysiert den »Umschwung« des Beters ab Vers 20. Benennt, woher er seine Zuversicht bezieht.

■ **Gestalten.** Suche dir eines des Sprachbilder aus den Versen 13–19 heraus und setze es mit einer Maltechnik um.

■ **Musizieren.** Vertont in Kleingruppen den Psalm 22 mithilfe von einfachen Instrumenten und Klanggegenständen. Wie drückt ihr die Stimmung bis Vers 19 und ab Vers 20 aus?

Nach dem Sabbat kamen in der Morgendämmerung des ersten Tages der Woche Maria aus Magdala und die andere Maria, um nach dem Grab zu sehen. Plötzlich entstand ein gewaltiges Erdbeben; denn ein Engel des Herrn kam vom Himmel herab, trat an das Grab, wälzte den Stein weg und setzte sich darauf. Seine Gestalt leuchtete wie ein Blitz, und sein Gewand war weiß wie Schnee. Die Wächter begannen vor Angst zu zittern und fielen wie tot zu Boden. Der Engel aber sagte zu den Frauen: Fürchtet euch nicht! Ich weiß, ihr sucht Jesus, den Gekreuzigten. Er ist nicht hier; denn er ist auferstanden, wie er gesagt hat. Kommt her und seht euch die Stelle an, wo er lag. Dann geht schnell zu seinen Jüngern und sagt ihnen: Er ist von den Toten auferstanden. Er geht euch voraus nach Galiläa, dort werdet ihr ihn sehen. Ich habe es euch gesagt.
Sogleich verließen sie das Grab und eilten voll Furcht und großer Freude zu seinen Jüngern, um ihnen die Botschaft zu verkünden.

Matthäus 28,1–8

Auferweckt von den Toten

Der Kern des christlichen Glaubens – und darüber gibt es keinen Dissens – lautet: Gott hat Jesus von den Toten erweckt (vgl. Röm 8,11; 1 Thess 1,10). Damit steht eine Botschaft im Zentrum des christlichen Glaubens, die die menschliche Erfahrung von Leid und Tod überholt, die eine Hoffnungsperspektive eröffnet, welche den Blick aufs Leben insgesamt verändert.

Im Glauben an Jesus Christus weiß ich: Angst und Tod haben keine Gewalt mehr über mich. Dieser Glaube hat Konsequenzen für mein tägliches Leben. Zunächst scheint unser ganzes Leben vom Tod gezeichnet zu sein. Es ist ein ewiges grausames Spiel, dem keiner entrinnen kann, ein Fressen und Gefressenwerden. Der eine sichert sein Überleben auf Kosten der anderen. Wer nicht mitspielt, geht unter.

Der christliche Glaube besteht im Grunde darin, dass er behauptet, es gebe einen Ausweg aus diesem grausamen Kreislauf. Dieser Ausweg ist Christus selber, denn er wurde von Gott dem Tod entrissen; und damit begann eine neue Zeit, eine Zeit, die durch eine neue Ordnung regiert wird, in der nicht mehr das Gesetz des Fressen und Gefressenwerdens gilt, sondern in der alle Menschen gleich sind, in der es keine Unterdrückung mehr gibt, keine Menschen, die auf Kosten anderer herrschen, und niemanden, der beherrscht und seiner Lebensmöglichkeiten beraubt wird.

Die Metapher, mit der das Neue Testament diese neue Wirklichkeit bezeichnet, lautet »Auferweckung«/»Auferstehung«. Diese Metapher stammt aus der Vorstellungswelt einer apokalyptischen Theologie und meint letztlich die Ansage einer erfüllenden Zukunft, die allen, die sich von der Auferweckungsbotschaft ergreifen lassen, verheißen ist.

Der konkrete Vorgang der Auferweckung wird im Neuen Testament nirgendwo beschrieben. Allerdings wird von Erscheinungen des Auferstandenen berichtet. Nach Matthäus erscheint Jesus den beiden Frauen auf dem Weg vom Grab zurück zu den Jüngern. Sie fallen vor ihm nieder und umfassen seine Füße (Mt 28,9f.). Danach ereignet sich der gleiche Vorgang mit den elf Jüngern auf einem Berg in Galiläa (Mt 28,16–20). Trotz der Erscheinung Jesu schließt der Vers 17 mit der Bemerkung: »Einige aber hatten Zweifel.« Die Erscheinungen allein sind demnach für Matthäus kein fester Beweis für die Auferstehung, sondern lassen immer noch die Möglichkeit des Zweifelns offen.

Nur wer Leben und Sterben Jesu in einem unauflöslichen Zusammenhang mit der Auferweckung sieht, versteht den tiefen Sinn dieser Metapher. Die Auferweckung bezeichnet im Grunde genommen die Einheit von Gott mit Jesus. D. h., Gott zeigt sich uns Menschen im Leben und Sterben Jesu. Wie Gott wirklich ist, erfahren wir im Blick auf Jesus. Seine liebende Hingabe, sein bedingungsloser Verzicht auf Gewalt, sein unermessliches Vertrauen in die Menschen, die ihm begegnen, zeugen von einer Liebe, die über jedes menschliche Maß hinaus geht, von der Liebe Gottes. »Auferweckung«/»Auferstehung« ist die Beglaubigung durch Gott, dass diese Liebe stärker ist als der Tod. In dieser eschatologischen Hoffnung leben Christen.

■ **Auferweckung/Auferstehung.** Beschreibe ausführlich und in eigenen Worten, was mit der Metapher »Auferweckung«/»Auferstehung« gemeint ist. – Inwiefern verändert der Glaube an die Auferweckung/Auferstehung den Blick auf das menschliche Leben?

MEMENTO MORI
Hoffnung über den Tod hinaus

Fresko, 13. Jh.

- **Botschaft des Engels.** Schildere deine Eindrücke, die sich beim Betrachten des Bildes aus dem Kloster Mileševa bei dir einstellen

- **Wort und Bild.** Überprüfe, welche Momente der Osterbotschaft aus dem Matthäusevangelium (Mt 28,1–8) im Bild aufgenommen wurden.

- **Frauen am Grab.** Formuliere einen fiktiven Dialog zwischen den beiden Frauen und dem Engel.

- **Auferstehungsdarstellungen.** Bildliche Darstellungen der Auferweckung gibt es erst seit dem Hochmittelalter (ca. 1200 n. Chr.). Vorher verzichtete man aus Respekt vor dem Geheimnis der Auferweckung auf eine Darstellung des Auferstandenen, wie er aus dem Grab steigt. – Benenne, inwieweit das Bild aus dem Kloster von Mileševa diesem Respekt vor der Auferweckung als einem Geheimnis Rechnung trägt.

Die Schwierigkeiten, das Osterereignis zu beschreiben oder zu malen, klangen bereits auf den voranstehenden Seiten »Vom Tod ins Leben« (S. 206f.) an. Auferweckung kann nicht ausschließlich als ein historisches Ereignis der Vergangenheit verstanden werden. Aber auch ein Verständnis von Auferweckung als zukünftiger, auf ein [Jenseits] ausgerichteter Vorgang, wie es sich in der christlichen Tradition nicht selten findet, entspricht nicht dem biblischen Befund. In Literatur und Kunst der Moderne sowie in sogenannten »neuen geistlichen Liedern« werden Zugänge zu der Wirklichkeit der Auferweckung gesucht, die den Schwerpunkt auf das Hier und Jetzt legen.

Auferstehung

Manchmal stehen wir auf
Stehen wir zur Auferstehung auf
Mitten am Tage
Mit unserem lebendigen Haar
Mit unserer atmenden Haut.

Nur das Gewohnte ist um uns.
Keine Fata Morgana aus Palmen
Mit weidenden Löwen
Und sanften Wölfen.

Die Weckuhren hören nicht auf zu ticken
Ihre Leuchtzeiger löschen nicht aus.

Und dennoch leicht
Und dennoch unverwundbar
Geordnet in geheimnisvoller Ordnung
Vorweggenommen in ein Haus aus Licht.

Marie Luise Kaschnitz

Manchmal feiern wir mitten im Tag

T: Alois Albrecht, M: Peter Janssens

MEMENTO MORI
Auferweckung im Hier und Jetzt

■ **Auferstehung.** Erläutere, was Marie Luise Kaschnitz unter Auferstehung versteht.
Warum benutzt sie nicht den Begriff »Auferweckung«?
Überzeugt dich ihre Deutung von Ostern?

■ **Liedstrophe.** Verfasse eine eigene Liedstrophe nach dem vom Lied vorgegebenen Muster.

■ **Figuren.** Betrachte die einzelnen Bildelemente des Werkes von Volker Stelzmann ganz genau. Suche dir eine der Figuren aus und lass sie aus ihrem Leben erzählen.

■ **Gestalten.** Gestalte zwei weitere Bildelemente mit Personen deiner Wahl.

■ **Wort und Bild.** Stelle Bezüge zwischen Gedicht und Bild her.

Volker Stelzmann, 1983

209

Früher wurde die Welt, in der unser Leben spielt, oft mit einer Theaterbühne verglichen. Umgekehrt sagte man den Bühnenbrettern nach, dass sie die Welt bedeuteten. Denn im Theater wie im richtigen Leben werden Regeln – mal gern, mal aus Pflichtgefühl, mal aus Einsicht, mal nicht – befolgt.

DAS LEBEN

Die Doppelseiten dieser Lernlandschaft helfen dir, dein Leben selbst in die Hand zu nehmen, Anforderungen an dich zu gestalten und deine Pläne umzusetzen. Probiere doch beim Durchblättern das Gedankenspiel aus: »Was wäre, wenn / wenn nicht …?« Neugierig geworden? Dann mal los!

SPIELEND UMSETZEN?!

Der Sprung ins Ungewisse

Wieder kam die Stimme des Bosses, lauernd, erregt: »Nun, warum bist du nicht erschienen?« Und drohend, heiser: »Ich frage zum letzten Mal!« Martin schwieg. Er konnte, durfte die Mutter nicht erwähnen. Alles konnte er sagen, nur das nicht. Er wusste, was sie von ihm hielten seit der Turnstunde damals …

Oh, er hatte kommen wollen! Er hatte ihnen beweisen wollen, dass er Mut hatte! Seit damals hatte er auf diese Gelegenheit gewartet. Gestern hätten sie ihn aufgenommen. Er hätte bestanden. Aber Mutter – er konnte ihr nicht widersprechen, seit er das wusste … (»Wissen Sie schon«, sagte Frau Strelow im Treppenhaus, »mit Frau Neumann? Es ist unheilbar.« Und Frau Jansen sprach es aus: »Krebs?«) Jetzt wussten es alle im Haus. Nur Mutter wusste es nicht. Er sah sie auf der Couch liegen unter der Decke mit den braunen Mäandern. »Martin, du musst mir helfen heute Nachmittag: spülen, einkaufen …« Mutter verstand sonst alles. Aber wenn er gesagt hätte: Lass mich gehen, bitte! Sie wollen mich in den Klub aufnehmen, so hätte sie als Erstes gefragt: »Ist dieser Conny dabei? Du weißt, ich will nicht, dass du mit ihm verkehrst.« Und Conny war der Boss.

»Schön, du willst nicht«, sagte der Boss, »dann also Tortur. He, G 3 und G 4! Tortur, erster Grad!« Während Paul und Gerd Martins Handgelenke umklammerten, schnürten Gerold und Hans mit einem Riemen seine Füße zusammen. Dann fassten sie sein Haar über den Schläfen zwischen Daumen und Zeigefinger und zogen nach oben. »Ich konnte nicht kommen!«, stieß Martin hervor – der Schmerz an den Schläfen war unerträglich –, »ich konnte einfach nicht!« »Schön«, sagte der Boss, »ich geb dir noch eine Chance.« Er holte Zigaretten und Streichhölzer aus der Hosentasche, steckte sich eine Zigarette an und sagte grinsend: »Wir werden die Mutprobe nachholen. Jetzt.« Martin atmete tief ein. Er wusste nicht, was sie mit ihm vorhatten. Aber es war eine Chance. Er würde die Probe bestehen, und sie würden keinen Grund haben, ihn weiter zu quälen.

Während die »Tiger« sich um den Boss scharten und tuschelten, stand Martin allein und wartete.

Nein, sie würden es ihm nicht leicht machen. Aber er wollte es ihnen zeigen! Endlich würden sie ihn anerkennen. Es hatte alles damit angefangen, dass er Conny für die Berichtigung sein Deutschheft geliehen hatte; das Heft, in dem ein Gedicht lag, das er in den Ferien bei Onkel Bernhard gemacht hatte, an dem Abend, als Mutter spät in der Dunkelheit mit ihm durch die Felder gegangen war. Conny hatte das Gedicht gefunden. In der Pause hatten sie ihn umlagert, Kopf an Kopf, eine johlende, brüllende Menge.

> ■ **Mutprobe.** Kennst du vergleichbare Erfahrungen wie die von Martin? Oder hast du schon erlebt, wie ernst ein »Spiel« sein kann? Tauscht euch darüber in Kleingruppen aus.

»Dichter! Dichter!« Von einer Ecke des Schulhofs zur andern hatten sie ihn verfolgt, die aus der Parallelklasse waren hinzugekommen, es war ein Schauspiel ohnegleichen. Die Stimme des Bosses riss ihn jäh aus seinen Gedanken: »Die Mutprobe lautet: Der Sprung ins Ungewisse.« Martin fühlte sein Herz schlagen. Er wusste nicht, was sie ausgeheckt hatten. Man musste anders sein, wenn man mit ihnen auskommen wollte. Man durfte nicht dichten. Was verstanden sie von Stimmungen, Farben, Klängen, Gerüchen …? Das verstand nur Mutter. Aber sie waren stärker. Man musste sich gut mit ihnen stellen. Rolf verband ihm die Augen mit einem Fetzen Sackleinen, in der Dunkelheit, die ihn jäh umgab, hörte er den Befehl des Bosses: »Los! Tragen!«

Bald hab ich's geschafft, bald, dachte er. Aber zugleich stieg Angst in ihm auf. Jemand packte ihn unter den Armen, ein anderer fasste seine Füße, sie trugen ihn. Er lauschte. Nichts war zu hören als das Keuchen der Träger, das dumpfe Tosen des Straßenlärms von ferne und das Geräusch von Schritten, vieler Schritte, der Schritte der »Tiger«, die das Geleit gaben. Es ging eine Treppe hinauf. Der Straßenlärm schien näher zu kommen – die Schwärze vor seinen Augen hellte sich auf, sie mussten jetzt im Tageslicht sein. Die Schritte hallten wider. Sand knirschte unter Schuhsohlen, das musste der Betonboden der Maschinenhalle sein, in die sie aus dem Keller heraufgestiegen waren. Wieder wurde es heller. Man stützte ihn, bis er stand, fasste ihn an den Schultern, drehte ihn in eine bestimmte Richtung. Von irgendwoher kam die Stimme des Bosses: »So stehen bleiben! Nicht von der Stelle rühren, eh ich es sage! Aufgepasst! Einen halben Meter vor dir ist ein Abgrund. Du weißt nicht, wie tief. Verfolger sind hinter dir. Der Sprung ins Ungewisse ist deine einzige Rettung. Ich zähle bis drei. Bei ›drei‹ springst du! Verstanden?«

Martin nickte. »Er muss sich durchsetzen«, hatte Vater gesagt. Mehr als einmal hatte er das gehört. – Ich werde mich durchsetzen!, dachte er. Was ich jetzt mache, tu ich freiwillig, damit –

»Du kannst noch einen halben Schritt vorgehn!«, rief der Boss. Seine Stimme schien von unten zu kommen. Martin tastete sich mit den Füßen nach vorn. Der Boden war eben und aus Stein. Dann stieß sein Fuß ins Leere. Er fühlte mit

---

DAS LEBEN SPIELEND UMSETZEN?!

Ist das Leben ein Spiel?

der Fußspitze nach, der Boden brach geradlinig vor ihm ab. Vielleicht stand er auf einer Mauerkrone, drei, vier, fünf Meter hoch? Wie sah es unten aus? War Wasser da, Gebüsch, Schutt? »So, Dichter, jetzt lass sehn, was du kannst!« Martin keuchte. Ich will nicht – ich will nicht!, dachte er. Oh, sein Zimmer jetzt in der Nachmittagssonne, die Boote auf dem Wasser, die Stimmen der Ruderer – »Ich kommandiere!«, rief der Boss.
Wie sie triumphieren würden, wenn er nicht sprang! »Zwei …« Nein! Dieser Triumph musste ihm gehören. Er würde sie besiegen, dies eine Mal, was immer sie auch mit ihm vorhatten. – Er widerstand der Versuchung, in die Hocke zu gehen, damit der Sprung nicht so tief sein sollte – was würde das schon ändern –, straffte sich und stand, mit den Füßen wippend, aufrecht auf der Kante. »Drei!«
Abstoß, die Arme fliegen nach vorn. Wind saust an den Ohren – Mutter, die Decke mit den braunen Mäandern, »Er muss sich durchsetzen!«, Sonnenschirme, rot, blau, gelb, Lampions – jäh der Aufprall. Die Wucht reißt ihn nach vorn. Er fängt den Sturz mit den Armen ab, da dringen Schneiden in seine Handflächen, scharf und stechend. Blut läuft warm über seine Handballen, das Tuch herunter! Licht! …

Theodor Weißenborn

■ **Mut und Selbstvertrauen.** Nenne Situationen, in denen Mut, Standhaftigkeit und Selbstvertrauen nötig sind.

■ **Weiterspinnen.** Überlege, wie die Geschichte deiner Meinung nach ausgehen könnte.

■ **Stimmenskulptur.** Bildet zunächst ein Standbild für eine Szene, die euch zentral erscheint. Wer von euch nicht zufrieden ist mit der »Skulptur«, darf sie begründet verändern.
Alle, die keine »Statuen« darstellen, dürfen danach einer Figur, der sie ihre Stimme leihen wollen, ihre Hand auf die Schulter legen und deren mögliche Gedanken äußern.
Redet abschließend darüber, warum eventuell eine Figur nicht öffentlich sagt, was sie wirklich denkt.

Jakobs Kampf mit Gott (Gen 32,23–31) – eine psychologische Deutung

Die Lebensbedingungen weisen oft auf den Ernst unseres Daseins hin: verursacht durch äußere Umstände oder eigenes Unvermögen.

Jakob ist von Geburt an benachteiligt, er kommt als Zweiter zur Welt, als der zweite Zwilling nach Esau. Damit ist von Anfang an klar, dass sein Bruder alles erben würde, dass dem Bruder alles offensteht an Erfolg und Glück und väterlichem Segen. Er selbst würde leer ausgehen. Aber Jakob will sein Schicksal ändern, selbst in die Hand nehmen. Er hat Erfolg damit. Mit Tricks und Finessen setzt er sich durch: Den Vater betrügt er, den Bruder haut er übers Ohr, seinen Gastgeber überlistet er.

Jetzt ist er ein gestandener Mann. Er ist reich, hat große Viehherden, auch mit Nachkommen ist er gesegnet. Nun kehrt er heim. Abends erreicht er den Grenzfluss zum Land seiner Kindheit, den Jabbok, der in einer tiefen Schlucht von Osten her dem Jordan zufließt. Seine Frauen, seine Mägde, seine Kinder und seine Herden bringt er an das andere Ufer. Er selber bleibt mitten in der Nacht am Fluss zurück. Er braucht Zeit für sich, bevor er an den Ort seiner Kindheit zurückkehren kann. Die Gedanken gehen zurück. Je näher er dem Ort seiner Kindheit kommt, umso mehr holt ihn die Vergangenheit ein. Er denkt an seinen Bruder

Esau, dem er das Erstgeburtsrecht für ein Linsengericht abgekauft hat und vor dessen Rache er vor 20 Jahren geflohen ist. Er sendet deshalb üppige Geschenke voraus, um seinen Bruder gnädig zu stimmen. Er erinnert Gott, dass er ihm doch Glück und Segen zugesagt hat. Eine Antwort hat er nicht bekommen. Nun ist er allein inmitten der Nacht. Alles, was bisher hell und schön gewesen ist, kehrt sich nun gegen ihn. Er merkt: Alles, was ich habe, ist hohl und leer.

Plötzlich fällt ihn, so erzählt die Bibel, eine Gestalt an. Lange kämpfen die beiden miteinander, ohne dass einer den anderen bezwingt. Übermenschliche Kräfte sind am Werk. In dem nächtlichen Kampf ringt Jakob mit seinem schlechten Gewissen und mit seinem Gott zugleich: mit der Frage nach dem Sinn seines Lebens und der Rolle, die Gott darin spielen soll.

Als der andere sieht, dass Jakob ihm widersteht, verrenkt er ihm die Hüfte. In diesem Moment steigt die Morgenröte herauf und Jakob meistert seine Angst. Plötzlich ist er nicht mehr auf sich selbst fixiert, sondern kann seinem Gegenüber begegnen.

Durch seinen eigenen Schatten, seine dunklen Gedanken hindurch bekommt er den lebendigen Gott zu fassen: Trotz allem, was er ist, will er Gottes Segen. Er gibt sich in seinem Namen preis als Jakob, der Betrüger, zeigt damit Mut, sich zu sich selbst zu bekennen. Deshalb kann er nun ein neues Leben beginnen – unter einem neuen Namen: ›Israel‹ – Got-

---

■ **Stuhltheater.** Die biblischen Erzählungen scheinen oft weit weg von uns. Deshalb ist es hilfreich, das Geschehen im szenischen Spiel zu vergegenwärtigen. Eine Möglichkeit ist das »Stuhltheater«. Überlegt dazu, wie viele Personen in der Perikope (dem Abschnitt aus der Bibel) erwähnt werden und zu Wort kommen sollen. Kennzeichnet entsprechend viele Stühle und stellt diese in einem Halbkreis auf. Etwa zwei Meter gegenüber gibt es einen weiteren Stuhl für die Person, die Fragen an die Akteure in der biblischen Szene stellen will.

Wer eine Frage an eine oder mehrere Personen hat, die durch die »Stühle« im Halbkreis repräsentiert werden, setzt sich auf den »Frage-Stuhl« und stellt sie. Wer die Frage aus Sicht der angefragten Person beantworten will, setzt sich auf den entsprechenden Stuhl und antwortet.

Wer diese Antwort korrigieren, ergänzen oder präzisieren will, kann das (ebenfalls auf dem entsprechenden Stuhl) tun.

Im Idealfall entwickelt sich innerhalb des Halbkreises auch eine Diskussion über das Frage-Antwort-Schema hinaus zwischen den Personen auf den besetzten Stühlen.

Am Ende des Stuhltheaters beantworte die folgenden Fragen im Heft:

– Welche Worte haben mich berührt?
– Welche Erinnerungen aus meiner eigenen Geschichte hatte ich?
– In welche Figur konnte ich mich gut einfühlen, in welche nicht?
– Welche Botschaft war mir unangenehm?
– Welcher Vorsatz für den nächsten Tag hat sich in mir entwickelt?
– Welche Ängste und Befürchtungen lasse ich hier zurück?

Vergiss nicht, deine Antworten zu begründen.

DAS LEBEN SPIELEND UMSETZEN?!

Wenn es ernst wird

tesstreiter; denn er hat es mit Gott, mit unbezwingbar scheinenden Mächten, mit sich selbst aufgenommen.
Die Heimkehr in die Heimat kann insofern auch als Heimkehr zu sich selbst gedeutet werden, die vorangegangene Flucht als Ausweichen vor sich selbst, der Frage nach dem Sinn des Lebens und damit zugleich nach Gottes Dasein. Der Kampf mündet nicht in den Tod, sondern in die Geburt zu einem neuen Leben. Der Segen steht somit erst ganz am Ende des nächtlichen Ringens. Jetzt ist er kein Ergebnis der Forderung Jakobs mehr, sondern reine Gabe. Jakob ist durch den Kampf zu einem Menschen geworden, der weiß, dass er sich nicht sich selbst verdankt.
Als Jakob anschließend Esau begegnet, nützt der Bruder die Schwäche Jakobs nicht aus, sondern umarmt und küsst ihn, sodass Jakob in ihm Gott selbst sehen kann. In der Begegnung mit seinem Bruder spürt er nun den Segen, in dem Gott sein Angesicht liebevoll zuwendet. Gott ist eben kein kleinlicher Buchhalter, sondern nimmt den Menschen in seiner verschwenderischen Liebe immer wieder neu an und will ihn durch Annahme der eigenen Unzulänglichkeiten zu einem wahren Mitmenschen machen.

Ilse Greif, 2005

■ **Inhalt.** Lies die Erzählung Gen 32,23–31 zunächst leise für dich. Danach lest ihr sie einander laut vor. Dabei könnt ihr euch versweise abwechseln. Teilt die Geschichte in verschiedene Abschnitte ein und erstellt Teilüberschriften (mit Versangaben). Haltet das Ergebnis im Heft fest.

■ **Psychologisch gedeutet.** Formuliere mit eigenen Worten, wie der Kampf Jakobs mit Gott gedeutet werden kann.
Stelle einen Bezug zum Bild von Ilse Greif her. Diskutiert anschließend, ob diese Darstellung dem Bild Gottes gerecht wird.

■ **Mit mir und meinem Schatten ringen.** Fasse im Heft oder für dich allein auf einem separaten Blatt Papier zusammen, wann du bereits selbst mit »deinem Schatten« gerungen hast. Füge hinzu, worum es jeweils gegangen ist. Könntest du dieses Geschehen auch als »Ringen mit Gott« bezeichnen? Wie – verwundet?, gesegnet?, gestärkt? – bist du aus diesem inneren Kampf hervorgegangen?

Die Begegnung mit dem Auferstandenen auf dem Weg nach Emmaus

Am dritten Tag nach Jesu Kreuzigung waren Kleopas und ein anderer Jünger Jesu auf dem Weg in ein Dorf namens Emmaus, das sechzig Stadien von Jerusalem entfernt ist. Sie sprachen miteinander über all das, was sich ereignet hatte. Während sie redeten und ihre Gedanken austauschten, kam Jesus hinzu und ging mit ihnen. Doch sie erkannten ihn nicht. Jesus fragte sie:

Jesus: Was sind das für Dinge, über die ihr auf eurem Weg miteinander redet?

Kleopas *(traurig stehen bleibend):* Ja bist du denn so fremd hier in Jerusalem, dass du als Einziger nicht weißt, was in diesen Tagen dort geschehen ist?

Jesus: Was denn?

Kleopas: Das mit Jesus aus Nazaret. Er war ein Prophet, mächtig in Wort und Tat vor Gott und dem ganzen Volk. Doch unsere Hohenpriester und Führer haben ihn zum Tod verurteilen und ans Kreuz schlagen lassen. Wir aber hatten gehofft, dass er der sei, der uns und ganz Israel erlösen werde. Und dazu ist heute schon der dritte Tag, seitdem das alles geschehen ist.

Der andere Jünger: Aber nicht nur das: Einige Frauen aus unserem Kreis haben uns in große Aufregung versetzt. Sie waren in der Frühe beim Grab, fanden aber seinen Leichnam nicht. Als sie zurückkamen, erzählten sie, es seien ihnen Engel erschienen und diese hätten gesagt, er lebe. Einige von uns gingen dann zum Grab und fanden alles so, wie die Frauen gesagt hatten; ihn selbst aber sahen sie nicht.

Jesus: Begreift ihr denn nicht? Wie schwer fällt es euch, alles zu glauben, was die Propheten gesagt haben. Musste nicht der Messias all das erleiden, um so in seine Herrlichkeit zu gelangen? Bei Mose und bei den Propheten steht doch alles geschrieben … *(Er legt den Jüngern die Heilige Schrift aus.)*

Kleopas: Wie? Da ist ja schon das Dorf. Die Zeit verging jetzt wie im Fluge.

(Jesus tut so, als wolle er weitergehen.)

Kleopas: Halt! Bleib doch bei uns; denn es wird bald Abend, der Tag hat sich schon geneigt.

Jesus: Also gut. Danke. *(Sie gehen in ein Haus.)*

Der andere Jünger: Komm, setz dich zu Tisch und iss mit uns. *(Sie begeben sich zu Tisch; Jesus bricht das Brot und spricht den Lobpreis.)*

Jesus: Dies ist das Brot des Lebens. Wer von diesem Brot isst, wird in Ewigkeit nicht sterben. Nehmt und esst es zu meinem Gedächtnis.

Kleopas und der andere Jünger *(sich erstaunt ansehend):* Der Herr! Jetzt erst erkennen wir dich! – *(Plötzlich sehen sie Jesus nicht mehr.)*

Der andere Jünger: Aber wo bist du?

Kleopas: Brannte uns nicht das Herz in der Brust, als er unterwegs mit uns redete und uns den Sinn der Schrift erschloss? Komm, lass uns sofort aufbrechen und nach Jerusalem zurückkehren.

(Sie eilen nach Jerusalem, wo sich die anderen Jünger bereits versammelt haben.)

Einer der versammelten Jünger: Ihr kommt gerade recht! Hört mal her! Der Herr ist wirklich auferstanden und ist dem Simon erschienen!

Kleopas: Stellt euch vor, was wir unterwegs erlebt haben! Auch bei uns war der Herr. Und wir haben seine Gegenwart erst erkannt, als er das Brot brach.

■ **Verstehen.** Lies bei Lk 24,13–35 nach und gliedere die Geschichte vom Gang nach Emmaus in ihre einzelnen Abschnitte (mit Versangaben zu deinen Teilüberschriften). Halte die Ortsangaben und Raumveränderungen in einer Skizze fest. Versuche eine Deutung der Perikope in eigenen Worten.

■ **Hoffnungen und Enttäuschungen.** Erzähle die Geschichte aus der Sicht des Kleopas. Lasse darin seine möglichen Wünsche einfließen, die enttäuscht worden sind. Was hat ihm neue Kraft geschenkt?

■ **Inszenieren.** Die beiden Jünger kehren sehr niedergeschlagen von Jerusalem in ihr Dorf zurück, da ihre Hoffnungen zerstört und ihre Träume geplatzt sind. Spielt gemeinsam die Szene nach. Probiert aus, durch welche Körperhaltungen, Mimik und Gestik Niedergeschlagenheit und Verzweiflung auszudrücken sind.

DAS LEBEN SPIELEND UMSETZEN?!
Wenn Träume platzen

Janet Brooks-Gerloff, 1992

■ **Kraft zur Entscheidung.** Tauscht zunächst mit einem Partner oder einer Partnerin, dann erst in der Klasse Erfahrungen aus, wann ihr enttäuscht und mutlos wart und wie ihr zu neuer Hoffnung und Kraft gefunden habt.

■ **Bildinterpretation.** Betrachte das Bild und deute Anordnung und Haltung der Personen sowie Farbgebung. Inwiefern interpretiert die Künstlerin die biblische Erzählung? Hast du jemals das Gefühl gehabt, dass während einer Unterhaltung plötzlich eine weitere Person – unsichtbar, doch spürbar – anwesend ist? Überlege, in welchen Situationen und wie uns Jesus auch heute noch begleitet.

■ **Miteinander essen.** Formuliere in eigenen Worten, was die Mahlgemeinschaft mit Jesus bewirkt (vgl. Lk 24,30f.), und notiere dies in deinem Heft.

Berührende Geschichten

Biblische Geschichten wollen nicht nur Geschichten aus dem Leben Jesu oder vom Israel in alten Zeiten erzählen, sondern immer auch das Leben der Lescrinnen und Leser berühren – egal, wie alt sie sind und zu welcher Zeit sie leben. Umgekehrt haben Menschen zu allen Zeiten die Erfahrung gemacht, dass ihnen die Texte der Bibel tatsächlich in ihrem eigenen Leben wichtig geworden sind und ihnen geholfen haben, das Leben besser zu verstehen. Um solche Erfahrungen zu machen, reicht es oft nicht, die Bibel aufzuschlagen und darin einfach flüchtig zu lesen. Man muss sich Zeit nehmen für die oft auf den ersten Blick langweilig oder manchmal auch sehr blutrünstig wirkenden Texte. Die wissenschaftliche Auslegung von Bibeltexten (z.B. die »historisch-kritische Exegese«) fragt dann nach der Zeitgeschichte, in der biblische Texte entstanden sind, nach der Textsorte (Gleichnis, Gedicht, Wundererzählung, Gebet etc.), nach Brüchen im Text und dem (ursprünglichen und jetzigen) Zusammenhang einer Aussage, ob ein Abschreiber den Text verändert hat und vieles mehr.

Manchmal ist es auch hilfreich, die Texte nicht nur einfach mit dem Kopf »verstehen« zu wollen, sondern mit allen Sinnen zu »erfahren«. Wie das funktionieren kann, beschreiben die folgenden Methoden:

Standbild bauen: Bei dieser Methode liest zunächst jeder für sich eine bestimmte biblische Geschichte (z. B. Gen 19,15.16.22.26), bevor ihr in der Gruppe darüber sprecht, welche Höhe- und Wendepunkte in der Geschichte am wichtigsten sind. Diese »zementiert« ihr dann in einer »Statuengruppe«: Einige aus der Gruppe, die sich trauen, lassen sich von den anderen als Statue modellieren. Dabei solltet ihr besonders auf Körperhaltung, Gesichtsausdruck und Stellung der Personen zueinander achten. Anschließend betrachtet ihr mit der gesamten Klasse das Standbild und teilt einander eure Beobachtungen mit: Wie stehen die Personen zueinander? Was fällt mir auf?
Wichtig: Die einzelnen Darsteller werden als Figuren angeredet, nicht mit ihrem eigenen Namen.

Rolle einnehmen: Dazu sucht ihr gemeinsam biblische Figuren aus (z. B. Bartimäus aus Mk 10,46–52) und weist ihnen Bereiche im Klassenzimmer zu. Tretet dann in den Bereich einer biblischen Figur und äußert in dieser Rolle deren Gedanken, z. B. »Als Geheilter werde ich …« – »Ich, Jesus, möchte dir sagen …« – »Als Jünger spüre ich …«.

Fortsetzung gestalten: Die ausgewählte biblische Geschichte (z. B. Lk 15,11–32) wird unter einem bestimmten Aspekt fortgeschrieben, z. B. unter der Frage: Wie könnte das Leben für die Beteiligten weitergegangen sein?

Fantasiefigur hinzufügen: Reizvoll ist es, einer biblischen Geschichte eine Fantasiefigur hinzuzufügen, die das Geschehen aus einer bestimmten Perspektive deutet (z. B. bei Mk 10,46–52). So kann z. B. ein ohnehin mitgedachter Außenstehender hinzuerfunden werden oder gar ein »moderner« Mensch mittels Zeitreise hinzukommen und auf den Vorgang reagieren.

Interview führen: Ein erfundenes Interview mit einer der dargestellten Personen (z. B. bei Gen 12,1–5) führt oft zu verblüffenden Ergebnissen. Fragen könnten z. B. sein: »Herr N., was dachten Sie über Gott/Jesus vor Ihrer Begegnung?« – »Was halten Sie davon, wie mit Ihnen umgegangen worden ist?«.

Die Geschichte aktualisieren: Verwandle z. B. Lk 15,11–32 in eine heutige Szene. Ist eine solche aktualisierende Verfremdung deiner Meinung nach sinnvoll? Tauscht anschließend eure Ansichten miteinander aus.

■ **Emil Nolde.** Beschreibe zunächst das Bild; deute es danach. Gestaltet ein Standbild, das sich in Gestik, Mimik und Proxemik (Wahrnehmung der Anordnung im Raum) an Noldes Gemälde orientiert. Lasst die Figuren anschließend erzählen, wie sie das Geschehen erleben.

■ **Bibel in Aktion.** Teilt euch in Kleingruppen, wählt eine der im Text genannten Methoden aus und setzt sie um. Stellt einander die Ergebnisse vor. Überlegt gemeinsam, welche Gestaltungen eurer Meinung nach den erlaubten Spielraum einer Textinterpretation verlassen. Besprecht am Schluss: Welche Methoden findet ihr sinnvoll, welche nicht?

■ **Bewertung.** Lies Joh 20,24–29 und beurteile mit diesem Hintergrund, ob Noldes Interpretation der biblischen Perikope gerecht wird. Zeige auf, inwiefern gerade metaphorisches »Be-greifen«, Glauben und Vertrauen zusammenhängen (vielleicht findest du auch ein Beispiel aus deinem alltäglichen Leben).

DAS LEBEN SPIELEND UMSETZEN?!
Biblische Geschichten beleben

Emil Nolde, 1912

Szene eins

Szene zwei

Lieber Hans, liebe Kolleginnen und Kollegen, nichts freut mich mehr, als zu so einer Gelegenheit eine Rede halten zu dürfen. Dreißig Jahre ist unser Hans Schöller nun schon bei uns, gewissermaßen seit den ersten Stunden also, und ich kann mit Fug und Recht behaupten: Ohne ihn wären wir heute nicht so weit! Ohne die innovativen Produkte, die Hans Schöller entwickelt und ständig verbessert, gäbe es keinen Marktführer Brosch im Segment Auto-Türschlösser. Lieber Hans, wenn wir dir auch unsere Dankbarkeit für deinen Fleiß und deine Arbeit nicht jeden Tag zeigen, so sei dir heute umso herzlicher versichert: Wir wissen, dass wir letztlich dir unser Wohlergehen verdanken, auch und gerade – und lassen Sie mich das an dieser Stelle betonen – weil wir eine Gemeinschaft sind, die auf ein faires Miteinander aufgebaut ist; denn nur im Team, im kommunikativen Miteinander bleiben wir erfolgreich. Deshalb ein dreifaches Hoch auf unseren Hans. Er lebe hoch, hoch, hoch!

■ **Begegnung.** Beschreibe die Situation auf der Zeichnung. Berichte von eigenen Erfahrungen. Spiele die Szene mit einem Mitschüler oder einer Mitschülerin nach: Die Rolle des Jungen soll dabei von einem Mädchen und die Rolle des Mädchens von einem Jungen gespielt werden. Die Darstellerin und der Darsteller werden von zwei Gruppen beobachtet – das Mädchen von den Jungen, der Junge von den Mädchen: Diskutiert miteinander, ob sie sich eurer Meinung nach richtig verhalten. Diskutiert, ob euch Klischees oder Erwartungen anderer einengen.

■ **Schönreden.** Begründe, ob du nebenstehende Rede für glaubhaft hältst. Sicherlich fallen dir vergleichbare Situationen ein?

■ **Kompliment.** »Nix g'sagt isch g'nug g'lobt«, heißt es bei Schwaben. Stimmst du dieser Ansicht zu? Hast du heute schon jemanden gelobt, bist du heute schon gelobt worden?

■ **Laudatio.** Verfasse eine »Laudatio« (Lobrede) auf einen Menschen deiner Wahl und trage sie anschließend vor. Tauscht euch danach aus: Wie hat sich der Gelobte gefühlt, wie der Laudator?

DAS LEBEN SPIELEND UMSETZEN?!
Jetzt oder nie

Szene drei

■ **Gewalt.** Beschreibe die Situation. Erzähle von eigenen Erlebnissen.

■ **Jetzt handeln.** »Es gibt nichts Gutes, außer: Man tut es.« So formulierte einmal Erich Kästner. Testet auf dem Pausenhof, ob Mitschülerinnen oder Mitschüler eingreifen würden, wenn z. B. einem Mädchen die Wasserflasche aus der Hand geschlagen, ein Junge von einer Jugendgang gehänselt, die Umwelt verschmutzt oder Schulinventar (scheinbar!) beschädigt wird. Dazu müsst ihr zuvor eine Drehbuchskizze entwerfen und die Szene üben.
Zu klären:
– Ort und Zeit der Aktion; Requisiten; Kamera/ Fotoapparat
– Unbedingt benachrichtigen: Aufsicht führende Lehrkräfte, Schülerzeitung.
Überlegt im Vorfeld, mit welchen Reaktionen ihr rechnet:
– Wer wird sich wohl (wie?) am ehesten einmischen, wer nicht?
Arbeitet einen Beobachtungsbogen aus, z. B.:
– Schauen die Mitschülerinnen und Mitschüler her, bleiben aber uninteressiert?
– Schauen welche her und bleiben stehen?
– Greifen sie ein?
– Wie mischen sie sich ein (verbal, gehen dazwischen, vermitteln, mit Gewalt …)?
– Männlich/weiblich?
– In einer Gruppe/allein?
– Ungefähres Alter? …
Formuliert einen schriftlichen Fragenkatalog, nach dem ihr Schülerinnen und Schüler interviewen könnt, z. B.:
– Warum hast du (nicht) eingegriffen?
– Was hätte passieren müssen, damit du (nicht) eingegriffen hättest?
– Hast du nun ein schlechtes (gutes) Gewissen?
– Hast du schon einmal schlechte Erfahrungen gemacht, als du dich eingemischt hast?
– Warum/wie schnell wirst du handgreiflich?
– Welche anderen Lösungsmöglichkeiten außer Gewaltanwendung siehst du?
– Wann/wie hast du selbst Gewalt erlebt? …

Was »Migrationshintergrund« bedeuten kann

VIRTUELLE TRAINERIN

Kim ist schwarzhaarig, blauäugig, schlank. Sie trägt eine Sporthose und ein bauchfreies Top und turnt an einem Palmenstrand. Eigentlich nur am Bildschirm, denn Kim ist ein Cybergirl. Alen Jevsenak, der »Vater« von Kim und Gründer der Firma fitatwork, ist ein 33-jähriger Kybernetik-Ingenieur. Er wurde in Slowenien geboren. Mit fünf Jahren brachten ihn die Eltern nach Stuttgart, weil sie dort eine Beschäftigung gefunden hatten. Es kam ihm vor, als ob er aus einem Paradies voller Freiheit, Natur und Freunde in eine fremde Großstadt eines Landes entführt wurde, dessen Sprache er noch zu lernen hatte. Nach dem Studium programmierte und designte er vier Jahre allein und im Verborgenen. Er sperrte sich Tag und Nacht im Zimmer ein! Das große Interesse gab ihm schließlich Recht. Inzwischen hat er Kim per Internet tausendfach in die ganze Welt verkauft. Alen Jevsenak träumt davon, einen »Ein-Mann-Weltkonzern« zu gründen – und dessen Sitz nach Maribor in Slowenien zu verlegen.

HELENA AUS KASACHSTAN

Ich bin mit meinem Mann und meinen drei Kindern hierher gekommen, weil meine Vorfahren aus Deutschland stammten. Wir bekamen einen deutschen Pass, die Kinder gingen in die Schule, mein Mann bekam eine Anstellung im Straßenbau. Die Kinder lernten bald Deutsch, die Älteste bekam auch nach der Schule einen Ausbildungsplatz. Wir zogen mit anderen Familien aus Kasachstan zusammen in eine neue Siedlung, wo wir oft die Freizeit miteinander verbringen. Besonders die Jugendlichen sind ständig zusammen. Uns geht es besser als früher und wir wollen nicht mehr zurück. Aber immer noch sind wir die »Russen«, wenn die Deutschen von uns reden.

■ **Abrahams Aufbruch.** Schreibe Gen 12,1–9 in eine moderne Geschichte um oder gestalte ein Tischgespräch, in welchem Abraham seinen Clan von seinem geplanten Aufbruch in Kenntnis setzt. Wie reagieren seine Tischgenossen?

■ **Integration.** Stellt euch gegenseitig (evtl. in Dreiergruppen) die einzelnen Schicksale vor. Achtet besonders darauf, warum die Personen ihr Land verlassen haben und wie sie in Deutschland integriert sind (rechtlich, sozial, kulturell, emotional). Überlegt, welche Rolle die Religion in diesem Zusammenhang spielen kann.

■ **Sich bewegen.** Sprecht darüber, aus welchen Gründen ihr eure Familie/euer Land verlassen würdet bzw. verlassen habt. Wie offen empfindet ihr Zuwanderer, wie offen seid ihr selbst Zuwanderern gegenüber? Wie wichtig ist für euch dabei das religiöse Bekenntnis (das eigene/das anderer)?

KEMAL SAHIN, GESCHÄFTSFÜHRENDER GESELLSCHAFTER DER SAHINLER GROUP EUROPA

Kemal Sahin studierte mit einem Stipendium an der RWTH Aachen. Nach dem erfolgreichen Abschluss bekam er keine Arbeitserlaubnis für Deutschland. Also machte er sich mit 3 000 € Startkapital selbstständig; er gründete eine Boutique in Würselen. Heute ist die Sahinler Group das größte türkische Unternehmen außerhalb der Türkei. In der Region Aachen ist das Textilunternehmen eines der erfolgreichsten Ausbildungszentren der IHK Aachen. Dabei werden 40 % ausländische Jugendliche zusammen mit deutschen Jugendlichen ausgebildet. Viel Wert wird bei dieser Integration auf Internationalität, Sprachenvielfalt und die verschiedenen Kulturen gelegt. Zur Ausbildung gehört ein viertägiger Aufenthalt in den Produktionsstätten in der Türkei. Nach der Ausbildung bleiben viele im Unternehmen und werden wegen ihrer Sprach- und Kulturkompetenz oft in Unternehmen außerhalb Deutschlands eingesetzt. 11 500 Mitarbeiter werden weltweit, 1700 in Deutschland beschäftigt. 20 % davon sind türkischer Abstammung, 10 % kommen aus 35 verschiedenen Nationen und 70 % der Arbeitsplätze haben deutsche Arbeitnehmer.

DAS LEBEN SPIELEND UMSETZEN?!
Offen für Neues

- **Selbstkritik.** Lege den Schülerinnen und Schülern mögliche Äußerungen in den Mund. Überlege, wann sie sich deiner Meinung nach offen auf ihr Gegenüber einlassen.

- **Bibel aktuell.** Teilt euch in Kleingruppen und wählt eine der folgenden Bibelstellen als Grundlage für eine aktualisierende szenische Interpretation: Lev 16,20–22; Lev 25,35–38; Mt 5,33.37; Mt 5,38f.; Mt 6,1.5; Mt 7,3; Mt 21,28–30. Folgende Überlegungen und das Stichwort »Bibliodrama« im Lexikon helfen euch dabei:
  – Zu welchem der folgenden Bereiche gehört das Thema: Familie, Gesellschaft, Kirche, Glaube oder Schicksal?
  – Wie kommt das Thema im Text vor?
  – Wie kommt das Thema in meinem eigenen Leben vor?
  – Welche Gefühle, Stimmungen oder Bewegungen sind damit verbunden?
  – Welche Aufforderung ergibt sich für mein eigenes Leben/meinen Alltag?

■ **Dialog.** Antworte deinem Gesprächspartner oder deiner Gesprächspartnerin zu einem Thema aus dem Bereich der Religion nonverbal (mit Gestik, Mimik, Körperhaltung). Kann das Publikum deine Reaktion erraten?
In einem zweiten Schritt kannst du auch differenziert (abgestuft) zustimmen: »In dem letzten Punkt stimme ich mit dir überein, aber …«; »im Wesentlichen gebe ich dir recht, aber …«. So kannst du deinem Gegenüber sachlich antworten und eventuell einzelne Teile seines Beitrags kritisieren, ohne die Person selbst anzugreifen.

■ **Monolog.** Teile deinen Mitschülerinnen und Mitschülern in fünf Sätzen mit, was du heute Sinnvolles in der Schule (oder vergangene Woche in Religion) gelernt hast. Stelle dich dazu vor dein Publikum. Halte danach den kurzen Beifall aus und verbeuge dich kurz.

Monolog – Dialog

Darstellen
Wenn du etwas darstellen willst, solltest du Folgendes bedenken:
- Immer, wenn du auftrittst, stellst du dich als Person selbst dar, deine Wünsche, Gefühle, Stimmungen.
- Zugleich vermittelst du aber auch einen Inhalt (hier kannst du unterscheiden zwischen dem, was du mit Absicht sagst, und dem, was unterschwellig mitschwingt, etwa in deinem Tonfall).
- Deine »Botschaft« ist an ein »Du« gerichtet.
- Du bist Bestandteil einer größeren Geschichte.

Monolog
Du kennst »mono« – im Unterschied zu »stereo« – bei einer Hifi-Anlage; das Wort bedeutet »allein« und stammt aus dem Griechischen. Das griechische Wort »logos« heißt unter anderem »Wort«, »Rede«.
Ein Monolog ist also eine Rede, die du entweder nur für dich hältst (eine Art Selbstgespräch: Nachdenken über Vergangenes, Überlegen einer zukünftigen Entscheidung) oder bei der nur du sprichst und andere zuhören.

Bei einer Rede solltest du aber stets dein Publikum im Auge behalten, wenn du willst, dass jemand aktiv zuhört.

Dialog
Erst im Dialog – im Sprechen mit einem Gegenüber – wirst du, so seltsam es klingen mag, im eigentlichen Sinne zum Ich; denn erst in der Zusammen- und Auseinandersetzung mit anderen erfährst du, wie du auf sie wirkst, nicht nur, wer du sein willst: Du spürst, wo deine Stärken und Schwächen liegen (schlage dazu in der entsprechenden Lernlandschaft S. 8 nach). Es klingt paradox: Auch wenn du nichts sagst, »sagst« du den anderen etwas.

■ **Darstellen.** Begründe die vier Punkte im Abschnitt »Darstellen« anhand konkreter Beispiele. Erläutere in diesem Zusammenhang die Fotos oben.

DAS LEBEN SPIELEND UMSETZEN?!
Du und ich

Am 3. April 1968 hielt Martin Luther King, ein methodistischer Pfarrer und Anführer der US-amerikanischen Bürgerrechtsbewegung, seine letzte Rede im Mason Temple in Memphis, Tennessee. Am nächsten Tag wurde er auf dem Balkon seines Motels erschossen.

Well, I don't know what will happen now. We've got some difficult days ahead. *(Amen)* But it really doesn't matter with me now, because I've been to the mountaintop. *(Yeah)*
APPLAUSE
And I don't mind.
APPLAUSE continues
Like anybody, I would like to live a long life. Longevity has its place. But I'm not concerned about that now. I just want to do God's will. *(Yeah)*
And He's allowed me to go up to the mountain. *(Go ahead)*
And I've looked over *(Yes sir)*, and I've seen the Promised Land. *(Go ahead)*
I may not get there with you. *(Go ahead)*
But I want you to know tonight *(Yes)*, that we, as a people, will get to the Promised Land!
APPLAUSE
(Go ahead, go ahead)
And so I'm happy, tonight.
I'm not worried about anything.
I'm not fearing any man!
Mine eyes have seen the glory of the coming of the Lord!
APPLAUSE

■ **Rede.** Beschreibe und deute das Bild und die Rede von Martin Luther King. Halte anschließend im Heft fest, warum sowohl Monolog als auch Dialog für eine funktionierende Gemeinschaft wichtig sind.

■ **Religion.** Diskutiert eine oder mehrere der folgenden Thesen:
 – Ich brauche dich, um zu erfahren, wer ich bin.
 – Der Glaube an Gott zeigt mir, was ein Mensch ist.
 – Um menschlich zu sein, braucht die Welt Religion.
 – Was zählt: Sein oder Design?
 – Nur der Glaube an Gott motiviert letztlich dazu, die Welt zum Guten zu verändern.

- **Fantasiereise.** Wählt eine Person aus, welche die Fantasiereise langsam und deutlich vorträgt.

- **Rollen.** Sprecht darüber, welche Rollen (also welche unterschiedlichen Verhaltensmuster in unterschiedlichen gesellschaftlichen Situationen) ihr, eure Eltern oder andere Erwachsene spielt. Bewertet dies. Wenn ihr euch unsicher seid, schaut in der Lernlandschaft »Stark sein können – schwach sein dürfen« (besonders S. 10f.) nach.

- **Regeln.** Schlage in dieser Lernlandschaft nach, um welche (Spiel-)Regeln im Leben es gegangen ist. Trage zusammen, welche Regeln hilfreich sind für dein Leben – und warum.

Fantasiereise

Setze dich bequem und aufrecht auf deinen Stuhl. Deine Sitzhaltung sollte es dir ermöglichen, frei zu atmen. Überprüfe, ob dein aufgerichteter Oberkörper Kontakt zur Lehne hat. Schließe nun deine Augen, vertraue deiner Umgebung:
Zum Menschen gehört das Träumen. Wir träumen, wenn wir schlafen; wir träumen aber auch, wenn wir wach sind. Wir spielen Probleme durch, wir hängen Erinnerungen nach, wir denken uns Geschichten aus.
Stell dir nun vor, du verlässt dein Zimmer zu Hause. Du hast Lust, ins Kino zu gehen, und begibst dich auf den Weg dorthin … Du gehst die Straßen entlang, die dir bekannt sind …
Nach einiger Zeit siehst du das Kino. Nur wenige Besucher stehen dort.
Du begibst dich in den Vorraum des Kinos und kaufst dir dort eine Karte. Dann gehst du den Gang entlang, in den Saal hinein. Du setzt dich in eine der hinteren Reihen; du lässt dich auf dem roten Polstersessel nieder und atmest zufrieden ein. Langsam gehen die Lichter aus. Es wird dunkel – und der Vorhang öffnet sich …

Es erscheint eine weite Landschaft. Du siehst eine Person in der Ferne, ganz verschwommen noch und klein. Sie wird langsam größer und deutlicher … Und jetzt erkennst du, dass du selbst diese Person bist. Du spielst die Hauptrolle in diesem Film …

DAS LEBEN SPIELEND UMSETZEN?!
Und deine Hauptrolle?

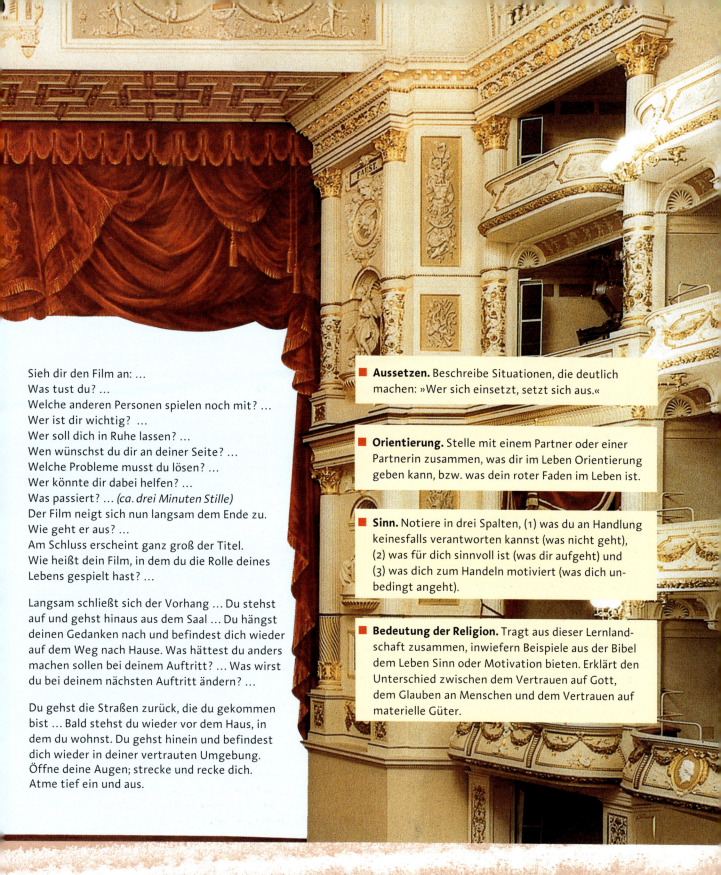

Sieh dir den Film an: …
Was tust du? …
Welche anderen Personen spielen noch mit? …
Wer ist dir wichtig? …
Wer soll dich in Ruhe lassen? …
Wen wünschst du dir an deiner Seite? …
Welche Probleme musst du lösen? …
Wer könnte dir dabei helfen? …
Was passiert? … *(ca. drei Minuten Stille)*
Der Film neigt sich nun langsam dem Ende zu.
Wie geht er aus? …
Am Schluss erscheint ganz groß der Titel.
Wie heißt dein Film, in dem du die Rolle deines Lebens gespielt hast? …

Langsam schließt sich der Vorhang … Du stehst auf und gehst hinaus aus dem Saal … Du hängst deinen Gedanken nach und befindest dich wieder auf dem Weg nach Hause. Was hättest du anders machen sollen bei deinem Auftritt? … Was wirst du bei deinem nächsten Auftritt ändern? …

Du gehst die Straßen zurück, die du gekommen bist … Bald stehst du wieder vor dem Haus, in dem du wohnst. Du gehst hinein und befindest dich wieder in deiner vertrauten Umgebung. Öffne deine Augen; strecke und recke dich. Atme tief ein und aus.

■ **Aussetzen.** Beschreibe Situationen, die deutlich machen: »Wer sich einsetzt, setzt sich aus.«

■ **Orientierung.** Stelle mit einem Partner oder einer Partnerin zusammen, was dir im Leben Orientierung geben kann, bzw. was dein roter Faden im Leben ist.

■ **Sinn.** Notiere in drei Spalten, (1) was du an Handlung keinesfalls verantworten kannst (was nicht geht), (2) was für dich sinnvoll ist (was dir aufgeht) und (3) was dich zum Handeln motiviert (was dich unbedingt angeht).

■ **Bedeutung der Religion.** Tragt aus dieser Lernlandschaft zusammen, inwiefern Beispiele aus der Bibel dem Leben Sinn oder Motivation bieten. Erklärt den Unterschied zwischen dem Vertrauen auf Gott, dem Glauben an Menschen und dem Vertrauen auf materielle Güter.

Wissen von A – Z

Ablass

Bei einem Ablass werden »zeitliche Sündenstrafen« durch gute Werke (Gebete, Almosen, Pilgerfahrt) teilweise oder ganz erlassen. Nicht zu verwechseln ist der Ablass mit der Vergebung von Sünden, die allein Gott aus Gnade gewährt. Demnach kann zwar eine Sünde durch Gott vergeben sein, die zeitlichen Strafen für die Sünden sind damit jedoch noch nicht beseitigt. Im Mittelalter kam es zu einem Missbrauch des Ablasswesens, denn als Buße und gutes Werk standen nun Geldzahlungen im Vordergrund. Martin → Luther betonte, dass allein Gott die Schuld des Menschen erlassen kann. Die guten Werke sollten die Menschen aus Freude über die Gnade Gottes tun: weil sie sich von Gott geliebt und gehalten fühlen.

AIDS

AIDS ist die Abkürzung für Acquired Immune Deficienc→ Syndrome. Der Begriff bezeichnet eine Erkrankung des Immunsystems, die bis heute noch nicht heilbar ist. Sie wird durch ein Virus, das HIV (»Humanes Immundefekt Virus«) hervorgerufen. Eine Übertragung des Virus ist nur durch Blut, Samen- und Scheidenflüssigkeit möglich, also, wenn infizierte Körperflüssigkeit direkt in den Körper eines anderen Menschen gelangt – nicht durch normale Alltagskontakte. Zwischen einer HIV-Infektion, die durch einen Bluttest nachgewiesen werden kann, und dem Ausbruch der Krankheit können oft mehrere Jahre liegen. Eine HIV-Infektion oder AIDS-Erkrankung berechtigt nicht zur Ausgrenzung von Menschen. Sowohl in der katholischen wie in der evangelischen Kirche gibt es AIDS-Seelsorger, die sich in besonderer Weise um Infizierte und Erkrankte kümmern.

Allerheiligen / Allerseelen

Allerheiligen wird in der katholischen Kirche jährlich am 1. 11. gefeiert. Ursprünglich war es ein Freudenfest zur Verehrung und zum Gedächtnis der Heiligen der Kirche, auch der vielen »kleinen und namenlosen« Heiligen. Allerseelen wird in der katholischen Kirche jährlich am 2. 11. gefeiert. An diesem Tag gedenken die Gläubigen ihrer verstorbenen Angehörigen. Da Allerseelen ein Werktag ist und viele Leute an diesem Tag arbeiten müssen, werden die Gräber der Verstorbenen bereits zu Allerheiligen geschmückt und gesegnet.

Altes Testament

Der erste Teil der christlichen Bibel wird traditionell als »Altes Testament« (AT) bezeichnet. Auch wenn »alt« hierbei »altehrwürdig, kostbar, bewährt« ausdrücken soll, ist mit der Bezeichnung AT der alleinige christliche Blickwinkel eingenommen: Weder entspricht die Bezeichnung dem Selbstverständnis der Texte des »Alten Testaments« noch ist sie dem jüdischen Verständnis dieser – dem Judentum heiligen – Schriften angemessen. Um eine Abwertung und eine einseitige christliche Vereinnahmung zu vermeiden, beginnt die → Exegese, den Begriff »Altes Testament« durch »Erstes Testament« zu ergänzen.

Anthropologie

Der Oberbegriff (griech. *anthropos* = Mensch; *logos* = Lehre) bezeichnet die »Wissenschaft vom Menschen« und fasst Einzeldisziplinen zusammen, die den Menschen in seiner Entstehung, Entwicklung und in seinen Eigenschaften in körperlicher, psychischer, sozialer und kultureller Hinsicht untersuchen. Naturwissenschaftlich-medizinische, ethnologische, psychologische, philosophische und theologische Anthropologie weisen verschiedene Schwerpunktsetzungen auf und ergänzen einander in ihren Betrachtungsweisen.

Aufenthaltsgesetz

Das deutsche Aufenthaltsgesetz regelt und ermöglicht den Zuzug von Menschen, die nicht zur Europäischen Union gehören. Es orientiert sich an Arbeitsmarkt, Wirtschaft und Integrationsfähigkeit. Darüber hinaus findet es auf Menschen Anwendung, deren Leben in ihren Heimatländern bedroht ist: Die Verpflichtung zur Menschlichkeit ist hierin verankert. Außerdem regeln die Gesetzestexte die Aufnahme einer Berufstätigkeit.

Auferstehung / Auferweckung der Toten

Auferweckung meint die Errettung des Menschen aus dem Tod und die Vollendung des menschlichen Lebens in der Dimension Gottes. Das Konzept der Auferweckung der Toten wurzelt in jüdischen Vorstellungen. Betrachtet man allerdings die Traditionen in der jüdischen Bibel, so findet sich dort über Jahrhunderte hinweg kein Hinweis auf einen Glauben an ein Weiterleben nach dem Tod. Die Toten existieren vielmehr in der Unterwelt, der Scheol (Nicht-Land, Un-Land), aus der es keine Rückkehr gibt. Erst im 2. Jh. v. Chr. hat sich die Hoffnung herausgebildet, dass Gottes Macht über den Tod hinaus reicht und er den Gesetzestreuen,

Lexikon

die für ihren Glauben gestorben sind (Märtyrer), Gerechtigkeit widerfahren lässt (vgl. Dan 12,1 f.). Zentraler Bezugspunkt für die christliche Auferstehungshoffnung ist die Auferweckung Jesu. Diese Überwindung des Todes ist das alleinige Werk Gottes (daher besser der passivische Begriff der Auferweckung als der aktivische der Auferstehung) und übersteigt unseren innerweltlichen Erfahrungshorizont, weshalb wir nur in Bildern und Metaphern von diesem Geschehen sprechen können. Anders als im Judentum erfolgt die Auferstehung Jesu nicht erst am Ende der Zeiten, sondern bereits im Hier und Jetzt, mit ihr ist die Erfahrung des göttlichen Heils bereits in der Gegenwart möglich. Der Zeitpunkt der Auferstehung wird für die frühen Christen zum Problem, da sich im Neuen Testament sowohl die Auffassung von einer Auferstehung im Tod als auch einer am Ende der Zeiten findet. Hier bietet das aus dem griechischen Denken stammende Leib-Seele-Modell zunächst eine Lösung: Danach ist nur die Seele unsterblich, der Leib hingegen wird mit dem Tod vernichtet. Die Seele wird also aus dem Gefängnis des materiellen Leibes befreit. Die Vorstellung von der Auferweckung des Leibes verblasste allmählich und die Auffassung von der Unsterblichkeit der Seele setzte sich durch. Gegen diese leibfeindliche Tendenz hielt schon die mittelalterliche Theologie an der Leiblichkeit der Auferstehung fest. Leib und Seele sind aufeinander verwiesen, können nicht einfach voneinander getrennt werden, obwohl keine materielle Identität zwischen irdischem Leib und dem Auferstehungsleib besteht, wie bereits Paulus betont (vgl. 1 Kor 15,36–41). Die moderne Theologie versucht, die Leiblichkeit der Auferstehung von einem personalen Leibverständ-

nis her zugänglich zu machen, und unterscheidet dabei die Begriffe Körper und Leib. Ersterer ist die rein materielle Existenz des Menschen, während letzterer weiter gefasst wird. Leib meint den Menschen in all seinen Beziehungen zu Mitmenschen und Umwelt, mit seiner Geschichte und den Hervorbringungen in Kultur und Technik. Leibliche Auferstehung heißt demnach die Vollendung, das Heil-Werden des ganzen Menschen mit all seinen Beziehungen durch das Handeln Gottes. Darin unterscheidet sich die christliche Auferstehungshoffnung vom Konzept der Reinkarnation (→ Wiedergeburt), das in seiner westlichen Ausprägung oft rein individualistisch verstanden wird und weniger auf die Gnade Gottes als auf eine am Leistungsprinzip orientierte zweite Chance hofft.

Auschwitz

Name einer polnischen, ca. 50 km westlich von Krakau liegenden Stadt (poln. Oswiecim), in deren Nähe das NS-Regime ab 1940 drei Konzentrationslager errichtete. Ab Sommer 1941 wurde in diesen Lagern, v.a. in Auschwitz II (Birkenau), systematisch die Vernichtung des europäischen Judentums betrieben. Deshalb wurde Auschwitz zu einem Synonym für die von den Nazis praktizierte »Endlösung der Judenfrage«, der geplanten Ausrottung der europäischen Juden. Auschwitz wurde somit zu einem Begriff, der die industrielle Vernichtung der Juden durch die Nationalsozialisten erfasst, später etablierte sich dafür der Begriff »Holocaust« (Totalbrand, Brandopfer), angemessen wird aber auch von jüdischer Seite das Wort »Shoah« (Vernichtung, Verwüstung) für das Leiden des jüdischen Volkes gebraucht. Theologisch klagt Auschwitz eine für

das vergangene und gegenwärtige Leiden der Menschen sensible Gottesrede (→ Theodizee) ein und mahnt zu einer Auseinandersetzung mit dem schuldhaften Verhalten der Christen und Kirchen in der Zeit des → Nationalsozialismus.

Autorität

Der Begriff leitet sich von lat. *Auctoritas* ab, das mit Würde, Ansehen, Einfluss umschrieben werden kann. Autorität ist im weitesten Sinne eine soziale Positionierung. Autorität kann eine Person oder auch eine öffentliche Einrichtung oder Organisation wie z.B. der Staat oder die Schule haben. Die betreffende Person oder die betreffenden Einrichtungen nehmen dann eine Führungs- oder Vorbildrolle ein. Sie vertreten Werte und Normen sowie Ziele bestimmter Gruppen. Je nachdem, wie intelligent, überzeugend, gebildet und fachlich kompetent eine Person ist, wird sie als Autorität anerkannt oder auch nicht. Manche Personen haben auch Autorität, weil sie ein bestimmtes Amt übernommen haben, z.B. ein Polizist, eine Richterin oder ein Staatschef. Wichtig ist es, zu unterscheiden: Autorität haben bedeutet nicht autoritär sein. Autorität haben bedeutet, dass derjenige seine Position nicht ausnützt. Autoritär sein bedeutet, dass derjenige keinen Widerspruch duldet, dass er sich anderen überlegen fühlt und ihnen gegenüber auch so auftritt.

Barock

Zwischen 1600 und 1750 bildete sich eine Stilrichtung in Malerei, Bildhauerei, Literatur, Musik und Architektur heraus, die kaum auf einen gemeinsamen Nenner zu bringen ist: der Barock. Er ist geprägt von zwei grundlegenden Strömungen: der Betonung des Diesseits, aber auch der

Orientierung auf das Jenseits hin. Beide so gegensätzlichen Tendenzen lassen sich aus dem Lebensgefühl der Menschen damals begründen, die vor allem im Dreißigjährigen Krieg (1618–1648) die Schrecken menschlicher Vergänglichkeit erleben mussten. Daraus folgte konsequent entweder der Aufruf, die kurzen Tage auf Erden in Lebensfreude zu nutzen und zu genießen, oder das Bestreben, das irdische Jammertal notgedrungen zu ertragen und an den Tod zu denken, damit man wohlvorbereitet stürbe und in den Himmel komme, um das jenseitige Paradies zu erlangen.

Bergpredigt

Die Bergpredigt (Mt 5,1–7,29) ist eine der fünf großen Reden, die → Jesus im Matthäus-Evangelium zugeschrieben werden. Nach den heutigen Kenntnissen der → Exegese liegt ihr eine Rede aus der »Spruchsammlung Q« (sog. Logienquelle) zugrunde, die der Evangelist unter Verwendung weiterer Stoffe ausgebaut hat. Sie findet sich im Wesentlichen auch in der »Feldrede« im Lukas-Evangelium (Lk 6,20–49). Im Mittelpunkt der Bergpredigt stehen das Vaterunser und das Gebot der Liebe zum Nächsten als Zentrum der Botschaft Jesu und damit als Inbegriff »christlichen Verhaltens«. Die Bergpredigt enthält drei thematische Teile: 1. Die Seligpreisungen (Mt 5,3–12) betonen die in der Nachfolge Jesu erwarteten Haltungen, die sich auch in der Praxis des Alltags bewähren müssen. So wird die Jüngergemeinde zum »Salz der Erde« (Mt 5,13) und zum »Licht der Welt« (Mt 5,14). 2. Der eigentliche Hauptteil der Ringkomposition beginnt mit der grundsätzlichen Klärung des Verhältnisses zur → Tora (vgl. Mt 5,17ff.): Jesus ist nicht gekommen, das Gesetz (die Tora) und die Propheten aufzuheben, sondern um sie zu »erfüllen« (Mt 5,17), d.h., ihnen Geltung zu verschaffen und zum Durchbruch zu verhelfen. In den sog. Antithesen (Mt 5,21–48) werden die Worte Jesu (»Ich aber sage euch«, Mt 5,22 u. ö.) nicht in einen Gegensatz zur Tora gestellt, sondern vielmehr geht es um den Versuch, Jesu ethische Weisungen Sachfeldern der Tradition (»Ihr habt gehört, dass [zu den Alten] gesagt worden ist«, Mt 5,21 u. ö.) zuzuordnen und sie als neuen Beitrag auf diesem Diskussionsfeld auszuweisen. Zielpunkt der Weisungen Jesu ist demnach, zu einem Handeln gemäß der Tora zu bewegen, denn dadurch wird die Wirklichkeit als schon von der Herrschaft Gottes bestimmte und durchdrungene Wirklichkeit erfahrbar. 3. Einen weiteren thematischen Abschnitt bilden die drei Frömmigkeitsregeln (Mt 6,1–18) zu Almosen, Gebet und Fasten, in deren Mittelpunkt das Vaterunser (Mt 6,9–13) steht. Besonders bedeutsam in den anschließenden Forderungen (Mt 6,19ff.) ist die »Goldene Regel« (Mt 7,12) als Quintessenz: »Alles, was ihr also von anderen erwartet, das tut auch ihnen!« Die Bergpredigt regelt für Christen nicht als ethischer »Anweisungskatalog« alle möglichen Situationen, sondern stellt exemplarisch und mitunter durchaus provozierend vor Augen, wie radikale Liebe zum Nächsten in der Nachfolge Jesu zu verwirklichen ist. Der Hörer (oder Leser) soll damit zur eigenständigen Umsetzung im konkreten Fall aufgefordert werden. Die Botschaft der Bergpredigt fügt sich damit konsequent ein in Jesu Wirken und seine Lehre: Wer selbst

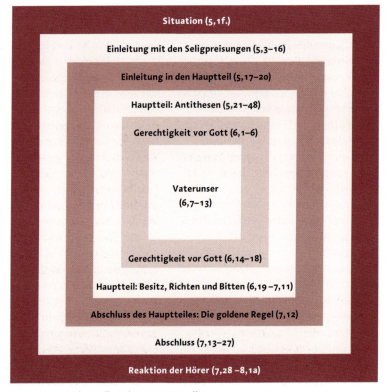

Der konzentrische Aufbau der → Bergpredigt

im Herrschaftsraum Gottes lebt, begegnet den Menschen als seinen Nächsten, die er liebt. Auf den »Indikativ« (die Heilszusage Jesu) folgt der »Imperativ« (die Aufforderung zum ethischen Handeln): »Du hast das (ewige) Leben, also handle danach!«

Bibliodrama
Dieser Sammelbegriff für mehrdimensionale Bibelarbeit zielt auf einen erfahrungs- wie textorientierten Innenraum des biblischen Textes. Das Bibliodrama enthält befreiend-lebensfreundliche wie reflexive Elemente, welche Vorurteile gegenüber der Bibel abbauen helfen. Biblische Erzählungen und Geschichten kann man nicht nur lesen, sondern auch kreativ gestalten: dramatisch umsetzen. So wird oft ein ganz neuer Sinn erlebbar und erfahrbar. Gleichzeitig wird ein zunächst sehr fern scheinendes Geschehen plötzlich hautnah aktuell. Es ist Schriftauslegung mit allen Sinnen: Kopf, Herz und Verstand. Der Bibeltext kann mit Körper- und Bewegungsübungen verleiblicht, in Einsamkeit und Stille meditiert, mit kreativen Materialien sichtbar und begreifbar gemacht, mit Stimmen, Klängen und Rhythmen inszeniert, reflektiert und diskutiert oder in die Gegenwart hinein aktualisiert werden.

Botschaft Jesu
→ Bergpredigt
→ Jesus

Buddha
Buddha ist der Ehrentitel des Religionsstifters Siddhartha Gautama und bedeutet »der Erleuchtete«, »der Erwachte«. Der Überlieferung nach lebte Siddharta ca. 560–480 v. Chr. in Nordindien. Neben der historischen Gestalt des Siddhartha ist jeder, der in diesem Sinne Erleuchtung erfährt, als Buddha zu verstehen; jeder Mensch trägt die Buddha-Natur in sich. Häufig wird der Buddha im Lotossitz dargestellt, der dem Meditierenden die notwendige Ruhe und Stabilität verleiht. Verschiedene Handgesten deuten z. B. äußerste Konzentration oder das In-Gang-Setzen des »Rads der Lehre« an. Die überlängten Ohrläppchen weisen auf die fürstliche Herkunft Siddharthas, der Punkt zwischen den Augen gilt als Hinweis auf seine Weisheit, ein Haarknoten oder eine Wölbung am Scheitel weisen auf seine Erleuchtung hin.

Calvin, Johannes (1509–1564)
→ Reformatoren

Dekalog
(griech. = Zehnwort)
Bezeichnet werden damit die Zehn Gebote, wie sie das → Alte Testament in zwei Versionen (Ex 20,2–17; Dtn 5,6–21) überliefert. Mose erhält die Zehn Gebote, nachdem er das Volk Israel aus der Knechtschaft in Ägypten geführt hat, am Berg Sinai von Gott selbst. Der Dekalog beginnt mit einem → Prolog/Präambel (Ex 20,2; Dtn 5,6), der die folgenden Weisungen als »Wegweiser zur Freiheit« markiert. Die »erste Tafel« (Ex 20,3–11; Dtn 5,7–15) formuliert das Verhältnis zwischen Gott und Mensch, auf der »zweiten Tafel« (Ex 20,12–17; Dtn 5,16–21) finden sich Weisungen, die den Menschen helfen, ihr Zusammenleben im Sinne Gottes friedlich zu gestalten. Der Bund Gottes mit seinem Volk wird durch die Einhaltung des Dekalogs gefestigt. Das Verbot anderer Götter und Bilder klärt dabei nicht nur die Beziehung zwischen Gott und den Menschen, sondern führt auch dazu, dass sich durch die Abgrenzung von

Meditierender → Buddha, Kamakura (Japan), ca. 1252

anderen Völkern und ihren Göttern eine religiöse Gemeinschaft bildet.

Deutsche Bischofskonferenz
Die Deutsche Bischofskonferenz (DBK) ist ein Zusammenschluss der katholischen Bischöfe aus den 27 deutschen Diözesen. Das Sekretariat der DBK ist in Bonn ansässig, seit 2014 ist der Erzbischof von München und Freising, Kardinal Reinhard Marx der Vorsitzende. Die DBK besteht seit 1867 und tritt als Vollversammlung zwei Mal im Jahr zusammen. Dabei besprechen die Bischöfe u. a. kirchliche Angelegenheiten und nehmen Stellung zu aktuellen Themen in Deutschland, aber auch weltweit.

Dharma

Dharma (sansk. = Grundlage, Tragendes) ist ein zentraler Begriff in → Hinduismus und Buddhismus, mit dem die ethischen und religiösen Verpflichtungen und die innere Gesetzmäßigkeit des individuellen Lebens, aber auch der Gesellschaft und des Kosmos gemeint sind. Jedes Lebensstadium kennt sein eigenes Dharma, z. B. verpflichtet das Dharma eines Sohnes ihn zum Unterhalt seiner Eltern und zum Vollzug bestimmter Opferriten für sie. Der buddhistischen Überlieferung nach setzte der → Buddha mit seiner ersten Rede nach der Erleuchtung das Dharma als »Rad der Lehre« in Gang. Hauptanliegen der buddhistischen Lehre ist die Überwindung des Leidens. Buddhismus wird in unterschiedlichen Ländern, Regionen oder »Schulen« jeweils anders gelehrt und ausgelegt; dabei gibt es nicht wie im Christentum verbindliche Glaubenssätze (Dogmen).

Diakonia
→ Grundvollzüge

Dialog

(griech. *dialogos* = Unterredung, Gespräch)
Im Gegensatz zu einem Monolog ist der Dialog auf ein echtes Gegenüber angewiesen. Sich auf einen Dialog einzulassen, bedeutet, den eigenen Standpunkt infrage stellen zu lassen und, wenn nötig, zu revidieren. Neben der Offenheit für die Sichtweise des anderen gehört auch eine klare Vorstellung von der eigenen Position zu den Voraussetzungen eines gelingenden Dialogs. Denn nur wenn ich klar Position beziehen kann, wird mein Gegenüber in seiner Stellung herausgefordert.

Doppelgebot der Liebe
→ Jesus

In diesem Schuppen in Grafeneck bei Münsingen wurden 1940 über 10 500 Behinderte, psychisch Kranke, Epileptiker, darunter auch Kinder, durch Vergasung ermordet (→ Euthanasie).

Drittes Reich

Heute allgemeine und weit verbreitete, auch von der NS-Propaganda verwendete Bezeichnung für die 12 Jahre der nationalsozialistischen Herrschaft in Deutschland (1933–1945). Mit dem »Dritten Reich« verband die Bewegung des → Nationalsozialismus den Traum eines neuen deutschen Reiches, das in der Nachfolge des »Heiligen Römischen Reiches Deutscher Nation« (962–1806) und des von Bismarck geschaffenen und im Ersten Weltkrieg untergegangenen Deutschen Kaiserreichs (1871–1918) stehen sollte.

Eine Welt / Dritte Welt

Als »Dritte Welt« werden oft die armen Länder der Erde bezeichnet. Diesen gegenüber gelten die reichen Industrienationen, auch Deutschland, als »Erste Welt«. Um Wertungen und den Eindruck zu vermeiden, es gäbe verschiedene Welten, spricht man treffender von »Entwicklungsländern« und von der »Einen Welt«, in der jedoch zwei Drittel der Menschheit ihre Grundbedürfnisse nicht decken können, während ein Drittel in Wohlstand lebt und hierfür den größeren Teil der natürlichen Ressourcen der Erde verbraucht. In der Entwicklungshilfe treten neben das Bewusstsein für die sehr unterschiedlichen Situationen der Entwicklungsländer auch Erkenntnisse, dass die ökonomisch, ökologisch und sozial zusammenwachsende Gemeinschaft eine aktive und breite Mitarbeit aller am Entwicklungsprozess und an der weltweiten Schaffung menschenwürdiger Lebensverhältnisse braucht. Politische Organisationen und die Kirchen sind mit ihren Hilfswerken in den Entwicklungsländern engagiert.

Entwicklungspsychologie

Die Psychologie beschäftigt sich mit dem Seelenleben des Menschen. Die Entwicklungspsychologie ist ein Teilgebiet der Psychologie. Sie setzt sich mit der Veränderung des Verhaltens und des Erlebens von Menschen im Verlauf der menschlichen Entwicklung auseinander und fragt nach den Ursachen für diese Veränderungen. Weiterhin untersucht sie, welche Einflüsse für die Entwicklung eines Menschen wichtig sind und welche Aufgaben ein Mensch aufgrund seiner Entwicklung bewältigen muss. Jede Altersstufe, Säuglingsalter, Kleinkindalter, Jugendalter (→ Pubertät), Erwachsenenalter usw., stellt daher bestimmte Anforderungen an den Menschen.

Enzyklika

(griech. *enkyklios* = im Kreis [laufend])
Enzyklika heißt ein in lateinischer Sprache (Ausnahme: »Mit brennender Sorge«, 1937) verfasstes päpstliches Rundschreiben, in dem sich der Papst an alle Bischöfe und Gläubigen richtet und sich zu allgemeinen Themen und aktuellen Fragen der Glaubensverkündigung äußert. Enzykliken werden nach ihren lat. Anfangsworten zitiert, z.B.: »Spe salvi«/»Auf Hoffnung hin gerettet« von Benedikt XVI.

Euthanasie

(griech. *eu* = gut, schön; *thanatos* = Tod)
Euthanasie bezeichnet die → Sterbehilfe für unheilbar Kranke und Schwerstverletzte, um ihnen qualvolles Leiden zu ersparen. In der Zeit des → Nationalsozialismus wurden die Begriffe Euthanasie oder »Aktion Gnadentod« in verharmlosender Weise für die geplante und systematische Ermordung von Menschen missbraucht, deren Leben in der Ideologie des Nationalsozialismus für »lebensunwert« gehalten wurde.

Evangelium

Der Begriff Evangelium kommt aus dem Griechischen und bedeutet »gute Botschaft« oder »eine Botschaft, die froh macht (Frohe Botschaft)«. Dieser Begriff hatte nicht immer eine ausschließlich religiöse Bedeutung, wie heute für uns, sondern wurde z.B. im Römischen Reich verwendet, wenn »gute Nachrichten« vom Kaiserhaus vermeldet wurden. Der Evangelist Markus verwendete dann als Erster dieses Wort als eine Art Überschrift zu seiner Schrift über das Leben Jesu. Später wurde »Evangelium« zu einem Gattungsbegriff (→ Gattung) für vier biblische Schriften: für das Evangelium nach → Matthäus, → Markus, → Lukas und → Johannes. Die vier Evangelien sind etwa zwischen 70 und 100 n.Chr. entstanden, wobei das Markus- das älteste und das Johannes-Evangelium das jüngste Evangelium ist. Zwischen ihrer jeweiligen Entstehung liegen mehrere Jahre. Außerdem sind sie an unterschiedlichen Orten und für jeweils andere Adressaten geschrieben worden: Lukas etwa richtete sich an Heidenchristen, Matthäus eher an Judenchristen. Jedes der vier Evangelien hat also besondere Schwerpunkte und sprachliche Besonderheiten und unterscheidet sich so von den anderen. Gemeinsam ist ihnen, dass sie Sammelwerke sind: Die Evangelisten haben einzelne Textstücke über Worte und Taten Jesu gesammelt und zu einem Ganzen zusammen gefügt. Das Markus-, Matthäus- und Lukas-Evangelium stehen in einer besonderen Verbindung zueinander. Weil man sie nebeneinanderlegen und gut miteinander vergleichen kann, werden sie die synoptischen Evangelien genannt (*synopsis* = Zusammenschau, → Synopse). Bei einem solchen Vergleich kann man feststellen, dass Matthäus und Lukas auf das Markus-Evangelium als Quelle zurückgegriffen haben. Zudem haben beide eine weitere gemeinsame Quelle, die sog. Logienquelle, die vor allem Worte und Reden Jesu enthält (*logos* = Wort). Die Logienquelle liegt nicht als wirkliche Quelle, wie z.B. das Markus-Evangelium vor, sondern ist durch Vergleiche mit dem Matthäus- und Lukas-Evangelium rekonstruiert. Dabei stützte man sich hauptsächlich auf die gemeinsamen Textpassagen von Matthäus und Lukas, die aber nicht bei Markus vorkommen (vgl. Grafik). Dazu kommen jeweils eigene Quellen, die Matthäus und Lukas mit niemandem teilen, man nennt dies das Sondergut. Die Theorie, die diese unterschiedlichen Quellen und ihren Zusammenhang verdeutlicht, wird Zwei-Quellen-Theorie genannt.

Grafische Darstellung der Zweiquellentheorie

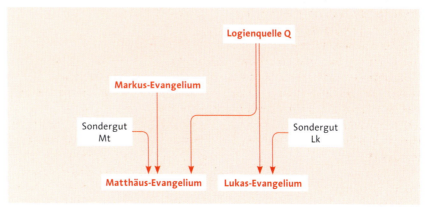

Exegese

Die wissenschaftliche Auslegung und Deutung der Bibel heißt Exegese. Dabei unterscheidet man zahlreiche Formen der Exegese, z. B. textorientierte Auslegungsmethoden wie die historisch-kritische Exegese, wirkungsgeschichtliche Auslegungen wie die jüdische oder christliche Exegese und adressatenbezogene Auslegungen wie die politisch-soziale, feministische bzw. gender-gerechte oder die tiefenpsychologische Exegese. Die historisch-kritische Exegese ist die unerlässliche Methode der wissenschaftlichen Erforschung biblischer Texte. Ziel der historisch-kritischen Forschung ist es, den geschichtlichen Entstehungsprozess einer biblischen Überlieferung zu erhellen und den Text von seiner Herkunftszeit und -situation her verständlich zu machen. Die (tiefen-)psychologische Auslegung will den heutigen Leser in einen lebendigen Dialog mit der biblischen Überlieferung bringen, da die Texte nicht nur »äußere« Ereignisse wiedergeben und auf der »Objektstufe« zu interpretieren sind (wie etwa bei der historisch-kritischen Exegese), sondern v. a. auch innerpsychische Vorgänge (»Grunderfahrungen« wie Angst, Freude, Wut, Trauer etc.) beschreiben und folglich auf der »Subjektstufe« untersucht werden können. Das zentrale Anliegen der gender-gerechten Auslegung ist es, die Rolle und das Leben von Frauen in der Bibel zu erforschen und stärker im Bewusstsein zu verankern (von engl. gender = soziales Geschlecht, erlerntes / veränderbares Rollenverhalten im Gegensatz zum biologischen Geschlecht). Zudem hinterfragt sie kritisch das Männer und Frauenbild der Bibel, deren Texte wohl alle von Männern verfasst, gesammelt, überliefert und bislang ausgelegt worden sind.

Schließlich will sie biblische Inhalte für Frauen in der heutigen Zeit nachvollziehbar machen. Einen Höhepunkt der gender-gerechten Bibelarbeit in Deutschland stellt die »Bibel in gerechter Sprache« (2006) dar.

Exodus

(griech. = Auszug, Ausgang)
Exodus steht für die zentrale Heilserfahrung der Israeliten, den Auszug aus der Unterdrückung und Versklavung, die sie im Land Ägypten erfahren haben. Von dieser prägenden Erfahrung erzählt das biblische Buch Exodus. Von keiner Erfahrung Israels mit seinem befreienden Gott ist in der Hl. Schrift häufiger die Rede als vom Exodus-Geschehen, auch heute noch steht der Begriff für den Auszug von Menschen aus versklavenden und menschenunwürdigen Lebensumständen. Freiheitsbewegungen, wie z. B. die der schwarzen Sklaven in den Südstaaten Amerikas, beziehen sich in ihren Spirituals auf dieses Heilsereignis. Viele eindrucksvolle Erzählungen sind in diesem biblischen Buch festgehalten: Rettung des neugeborenen Mose, Gott gibt sich Mose am brennenden Dornbusch zu erkennen, die Plagen in Ägypten, Spaltung des Schilfmeers, Tanz um das goldene Kalb, Wüstenwanderung, Wasser und Manna, Zehn Gebote. Die beschriebenen Exodus-Ereignisse bleiben geschichtlich im Dunkeln, sie sind nicht eindeutig zu klären. Die Exodus-Erzählug als Ganzes und ihre Details enthalten eine Fülle menschlicher Grunderfahrungen: Unterdrückung und Sehnsucht nach Freiheit, Wüstenerfahrung, Angst vor Neuem und dennoch Neuanfang, Zweifel an Gott und Geborgenheit in Gott, die Vorstellung vom Gelobtem Land. Bis heute ist der Exodus ein lebendiges Bild für den Aufbruch der Menschen aus einen-

genden, entwürdigenden Verhältnissen und Gewohnheiten in die Freiheit – im Vertrauen, von Gott gerufen und angenommen zu sein.

Fegefeuer

Die christliche Lehre vom Fegefeuer ist Ausdruck einer Hoffnung, dass der Mensch durch Gott von → Sünde und all seinen Verstrickungen in das Böse gereinigt werden kann. Diese Reinigung mag schmerzhaft sein, wie wenn man unangenehmen Wahrheiten ins Auge blicken muss. Allerdings ist die Idee, dass das Fegefeuer ein Ort ist, an dem die Menschen in Feuerqualen ihre Sünden abbüßen, nicht mit der christlichen Vorstellung eines gütigen Gottes vereinbar (→ Jenseits).

Freiheit

Freiheit bedeutet, selbst bestimmen und entscheiden zu können, was man tun möchte. Wer frei ist, ist unabhängig von innerem oder äußerem, d. h. von anderen Menschen oder Einrichtungen (Staat, Schule usw.) bedingtem Zwang. Frei sein bedeutet aber nicht, willkürlich alles tun und lassen zu können, was man will. Richtig verstandene Freiheit beinhaltet auch, dass man die Verantwortung für sein Tun übernimmt und dass man bei Entscheidungen bedenkt, dass das eigene Handeln auch Auswirkungen auf andere haben und je nachdem deren Freiheit einschränken oder fördern kann. So entscheidet man sich z. B. für eine bestimmte Schule und damit gegen andere Möglichkeiten. Mit dieser Entscheidung akzeptiert man aus freien Stücken die Rahmenbedingungen, die in dieser Schule gelten.

Fundamentalismus

Religiöser Fundamentalismus ist, von der Begriffsgeschichte her, ursprüng-

Lexikon

lich ein Phänomen aus dem Christentum. Zu Beginn des 20. Jhs. bildete sich in Amerika eine Bewegung evangelikaler Christen, die eine Schriftenreihe mit dem Titel »The Fundamentals« herausbrachte, in denen die aus ihrer Sicht religiösen Fundamente des wahren christlichen Glaubens dargestellt wurden. Der Name »Fundamentalismus« stammt von der Bewegung selbst (von C.L. Laws, 1920). Diese Gruppe wandte sich gegen die Entwicklungen der modernen Zeit und setzte ihren strengen Bibelglauben dagegen. Im Wesentlichen ging es dabei um ein wortwörtliches Schriftverständnis der Bibel, das jede historisch-kritische Untersuchung biblischer Texte strikt ablehnte. Ziel war es, in einer Zeit immer größerer Veränderungen und Unsicherheiten (z.B. wurde Amerika immer mehr zum »melting pot« zahlreicher Kulturen und religiöser Gemeinschaften), ein für eine Gruppe verbindliches Fundament zu schaffen, das keinerlei Veränderungen, Interpretationen und Zweifeln unterliegt und so Sicherheit und Stabilität gibt. Auch wenn der Begriff im Christentum seinen Ursprung hat: Fundamentalismus gibt es weltweit und in allen Religionen. Aber nicht jeder Fundamentalist ist gewalttätig oder gar ein Terrorist. Viele fundamentalistische Gruppen sind sogar überaus friedlich und unauffällig. Ob und inwiefern Fundamentalismus gewalttätig wird, hängt von politischen, sozialen und wirtschaftlichen Faktoren ab.

Gattungen, literarische

Literarische Gattungen sind sprachliche Muster oder Raster, nach denen Texte aufgebaut sind. Auch die Bibel kennt viele Gattungen, z.B.: → Mythen, Lehrschriften, Berichte, Listen, Urkunden, Berufungs- und Verkündigungsgeschichten, Psalmen, Gebete,

Legenden, Gleichnisse, Wundererzählungen, Propheten- und Jesusworte. Bei der → Exegese ist u. a. auf die literarische Gattung zu achten, um »die Aussageabsicht der Hagiografen [= biblische Autoren] zu ermitteln … Denn die Wahrheit wird je anders dargelegt und ausgedrückt in Texten von … geschichtlicher, prophetischer oder dichterischer Art, oder in anderen Redegattungen … Will man richtig verstehen, was der heilige Verfasser in seiner Schrift aussagen wollte, so muss man schließlich genau auf die vorgegebenen umweltbedingten Denk-, Sprach- und Erzählformen achten« (2. Vatikanum, Dei verbum 12). So ist es z. B. nicht die Absicht der Gattung »Märchen«, beweisen zu wollen, dass es Feen oder Hexen gibt, vielmehr ist ihre Botschaft: Der hilfsbereite Held erfährt ganz unerwartet selbst wieder Hilfe.

Gebet

Das Gebet ist die charakteristische Sprache der Religion, der Dialog des Menschen mit Gott. Es ist an keine Sprachregeln gebunden und kann in tradierten Wendungen (festen Gebeten, wie z.B. dem Vaterunser) oder durch eigene Worte erfolgen. Im Gebet drücken Menschen ihre jeweilige Situation aus, deshalb kann das Gebet inhaltlich verschieden gestaltet sein, als Dank-, Bitt-, Lob- oder Klagegebet, und auch unterschiedlich artikuliert werden: im Gesang, im gesprochenen Wort, im Schweigen oder im Schreien. Dabei ist das Gebet nicht nur ein Sich-Ausdrücken des Betenden, sondern zugleich ein Hören, ein Sich-Ansprechen-Lassen von Gott. Im Neuen Testament nimmt das Gebet eine zentrale Rolle ein, da die Frage nach dem richtigen Beten und das Vaterunser den kompositorischen Höhepunkt der → Bergpredigt darstellen (Mt 6,5–15).

Gegenreformation

Als Gegenreformation oder Katholische Reform wird die Reaktion der katholischen Kirche auf die von Martin → Luther ausgehende Reformation bezeichnet. Den theologischen Ausgangspunkt bildete das Konzil von Trient (1545–1563, mit Unterbrechungen), das die Unterschiede im Glaubensverständnis und in der Liturgie zum Protestantismus betonte und gleichzeitig die wichtigsten Missstände in der damaligen katholischen Kirche abstellte (z.B. in den Bestimmungen über die Priesterausbildung und Beseitigung von Pfründe- und Ablassmissbrauch). Die politische Gegenreformation versuchte oft gewaltsam, die an die Protestanten verloren gegangenen Gebiete und politischen Einfluss zurückzugewinnen. Die wichtigsten Mittel waren dabei Diplomatie, staatliche Repression und intensive Mission. Aber auch der Kirchenbau des → Barock, die Marienverehrung und das barocke Theater spielten eine wichtige Rolle in den gegenreformatorischen Bemühungen. Herausragende Träger der Gegenreformation waren die → Jesuiten.

Genesis

Das Buch Genesis ist das erste Buch der Bibel und eröffnet den → Pentateuch. Übersetzt heißt Genesis Entstehung. In den ersten elf Kapiteln, der »Urgeschichte«, wird im Schöpfungshymnus (Gen 1,1– 2,4a) und in der Paradieserzählung (Gen 2,4b–24, → Mythos) von der Entstehung der Welt und der Menschen in verschiedenen Situationen erzählt. Die Kapitel 12–50 beinhalten die »Patriarchen- oder Erzelternerzählungen«. Die theologische Bedeutung der Genesis liegt v. a. in der Deutung der Weltentstehung als Schöpfung durch Gott, als deren Teil der Mensch als Abbild

235

Gottes (Gen 1,26) geschaffen wird. Die Abwendung des Menschen von Gott – der Einbruch der → Sünde und deren Folgen, z.B. in Sündenfall, Brudermord und Turmbau zu Babel – sowie die Erwählung Israels als auserwähltes Gottesvolk sind weitere Hauptthemen.

Gewalt / Gewaltverzicht

Als Gewalt bezeichnet man die Tat eines Menschen, durch welche der Freiheitsraum eines anderen Menschen eingeengt wird, ohne dass dieser zugestimmt hat. Neben körperlicher Gewalt kann es auch psychische, wirtschaftliche oder politische Gewalt geben. Die Grenze von legitimer Gewaltausübung und unmoralischer Gewaltanwendung ist fließend. Der Egoismus des Menschen lässt ihm die eigene Gewaltanwendung oft noch als legitim erscheinen, wo sie sich aus Sicht des Betroffenen längst im Bereich des Unmoralischen befindet. Die Botschaft Jesu, z.B. in der → Bergpredigt, fordert die Menschen zum Gewaltverzicht auf, um die Kette von Gewalt und Gegengewalt zu durchbrechen.

Gewissen

(lat. *con-scientia* = Mit- Wissen)
Unter Gewissen wird die menschliche Fähigkeit verstanden, das eigene Handeln und dessen Ziele zu beurteilen. Das Gewissen drängt den Menschen, aus ethischen bzw. moralischen Gründen bestimmte Handlungen auszuführen oder zu unterlassen. Gewissensentscheidungen können dabei als unausweichlich empfunden und mehr oder weniger bewusst, also im Wissen um ihre Voraussetzungen und denkbaren Folgen, getroffen werden. Das → Individuum fühlt sich bei einer Entscheidungsfindung in Verantwortung gerufen

und ist nicht vertretbar. Das einzelne Gewissen wird meist als von Normen der Gesellschaft, aber auch von individuellen sittlichen Einstellungen der Person abhängig angesehen. In traditionellen Religionen werden Gewissenserfahrungen meist mit inneren Organen verbunden. Das → Alte Testament spricht z.B. von »Herz« und »Nieren« (vgl. 1 Sam 24,6) und die Propheten lehren, dass Gott ein Gesetz in das Innere des Menschen geschrieben hat (vgl. Jer 31,33). Erst in den Briefen des Apostels Paulus wird der Begriff »Gewissen« als solcher genannt (1 Kor). Heute muss der Mensch angesichts der sich wandelnden Lebensumstände und des Fortschritts ständig zur Gewissensbildung, der als Leitlinie vom Katechismus der kath. Kirche das Wort Gottes empfohlen wird (KKK 1783 ff.), bereit sein.

Gleichnis

Ein Gleichnis ist eine bildliche und beispielhafte Geschichte, die einen schwierigen Gedanken oder Vorgang anhand einer Beobachtung aus dem Alltag vermitteln will. Gleichnisse haben einen starken Aufforderungscharakter: Im Neuen Testament will Jesus seine Zuhörerinnen und Zuhörer dazu veranlassen, ihr Leben mit Blick auf das anbrechende → Reich Gottes zu überdenken und zu verändern. Gleichnisse sind somit auch bildliche Ausdrucksformen der neuen Wirklichkeit Gottes, seiner unmittelbaren Nähe zu den Menschen.

Gott

(lat. *deus*; griech. *theos*; hebr. *El, Elohim*, als Eigenname: *Jahwe*)
Gott ist die Bezeichnung für denjenigen, der keinerlei Beschränkungen unterliegt (Jes 6), der mit nichts anderem vergleichbar (Ps 139,7–12) und für den Menschen unbedingt zu-

verlässig ist (Ex 3,13f.). Die drei monotheistischen (→ Monotheismus) Religionen (Judentum, Christentum, Islam) sehen in Gott aber nicht eine abstrakte Macht, sondern ein personales Gegenüber, das sich im Lauf der Geschichte den Menschen als allmächtig, barmherzig und treu offenbart. Nach biblischem Glauben ist Gott das Zentrum und Ziel des menschlichen Lebens. Trotz dieser Ausrichtung und Angewiesenheit des Menschen auf Gott bleibt dieser unerforschbar. Als Ursprung und Quelle allen Seins und Lebens (Gen 1, Ps 36) übersteigt Gott das menschliche Fassungsvermögen. Er ist die Liebe (1 Joh 4) und das Heil (Offb 21) und somit die Vollendung der ganzen Schöpfung.

Grundvollzüge / Grunddimensionen der Kirche

Im Zuge der kirchlichen Erneuerung durch das 2. Vatikanische → Konzil (1962–65) wurden identitätsstiftende Merkmale der Kirche und des kirchlichen Lebens benannt. Als Grundvollzüge der Kirche bezeichnet man vier Hauptaufgaben, die das Leitbild der Kirche als Gemeinschaft von Christinnen und Christen begründen und verdeutlichen. Sie heißen – unter Rückgriff auf griechische Lehnwörter – *Diakonia*, *Leiturgia*, *Koinonia* und *Martyria* und sind auf allen Ebenen der Kirchenstruktur gültig. *Diakonia* (Dienst am Nächsten) wird verwirklicht, indem sich Christen anderen Menschen helfend zuwenden, um einerseits Linderung von Not und Armut im direkten Umfeld, aber auch weltweit zu erwirken. Andererseits ist es ein Engagement für Gerechtigkeit und somit politisches Handeln. *Koinonia* (Gemeinschaft) bezeichnet die Gemeinschaft derer, die an Jesus Christus glauben. Die christliche Glaubensgemeinschaft nimmt anein-

236 Lexikon

Bischöfliche Aktion ADVENIAT
Hilfe der deutschen Katholiken für die Kirche in Lateinamerika
Gildehofstraße 2
45127 Essen
www.adveniat.de

Deutsche Lepra- und Tuberkulose-hilfe e. V.
Mariannhillstr. 1c
97074 Würzburg
www.dahw.de

Christliche Initiative Romero e. V. (CIR)
Frauenstraße 3–7
48143 Münster
www.ci-romero.de

Deutscher Caritas-Verband Verband der katholischen Wohlfahrtspflege in Deutschland
Karlstr. 40
79104 Freiburg
www.caritas.de

Kindermissionswerk
Päpstliches Missionswerk der Kinder in Deutschland e.V.
Stephanstr. 35
52064 Aachen
www.kindermissionswerk.de

Misereor
Aktion gegen Hunger und Krankheit in der Welt
Mozartstr. 9
52064 Aachen
www.misereor.de

Intern. Katholisches Missionswerk
Goethestr. 43
52064 Aachen
Pettenkoferstr. 26–28
80336 München
www.missio.de

RENOVABIS
Solidaritätsaktion der deutschen Katholiken mit den Menschen in Mittel- und Osteuropa
Domberg 27
85354 Freising
www.renovabis.de

Katholische und überkonfessionelle → Hilfswerke

ander Anteil, tauscht sich über den Glauben aus und stützt sich gegenseitig im Glaubenszeugnis. *Koinonia* bedeutet Gemeinschaft innerhalb der eigenen Pfarrei und die Verbundenheit mit der Weltkirche. In der *Leiturgia* (Feier des Gottesdienstes), der Liturgie, feiern Christen ihren Glauben an Gott und die wirksame Nähe Gottes. Diese Feiern sollen Kraftquelle für ein Leben gemäß der Botschaft Jesu sein. Liturgische Feiern sind u. a. die Messe mit Wortgottesdienst und Eucharistiefeier (z.B. am Sonntag oder an Hochfesten wie Weihnachten, Ostern, Pfingsten) Wortgottesfeiern, die Feier der Sakramente (z.B. Taufe, Firmung, Eheschließung). *Martyria* (Glaubenszeugnis) ist das Bekennen und Bezeugen des Glaubens an Jesus Christus. Zur *Martyria* gehören außerdem die Weitergabe des Glaubens und die Verkündigung in Predigt, → Hirtenbrief oder → Enzyklika. Menschen, die für ihren Glauben Zeugnis abgelegt und dafür sogar das eigene Leben riskiert haben, nennt man Märtyrer. Damit wird deutlich, dass es auch um Engagement und persönliche Verantwortung geht.

Hilfswerke, kirchliche
Kirchliche Hilfswerke und -organisationen setzen sich in besonderer Weise für Menschen in Armut, Not, Ungerechtigkeit und Unterdrückung ein. Bekannte kirchliche Hilfsorganisationen der katholischen Kirche sind Missio, Misereor und Adveniat. Alle diese Organisationen haben eine eigene Homepage und bieten ausführliches Informationsmaterial zu ihren Tätigkeiten an. (Abb. oben)

Himmel
In naturwissenschaftlicher Perspektive bezeichnet der Begriff Himmel den unendlichen Raum über der Erde. In theologischer Perspektive steht er für den Zustand des Menschen in Vollendung. Damit ist gemeint, dass sich der Mensch vollkommen in der Liebe befindet und bei → Gott geborgen ist. Der christliche Himmel ist folglich kein Ort. Räumliche Vorstellungen greifen zu kurz. Er ist die Seinsweise, die der Mensch erstrebt, aber nur durch die Hilfe Gottes erlangen kann (→ Jenseits).

Hinduismus
Hinduismus ist eine Sammelbezeichnung für eine Gruppe miteinander verwandter, aber vielgestaltiger Religionen, die ihren Ursprung in Indien im 2. und 3. Jtsd. v.Chr. haben und heute zu den großen → Weltreligionen zählen. Aufgrund seiner Vielgestaltigkeit – er kennt keinen gemeinsamen Religionsstifter, keine

verbindliche Lehre, keine einheitliche Institution und kein religiöses Oberhaupt – kann man den Hinduismus auch als eine Familie von Lebensformen eines Kulturkreises bezeichnen. Gemeinsam ist allen Richtungen: Anerkennung der → Veden und → Upanischaden als heiliges Schrifttum und als Teil einer gemeinsamen religiösen Tradition; Vielfalt der Götterwelt, die aber meist als Erscheinungsweisen einer göttlichen Kraft verstanden werden; die religiöse Gestaltung und Durchdringung des Alltags durch eine große Anzahl unterschiedlicher Rituale, z. B. das Bad im Ganges.

Hirtenbrief

Der Hirtenbrief oder das Hirtenwort ist innerhalb der Kirche das Lehrschreiben eines Bischofs an die Gläubigen seiner Diözese. Auch die gemeinsamen Schreiben der Bischöfe oder einer ganzen Bischofskonferenz werden so bezeichnet. Meist wird ein Hirtenbrief zu Beginn der österlichen Bußzeit, anlässlich einer aktuellen Fragestellung oder eines besonderen Ereignisses verfasst und an einem bestimmten Sonntag in allen Gottesdiensten der Diözese verlesen.

Hoffnung

Allgemein meint »Hoffnung« das vertrauensvolle Warten auf ein zukünftiges Geschehen, von dem der Mensch Gutes erhofft. Die Menschen des → Alten Testaments verbanden ihre Hoffnungen mit dem Vertrauen auf Gottes Heilshandeln. Grund der Hoffnung waren die mit Gott gemachten Erfahrungen, v. a. die Befreiung aus Ägypten (→ Exodus) und die Zusage im Gottesnamen Jahwe: »Ich bin der, als der ich da sein werde«. Diese Grundhaltung führt sich im Neuen Testament fort. Im Zentrum der Hoffnung steht hier der Anbruch der

Herrschaft Gottes (→ Jesus). Die Hoffnung gehört neben Glaube und Liebe zu den grundlegenden christlichen Tugenden.

Hohelied der Liebe

So wird ein Buch im → Alten Testament genannt, das eine Sammlung lyrischer Liebeslieder ist. Die Dichtungen besingen in eindrücklichen Worten das Schicksal der Liebenden, ihre Sehnsucht und den Schmerz ihrer Trennung. Sie loben und beschreiben bildreich die körperlichen Vorzüge von Mann und Frau, ohne vulgär zu werden. Vieles spricht dafür, dass die Texte auf altorientalische Hochzeitsbräuche zurückgehen. Eine Interpretation legt das Hohelied auch als Lied der Liebe zwischen Gott und seinem Volk Israel aus.

Hölle

Hölle ist ein bildhafter Ausdruck des Glaubens, dass der Mensch am Ende seines Lebens in der Begegnung mit Gott erfahren kann, dass er sein Leben unwiderruflich verfehlt hat und zur Liebe unfähig geworden ist. Die Hölle als ewige Verdammnis ist das Gericht des Menschen über sich selbst aufgrund seiner freien Entscheidungen gegen die Weisungen Gottes, insbesondere gegen das Liebesgebot. Ob ein Mensch tatsächlich in der Hölle ist, d. h. völlig vom Gott der Liebe getrennt ist, wissen wir nicht. Die Ausmalung der Hölle als Ort des Feuers und der Qualen ist ein tradiertes Bild, welches das Leid der Gottferne ausdrücken will.

Hospiz / Hospizbewegung

Ein Hospiz war im Mittelalter eine Unterbringung für kranke und sterbende Menschen. In den 1970er-Jahren entstand in London eine neue Hospizbewegung, die sich wiederum die Sorge um todkranke Menschen

zur Aufgabe machte. Nicht nur die oft unerträglichen Schmerzen sollen im Rahmen einer palliativmedizinischen (schmerztherapeutischen) Behandlung vermindert werden, sondern auch die Sorgen und Nöte der Sterbenden. Der ganze Mensch in seiner unverlierbaren Würde wird auch im Prozess des Sterbens nicht aus dem Blick verloren. Besonderes Augenmerk wird darauf gerichtet, dass der Sterbende gewohnte Lebensumstände beibehalten kann. Alle Maßnahmen unterstützen den Sterbenden, dienen zur Steigerung seiner Lebensqualität, jedoch nicht der Verlängerung seines Lebens (→ Sterbebegleitung). Christliche Organisationen wie Caritas und Diakonie sind Träger vieler Hospize.

Humanismus

Der Humanismus (von lat. *humanus* = menschlich, dem Menschen angemessen) war eine kulturelle und wissenschaftliche Bewegung des 14. bis 16. Jhs., in deren Mittelpunkt das Bemühen um ein dem Menschen angemessenes Leben stand. Humanisten waren Gelehrte, die sich zu diesem Zweck mit der griechischen und der römischen Antike beschäftigten (→ Renaissance). Sie strebten eine Bildung an, deren Ziel die freie Entfaltung des Menschen war.

Hungertuch

Im Mittelalter diente das Hungertuch zur Verhüllung des Altarraums bzw. Kreuzes in der österlichen Bußzeit, ab dem 14. Jh. erhielten die bisher schwarzen oder violetten Tücher eine farbige Ausgestaltung. Dargestellt wurden biblische Szenen, die die Menschen an die Heilszusagen Gottes erinnerten. 1976 wurde diese Tradition vom kath. Hilfswerk Misereor wiederbelebt. Misereor initiiert alle zwei Jahre die Herstellung eines

Lexikon

Hungertuchs durch Künstler aus allen Teilen der Welt, das in christlichen Gemeinden die Gestaltung der Fastenzeit unterstützt. Neben biblischen Motiven finden auch aktuelle Problemfelder Eingang in die künstlerische Umsetzung, z. B. der Umgang mit der Schöpfung (2009) oder die Lebensbedingungen in den Slums Afrikas, Asiens und Lateinamerikas (2011).

Identität

Identität meint das, was jemand »wirklich« ist, was eine Person unverwechselbar und einmalig macht. Die Identität einer Person setzt sich aus verschiedenen Aspekten zusammen: aus der Person, für die man sich selbst hält; aus derjenigen, die man gerne sein und werden möchte; aus derjenigen, für die einen andere halten, und aus der Person, wie andere Personen einen haben möchten. Das Jugendalter (→ Entwicklungspsychologie) ist für die Ausbildung der Identität entscheidend. In diesem Lebensabschnitt probiert der Mensch vieles aus, um seine Identität zu finden. In diesem Lebensabschnitt ist es wichtig, dass im Umfeld des Jugendlichen Menschen sind, die ihm Grenzen setzen, ihn begleiten und in seinem Tun bestärken. Verläuft dieses Ausprobieren positiv, kann der Jugendliche Ich-Stärke ausbilden, d. h., er ist sich in seinem Handeln sicher, kann seine Meinung auf angemessene Weise vertreten und ist sich seiner selbst bewusst.

Ijob-Buch

Das Buch Ijob setzt sich mit der Frage auseinander, warum der gerecht Handelnde dennoch leiden muss (→ Theodizee). Ijob, einem frommen und wohlhabenden Mann aus dem Lande Uz (geografisch nicht fassbar) geschieht großes Leid, Tod der Kinder und Verlust des Reichtums. Dennoch hält er im Leid an Gott fest und wird von ihm am Ende für seinen Glauben belohnt. Diese Urfassung der Geschichte (6. Jh. v. Chr.) wird in einem ersten Schritt erweitert, da nach dem → Tun-Ergehen-Zusammenhang das Leiden Ijobs willkürlich erscheint. Ergänzt wird diese fiktive Rahmenerzählung um die Wette zwischen dem Satan und Gott, in der Gott dem Satan erlaubt, Ijob alles bis auf sein Leben zu nehmen (Ijob 1,6–12; 2,1–7). Doch auch jetzt erscheint das Leiden Ijobs ungerecht, da der gerecht Handelnde zum Spielball einer himmlischen Wette wird. Daher wird diese Rahmenerzählung im 4. Jh. v. Chr um die »Ijob-Dichtung« (Ijob 3,1–42,10) erweitert. In diesem umfangreichen Teil des Buches setzt sich Ijob mit seinen Freunden, die auf der Basis des Tun-Ergehen-Zusammenhangs eine Schuld Ijobs annehmen, und auch mit Gott anklagend auseinander, denn er sieht keine Gründe für sein Leid. Gott antwortet auf Ijobs Klagen, indem er Ijob die Größe und Weite der Schöpfung vor Augen führt und ihm damit deutlich macht, dass er nicht alles verstehen kann. Die Figur des Ijob ist zum Sinnbild des ungerecht Leidenden geworden, der duldsam an Gott festhält, aber dieses Festhalten in der Anklage Gottes ausdrückt.

Individuum

(lat.; griech. *atomos* = unteilbar) Der Begriff bezeichnet den einzelnen Menschen in seiner je eigenen Besonderheit und im Gegensatz zum Ganzen der Gesellschaft. Das Individuum kann in seiner Verantwortung Gott gegenüber nicht vertreten werden und erhält dadurch seine philosophische und theologische Bedeutung.

Institution

Der Mensch als Gemeinschaftswesen ist auf das Leben mit anderen und die Auseinandersetzung mit ihnen angewiesen. Um größere, Generationen übergreifende Ziele zu erreichen, bedarf es einer Gemeinschaft, die durch Regeln und eine diese Regeln einklagende Einrichtung geprägt ist. Eine solche nennt man Institution (lat. = Einrichtung). Sie entlastet ihre Mitglieder bei deren Einzelentscheidungen, weist ihnen Rollen sowie Aufgaben zu, die auch die Weitergabe von Traditionen gewährleisten. Manche Institutionen bieten den Mitgliedern Gottes- und → Weltbilder an und entbinden sie von der Notwendigkeit, sich die Wirklichkeit in jeder Hinsicht selbst zu erschließen. Für den Fortbestand einer Institution ist ein Regelwerk von Bedeutung; dieses ist aber immer wieder an die Erfordernisse der Zeit anzupassen, damit es nicht starr wird und die Produktivität der Mitglieder hemmt.

Jahreskreis, christlicher

Als christlicher Jahreskreis werden die religiösen Feste bezeichnet, die die Gläubigen im Verlauf eines Kirchenjahres feiern. Der christliche Jahreskreis beginnt mit der Adventszeit und endet mit dem Fest Christkönig. Die wichtigsten Feste im christlichen Jahreskreis sind Weihnachten, Ostern und Pfingsten. Jedem Fest bzw. jeder Zeit im Jahreskreis ist eine bestimmte liturgische Farbe zugeordnet.

Jenseits

Jenseits ist zunächst eine Bezeichnung für die Wirklichkeit, die unmittelbar zu Gott ist, aber dem Menschen nicht direkt zugänglich ist. Während vom christlichen Standpunkt aus der Begriff Transzendenz (lat. = Überschreiten, Übersteigen) angemessener ist, entwickelte sich im Mittelalter unter dem Einfluss antiker und heidnischer Vorstellungen eine regelrechte Jenseitsgeografie mit einem → Himmel oben als der Wohnstatt Gottes und einer → Hölle unten als dem Ort der Strafe und Verdammnis. Diese räumliche Vorstellung ist als Bezeichnung des christlichen »Jenseitsglaubens« ungeeignet. Der christliche Glaube zielt nicht primär auf eine jenseitige Parallelwelt, sondern bezeugt die Hoffnung auf die Vollendung dieser Welt und des Lebens jedes Menschen in und durch die Liebe Gottes. Die Begriffe → Himmel, → Hölle und → Fegefeuer bezeichnen diese zukünftige und endgültige, mit der Welt des Menschen aber bereits verbundene Wirklichkeit.

Jesuiten

Eine der wichtigsten Kräfte der katholischen Kirche in der → Gegenreformation wurde der Jesuitenorden (societas Jesu: Gesellschaft Jesu, SJ). Gegründet hat ihn der spanische Adlige Ignatius von Loyola (1491–1556). Die Jesuiten übten als Erzieher und Beichtväter an Fürstenhöfen sowie durch die Einrichtung vieler Schulen und Hochschulen großen Einfluss aus. Das Volk gewannen sie durch Predigten und karitative Tätigkeiten. Sie erhielten vom Papst den Auftrag der weltweiten Mission. Überall in der Welt unterhalten die Jesuiten heutzutage Hochschulen, Schulen und Internate, in denen sie insgesamt mehr als zwei Millionen jungen Menschen eine allgemeine Bildung vermitteln mit der Absicht, sie dabei zugleich auf ein Leben nach den Grundsätzen des (katholisch-)christlichen Menschenbildes vorbereiten.

Jesus

Jesus ist während der Herrschaftszeit von Herodes dem Großen (73–4 v. Chr.), also vor dem Jahr 4 v. Chr. geboren worden (Mt 2,1). Er stammt aus Nazaret, einer Siedlung in Galiläa, in der er als Jude aufgewachsen ist und den Beruf des Bauhandwerkers ausgeübt hat. Das öffentliche Wirken Jesu beginnt mit seiner Taufe durch Johannes den Täufer. Kurz darauf beruft Jesus selbst Jünger und fordert sie auf, mit ihm zu gehen und das Evangelium zu verkünden. Zentrum der Botschaft und des Handelns Jesu ist die Verkündigung der schon beginnenden Herrschaft Gottes. Jesus ist der Überzeugung, dass Gott seinen Machtbereich, in welchem die → Tora befolgt wird, jetzt aufrichtet. Zeichen dafür sind z. B. Heilungen von dämonischen Mächten, die Jesus so deutet: »Wenn ich aber die Dämonen durch den Finger Gottes austreibe, dann ist das Reich Gottes schon zu euch gekommen« (Lk 11,20). Diese Gottesherrschaft sagt dem Volk Israel das endgültige Heil zu. Alles Reden und Tun dient ihrer Verkündigung. Wesentliche Inhalte der Botschaft Jesu sind in der → Bergpredigt (Mt 5,1–7,29) zusammengefasst. Die in ihr enthaltenen Weisungen verdeutlichen, dass das Kommen des Reiches Gottes und das Tun der Menschen zusammenhängen. Die Bergpredigt ist dabei kein Verhaltenskodex, der detailliert alle Situationen regeln möchte. In ihr wird beispielhaft aufgezeigt, wie das → Doppelgebot der Liebe, die Liebe zu Gott und zu den Mitmenschen (Mk 12,28–34), je aktuell zu verwirklichen ist. Das Doppelgebot ist Grundlage für das Verständnis aller anderen Gebote und gleichsam Zusammenfassung der Tora. Wer toragemäß, sprich im Sinne des Doppelgebots handelt, befindet sich mit Jesus bereits im Herrschaftsbereich der Liebe Gottes. Jesus verkündet seine Botschaft in damals alltäglichen Bildern, oft mit einer überraschenden Pointe. In diesen Gleichnissen bringt er den Menschen Gott und seine Herrschaftsweise nahe: Gott ist kein Kredithai, der Schulden eintreibt: Er erlässt die Schuld (Lk 7,41 f.); Gott ist anders als gewöhnliche Hirten: Er geht einem einzelnen, verirrten Schaf nach (Lk 15,3–6); Gott ist besser als jeder Vater: Er läuft seinem »verlorenen Sohn« bei dessen Rückkehr entgegen und nimmt ihn wieder ins Haus auf (Lk 15,11–32). Die Einladung ins Reich Gottes gilt grundsätzlich allen Menschen, sie kann angenommen oder abgelehnt werden. Um zur Annahme zu motivieren, hat Jesus auf die – bereits von Johannes dem Täufer bekannte – Rede vom »Gericht Gottes« zurückgegriffen. Jesu Botschaft soll in Taten umgesetzt werden. Das bedeutet auch: Der Mensch muss selbst Verantwortung übernehmen und die Konsequenzen seines Handelns tragen. Dabei sind Neuanfang und Umkehr jederzeit möglich. So setzt sich Jesus mit Sündern und Randgruppen der Gesellschaft an einen Tisch und isst mit ihnen. Jesus wird für zeitgenössische jüdische Gruppen (→ Religiöse Gruppen zur Zeit Jesu) und die öffentliche Ordnung zur Bedrohung, als er im Tempel in Jerusalem Kritik an der Praxis des Tempelkultes übt und eine Prophetie gegen Tempel und Stadt ausspricht (Mk 13,1 f.). Nachdem sadduzäische Kreise um den Hohe Priester Kajaphas seine Verhaftung initiiert haben, wird Jesus vom römischen Machthaber Pontius Pilatus zum Tod am Kreuz, der Strafe für Schwerverbrecher, verurteilt. Am dritten Tag nach seinem Tod erfahren zunächst Frauen aus der Gefolgschaft Jesu den Gekreuzigten als den von Gott auferweckten *Kyrios* (griech. = Herr) und *Christus* (griech.; hebr. *Messias* = Gesalbter). Grund-

Lexikon

lage für den Glauben an die → Auferweckung Jesu sind die Erzählungen vom leeren Grab (Mk 16,1–8 parr.) und die Erscheinungen Jesu nach seinem Tod (1 Kor 15,3b–5). Die mündlichen und dann schriftlichen Überlieferungen von damals bezeugen die Auferstehungserfahrung; auf diese Glaubenszeugnisse stützt sich bis heute der Glaube. Die Evangelien liefern keine Tatsachenberichte von der Auferweckung Jesu, sondern wollen zum Glauben an die grenzenlose Liebe Gottes, die auch den Tod überwindet, führen.

Johannes-Evangelium (Joh)

Das vierte und jüngste → Evangelium wird Johannes-Evangelium genannt. Es ist nach heutigem Kenntnisstand um 100 oder sogar erst 110 n. Chr. entstanden. Wahrscheinlich ist es nicht von einem Verfasser allein, sondern von der »johanneischen Schule« geschrieben worden. Joh unterscheidet sich durch Sprache und Inhalt von den drei anderen Evangelien (→ Mk, → Mt, → Lk). Tatsächlich nimmt es eine Sonderstellung ein, weil es nicht so sehr den Lebensweg Jesu auf dieser Erde verfolgt, sondern vor allem Gespräche und Taten des Herrn aufzeichnet. Dabei strahlt von Anfang an sein göttliches Wesen hervor, z. B. am Anfang des Evangeliums, dem sog. »Prolog«. Das Symbol des Johannes ist der Adler, sein Gedenktag ist der 27. 12.

Kirche

Das Wort leitet sich von griech. *kyriake* = »dem *Kyrios* (griech. = dem Herrn) gehörig« ab und wird in erster Linie als Gemeinschaft derer verstanden, die an → Jesus Christus glauben. Weitere Verwendungen des Begriffs: 1. röm.-kath. Gesamtkirche mit der Ausrichtung auf den Vatikan und den Papst in Rom; 2. Teil- oder Ortskirche mit ihrem jeweiligen Bischof; 3. Selbstbezeichnung einer Konfessionsgemeinschaft, z. B. römisch-katholische, evangelische, griechisch-orthodoxe Kirche; 4. Kirchengebäude (→ Kirchenschiff), z. B. Pfarrkirche, Wallfahrtskirche; 5. gottesdienstliche Versammlung.

Kirche als Institution

Die Kirche ist eine religiöse → Institution. Nach Jesu Tod mussten die Christus-Gläubigen, die später »Christen« genannt wurden, gewährleisten, dass die Motivation der ersten Anhänger Jesu aufgefangen und Jesu Botschaft weitergetragen wurde. Diese, bisher mündlich überlieferte Botschaft wurde schriftlich fixiert und der Reflexionsprozess über Jesus, den Christus, vorangetrieben. Mit dem Wachsen der Hausgemeinschaften, deren Organisation sich u. a. an das antike Vereinswesen anlehnte, entwickelte sich auf organisatorischer Ebene die Dreistufigkeit des kirchlichen Amtes (Diakone, Presbyter/ Älteste, Bischöfe/Hirten). Im Bemühen um ein verbindliches institutionelles Regelwerk etablierte sich während der Auseinandersetzungen um die vielfältigen Vorstellungen über das Wesen Jesu Christi und die durch ihn gewirkte Erlösung die Festlegung der Glaubenslehre auf → Konzilien. So sicherte die Kirche die Botschaft von und über → Jesus Christus. Mit der Herausbildung einer gemeinsamen Liturgie (→ Grundvollzüge/ Leiturgia) ruft sich das Christentum die Anfangserfahrung in Erinnerung. Seit der Mitte des 20. Jhs. ist ein Ansehensverlust bei allen Institutionen, auch bei der Kirche festzustellen. Gerade der Kontrast zwischen der Spontaneität des Anfangs und der Notwendigkeit, eine die Zeit überdauernde Form zu finden, bringt Schwierigkeiten mit sich. Aufgabe der Kirche ist es, den Glauben treu zu den Ursprüngen und zeitgemäß weiterzugeben und den Menschen damit (auch ethische) Orientierung zu geben.

Kirchenschiff

Als Kirchenschiff bezeichnet man den Innenraum eines Kirchengebäudes, wenn dieser in mehrere Bereiche getrennt ist. Die Bezeichnung geht zurück auf griech. *naos* = Tempel bzw. *naus* = Schiff. Biblischer Hintergrund sind die Erzählungen vom wunderbaren Fischzug des Petrus (Lk 5,1–9) und vom Gang Jesu auf dem Wasser und der Rettung des versinkenden Petrus (Mt 14,22–33). Tertullian (ca. 160–220 n. Chr.) bezeichnete das Schifflein, in dem Jesus und seine Jünger auf dem See Gennesaret fuhren, als Sinnbild der Kirche. Das Mittel- oder Hauptschiff ist der mittlere Bau und in der Regel der breiteste und längste Raum der Kirche. Diese beigestellten, durch Säulen oder Pfeiler abgeteilten Räume heißen Seitenschiffe. Zusammen heißen sie Langhaus. Ein Querschiff schließt sich manchmal an und bildet an der Schnittstelle mit der Längsachse des Gebäudes die sog. Vierung, oft als Kuppel oder mit Vierungsturm (»Dachreiter«) ausgearbeitet, unter der meist der Altar aufgestellt ist. Je nach Baugrundstück ist der Kirchenraum »geostet«, d. h. in west-östlicher Richtung erbaut, sodass der Chor nach Osten, der Ostersonne bzw. der Auferweckung Jesu entgegen, ausgerichtet ist. Der halbrunde Abschluss des Langhauses hinter dem Chorraum wird als Apsis bezeichnet.
(Abb. S. 242)

Kommunikation

Mit »Kommunikation« werden all die Vorgänge bezeichnet, die zwischen

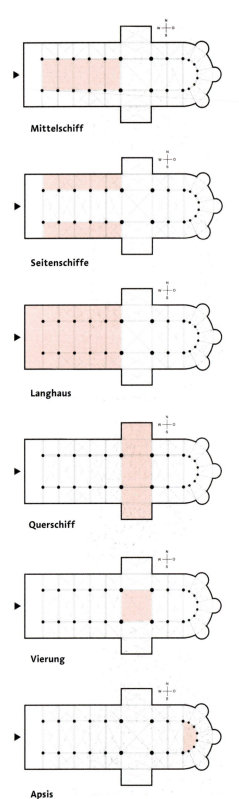

Menschen eine Beziehung herstellen und auf Verständigung abzielen. Dabei unterscheidet man die verbale Kommunikation, bei der Menschen einander durch Worte Botschaften mitteilen, und die nonverbale Kommunikation, bei der durch Gesten und durch Mimik sowie durch die Körperhaltung bestimmte Botschaften gesandt werden. Eine Kommunikation ist erfolgreich, wenn die an ihr beteiligten Personen ihr Ziel erreichen und die Kommunikation die beabsichtigte Wirkung hat. Werden die Ziele nicht erreicht und hat eine Kommunikation nicht die gewünschte Wirkung, so spricht man von gestörter Kommunikation.

Konfessionen

(lat. *confessio* = Bindung, Bekenntnis) Der lateinische Begriff *confessio* bezeichnete das Bekenntnis im Sinne des Glaubensbekenntnisses Einzelner oder einer Gemeinschaft. Die ersten Christen formulierten Glaubensbekenntnisse, die sie miteinander verbanden und von anderen Religionen unterschieden. Im Zuge der → Reformation wurde eine Abgrenzung zwischen den verschiedenen christlichen Glaubensrichtungen nötig. Katholiken bekennen ihre Zugehörigkeit zur römisch-katholischen Kirche und zu ihrem Glauben. Auch die Reformatoren arbeiteten Bekenntnisse aus, in denen sie ihre neue Lehre darlegten. Berühmt ist die Confessio Augustana, die für den Augsburger Reichstag im Jahre 1530 geschrieben wurde. Konfession meint ein Bekenntnis und bezeichnet damit sowohl die Zugehörigkeit zu einer Gruppe als auch Abgrenzung zu einer anderen. Die katholische Kirche versteht sich jedoch nicht als eine Konfession neben anderen, sondern als die wirkliche, von Christus gewollte Kirche im Vollsinn des Wortes.

Konzil

Ein Konzil (lat. *concilium* = Rat, Zusammenkunft) bezeichnet die Zusammenkunft von Bischöfen unter der Leitung des Papstes zur Beratung und zur Beschließung von kirchlichen Angelegenheiten. Das erste überlieferte Konzil war das sog. Apostelkonzil, das 48/49 n. Chr. in Jerusalem stattfand (Apg 15,1–29). Während früher Konzilien oft zur Abwehr von Irrlehren einberufen wurden, suchte die Kirche auf dem 2. Vatikanischen Konzil (1962–65) nach einem zeitgemäßen Standort für sich selbst in der Welt: z. B. wurde die Muttersprache im Gottesdienst eingeführt, die Mitverantwortung aller Christen gestärkt, das Verhältnis zu den anderen Weltreligionen betont und an die Mitwirkung der Kirche an einer gerechten und friedlichen Welt gedacht (→ konziliarer Prozess).

Konziliarer Prozess

Konziliarer Prozess ist die Bezeichnung für den gemeinsamen Weg christlicher Kirchen in ihrem Einsatz für Gerechtigkeit, Frieden und Bewahrung der Schöpfung. Grundlage dieses Engagements ist die Überzeugung, dass der Mensch zum verantwortlichen Partner und Mitschöpfer an Gottes Werk berufen ist. Schon 1934 verlangte Dietrich Bonhoeffer ein gesamtchristliches Friedenskonzil, ähnlich wie der Priester Max Joseph Metzger. 1983 wurde die Frage eines gemeinsamen Konzils auf der Vollversammlung des Ökumenischen Rates der Kirchen (ÖRK) in Vancouver/Kanada aufgenommen. Neben der bleibenden Aufgabe, die Einheit der christlichen Kirchen zu suchen (»Ökumenische Bewegung«), traten jetzt die Aspekte Gerechtigkeit, Frieden und Bewahrung der Schöpfung in den Mittelpunkt. Der »konziliare Prozess« kam in Gang.

Eröffnung des Zweiten Vatikanischen → Konzils am 11. November 1962 im Petersdom in Rom

Liturgie

(griech. *leiturgía* = öffentlicher Dienst) Liturgie bezeichnet die Vielfalt der gottesdienstlichen Handlungen und Elemente in ihrer bestimmten Abfolge als Feier des Glaubens. So wurden in der frühen Kirche auch die Aufgaben aller Beteiligten im Gottesdienst beschrieben. Die Liturgie bildet einen der vier Grundvollzüge der Kirche und hat immer zwei Dimensionen: Einerseits die versammelte Gemeinde, die in der liturgischen Feier Gott dient, andererseits Gott selbst, der in der Feier des Glaubens seinem Volk dient. Heute versteht man meist den festen Ablauf des Gottesdienstes als Liturgie.

Luther, Martin (1483–1546)

Martin Luther gab den Anstoß zur → Reformation. Er kam in der kleinen Stadt Eisleben in Thüringen am 10. 11. 1483 zur Welt. Zeit seines Lebens beschäftigte ihn die Frage, wie er vor einem mächtigen Herrschergott leben und wie er ihn gnädig stimmen könnte. Seine Antwort aus der Bibel, die er in seinen berühmten 95 Thesen und vielen anderen Schriften verbreitete, sowie seine Kritik am → Ablass und der verweltlichten Kirche seiner Zeit galt bei vielen weltlichen und kirchlichen Herren als gefährlich. So verhängte Kaiser Karl V. 1521 nach verschiedenen Verhören die »Reichsacht« über Luther: Ihm wurden alle Rechte entzogen, er sollte von allen Menschen verachtet werden und es war verboten, ihm zu helfen. Doch sein Landesherr Friedrich der Weise widersetzte sich diesen Vorschriften und brachte Luther auf die Wartburg bei Eisenach, um ihn zu schützen. Dort lebte er zehn Monate unerkannt als »Junker Jörg« und übersetzte das Neue Testament aus der griechischen in die deutsche Sprache. Von den einen angefeindet, von anderen bewundert, predigte, lehrte und schrieb Luther, bis er 1546 in Eisleben starb.

Lukas-Evangelium (Lk)

Das umfangreichste → Evangelium im Neuen Testament und die Apostelgeschichte stammen von einem Schriftsteller, der seit dem 2. Jh. Lukas (Lk) genannt wird. Er verwendete Texte aus dem Evangelium nach → Markus, aus einer Spruchsammlung und solche Texte, die man in keinem anderen Evangelium findet. Lukas verstand Jesus als Heiland der Armen und Sünder. Man vermutet, dass er ein gebildeter Schriftsteller aus Antiochia im heutigen Syrien war. Seine Werke schrieb er für griechisch sprechende Heidenchristen, sein Evangelistensymbol ist der Stier, sein Gedenktag der 18. 10. (Abb. S. 244)

Markus-Evangelium (Mk)

Das älteste und zugleich kürzeste Evangelium wird dem Evangelisten Markus zugeschrieben. Es entstand

Lucas Cranach, Martin → Luther als Mönch, 1520

Lucas Cranach, Martin → Luther mit Doktorhut, 1521

Lucas Cranach, Martin → Luther als Junker Jörg, 1521

Lucas Cranach, Martin → Luther kurz vor seinem Tod

wohl um 70 n. Chr. Er hat es ungefähr 90 einzelnen Stücken zusammengesetzt, so wie ein Künstler aus zahlreichen Steinen ein Mosaikbild herstelllt. Markus war vermutlich ein Judenchrist aus Syrien, der sein Evangelium für griechisch sprechende Leserinnen und Leser schrieb, die Christen geworden waren. Er betont, dass das irdische Leben und Sterben von Jesus erst durch Ostern und die Auferstehung zu verstehen ist. Sein Symbol ist der Löwe, sein Gedenktag der 21. 04. (Abb. rechts)

Märchen
(althochdt. *maren* = verkünden) Klassische Märchen sind mündlich überlieferte Erzählungen, wie die volkstümlichen Märchen, die von den Brüdern Grimm gesammelt wurden. Sie kennen keine Festlegung von Raum oder Zeit. Zauberer, Hexen, Feen, Zwerge, Drachen, redende Tiere, verwunschene Menschen treten in ihnen auf. Diese wundersamen Gestalten personifizieren Kräfte, die das menschliche Leben bestimmen. So wird der Kampf von Gut gegen Böse nicht abstrakt beschrieben, sondern durch konkrete Figuren ausgetragen. Das macht Märchen anschaulich, auch für Kinder, obwohl sie sich zuerst an Erwachsene richten.

Matthäus-Evanglium (Mt)
Das Buch, das im Neuen Testament an erster Stelle steht, ist das → Evangelium nach Matthäus (Mt). Nach heutigem Kenntnisstand ist es zwischen 80 und 100 n. Chr. in gutem Griechisch geschrieben worden. Kunstvoll sind die Taten und Wunder, die großen Reden und Gleichnisse Jesu komponiert. Dazu hat der Verfasser Stellen aus dem → Markus-Evangelium mit anderen Quellen kombiniert, z. B. mit einer Spruch-

Beginn des → Evangeliums nach → Matthäus mit geflügelten Symbolen auch der übrigen drei Evangelisten → Markus, → Lukas und → Johannes. Buchillustration Book of Kells, um 800

sammlung, der sog. Logienquelle (griech. *logos* = das Wort). Die Botschaft des Mt: Jesus hat die Weissagungen des → Alten Testaments erfüllt. Mit ihm hat das Heil für alle Völker begonnen. Wo Gottes Wille erkannt und getan wird, ist das Himmelreich nahe. Mt wird oft mit einem Engel als Evangelistensymbol dargestellt, sein Gedenktag ist der 21. 09. (Abb. oben)

Meditation
Meditation (lat. *meditatio* = das Nachdenken über, auch: zur Mitte ausrichten) ist ein Sammelbegriff für eine spezielle Weise religiöser Welt- und Lebenserkenntnis und, davon abgeleitet, für religiöse Praktiken. In vielen dieser Praktiken geht es darum, durch Achtsamkeits- oder Konzentrationsübungen den Geist zu beruhigen und sich zu sammeln. Während in

fernöstlichen Religionen eine Freiheit des Geistes von allen einschränkenden Bildern, Begriffen und Vorstellungen den Weg der Meditation auszeichnet und die Erleuchtung deren Ziel ist, streben meditative Übungen der monotheistischen Religionen (→ Monotheismus) nach der unmittelbaren Erfahrung des Göttlichen. Christliche Meditation ist u. a. darauf ausgerichtet, die im → Evangelium niedergelegte Botschaft Jesu Christi immer tiefer zu verstehen und aus ihr das Leben zu gestalten.

Melanchton, Philipp
→ Reformation
→ Reformatoren

Mission
(lat. *missio* = Sendung)
Mission meint die christliche Überzeugung, dass das Evangelium allen Menschen gilt und gemäß dem Auftrag des Auferstandenen (vgl. Mt 28,16–20) in die ganze Welt getragen werden soll. Grundmotiv für Mission ist die Zusage des Heils durch das Evangelium. Wenn die → Botschaft Jesu die Menschen zu gelingendem Leben führt, dann sollen diese Botschaft und damit das Heil allen Menschen zuteilwerden. Wirkungsgeschichtlich hatte die Mission ihre Schattenseiten, z.B. die gewaltsame Christianisierung ganzer Völker. Zunehmend vertiefte sich die durch das 2. Vatikanische → Konzil bestätigte Überzeugung, dass die Verkündigung des Evangeliums mit entsprechendem Handeln einhergehen muss, um überzeugend die Botschaft Jesu zu verkünden.

Mittelalter
»Mittelalter« ist eine in der → Renaissance von den Humanisten geprägte Bezeichnung für ein Zeitalter der europäischen Geschichte, das von etwa 500–1500 n. Chr. dauerte. Diese Zeit war geprägt von einem tiefen Glauben der Menschen an den christlichen Gott, der als die einzig verlässliche Größe in der Triade Gott-Mensch-Welt galt. Die mittelalterliche Gesellschaft war in drei Stände gegliedert: den Klerus (die Betenden), den Adel (die Schützenden bzw. Kämpfenden) und die Arbeitenden (Leibeigene, Bauern und Handwerker). Das Mittelalter wird oft als »finster« gegenüber der sich dann anschließenden »Neuzeit« dargestellt, in der der Mensch sich selbst erkennt und die Welt erobert (→ Renaissance, → Humanismus). Doch auch im Mittelalter gab es bereits eine blühende Kultur, scharfsinnige Gelehrte wie den Theologen Thomas von Aquin (um 1225–1274), großartige Baumeister und Kunsthandwerker, die bis heute unübertroffen sind, und beachtliche Fortschritte in Landwirtschaft, Rohstoffgewinnung, Handwerk und Handel. All diese Errungenschaften des Mittelalters waren Voraussetzung für die spätere, nicht immer unproblematische Vorherrschaft der Europäer in der Neuzeit.

Monotheismus
(griech. *monos* = allein; *theos* = Gott)
Im Gegensatz zum Polytheismus bezeichnet Monotheismus das Bekenntnis und die Verehrung nur eines einzigen Gottes, der als Schöpfer und Erhalter der Welt gilt. Monotheistische Religionen heute sind Judentum, Christentum und Islam.

Moral
(von lat. *mos* = Sitte)
Der Begriff bezeichnet die Sittlichkeit des einzelnen Menschen und der Gesellschaft bzw. die Lehre von der Sittlichkeit. Häufig wird Moral synonym mit Ethik gebraucht.

Mystik/mystisch
Der Begriff ist abgeleitet von griech. *myein* = die Augen schließen und *mystikos* = geheimnisvoll. Unter Mystik versteht man eine das gewöhnliche Bewusstsein und die verstandesmäßige Erkenntnis übersteigende, unmittelbare Erfahrung einer göttlichen Existenz. Mystische Erfahrungen sind in vielen Religionen bekannt, man erlangt sie vornehmlich durch eine Versenkung ins eigene Herz, nicht aber durch die Einhaltung einer bestimmten religiösen Praxis. Hierbei werden die Schranken der eigenen → Identität zerbrochen, die den Menschen von → Gott trennen. Zum Erreichen dieses Ziels gibt es verschiedene Übungen, z.B. → Meditation und Askese.

Mythos
Ein Mythos (griech. = Rede, Erzählung, Geschichte) ist eine überlieferte Geschichte, die erzählerisch und nicht begrifflich-rational den Sinn der Welt und des menschlichen Daseins erklärt. Alle Religionen haben Mythen, in denen der Wille Gottes oder der Gottheiten dargelegt werden. Solche Mythen wollen nicht beschreiben, *was* geschehen ist, sondern *warum* etwas geschehen ist. Sie erklären, warum die Welt so ist, wie sie ist. Aus der gesamten Antike sind zahlreiche Mythen überliefert (z.B. der Mythos von Sisyphos). Die Schöpfungserzählungen in Gen 1 und 2 greifen mythische Elemente ihrer kulturellen Umgebung (z.B. Babylons) auf und formulieren sie neu mit der Glaubensaussage: Unser Gott ist der Schöpfer des ganzen Universums und der Erhalter und Schützer allen Lebens.

Nationalsozialismus
Bezeichnung einer radikal antidemokratischen, antimarxistischen und

antisemitischen Weltanschauung und politischen Bewegung in Deutschland, deren Anhänger sich in der Zeit nach dem Ersten Weltkrieg in der Nationalsozialistischen Deutschen Arbeiterpartei (NSDAP) organisierten. Unter der Führung von Adolf Hitler gelangte der Nationalsozialismus 1933 zur Herrschaft und errichtete eine totalitäre Diktatur, das sog. → »Dritte Reich«. Mit dem Angriff auf Polen am 1. 9. 1939 begann Adolf Hitler den Zweiten Weltkrieg. In den Verbrechen des Holocaust wurden ca. 6 Millionen Juden ermordet, viele in → Auschwitz. Die Herrschaft des Nationalsozialismus endete mit der Niederlage im Zweiten Weltkrieg und der bedingungslosen Kapitulation am 8. 5. 1945.

Ökumene
(griech. *oikoumene* = die bewohnte Erde/Erdkreis)
»Ökumene« bezeichnete ursprünglich den gesamten bewohnten Erdkreis. Das Neue Testament versteht darunter zum einen die bewohnte Welt (Lk 2,1), zum anderen die Adressaten der christlichen Botschaft (Mt 24,14). Insbesondere aber ist die »Ökumene« der Ort des Engagements der Menschen, die Jesus nachfolgen. Dort sollen sie zuerst nach dem »Reich Gottes und seiner Gerechtigkeit« trachten und dorthin sollen sie den Frieden Jesu bringen, der nicht jener der herrschenden Weltordnung ist, wo die Herrscher ihre Völker unterdrücken und das »Befriedung« nennen. In der Alten Kirche wird als ökumenisch das bezeichnet, was die Kirche in ihrer weltweiten Dimension betrifft und für alle Christen verbindlich Gültigkeit beansprucht. In diesem Sinn ist der Begriff »Ökumenisches → Konzil« zu verstehen. Seit dem 20. Jh. bezeichnet Ökumene den Dialog und die Zusammenarbeit zwischen den verschiedenen → Konfessionen mit dem Bestreben um eine Annäherung und mögliche Einheit. Dem Ökumenischen Rat der Kirchen gehören die meisten großen christlichen Kirchen und Gemeinschaften an (345), die Gesamtzahl der christlichen Gemeinschaften geht weltweit in die Tausende (www.oikoumene.org).

Orden
(lat. *ordo* = Regel, Stand)
Orden sind religiöse Gemeinschaften, deren Mitglieder die drei Gelübde des Gehorsams, der Armut und der Enthaltsamkeit ablegen und unter einem Oberen (Abt, Prior) nach einer gemeinsamen Lebensordnung leben. Es gibt Frauen- und Männerorden, Laien- und Priesterorden. Die erste abendländische Ordensgemeinschaft waren die Benediktiner. Im 11., 12. und 13. Jh. gründeten sich Reformorden wie die Kartäuser, Zisterzienser und Kamaldulenser, die auch als Wanderprediger unterwegs waren, und die Bettelorden wie die Franziskaner, Dominikaner und Karmeliter, die ein konsequent enthaltsames Leben führen wollten. Im Zusammenhang mit den Kreuzzügen entstanden die Ritterorden (z. B. Templerorden, Deutscher Orden, Johanniter), die später zum Teil wichtige soziale und karitative Aufgaben übernahmen (vgl. noch heute z. B. die »Johanniter Unfallhilfe«). In der Neuzeit kamen weitere Orden und Kongregationen hinzu (z. B. → Jesuiten, Englische Fräulein, Redemptoristen, Salesianer).

Osterliturgie
In der Osternacht, der Nacht von Karsamstag auf Ostersonntag, wird das Osterfeuer gesegnet und die Osterkerze entzündet. Anschließend zieht die Gemeinde mit der Osterkerze in die Kirche ein. In der Kirche findet ein Wortgottesdienst statt. An-

Das → Ökumene-Logo enthält eine Vielzahl von Symbolen.

schließend werden, sofern Täuflinge da sind, Taufen gespendet und die Erwachsenen erneuern ihr Taufversprechen. Den Abschluss bildet eine Eucharistiefeier.

Ostern
(althochdt. *ostar* = östlich, d. h. in Richtung der aufgehenden Sonne)
Ostern ist das älteste und wichtigste Fest der christlichen Kirchen. Die Gläubigen erinnern sich bei diesem Fest an den Tod und die Auferstehung Jesu Christi (→ Osterliturgie). Ostern wird seit dem 4. Jh. n. Chr. am ersten Sonntag nach dem ersten Vollmond nach Frühlingsbeginn gefeiert.

Pâli-Kanon
Der Pâli-Kanon ist die erste systematische Niederschrift und Sammlung von Dialogen und Lehrvorträgen des Buddha, aufgezeichnet in der Sprache Pali, die dem Sanskrit verwandt ist. Die Texte entstanden im 1. Jh. v. Chr. in Ceylon (heute: Sri Lanka). Man schrieb sie auf Palmblätter, die mit einem Faden zusammengebunden und in Körben (*pitaka*) aufbewahrt wurden. Deutsche Übersetzung: www.palikanon.com.

Papst / Papsttum – Selbstverständnis des Papstamtes
Petrus ist als erster zum Apostel berufen worden und war Sprecher der

Päpste der Vergangenheit und Gegenwart (v. l. n. r.): Petrus, Pius XII., Johannes XXIII., Johannes Paul II., Benedikt XVI., Franziskus I.

Jünger Jesu. Das »Petrusamt« bildet das Fundament des Papstamtes. Dieses versteht sich (eingebettet in die Kollegialität der Bischöfe) mit der Vollmacht im Namen Christi ausgestattet zur Leitung der Kirche im Dienst an der Einheit. Der Papst, der Bischof von Rom und Nachfolger des heiligen Petrus, ist das sichtbare Prinzip für die Einheit der Vielfalt sowohl von Bischöfen als auch von Gläubigen. Bei der Ausübung des Amtes soll dem Papst Christus, der wahre Hirt, als Vorbild dienen. Der römische Bischof, das Haupt des Kollegiums der Bischöfe, erfreut sich kraft seines Amtes der Unfehlbarkeit, wenn er als oberster Hirt und Lehrer aller Christen seine Brüder im Glauben stärkt und eine Lehre über den Glauben oder die Sitten ausdrücklich als unfehlbar verkündet. Der Papst hat als Stellvertreter Christi und als Hirte der ganzen Kirche die höchste und allgemeine Vollmacht über die Kirche, die er immer frei ausüben kann.

Partnerschaft

Eine Partnerschaft bezeichnet im engeren Sinn eine verbindliche Beziehung zwischen zwei Menschen. Der Begriff schließt die Vorstellung einer grundsätzlichen Gleichwertigkeit und Gleichberechtigung der Partner ein. Die Bibel begründet das Bedürfnis nach Partnerschaft als gottgewollt (Gen 1,27f.; 2,18). Die Form einer Partnerschaft ist weniger festgelegt als die einer Ehe, die durch einen zivilen Rechtsakt geschlossen wird und als dauernde Liebes- und Lebensgemeinschaft zweier Menschen von staatlicher Seite geschützt wird (vgl. GG Art. 6). D. h. in einer Ehe gibt es für beide Partner und deren Kinder Unterhalts-, Versorgungsausgleichs und Erbansprüche. Seit 1998 haben Kinder aus »nichtehelichen Lebensgemeinschaften« die gleichen Rechte wie Kinder aus einer Ehe. Seit 2001 können zwei Personen gleichen Geschlechts eine »eingetragene Lebenspartnerschaft« mit Fürsorge- und Unterhaltspflicht begründen. Neben der zivilen Eheschließung gibt es die kirchliche Trauung, bei der sich die Brautleute vor einem Priester/Diakon und zwei Zeugen gegenseitig das Sakrament der Ehe spenden. Aus der Überzeugung, dass Gott seine Treue niemals aufkündigt, gewinnen Christinnen und Christen den Mut zu Ehe und Partnerschaft, »bis der Tod sie scheidet«.

Passion

Als Passion wird der Leidensweg Jesu bezeichnet, von der durchwachten Nacht am Ölberg, über seine Festnahme durch die Römer, die Verhöre, Misshandlungen, bis hin zu seiner Verurteilung und zu seinem Tod am Kreuz. In der Woche vor Ostern, der Karwoche, wird in den Gottesdiensten der katholischen und der evangelischen Kirche die Leidensgeschichte Jesu, die in den vier Evangelien erzählt wird, vorgelesen oder vorgesungen. Die Karwoche beginnt mit dem Sonntag vor Ostern, dem Palmsonntag, an dem die Texte vorgelesen werden, die von Jesu Einzug in Jerusalem erzählen. Am Gründonnerstag erinnern sich die Gläubigen an das letzte Abendmahl, das Jesus mit seinen Jüngern nach seinem Einzug in Jerusalem gefeiert hat. Am Karfreitag (althochdt. *chara* = Wehklage, Trauer) werden die Texte gelesen, die von Jesu Geißelung und von seinem Kreuzestod handeln. Der Karsamstag mündet in die Feier der Osternacht

247

(→ Osterliturgie), einem Festgottesdienst, der ganz im Zeichen der Auferstehung Jesu von den Toten steht und in dem feierlich die Osterkerze, Symbol des Lebens, entzündet wird. Bedeutsam ist, dass auf die Passion und den Tod Jesu die Auferstehung folgt, der Glaube, dass der Tod nicht das Ende ist, sondern der christliche Gott ein Gott des Lebens ist und ewiges Leben schenkt.

Pentateuch

Als Pentateuch (griech. *pente* = fünf; *teuchos* = Gerät, Buchrolle) werden die ersten fünf Bücher des → Alten Testaments bezeichnet. Sie sind sowohl durch eine innere Ganzheit und theologische Verbindlichkeit als auch durch eine literarische Zusammengehörigkeit ausgezeichnet. In der jüdischen Tradition heißen sie in ihrer Gesamtheit → Tora und werden jeweils nach ihren Anfangsworten bezeichnet, während sie in der katholischen Tradition ihren Titel Kurzangaben zum Inhalt verdanken: Bereschit (Im Anfang)/→ Genesis (Entstehung), Schemot (Namen)/Exodus (Auszug), Wajikra (Und er rief)/Levitikus (Gesetz), Bemidbar (In der Wüste)/Numeri (Zählungen) und Debarim (Worte)/Deuteronomium (Zweites Gesetz). Der Pentateuch erzählt eine fortlaufende Geschichte von der Entstehung der Welt über die Erzeltern, der Befreiung aus Ägypten über die Weisungen Gottes bis hin zum Tod des Mose vor Erreichen des gelobten Landes.

Pfingsten

(griech. *pentekosté* = fünfzigster [Tag nach Ostern])
Mit dem Pfingstfest endet in den christlichen Kirchen die fünfzigtägige Osterzeit. Das Pfingstfest geht auf eine Erzählung aus der Apostelgeschichte (Apg 2,1–13.37–42) zurück, wonach die Jünger vom Heiligen Geist erfüllt wurden und in verschiedenen Sprachen zu sprechen begannen. Dieser Tag wird an Pfingsten als Gründungstag der Kirche gefeiert. Als christliches Fest wird Pfingsten um 130 n. Chr. erstmals erwähnt; im 4. Jh. n. Chr. wurde Pfingsten neben → Ostern zu einem bevorzugten Tauftermin.

Philosophie

Der griech. Begriff bedeutet »Liebe zur Weisheit«. Im Gegensatz zu anderen Wissenschaften, die stets nur einen bestimmten Aspekt der Wirklichkeit erforschen, ist der Gegenstand der Philosophie die Wirklichkeit als Ganzes. Ihr Instrument ist die menschliche Vernunft. Es gibt sehr unterschiedliche Typen des Philosophierens, die sich oft in Konkurrenz zueinander befinden (Transzendentalphilosophie, Existenzialismus, Phänomenologie, Analytische Philosophie usw.). Zudem lässt sich die Philosophie in mehrere Disziplinen aufteilen wie z. B. Erkenntnistheorie (Was kann ich wissen?), Ethik (Was soll ich tun?), Religionsphilosophie (Was darf ich hoffen?), philosophische Anthropologie (Was ist der Mensch?).

Prolog/Präambel

Von einem Prolog bzw. einer Präambel spricht man, wenn ein Dokument oder eine Urkunde feierlich eingeleitet wird. Die → Zehn Gebote, die im → Alten Testament in den Büchern Exodus und Deuteronomium zu finden sind, werden von einer solchen Präambel eingeleitet: »Ich bin Jahwe, dein Gott, der dich aus Ägypten geführt hat, aus dem Sklavenhaus.« Mit dieser Präambel wird das Volk Israel an die Befreiungserfahrung erinnert. Ihr Gott Jahwe befreit sie aus der Sklaverei und Gefangenschaft in Ägypten, er eröffnet ihnen neue Lebensmöglichkeiten. Um diese Lebensmöglichkeiten zu erhalten, werden anschließend Gebote formuliert, die das Zusammenleben gelingen lassen. Die Zehn Gebote sind also als Wegweisungen zu sehen, die Freiheit erst ermöglichen.

Protestanten

Als Protestanten werden alle Christen bezeichnet, die nicht zur römisch-katholischen Kirche oder zur orthodoxen Ostkirche gehören. Nach einem Reichstagsbeschluss von 1529 sollten alle kirchlichen Reformen verboten werden und die Anhänger → Luthers der Reichsacht verfallen. Dagegen protestierten die reformierten Fürsten und Städte aus Gewissensgründen. Von dieser »Protestation« leitet sich der Begriff her. Die von Luther gebrauchte Bezeichnung »evangelisch« setzte sich nur langsam durch. Im Verlauf der → Reformation traten weitere → Reformatoren auf. So nennt man etwa die Anhänger Calvins und Zwinglis (spätestens ab 1648 in Abgrenzung zu den »Lutheranern«) »Reformierte«.

Psalmen

(griech. *psalmos* = Saitenspiel, Gesang)
Im biblischen Buch der Psalmen sind 150 religiöse Lieder der jüdischen Tradition vereinigt. Die Sammlung ist ca. im 2. Jh. v. Chr. aus älteren Teilsammlungen entstanden, die nach verschiedenen Gesichtspunkten angelegt waren und Lieder aus der Zeit zwischen 1000 und 165 v. Chr. enthielten. Bei manchen Psalmen nimmt man traditionell an, dass sie von König David stammen. Die Themen der Psalmen sind Gesänge zum Lobpreis im Gottesdienst, Danklieder an Gott, aber auch Lieder der Klage, der Verzweiflung, der Rache und der Reue.

Psychologie

(griech. *psyche* = Seele; *logos* = Lehre)
Seit Ende des 19. Jhs. wird Psychologie als empirische (= an der Erfahrung orientierte) Wissenschaft aufgefasst. Erforscht werden das Verhalten der Menschen und die diesem Verhalten zugrunde liegenden Bedingungen: gesellschaftliche Gegebenheiten, aber auch individuell gespeicherte, bewusste oder unbewusste Informationen. Die Frage, warum sich Menschen in einer bestimmten Weise verhalten, lenkt den Blick der Psychologie auch auf einzelne Erlebnisse und die Frage, wie diese im Verhalten der Menschen nachwirken. Manche Erfahrungen können für Menschen so belastend sein, dass sie davon krank werden. Psychologen untersuchen diese Zusammenhänge und entwickeln Therapien, um diese seelischen Krankheiten zu heilen.

Pubertät

Pubertät nennt man die Entwicklungsphase zwischen Kindheit und Erwachsenenalter. In Westeuropa beginnt die Pubertät bei Mädchen etwa im Alter von elf bis zwölf Jahren mit der ersten Menstruation und endet etwa im Alter von 15 bis 16 Jahren. Bei Jungen beginnt die Pubertät etwa im Alter von zwölf Jahren mit dem ersten Samenerguss und endet etwa im Alter von 16 bis 17 Jahren. In der Pubertät verändert sich der Körper von Jungen und Mädchen. Neben der körperlichen Entwicklung ist aber auch die geistige und seelische Entwicklung bedeutsam. In dieser Zeit entwickelt sich die selbstständige Individualität (→ Identität).

Rechtfertigung

Rechtfertigung meint einen Aspekt der Beziehung zwischen Gott und Mensch. Es geht dabei nicht um das, was der Mensch tut oder tun muss, sondern um das, was Gott getan hat. Die biblische Botschaft von der Rechtfertigung fordert die Menschen auf, sich mit den Augen Gottes zu sehen: Ein Mensch ist mehr als die Summe seiner Taten oder Untaten. Seine Würde ist ihm von Gott gegeben. Sie muss nicht erst hergestellt oder gar verdient werden. Die »Frohe Botschaft« der Bibel besagt, dass der Mensch den Sinn seines Lebens nicht selbst herstellen, sondern nur dankbar von Gott empfangen kann. Allein dadurch, dass er auf Jesus Christus vertraut, ist er vor Gott gerecht – ohne seine eigene Leistung.

Reformation

(lat. = Erneuerung, Wiederherstellung)
Mit Reformation wird heute jene religiöse Bewegung des 16. Jhs. bezeichnet, die die Einheit der westlichen Kirche (die Ostkirche hatte sich bereits 1054 abgetrennt) zerbrechen ließ und sich wesentlich mit Martin → Luther verbindet. Dieser wollte jedoch keineswegs eine neue Kirche gründen. Den letzten Anstoß zur Reformation gab der Ablasshandel (→ Ablass), mit dessen Einnahmen der Petersdom in Rom erneuert werden sollte. Martin Luther sah darin einen Missbrauch und rief zur Rückbesinnung auf die biblischen Grundlagen des Evangeliums auf – d. h. allein auf Christus und damit allein auf den Glauben, allein auf die Gnade und allein auf die Schrift. Er fand damit in ganz Europa Gehör. Luthers Übersetzungen des Neuen Testamentes (1522) und der ganzen Bibel (1534) hatten nicht nur unmittelbar religiöse Auswirkungen. Indem er für seine Übersetzung »dem Volk aufs Maul« schaute und die gehörten Wendungen mit seinen bildhaften Formulierungen verband, ent-

Bedeutende → Reformatoren waren Ambrosius Blarer (1492–1564), Johannes Calvin (1509–1564), Huldrych Zwingli (1484–1531), Philipp Melanchton (1497–1564)

stand ein guter Teil der heutigen, alle Deutschen verbindenden Hochsprache. Die von Luther wiederentdeckte Botschaft von der → Rechtfertigung des Glaubenden »allein aus Gnade« bedeutete eine Befreiung des Menschen von manchem nicht heilsnotwendigen und zum Teil politisch bedingten kirchlichen Zwang. Die Leistungsreligion des → Mittelalters war damit abgelöst.

Reformatoren

Bedeutende Reformatoren waren auch der Konstanzer Ambrosius Blarer (1492–1564), der Badener Philipp Melanchthon (1497–1560), der Züricher Huldrych Zwingli (1484–1531) und der Franzose Johannes Calvin (1509–1564). Gerade diese beiden zuletzt Genannten sahen im Abendmahl Jesus Christus nur noch zeichenhaft gegenwärtig, nicht mehr real (wie die Katholiken, aber auch noch Luther) – deren Anhänger wurden denn auch im Unterschied zu den »Lutheranern« (→ Protestanten) »Reformierte« genannt. (Abb. S. 249)

Reich Gottes

Jesus selbst hat gegenüber seinen Mitmenschen häufig vom Reich Gottes gesprochen und dadurch an die alttestamentarische Tradition angeknüpft. Damit hat er ein Hoffnungsbild von einer neuen Welt Gottes entfaltet, die nach der Botschaft des Neuen Testaments mit ihm selbst angebrochen ist. In Jesu → Gleichnissen, seinen → Wundern und auch den Maßstäben der → Bergpredigt bekommt diese etwas abgehobene Formulierung konkretere Züge. Jesus kündigt den Menschen dieses Reich als Geschenk Gottes an, fordert sie aber zugleich auf, in ihrer Lebenshaltung die Annahme der neuen Gegenwart Gottes vorzubereiten.

Reinkarnation

→ Wiedergeburt

Religion

Die sprachliche Bedeutung des Wortes Religion ist ungeklärt, eine mögliche Herkunft ist das lat. Wort *religari* = sich zurückbinden. Unter Religion versteht man das komplexe Gebilde aus Traditionen und Praktiken, mit denen Menschen in Beziehung treten zu dem, was ihnen als göttlich oder heilig gilt. Religion als praktische Ausübung dieser Beziehung tritt in sehr unterschiedlichen Formen auf und versteht sich immer als ein Teil der jeweiligen Kultur. Für viele Religionen ist das → Gebet eine wichtige Praxis, daneben gibt es unterschiedliche Gottesdienstformen oder auch → Meditation. Das Darbringen von Tier- oder Menschenopfern gilt in der christlichen Religionsausübung als überwunden. Hier zeigt sich die Verbindung zum Göttlichen u. a. in sozialem Engagement und Nächstenliebe.

Religiöse Gruppen zur Zeit Jesu

Im Neuen Testament begegnen verschiedene religiöse Gruppen, welche die Evangelien als Gegner Jesu charakterisieren. Zu ihnen zählen die Pharisäer (hebr. = Abgesonderte). Sie ordneten ihr ganzen Leben nach den Weisungen der → Tora und strebten danach, sich vom unreinen Volk abzugrenzen. Die Pharisäer hofften auf einen Messias, der den Geboten Gottes wieder zum Durchbruch verhilft. Die Sadduzäer sind nach Zadok benannt, dem Angehörigen einer hohepriesterlichen Familie zur Zeit Davids, und sind dem Jerusalemer Priesteradel zuzurechnen. Ihr Leben gestalteten sie mit strenger Einhaltung der Gesetze und Reinheitsvorschriften. Als Elite des Judentums konkurrierten sie mit Pharisäern. Sie

glaubten nicht an eine Auferstehung der Toten. Da für sie der Tempelkult im Mittelpunkt stand, musste Jesus mit ihnen nach der Tempelaktion (Mk 11) in Konflikt geraten. Zur Erhaltung ihrer Macht arbeiteten sie mit den Römern zusammen. Weitere religiöse Gruppierungen wie die Zeloten oder die Essener treten nur am Rande in Erscheinung.

Renaissance

(frz. = Wiedergeburt)
Im 15. Jh. wandten sich viele Menschen in den norditalienischen Städten der griechisch-römischen Vergangenheit zu. Dort suchten sie Vorbilder für ihr Leben und trennten sich von der religiösen Bevormundung durch die Kirche des Mittelalters. Der einzelne Mensch rückte in den Mittelpunkt des Interesses; er sollte seine Fähigkeiten entfalten und durch eigenständiges Denken und Beobachten die Natur erkennen. Maler, Bildhauer, Dichter, Philosophen, Wissenschaftler und Forscher verbreiteten diese neuen Gedanken in Europa. Unterstützung fanden sie bei Fürsten und auch bei Päpsten. Die Wende von der Orientierung an Gott hin zur Orientierung am Menschen ist auch in der bildenden Kunst nachzuvollziehen, vgl. die Bilder von Duccio di Buoninsegna (um 1255–1319) und Gerrit van Honthorst (1590–1656).

Sabbatgebot

Die dritte Weisung des → Dekalogs fordert dazu auf, den siebten und letzten Tag der Woche zu heiligen. In Erinnerung an die Vollendung der Schöpfung durch die Ruhe Gottes am siebten Schöpfungstag und an den → Exodus ist der Sabbat (Freitagabend bis Samstag) bei den Juden ein Ruhetag. Wie streng diese Ruhe einzuhalten ist, war immer wieder strittig, so z. B. bei der Frage, ob man sein eigenes Leben am Sabbat verteidigen dürfe (1 Makk 2,41 bejaht dies nach einer traumatischen Schlacht gegen Juden an einem Sabbat). Gutes oder Böses zu tun, Leben zu retten oder es zu vernichten (vgl. Mk 3,4) ist hingegen unabhängig vom Sabbat zu beurteilen: Böses darf man grundsätzlich nicht tun, weder am Sabbat noch am Werktag, ebenso wenig wie Leben vernichten; dagegen ist die gute Tat immer erlaubt. Zur Diskussion steht also, ob eine Heilung am Sabbat »ärztliche Arbeit« bzw. das Abreißen von Ähren (vgl. Mk 2,23–28) »landwirtschaftliche Tätigkeit« ist. Jesus interpretiert das Sabbatgebot in seiner ursprünglichen Sinnrichtung: Der Sabbat wurde für den Menschen (und damit für dessen Wohlergehen) gemacht.

Schuld

In vier unterschiedlichen Bedeutungen wird das Wort Schuld verwendet: 1. Als das Geschuldete, hier muss noch eine Leistung erbracht werden; 2. als das Verschuldete im Sinn der Verfehlung eines vorgegebenen Handlungsziels; 3. als der Schaden, der durch eine solche Schuld angerichtet wird, und 4. als eine existenzielle Schuld – das Zurückbleiben hinter eigenen Erwartungen und Idealen. Moralische Schuld setzt voraus, dass die betroffene Person sowohl die Einsicht in die Schuld als auch eine Wahlmöglichkeit hat. Die Bibel unterscheidet nicht trennscharf zwischen → Sünde und Schuld.

Sexualität

(lat. *sexus* = Geschlecht)
Als Sexualität bezeichnet man das auf die Befriedigung der sexuellen Bedürfnisse und die geschlechtliche Vereinigung gerichtete Verhalten der Menschen. Während das Tier triebge-

steuert nur seinem Instinkt folgt, ist die Sexualität beim Menschen wesentlicher Bestandteil der Entwicklung seiner Gesamtpersönlichkeit. Sie ist eine besondere Möglichkeit, Liebe und Zuneigung auszudrücken und zu erleben, erfordert aber auch gegenseitige Verantwortung und Respekt voreinander. Jede Lebensgeschichte kann ihre eigene Sexualität entfalten, auch der Verzicht auf sexuelle Aktivität kann aus freier Entscheidung erwachsen. Die Bibel versteht die Sexualität als Teil der Schöpfung Gottes. Sie sieht den Sinn in der Ergänzung der Partner und im Auftrag, fruchtbar zu sein (vgl Gen 1,27 f.).

Sinti und Roma

Die ursprünglich aus Teilen Indiens stammenden Volksstämme der Sinti und Roma haben als nicht sesshafte Minderheiten auch wegen ihrer eigenen Sprache und Kultur oft mit Vorurteilen zu kämpfen, was sich z. B. in der abwertenden Bezeichnung »Zigeuner« ausdrückt. Seit Ende der 1980er-Jahre fliehen viele Sinti und Roma aus den Nachfolgestaaten des ehemaligen Jugoslawien vor Bürgerkrieg und Verelendung. Die Roma leben in diesen Gebieten ausgegrenzt und unter widrigsten Bedingungen in Ghettos am Rande großer Städte, z. B. in Skopje, der Hauptstadt von Mazedonien. Die Kindersterblichkeit ist dort sehr hoch, die Arbeitslosenquote enorm, Aussichten, dem Ghetto zu entkommen, gibt es kaum. Während des Balkankriegs gerieten die Roma zwischen die Fronten: Nachdem viele zwangsrekrutierte Männer an der Front starben, flohen zahlreiche Roma in den Westen; sie gelten als Deserteure. In den Nachfolgestaaten setzte sich die Benachteiligung der Roma fort. Viele Roma konnten ihr Leben nur durch Flucht

retten. Eine Rückkehr in ihre ehemalige Heimat würde ein Leben in Elend und Verfolgung bedeuten.

Spiritualität / spirituell

(lat. *spiritus* = Geist, Hauch)
Spiritualität bedeutet im weitesten Sinne Geistigkeit und kann eine Haltung meinen, die im engeren Sinn auf Geistliches in spezifisch religiösem Sinn ausgerichtete ist. So ist Spiritualität eine vom Glauben getragene geistige Orientierung. Wesentlich ist das Motiv des Weges, der suchende Menschen in das Auflösen von Dualität in Einheit und in das Auflösen von Wissen im Sein führt. Die Bedeutungsinhalte der Spiritualität sind vom weltanschaulich-religiösen Kontext abhängig; sie beziehen sich auf eine immaterielle, nicht sinnlich fassbare Wirklichkeit (Gott, Wesenheiten, Kräfte), welche dennoch erfahr- oder erahnbar ist (Erwachen, Einsicht, Erkennen). Die Spiritualität ist den Begriffen der Frömmigkeit und Religiosität verwandt, auch sie will die intensive religiöse Verarbeitung der ganzen Wirklichkeit wiedergeben. Als spirituell werden heute häufig auch »übersinnliche« Erfahrungen bezeichnet, die als Kontakt zu Geistern oder unerklärlichen Kräften verstanden werden. Somit wird die spirituelle Lebenshaltung zunehmend mit Bereichen neuer Religiosität und Esoterik verbunden, und damit auch zu einer Form selbstbezogener Frömmigkeit.

Sterbehilfe / Sterbebegleitung

Der medizinische Fortschritt verleiht dem Thema Sterbehilfe zunehmende Brisanz. Unter aktiver Sterbehilfe versteht man eine Handlung, welche den Tod auslöst (z. B. das Verabreichen einer tödlichen Dosis Gift). Aktive Sterbehilfe ist in Deutschland gesetzlich verboten und wird von den christlichen Kirchen als nicht mit dem christlichen Menschenbild übereinstimmend abgelehnt. Dagegen bezeichnet man das Unterlassen lebensverlängernder Maßnahmen (z.B. das Abschalten eines medizinischen Gerätes bei nicht mehr vorhandener Genesungschance) als passive Sterbehilfe, die in Deutschland erlaubt ist. Die Grenzen zwischen aktiver und passiver Sterbehilfe sind allerdings fließend (→ Euthanasie). Dies wird an der sog. indirekten Sterbehilfe deutlich, bei der Patienten schmerzstillende, aber evtl. lebensverkürzende Medikamente verabreicht werden. Über strittige Fragen der Sterbehilfe hinaus besteht Einigkeit darüber, dass jeder Mensch ein Recht auf ein würdevolles Lebensende besitzt und dass sein Sterben deshalb in angemessener Art und Weise begleitet werden soll.

Sucht

Als Sucht bezeichnet man die psychische (seelische) und/oder physische (körperliche) Abhängigkeit von Suchtmitteln und Verhaltensweisen, ohne die der oder die Betroffene nicht auskommen kann. Meist steht hinter der Abhängigkeit eine große Sehnsucht nach etwas anderem: Anerkennung, Erfolg usw. Am bekanntesten ist die Alkohol- und Drogenabhängigkeit. Es gibt aber auch andere Süchte, wie z.B. die Magersucht (Anorexia nervosa), bei der ein Mensch immer weniger Nahrung zu sich nimmt, oder die Ess-Brech-Sucht (Bulimia nervosa), bei der ein Mensch Essanfälle bekommt und anschließend das Essen erbricht.

Sühne

Als Sühne (von althochdt. *suona* = Gericht, Urteil, Gerichtsverhandlung, Friedensschluss) wird der Akt bezeichnet, durch den ein Mensch, der schuldig geworden ist, diese

Schuld durch eine Ausgleichsleistung aufhebt oder mindert. Wer an einem anderen Menschen schuldig geworden ist und seine Schuld einsieht, wird nicht einfach so weiterleben können, als wäre nichts geschehen. Wer sich und die Person, an der man schuldig geworden ist, ernst nimmt, wird nicht nur die auf ihn zukommende Folgen seiner Tat (z.B. auch eine auferlegte Strafe) tragen, er wird nicht nur um Vergebung bitten, er wird darüber hinaus versuchen, das geschehene Unrecht wieder gut zu machen. Aber eine vollkommene Wiedergutmachung ist oft unmöglich. Was möglich bleibt, ist wenigstens ein Zeichen des aufrichtigen Willens zur Wiedergutmachung. Sühne ist ein Stück Selbstachtung und zugleich Gerechtigkeitsliebe.

Sünde

Sünde bezeichnet ein Verhalten, das Gemeinschaft zerstört: sowohl die zwischenmenschliche Gemeinschaft als auch die Gemeinschaft zwischen Mensch und → Gott, weil der Mensch in seinem sündigen Verhalten das Gebot der Gottes- und Nächstenliebe ablehnt. Der Sünde geht eine falsche Gesinnung voraus, d.h., dem Sünder fehlt die richtige Grundhaltung. Entscheidend ist, dass keine Sünde so groß sein kann, dass Gott sie nicht vergeben könnte. Der sündige Mensch muss sich für die verzeihende Liebe Gottes nur öffnen. Diesen Vorgang nennt man Umkehr, d.h. einen neuen Weg einschlagen. In biblischen Geschichten sagt Jesus bei Wundererzählungen oft: »Deine Sünden sind dir vergeben« (z.B. Mk 2,9). Dieser Satz ist im Passiv konstruiert, sodass nicht ausdrücklich gesagt wird, wer die Sünde vergibt. Man spricht hierbei von »passivum divinum«, weil Gott als derjenige zu ergänzen ist, der Sünden erlässt. Sün-

denvergebung ist ein unverfügbares Geschenk Gottes an die Menschen, das nicht von der menschlichen Freiheit abgekoppelt werden kann. Der Mensch, der sein Fehlverhalten bereut und Gott um Vergebung bittet, wird Versöhnung erfahren. In diesem Sinne spricht die Kirche in der Feier der Versöhnung (»Beichte«) dem Sünder die Vergebung zu, die Gott im Sakrament schenkt.

Symbol

(griech. *symbolon* = das Zusammengefügte)
Das Symbol ist ein bildhaftes Zeichen, das das Zusammenfallen von unterschiedlichen Bestandteilen zu einer Einheit bezeichnet. Zumeist werden dabei ein sichtbarer Teil und ein geistiger oder seelischer Zustand miteinander verknüpft, sodass etwas verborgenes Innerliches anschaulich gemacht wird. Früher galt ein Symbol auch als äußerliches Erkennungszeichen für Vertragspartner oder Mitglieder einer bestimmten Gruppierung. Religiös bedeutsam sind Symbole, weil sie auf eine tiefere Wirklichkeit und Nähe zu Gott verweisen können. Die Arche Noahs wird zum Symbol der Errettung der Menschen vor der Vernichtung, das Kreuz zum Symbol der Hingabe für die Menschen und der Überwindung des Todes.

Synopse

Unter einer Synopse (griech. Zusammenschau) versteht man allgemein eine zusammenfassende und vergleichende Übersicht (von Texten, Bildern, Daten). In einer Synopse sieht man die unterschiedlichen Fassungen eines Textes nebeneinander und muss sie nicht mehreren unterschiedlichen Texten entnehmen. Das erleichtert vergleichende Untersuchungen. Eine spezielle Verwendung findet dieser Begriff in der Evangelienforschung (→ Evangelien). Die ersten drei Evangelien (→ Matthäus-, → Markus-, → Lukas-Evangelium) haben derart viel gemeinsames Textmaterial, dass sich eine synoptische Gegenüberstellung in einer Synopse anbietet, um Gemeinsamkeiten, Ähnlichkeiten und Unterschiede herauszufinden. Sie werden daher auch synoptische Evangelien genannt. Ihre Abhängigkeiten voneinander werden in der sog. Zwei-Quellen-Theorie erklärt (→ Evangelien, vgl. auch die Grafik).

Theodizee

(griech. *theos* = Gott; *dike* = Recht, Gerechtigkeit)
Theodizee ist die argumentative Rechtfertigung Gottes angesichts des Unrechts und Leidens in der Welt. Das »Theodizeeproblem« bzw. die »Theodizeefrage« entsteht durch den Glauben an den einen allmächtigen und liebenden Gott. Wenn Gott nämlich allmächtig ist und den Menschen liebt, dann könnte er – wegen seiner Allmacht – und müsste er – wegen seiner Liebe zu den Menschen – das Leid verhindern. Daraus ergibt sich die Frage, warum er seinen geliebten Geschöpfen das Leiden nicht erspart. Kann er es nicht, dann ist er nicht allmächtig, will er es nicht, dann ist er nicht liebend. Eine befriedigende Antwort auf dieses Problem gibt es nicht (→ Ijob-Buch). Es bleibt für den Glaubenden eine permanente Herausforderung seines Glaubens. Nach der Erfahrung von → Auschwitz hat sich gerade für die jüdische und christliche Theologie die Theodizeefrage verschärft, denn die klassische Antwort, wonach die Freiheit des Menschen das Leid verursache, überzeugt nicht angesichts des ungeheuerlichen Leids in den NS-Massenvernichtungslagern.

Theologie

Der Begriff bedeutet »Lehre von Gott«. Er wird bereits in der griechischen Antike verwendet und ist philosophischer Herkunft. Platon und Aristoteles kritisierten damit die mythisch-dichterischen Göttererzählungen vom Standpunkt der Vernunft aus. Im christlichen Kontext versteht man unter Theologie die systematische Entfaltung der Glaubens- und Offenbarungsinhalte und die kritische Reflexion der Rede von → Gott. Der Versuch, die christliche Gottesrede durch die Vernunft einsichtig zu machen, grenzt das Christentum von religiösen Fundamentalismen ab, die ihren Glauben nicht durch kritische Vernunftargumente hinterfragen lassen.

Toleranz

(lat. *tolerare* = dulden, ertragen)
Toleranz meint nicht grenzenlose Beliebigkeit oder oberflächliche Gleichmacherei, sondern das Wahr- und Ernstnehmen von Unterschieden bei religiösen, ethischen und politischen Überzeugungen und Praktiken. Tolerant zu sein bedeutet, die Andersartigkeit des anderen gelten zu lassen, sie nicht zu überspielen oder zu übergehen. Die Intoleranz des → Fundamentalismus zeigt sich häufig in der Unterdrückung und Verfolgung Andersgläubiger / Andersdenkender und ist Ausdruck einer Weltanschauung mit verabsolutiertem Wahrheitsanspruch.

Tora

Tora heißt »Weisung« oder »Lehre«, die Wiedergabe mit »Gesetz« ist problematisch, weil sie Vorstellungen von »gesetzlichem Zwang« hervorruft, welche die Möglichkeit, sich »frei« auf Gott und seine Weisungen einzulassen, einengt. Die schriftliche Tora umfasst die ersten fünf Bücher der Bibel

Das Wort → Symbol wird im Allgemeinen als Bedeutungsträger für einen bestimmten Deutungsträger verwendet

(→ Pentateuch). Die Gebote und Weisungen, die in der Tora zusammengefasst sind, bedürfen der ständigen aktuellen Auslegung. Dies führte im Laufe der Geschichte zu einem lebendigen Prozess der Überlieferung: der mündlichen Tora oder *Halacha* (hebr. = Weg, den man geht), die praktische Anweisungen zur Religionsausübung enthält. Für gläubige Juden ist die Tora mit ihren 613 Geboten und Verboten keine Last, sondern ein Grund zur Freude (»Simchat Tora«), da in ihr die Liebe Gottes zu seinem Volk zum Ausdruck kommt. Jesus steht in dieser jüdischen Auslegungstradition. Seine Haltung gegenüber der Tora zeugt von seinem Willen, die Weisungen in ihrer eigentlichen Sinnrichtung zu interpretieren. Bibelwissenschaftler stehen dabei vor dem Problem, nicht genau zu wissen, was zur Zeit Jesu gültige (mündliche!) Halacha gewesen ist.

Tun-Ergehen-Zusammenhang
Die altorientalische Welt kannte ein Erklärungsmuster, um das Weltgeschehen, v. a. das Leid, zu erklären und um daraus Leitlinien für das richtige Tun abzuleiten: den Tun-Ergehen-Zusammenhang. Er setzt voraus, dass einem Menschen, der gerecht handelt, Gutes widerfährt, wohingegen der schuldhaft Handelnde Leid erfahren muss. Eingebunden ist diese Vorstellung in ein Ordnungssystem: Die Welt ist gut und wer diese gottgewollte und gute Ordnung stört, bringt die Welt in Unordnung. Dieses muss eine Strafe zur Folge haben, damit die Welt wieder in ihr Gleichgewicht kommt. D.h., dass die gute Ordnung der Welt auf den Ideen der Gegenseitigkeit und Solidarität beruht, da diese Voraussetzungen die Stabilität garantieren. Darüber hinaus bewahrt der Tun-Ergehen-Zusammenhang vor rachsüchtigem Verhalten, da Gott allein für die Vergeltung von → Schuld sorgt. Im → Ijobbuch wird dieser Tun-Ergehen-Zusammenhang kritisch reflektiert, da Ijob, der Gerechte, leiden muss.

Upanischaden
Upanischaden (sansk.) meint zunächst das Sitzen des Schülers neben dem Lehrer, der in geheimes Wissen einführt, und bezeichnet später dieses Wissen in Form von Texten

selbst. Die Texte der Upanischaden werden auf das 8.–4. Jh. v. Chr. datiert und gelten neben den → Veden als zentrale Texte des → Hinduismus. In ihnen werden auf philosophische Weise und in poetischen Bildern, durch anschauliche Erzählungen die Bedingungen und Gesetze unseres Daseins erörtert.

Veden
Die ältesten Schriften des → Hinduismus sind die Veden, die vermutlich Ende des 2. Jts. v. Chr. in einer alten Form des Sanskrit, einer Literatur- und Gelehrtensprache Indiens, verfasst wurden und zahlreiche Hymnen, Legenden, Göttermythen, Zaubersprüche, Lehrgedichte und gesetzliche Regelungen enthalten. Zusammen haben die Texte der Veden den sechsfachen Umfang der christlichen Bibel.

Weihnachten/Geburt Jesu
(mittelhochdt. *ze wihen nahten* = in den heiligen Nächten)
An Weihnachten gedenken Christen in aller Welt der Geburt Jesu. Der 25. 12. war im alten Rom der Festtag für den unbesiegbaren Sonnengott *(sol invictus)*. Um deutlich zu machen, dass → Jesus Christus das wahre Licht der Welt ist, legten die Christen in Rom den Gedenktag an die Geburt Jesu auf dieses Datum. Im 18. Jh. wurde Weihnachten zu einem Fest, das innerhalb der Familie eine große Rolle spielt. So wurde es üblich, dass am 24. 12., dem Heiligen Abend, eine Bescherung stattfand. Die liturgische Feier der Heiligen Nacht vom 24. auf den 25. 12. ist eine Vigilfeier, die ihre Wurzeln darin hat, dass die Gläubigen die ganze Nacht über wachend und betend das Fest gefeiert haben. Hinzu kommt, dass mit diesem Gottesdienst der neue Tag beginnt, da nach alter Tradition

der Vortag mit dem Sonnenuntergang endet und der neue Tag mit der Nacht beginnt. Das Wunder der Menschwerdung wurde in der Kunst sehr häufig dargestellt, z. B. von Michael Parker, Emil Nolde (S. 97) u. v. a.

Weltbild
Dabei handelt es sich um den Versuch, sich vom Universum ein Bild zu machen. Es geht nicht um die Auslegung des Ganzen, vielmehr um seine Gesamtschau. Um sich ein objektives Bild vom Ganzen machen zu können, müsste der Mensch das Universum als ein Beobachtungsobjekt vor sich haben. Da er selbst Teil des Ganzen ist, ist das unmöglich. Die neuere Naturwissenschaft spricht nicht von einem naturwissenschaftlichen Weltbild, sondern von einem Naturbild, d. h. von einem Bild, das sich Naturwissenschaftler derzeit von der Natur machen. Den Aussagen der Bibel liegt kein einheitliches Weltbild zugrunde, sondern je nach Zeit und Verfasser das ägyptische, altorientalische oder griechische.

Weltreligionen
Als Weltreligionen werden jene fünf Religionen bezeichnet, deren Mitglieder weit über die ganze Erde verstreut sind und zu denen sich mehrere Millionen bzw. Milliarden Menschen bekennen. Von den derzeit etwa 6,7 Milliarden Menschen der Weltbevölkerung sind ca. 2,3 Milliarden Christen, 1,3 Milliarden Muslime, 850 Millionen Hindus, 400 Millionen Buddhisten und 15 Millionen Juden. Dazu kommen noch mehrere hundert Millionen Anhänger von traditionellen bzw. Natur-Religionen.

Wiedergeburt/Reinkarnation
In → Hinduismus und Buddhismus (→ Buddha) herrscht die Vorstellung, dass der Mensch nach seinem Tod

wiedergeboren wird und erneut eine oder mehrere Daseinsarten durchwandern muss, bevor er zur Erlösung gelangt. Dabei wirkt sich jede Handlung oder Unterlassung einer Handlung auf die Form aus, in der ein Lebewesen nach seinem Tod wiedergeboren wird (Gesetz des Karma). Ziel eines Hindu ist es, dass das Selbst *(atman)* mit seiner letzten Wiedergeburt zum göttlichen Urgrund *(brahman)* zurückfindet und dadurch erlöst wird. Der Buddhismus sieht die Erlösung im Ende aller Wiedergeburten und im Verlöschen jeglicher Daseinsformen im Nirvana. Die westliche Rezeption des Gedankens der Wiedergeburt sieht in ihr oft kein belastendes Schicksal, sondern die Möglichkeit einer weiteren »Chance«.

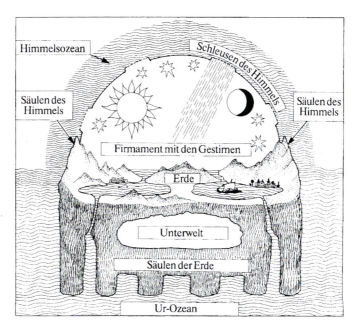

Das biblisch-altorientalische → Weltbild sieht Gott auf allen Ebenen am Werk

Wunder

Als Wunder bezeichnet man in der heutigen Gesellschaft ein Ereignis das mit den bekannten naturwissenschaftlichen Theorien nicht zu erklären ist. Oft wird der Begriff auch nur dazu verwendet, das Staunen und die Freude über ein unerwartetes (aber durchaus erklärbares) Ereignis auszudrücken. Dieses kann aber von Gläubigen als ein Eingreifen Gottes verstanden werden. Ein Wunder ist somit nicht die Tat oder das Ereignis selbst, sondern Jesu oder Gottes Eingreifen, das den Menschen auf außergewöhnliche Weise hilft und sie rettet. Die Wundererzählungen der Evangelien wollen und können nicht naturwissenschaftlich verstanden werden. Sie sind Glaubensgeschichten von Menschen, die sich vollständig auf Jesus und Gott einlassen.

Zeremonie

(lat. *ceremonia* = religiöse Handlung) Zeremonie bezeichnet einen festen Rahmen von Zeichen und Handlungen einer religiösen Feier bzw. des Gottesdienstes. Auch an Höfen der adligen Gesellschaften gab es ein »Zeremoniell«, wodurch die Nähe dieser feierlichen, oft auch prunkvollen Formen zur Präsentation von Macht und Ansehen deutlich wird.

Zehn Gebote
→ Dekalog

Zivilcourage

Mit Zivilcourage wird ein Verhalten bezeichnet, bei dem jemand mutig gegen Unrecht und Missstände protestiert, auch wenn er dadurch Nachteile haben könnte und selbst mit einer ungerechten Behandlung rechnen muss.

Zwingli, Huldrych
→ Reformation
→ Reformatoren

Kunstlexikon

Arcabas (geb. 1926)
(Eigentlich Jean-Marie Pirot) Der zeitgenössische französische Maler ist vor allem in und für zahlreiche Kirchen tätig. In seinem flächig-plakativen Malstil nimmt er Formelemente der Moderne auf, bleibt aber immer gegenständlich. In detailreicher, zum Teil »naiver« Erzählfreude setzt er Glaubensgeheimnisse künstlerisch um.

Beckmann, Max (1885–1950)
Max Beckmann gehört zu den bekanntesten deutschen Malern des Expressionismus, einer Kunstrichtung zu Beginn des 20. Jhs. Er beschäftigte sich vor allem mit den Themen Gewalt und Zerstörung, Brutalität, Verführung usw. und übte mit seiner Kunst Kritik an gesellschaftlichen Entwicklungen seiner Zeit.

Brueghel, Pieter d. Ä. (ca. 1525–1569)
Brueghel ist der Stammvater einer flämischen Malerfamilie und wird auch der »Bauernbrueghel« genannt, weil seine Bilder das bäuerliche Leben seiner Zeit schildern und zugleich »Sittengemälde« mit sprichworthafter und lehrhaft-moralischer Bedeutung sind.

Buonarroti, Michelangelo (1475–1564)
Der italienische Bildhauer, Maler und Architekt gilt als Hauptmeister der Renaissance. Nach einem Aufenthalt in Florenz, Venedig und Bologna arbeitete er in Rom, wo er unter anderem die Sixtinische Kapelle ausgemalt hat. Seine Figuren strotzen vor Kraft; antike Inspirationen aufnehmend brechen sie in ein neues Zeitalter auf. Im Alter übernahm

Michelangelo die Bauleitung für die neue Peterskirche in Rom.

Brodsky, Isaak J. (1884–1939)
Brodsky zählt mit seinen Bildern aus der Zeit der Russischen Revolution (1917) zu den frühen Vertretern des »volksnahen« Sozialistischen Realismus, welcher in der Sowjetunion ab 1932 zur einzig zulässigen Kunstform deklariert wurde.

Brooks-Gerloff, Janet (1947–2008)
Die in den USA geborene Künstlerin legte in Colorado ihr Examen als Kunstpädagogin ab und siedelte 1972 nach Deutschland über. In ihren Werken dominiert das Problem des Menschen im Zwiespalt und Umbruch. Sie war Mitglied des Künstlersonderbundes Berlin sowie der Europäischen Akademie der Wissenschaften und Künste und kann auf zahlreiche Ausstellungen verweisen.

Caravaggio (1573–1610)
Der italienische Maler benannte sich nach seinem Geburtsort Caravaggio. Er wurde berühmt durch seine Hell-Dunkel-Malerei und dadurch, dass auch er in seinen Altarbildern Modelle aus dem Volk für seine Heiligendarstellungen nahm.

Chagall, Marc (1887–1985)
Der russisch-französische Maler hat in vielen Bildern die großen Themen des Lebens und seiner jüdischen Herkunft, aber auch russische Mythen gestaltet. Durch eine fantastische Darstellungsweise in strahlend-kräftiger Farbgebung unbewegten Formen, die vor dem Hintergrund zu schweben scheinen, entwickelte er einen intensiven Malstil mit symbolhaften Zügen.

Corinth, Lovis (1858–1925)
(Eigentlich Franz Heinrich Louis) Corinth war ein deutscher Maler und zählt zu den einflussreichsten Impressionisten. Neben Portraits, Akten und Landschaften setzte er sich mit religiösen Themen auseinander. Sein Spätwerk ist geprägt von ekstatischen Formen, weshalb es häufig als eine Synthese aus impressionistischem und expressionistischem Schaffen angesehen wird.

Cranach d. Ä., Lucas (1472–1553)
Lucas Cranach der Ältere (genannt nach seinem Geburtsort Kronach) war der Maler, Zeichner und Kupferstecher der Reformation schlechthin. Durch seine enge Freundschaft mit Martin Luther wurde er zum Schöpfer einer protestantischen Kunst. Seine Werke zeugen von feiner, linienbetonter Form und hoher Ausdruckskraft.

da Vinci, Leonardo (1452–1519)
Der italienische Maler, Bildhauer und Architekt wurde in Vinci bei Florenz geboren und über Florenz und Rom hinaus tätig und berühmt. Der Mensch und dessen Fähigkeiten standen im Mittelpunkt seines Interesses. Durch seine exakten Beobachtungen, perspektivisch konstruierten Räume und psychologisch motivierte Farbgebung schuf er eine Verbindung von Wissenschaft und Kunst.

di Bondone, Giotto (1266–1337)
Schon seine Zeitgenossen feierten Giotto als den Neuerer der italienischen Malerei. Er war der Wegbereiter des modernen künstlerischen Empfindens, das auf einer unmittelbaren, persönlichen Beobachtung von Natur und Wirklichkeit beruht –

mit individuellem Pathos. Berühmt sind unter anderem die Szenen aus dem Leben des hl. Franziskus von Assisi.

Elkan, Benno (1877–1960)
Der deutsch-jüdische Maler und Bildhauer hat zahlreiche Denkmäler, Medaillen und Porträtbüsten geschaffen. Im Londoner Exil (ab 1934) beginnt er, siebenarmige Leuchter (hebr. *Menorá*, Pl. *Menorót*) anzufertigen. Die »Große Menora« vor der Knesset, dem Parlamentsgebäude in Jerusalem, ist der letzte (1949–1956) und größte Leuchter Elkans, der zahlreiche Reliefs mit biblischen und zeitgeschichtlichen Motiven zeigt. Diese Menora soll, so der Künstler 1947, ein Symbol für ganz Israel sein, »das Hohelied in Bronze von dem unsterblichen Leben unseres Volkes, von seiner langen, tragischen und herrlichen Geschichte«.

Feininger, Lyonel (1871–1956)
Feininger ist einer der bedeutendsten Vertreter des Bauhaus-Stils. 1887 verließ Feininger die Vereinigten Staaten, um in Hamburg Musik zu studieren. In Deutschland wechselte er jedoch zur Malerei. 1908–1919 lebte Feininger in Berlin. 1929–1931 verbrachte er jeweils mehrere Monate in Halle, um dort Skizzen anzufertigen. Ab 1933 wurden Feiningers Bilder vom nationalsozialistischen Regime als »entartet« verdammt, daraufhin kehrte er in die USA zurück.

Fritsch, Katharina (geb. 1956)
Lebensgroße, raumgreifende Skulpturen, meist aus Polyester, einem künstlich hergestellten Gießharz, kennzeichnen das Werk der Künstlerin. Bei diesen Plastiken handelt es sich meist um die Darstellung von Menschen, Tieren oder symbolträchtigen Gegenständen, die sich durch eine intensive Farbgebung auszeichnen. Viele ihrer Arbeiten spielen auf Träume oder Mythen an oder setzen sich mit der angstbesetzten Fantasien auseinander. Katharina Fritsch ist seit 2010 Professorin für Bildhauerei an der Kunstakademie Düsseldorf.

Gargallo, Pablo (1881–1934)
Gargallo zählt zu den bedeutendsten Vertretern der spanischen Avantgarde, nahm aber an verschiedenen anderen Strömungen teil (Art Nouveau, Expressionismus, Kubismus). Der spanische Maler und Bildhauer überwindet die klassische Skulptur aus Marmor und Bronze und ersetzt diese Materialien durch Eisen und Pappe. Für seine Skulpturen arbeitet er vielfach mit flachen Metallplatten, wodurch die dreidimensionalen Objekte sich für Licht und Luft öffnen. Teilweise geht Gargallo dabei sehr minimalistisch vor, deutet z. B. Gesichter nur an, greift aber auch immer wieder auf die traditionellen Verfahren der Bildhauerei zurück.

Greif, Ilse (1935–2012)
Die in Kempten geborene Ilse Greif ist Studiendirektorin a. D. und Mitglied in der Fürstenfeldbrucker Künstlergruppe artIG sowie im Kunstkreis Gnadenkirche. Seit 1995 sind ihre Werke in zahlreichen Ausstellungen zu sehen.

Grieshaber, HAP (1909–1981)
Helmut Andreas Paul Grieshaber schuf Farbholzschnitte in großflächigen und kräftigen Farben mit mythologisch-religiösem oder politischem Inhalt. U. a. wegen der politischen Botschaft seiner Kunst erhielt Grieshaber unter dem NS-Regime Mal- und Ausstellungsverbot. Später illustrierte er eigene oder fremde Texte. Sein Hauptwerk ist der Zyklus »Totentanz von Basel« (1966).

Hundertwasser, Friedensreich (1928–2000)
Der Künstler wurde 1928 in Wien als Friedrich Stowasser geboren. Er gestaltete eine Vielzahl von Zeichnungen, Aquarellen, Lithografien und japanischen Holzschnitten. Neben seinem umfangreichen malerischen Werk widmete er sich besonders dem Umweltschutz und einer – wie er es selbst nannte – menschengerechten Architektur, die den rechten Winkel vermeidet, mit Farben spielt und Pflanzen integriert. Berühmt geworden ist das Hundertwasser-Haus in Wien. Er engagierte sich gegen die Nutzung der Kernenergie sowie für die Erhaltung von Naturräumen und für den Schutz der Wale.

Jinyuan, Li (geb. 1945)
Erst 1979, nach Kulturrevolution, Gefängnis und Umerziehungslager, konnte der chinesische Künstler die Malerei zu seinem Beruf machen. Seine Bilder kreisen stets um die Harmonie von Gott, Mensch und Natur. 2007 war er eingeladen, das Misereor-Hungertuch für die Fastenzeit zu gestalten. Li Jinyuan wählte die Seligpreisungen der Bergpredigt aus und schuf darüber ein farbenprächtiges Hungertuch. Für ihn sind die Seligpreisungen Jesu das Bild einer radikal veränderten Welt.

Klee, Paul (1879–1940)
Der »Form-Meister« Paul Klee liebte geometrische Muster in der Natur und in seiner Malerei. Großes Interesse brachte er auch Kinderzeichnungen entgegen, da sie häufig aus wenigen grundlegenden Formen bestehen. Aus ihnen entnahm er Elemente und baute sie in seine eigene Bildwelt ein.

Kunc, Milan (geb. 1944)

Milan Kunc studierte Malerei an der Akademie der bildenden Künste in Prag. Nach dem »Prager Frühling« 1969 musste er in den Westen emigrieren. Ab 1970 studierte er an der Kunstakademie Düsseldorf in der Klasse von Joseph Beuys, ab etwa 1973 bei Gerhard Richter. Er gehört zur Künstlergruppe NORMAL. Nach Erfolgen in Frankreich und den USA (seine Werke werden mit Keith Haring verglichen) wurde sein Werk 1992 in einer großen Ausstellung in Prag gewürdigt. Seit Öffnung des »Eisernen Vorhangs« lebt und arbeitet er wieder in Prag/Tschechien.

Magritte, René (1898–1967)

Der belgische Künstler gilt als wichtiger Vertreter des Surrealismus. In seinen Werken werden herkömmliche Erfahrungs-, Denk- und Sehgewohnheiten erschüttert, Wirklichkeit und Traum vermischen sich. Dazu malte Magritte zwar naturalistische Darstellungen von Gegenständen, aber durch deren ungewöhnliche Zusammenstellung machte er diese fremd und erzeugte eine surreale Stimmung. Er sagte von sich: »Ich benutze die Malerei, um das Denken sichtbar zu machen.«

Mecklenburg, Annette (geb. 1968)

Annette Mecklenburg hat u. a. an der Humboldt Universität in Berlin studiert und ist freischaffende Künstlerin. Sie arbeitet v. a. in Öl auf Leinwand. Auch Aquarelle und Tuschezeichnungen sowie Mischtechniken sind Teil ihrer Arbeiten.

Munch, Edvard (1863–1944)

Der norwegische Maler und Grafiker beschäftigte sich in seinen Werken mit den menschlichen Grunderfahrungen wie Angst, Liebe, Tod, Eifersucht und Einsamkeit. Das Thema der Weltangst fand in sehr unterschiedlichen symbolischen Darstellungen Ausdruck. Munch gilt als entscheidender Wegbereiter des europäischen Expressionismus.

Nolde, Emil (1867–1956)

(Eigentlich Emil Hansen) Die Werke des norddeutschen Malers sind geprägt von seiner engen Verbindung zu der Künstlergemeinschaft »Die Brücke« und den Eindrücken seiner Südsee-Reise 1913/14. Nach der Ausstellung »Entartete Kunst« von 1937 wurden 1052 Arbeiten Noldes beschlagnahmt.

Pankok, Otto (1893–1966)

Pankoks expressive Linienführung und Farbpalette erinnern an Vincent van Gogh. Auf vielen Reisen malte er die Verarmten und Ausgestoßenen ebenso wie wilde Landschaften in strömendem Regen oder stürmischem Wind. Unter dem NS-Regime wurde sein Werk der »entarteten Kunst« zugerechnet. In dieser Zeit entstand der Zyklus »Passion«; die 60 Zeichnungen haben unter Einbeziehung religiöser Motive das menschliche Leiden unter der Gewalt zum Thema.

Pfeifer, Uwe (geb. 1947)

Das Werk des Künstlers aus Halle/Saale ist durch einen figürlichen Realismus gekennzeichnet, der Elemente altdeutscher Malerei, der Romantik und des Surrealismus einbezieht. Er bringt die Zerbrechlichkeit des seelischen Gleichgewichts und die Beeinflussung der Seele durch eine Welt, die bedrohend, aber auch behütend wirken kann, zum Ausdruck.

Picasso, Pablo (1881–1973)

Der spanische Maler, Grafiker und Bildhauer gilt als einer der bedeutendsten Künstler des 20. Jhs. Sein umfangreiches Gesamtwerk – mehr als 15.000 Gemälde, Zeichnungen, Grafiken, Plastiken und Keramiken – ist geprägt durch eine große Vielfalt künstlerischer Ausdrucksformen, die von klassischer bis zu abstrakter Darstellung reichen. Picasso war Mitbegründer des Kubismus, einer Kunstform, die das Dargestellte durch einfache geometrische Flächen, vor allem Kuben, aufsplittert. Sein bekanntestes Bild ist das monumentale Wandgemälde »Guernica«, das er für die Weltausstellung 1937 anfertigte. Das Motiv der Taube auf dem Plakat, das er im Jahr 1949 für den Pariser Weltfriedenskongress entwarf, wurde weltweit zum Symbol für Frieden und Freiheit.

Schempp, Honest (geb. 1932)

Der Zeichner, Druckgrafiker und Maler Honest Schempp ist in seinem Werk v. a. von der niederländischen Renaissance inspiriert. Er befasst sich in seinen Gemälden, Lithografien und Holzschnitten vornehmlich mit der Darstellung von Menschen und setzt sich in seinen zwischen 1960 und 1970 entstandenen Holzschnitten zumeist mit biblisch-religiöser Thematik auseinander (z. B. der Passion). Seit 1970 widmet er sich vor allem der Erd- und Temperamalerei.

Stelzmann, Volker (geb. 1940)

Der einstige Vorzeigekünstler der DDR übersiedelte 1986 in die Bundesrepublik. Trotz seiner sachlich-realistischen und figürlichen Darstellungsweise versteht er es, Stimmungen und Bedeutungen zu erzeugen. Die von ihm bearbeiteten menschlichen Grundthemen sind meist in einen gesellschaftlichen Hintergrund eingearbeitet. Stelzmann verzichtet auf Eindeutigkeit und ermöglicht durch die Vielzahl seiner Anspielungen sehr unterschiedliche Interpretationen.

Valensi, Henri (1883–1960)

Die Darstellung von abstrakten Formen in einer breiten Farbpalette gibt den Bildern des französischen Malers Henri Valensi eine eigene Beweglichkeit, die auch als Musikalismus bezeichnet wird. Verschiedene Sinne können von dargestellten Motiven angesprochen werden, wobei auf gegenständliche Elemente oder menschliche Figuren weitestgehend verzichtet wird. Verschiedene Formen drücken sowohl Bewegungen als auch Töne in malerischer Gestaltung aus.

Van der Weyden, Rogier (1399/1400–1464)

Der Künstler galt schon zu Lebzeiten als einer der größten Maler der Niederlande. Er ließ sich in Brüssel nieder, wo er 1436/37 zum Stadtmaler ernannt wurde. Van der Weyden war einer der ersten Tafelmaler nördlich der Alpen, d.h., er verwendete ein grundiertes Malbrett. Durch seine Darstellung religiöser Themen mit realistischen Details prägte er einen neuen Malstil.

van Honthorst, Gerrit (1592–1656)

Von seiner Italienreise beeinflusst, ist der Maler einer der Hauptvertreter der Utrechter Schule. Viele seiner biblischen und mythologischen Bilder stellen nächtliche Szenen mit künstlicher Beleuchtung dar.

van Rijn, Rembrandt (1606–1669)

Als einer der bedeutendsten Maler, Zeichner und Radierer der Kunstgeschichte erlangte der holländische Künstler erst nach seinem Tod großen Ruhm. Für seine Zeit war es ungewohnt, die menschliche Seite des Lebens, das punktuelle und genaue Festhalten von Ausschnitten einer Lebenssituation derart intensiv darzustellen. Durch die kontrastierenden Hell-Dunkel-Schattierungen seiner Bilder fällt ein besonders konzentrierter Blick auf das Dargestellte und die ausgedrückten Gefühle der Personen.

Wäschle, Raimund (geb. 1956)

Der Künstler greift häufig Zitate und Bildfragmente aus Mittelalter und Renaissance auf, um ihnen in neuen Zusammenhängen eine ungewohnte Bedeutung zu verleihen. Ein zentrales Thema Wäschles ist die menschliche Leiderfahrung – verborgen unter einer grellen Oberfläche. Die häufig verwendete religiöse Symbolik und die vielschichtige Arbeitstechnik zielen auf die Tiefenschichten menschlicher Erfahrungen.

Wiegel, Stefanie (geb. 1988)

Stefanie Wiegel wuchs in Beuron bei Sigmaringen auf. Sie hat das Hohenzollern-Gymnasium Sigmaringen besucht und sich schon frühzeitig für Kunst und Literatur interessiert.

Zacharias, Thomas (geb. 1930)

Der Münchner Künstler und Professor für Kunsterziehung Thomas Zacharias hat sich mehrfach mit verschiedenen Techniken biblischen Themen als Bilderzyklen gewidmet. Nach früheren farbigen Holzschnitten hat er in Radierungen mit schärferen Konturen und Strichen biblische Motive aufgegriffen. Diese werden nicht rein illustrierend wiedergegeben, sondern durch eine eigene Deutung im Bild erweitert. Durch Aufbau, Farbkontraste und eigenwillige Schrifteinblendungen werden die Bilder zum Gegenstand einer neuen Auseinandersetzung mit dem Motiv.

Zacharias, Walter (1919–2000)

Der Regensburger Künstler fand die Materialien seiner Kunst in seiner Umgebung. Er bevorzugte dabei Objekte, die Gebrauchsspuren aufwiesen und in der bäuerlichen Lebenswelt verwurzelt waren. Der vormalige Gebrauch wird zum sprechenden Element in der Kunst Zacharias', wobei er durch die Anordnung und Präsentation der Gegenstände einen kritischen Dialog mit der Gegenwart initiiert.

Zenz, Toni (1915–2014)

Der Bildhauer Toni Zenz steht künstlerisch in der Nachfolge Ernst Barlachs und schafft expressionistische Skulpturen aus Hartholz, Stein und v.a. aus Bronze. Seine zumeist biblischen Themen (z.B. »Agape«, »Der Beter St. Antonius«, »Der Hörende«) entspringen einem tiefen Glauben und dem romanischen Erbe seiner Kölner Heimat.

6–7	KNA / Oppitz, Bonn
9	Ernst Jandl, poetische Werke, hg. von Klaus Siblewski © 1997 Luchterhand Literaturverlag, München, in der Verlagsgruppe Random House GmbH – Fotos: Darrin Klimek / thinkstock
10–11	Foto: 123ducu / thinkstock – Vor dem Auftritt, in: Sieben Menschen und ihre Wege der Wandlung, Protokoll: Christine Holch, in: chrismon. Das evangelische Magazin, 04 / 2005, Frankfurt a.M., S. 13 – Foto: Andreas Herzau / laif
12	Karikatur: Jan Tomaschoff / Baaske Cartoons, Müllheim
14	Zeichnung: Grandville, Der laufende Spiegel, Holzschnitt 1843
16	in: Neue Presse Hannover, 12.01.2006, S. 13 – www.rotelinien.de (verändert)
17	Zitate in: Landesinstitut für Erziehung und Unterricht Stuttgart, Informationsdienst zur Suchtprävention, Ausgabe 12, Anorexie-Bulimie-Adipositas, Essstörungen, (K)ein Thema für die Schule?, Stuttgart 2001 – Foto: Claudia Steinbrecher
18/19	Text: Idee nach: Josef Ising, Hans Jürgen Ladinek
19	Foto: Simone Seelhorst, Überlingen
21	Max Beckmann (1984–1950), Der verlorene Sohn, 1949 © VG Bild-Kunst, Bonn 2014
22/23	Foto: NASA
24	Peter Kliemann, in: Glauben ist menschlich, Calwer Verlag, Stuttgart 2001, S. 78ff. (bearbeitet)
25	T: Udo Lindenberg / Annette Humpe / Fabian Harloff / Lucas Hilbert © George Glueck Musik GmbH c / o Sony Music Publishing (Germany), Berlin, für D / A / CH: Universal Music Publ. GmbH, Berlin, Diana Music & Vision Musikverlag, Berlin – Milan Kunc (geb. 1944), Normal Day, 2005 © Rechte beim Künstler
26	Erwin Wodicka © www.BilderBox.com – Kai Krüger © panthermedia.net – in: Jugend, Kleidung, Mode – vom Baumwollfeld zur Altkleiderkiste, hg. v. Amt für Jugendarbeit der Evangelischen Kirche im Rheinland u. a., Köln / Trier 1997 – Gisela Burckhardt / CCC
26/27	in: Dirk Saam: Wer bezahlt unsere Kleidung? Eine Studie über die Einkaufspraktiken der Discounter auf die Arbeitsbedingungen bei den Lieferanten in Bangladesch, hg. v. der Kampagne »Saubere Kleidung«
27	Foto: Quelle unbekannt
28	Erwin Wagenhofer / Max Annas, We feed the World. Was uns das Essen kostet, orange press, Freiburg 2006, S. 73ff. (gekürzt) – Foto: © Daniel Beltra / Greenpeace
29	Erwin Wagenhofer / Max Annas, a. a. O., S. 97 – in: Jean Ziegler, Wie kommt der Hunger in die Welt? Ein Gespräch mit meinem Sohn, Verlag C. Bertelsmann in der Verlagsgruppe Random House GmbH, München 2001, S. 48f. – Foto: Andreas Wronka, Mannheim
30/31	nach: Ulrich Schmitthenner (Hg.), Ökumenische Weltversammlung in Seoul 1990. Arbeitsbuch für Gerechtigkeit, Frieden und Bewahrung der Schöpfung, Frankfurt / Essen 1990, S. 153f.
31	Gudrun Müsse Florin (geb. 1935), Basler Netz, 1989, Mal-Sprühtechnik auf textilem Netzgrund, Altarbild für das erste europäische konziliare Treffen in Basel 1989 © VG Bild-Kunst, Bonn 2014, Foto: Johannes Rodi, Schwäbisch Gmünd
32/33	Quelle unbekannt – Heinz-Josef Lücking © Creative Commons Licenses
34/35	Foto: Elisabeth Kurfeß, Tübingen – Foto: Heinz-Josef Lücking © Creative Commons Licenses
37	Plastik: Pablo Gargallo (1881–1934), Der Prophet, 1930 – in: Anklagen, Amnesty International (Hg.), 2005, S. 10, Lilian Leopold (bearbeitet)
39	Honest Schempp (geb. 1932), Der Prophet, Holzschnitt © beim Künstler
40	Marc Chagall (1887–1985), Jeremia kündet die Zerstörung Jerusalems an, 1931–1939 © VG Bild-Kunst, Bonn 2014
41	Benno Elkan (1877–1960), Friedensreich des Jesaja, Detail aus der Menora vor der Knesset, Jerusalem 1949–1956, Foto: Vorndran / SchalomNet
43	Toni Zenz (1915–2014), Der Hörende. Bronzeplastik in der Pax-Christi-Kirche, Essen, Rechte: Rechtsnachfolger des Künstlers, Foto: Hartmut Vogler, Schauren
44	Text: Beatrix Gramlich: Was vom Leben übrig bleibt. Aus: missio aktuell 4 / 2003. Illustrierte des Internationalen katholischen Missionswerks, Aachen – München – Foto: © Fritz Stark, München (missio, München) – Grafik: UNAIDS, WHO
45	Text: Internationales Katholisches Missionswerk e.V., missio aktuell, Aachen – Grafik: missio, München
46	Hans-Jürgen Schutzbach, in: Notizblock »Kündet allen in der Not«, 27 / 2000, S. 44 (verändert und gekürzt) – Bild: © DIE BRÜCKE e. V., Stuttgart – © Petrus Ceelen, Tamm
47	Waries Dirie, in: Wiener Zeitung 9. / 10.01.2004 – Cover: © 1998 by Waris Dirie mit Cathleen Miller © 1998 by Schneekluth Verlag GmbH, München – Hintergrundfoto: Anita Hofbauer, Rothalmünster
51	Lyonel Feininger (1871–1956), Marktkirche von Halle, 1930 © VG Bild-Kunst, Bonn 2014
52	v.l.n.r.: Gutenberg-Museum, Mainz – © Copyright Bildarchiv Preußischer Kulturbesitz (bpk) 2008 – Holzschnitt von 1888, Künstler unbekannt – Leonardo da Vinci (1452–1519), Proportionsschema der menschlichen Gestalt nach Vitruv, um 1490, Feder und Tinte mit leichter Aquarellierung auf weißem Papier, 34,4 x 24,5 cm, Inv. 228, Galleria dell'Accademia, Venedig – Dom von Florenz, 1436 © 1990. Photo SCALA, Florence – Behaim-Globus, um 1492, Germanisches Nationalmuseum, Nürnberg
53	v.l.n.r.: Michelangelo (1475–1564), David-Skulptur (1501–1504), Foto: akg-images – INTERFOTO / CCI Nikolaus Kopernikus, Sonnensystem (1660), Foto: akg-images – Gherardo delle Notti (Gerrit von Honthorst detto; 1590–1656), Anbetung des Kindes, 1620, olio su tavola © Ministero per i beni e la attività culturali, Foto: P. Nannoni
55	Giotto di Bondone (um 1266–1337), Die Beweinung Christi, um 1303/05, Fresko, ca. 185 x 200 cm, aus dem Zyklus mit Szenen aus dem Leben Mariä und Christi, Padua, Arenakapelle (Cappella degli Scrovegni), linke Wand, untere Reihe, 3. Bild, Foto: akg-images / Cameraphoto
56	unbekannter Künstler, Triumph des Todes, nach 1348
57	unbekannter Künstler, Das Jüngste Gericht, Inv. Nr. MA 3351, um 1480 © Bayerisches Nationalmuseum, München
58	nach: Michael Gerd Georg Landgraf, Reformation, Speyer 2004, S. 37–57 (verändert) – Holzschnitt aus dem »Passional Christi und Antichristi«, Lukas Cranach, 1521
59	Petersplatz, Rom, zeitgenössischer Holzschnitt, 16. Jh.
60	nach: Michael Gerd Georg Landgraf, Reformation, Speyer 2004, S. 51 – ebd., S. 37–57 (verändert)
61	Lukas Cranach (Werkstatt), Allegorie auf Gesetz und Gnade –

Die Rechtfertigung des Sünders, um 1535, Gemälde auf Buchenholz, später in zwei Teile zersägt, 71,9 x 59,6 cm und 72,6 x 60,1 cm, Germanisches Nationalmuseum, Nürnberg

63 Foto: © KNA-Bild – in: Gemeinsame Erklärung zur Rechtfertigungslehre des Lutherischen Weltbundes und der Katholischen Kirche; Quelle: http://www.vatican.va/roman_curia/pontifical_councils/chrstuni/documents/rc_pc_chrstuni_doc_31101999_cath-luth-joint-declaration_ge.html – nach: Dirk Schümer, Frankfurter Allgemeine Sonntagszeitung, Nr. 40, 07.10.2001

64 Hanel/CCC, www.c5.net

65 WA, Luthers Briefwechsel, 5. Band, S. 444f. (Nr. 1628)

68 Foto: privat

68/69 Melitta Walter, in: provoweb.de – 69 Melitta Walter, Jungen sind anders, Mädchen auch, Kösel-Verlag in der Verlagsgruppe Random House GmbH, München 2005 (Coverabbildung)

70 Abb. Titelseite Maxi, Februar 2013 – dpa/picture alliance

71 Fotos: dpa/picture alliance

72 Men's Health, Heft November 2009 – dpa/picture alliance

73 Entnommen aus: © Vier-Türme-Verlag Münsterschwarzach – www.dieprinzen.de

74 T: Peter Stephan Brugger © Edition Sportfreunde/Araballa Musikverlag GmbH, Berlin; Neue Welt Musikverlag GmbH, Hamburg – Pe Werner, Nicht mit dir und nicht ohne dich T/M: Pe Werner, aus der CD: Herzkönigin

75 nach: H. Jellouschek. Im Irrgarten der Liebe, Dreiecksbeziehungen und andere Paarkonflikte, Kreuz Verlag, Stuttgart 2005, S. 130ff.

76 Grafik in: Frank Gerbert, Familie: Abschied von einem Traum, in: Focus 7/1993, S. 98

77 Abb.: »Hier beginnt die Zukunft«, Initiative der Deutschen Bischofskonferenz 2005–2007 für Ehe und Familie – Die deutschen Bischöfe: Ehe und Familie in guter Gesellschaft, 17.1.1999, hg. v. Sekretariat der Deutschen Bischofskonferenz

78 Erzbischof Dr. Robert Zollitsch, Vorsitzender der deutschen Bischofskonferenz, in: Focus Nr. 15/2009, das Interview führte Thomas Zorn – in: Evelyne Stein-Fischer, Ein Schritt zu viel, Überreiter Verlag, Regensburg 2008

79 Foto: Quelle unbekannt

80 T: Eugen Eckert/M: Peter Reulein © bei den Autoren

81 HAP Grieshaber (1909–1981), Bedrohtes Paar, 1949, Holzschnitt © VG Bild-Kunst, Bonn 2014

82 Paul Klee (1879–1940), Neue Harmonie, 1936, Öl auf Leinwand, 93,6 x 66,3 cm, Solomon R. Guggenheim Museum, New York

85 M: El Tawil, Adel/Fischer, Florian/Kirchner, Sebastian/NZA, Paul/Pompetzki, Marek, T: Kospach, Heike © Aquarium EditionU/Felony Business, ED., Universal Music Publ. GmbH, Berlin; EMI Music Publishing Germany GmbH & Co. KG, Hamburg; Arabella Musikverlag GmbH, Berlin; Numarek Songs Marek Pompetzki, Berlin – Friedensreich Hundertwasser (1928–2000), ARCHE NOAH 2000. YOU ARE A GUEST OF NATURE – BEHAVE. Du bist Gast der Natur – Verhalte Dich entsprechend, Original-Poster, 1981 © 2014 Hundertwasser Archiv, Wien

86 Manfred Lurker, Lexikon der Götter und Symbole der alten Ägypter, Fischer Verlag, Frankfurt 2010

87 Nicolas Poussin (1594–1665), Der Tanz um das Goldene Kalb, um 1635, Öl auf Leinwand, 154 x 214 cm, Foto: akg-images

89 Pinchas Lapide, Ist die Bibel richtig übersetzt? Gütersloher

Verlagshaus in der Verlagsgruppe Random House GmbH, Gütersloh 2008, S. 18 – Rembrandt van Rijn (1606–1669), Das Gastmahl des Belsazar, um 1636/38, Öl auf Leinwand, 167,6 x 209,2 cm, National Gallery, London © The National Gallery, London/akg – Hermen Rode (vor 1465–1504), Lukasaltar, 1484, Ausschnitt: »Die Madonna erscheint dem heiligen Lukas«, St.-Annen-Museum, Lübeck, Foto: akg-images – nach: Heinz Zahrnt, Glauben unter leerem Himmel: Ein Lebensbuch, Piper Verlag, München 2000, S. 70

90 Willhelm Willms, Aus der Luft gegriffen. Bausteine zu Gottesdiensten mit Kindern und Familien, Butzon & Bercker, Kevelaer 1976, S. 16f. – Pablo Picasso (1881–1973), Portrait de jeune fille (Dora Maar), 1941, Öl auf Leinwand, 55 x 46 cm, Galerie Beyeler, Basel © Succession Picasso/VG Bild-Kunst, Bonn 2014, Foto: akg-images/André Held – Pablo Picasso (1881–1973), Dora Maar, 1936, Öl auf Leinwand, 65 x 54 cm, Sammlung M. Cuttoli, Paris © Succession Picasso/VG Bild-Kunst, Bonn 2014, Foto: Hans Hinz/ARTOTHEK – Pablo Picasso (1881–1973), Femme assise (Dora Maar), 1941, Öl auf Leinwand, 99,8 x 80,5 cm, Pinakothek der Moderne, München © Succession Picasso/VG Bild-Kunst, Bonn 2014, Foto: akg-images/André Held

91 Landkarte in: Willibald Bösen, Auferweckt gemäß der Schrift. Das biblische Fundament des Osterglaubens, Verlag Herder, Freiburg i.Br. 2006, S. 168 (M 90)

92 ddp images/dapd – nach: Franz-Josef Bode (Hg.), Zeit mit Gott. Ein Stundenbuch, Verlag Katholisches Bibelwerk, Stuttgart 2005, S. 510

93 aus: Hans Peter Richter, Damals war es Friedrich, Deutscher Taschenbuch Verlag, München [27]1990, S. 23ff.

94 Caravaggio (1571–1610), Die Bekehrung des Paulus (1. Fassung), um 1600/1601, Öl auf Zypressenholz, 237 x 198 cm, Privatsammlung, Rom, Foto: akg-images/Electa

95 zitiert nach: Günther Lange, Bilder zum Glauben, Kösel-Verlag in der Verlagsgruppe Random-House GmbH, München 2002 – Thomas Zacharias (geb. 1930), Die Bekehrung des Saulus, 1990 © VG Bild-Kunst, Bonn 2014

96 Hagia Sophia, um 850, Konstantinopel – Rogier van der Weyden (1399/1400–1464), Der Hl. Lukas malt die Jungfrau Maria, 1440, Öl auf Holz, 102 x 108,5 cm, Eremitage, St. Petersburg

97 Emil Nolde (1867–1956), Heilige Nacht, 1912, aus dem neunteiligen Werk »Das Leben Christi« 1911/12, 100 x 86 cm, Neukirchen, Nolde Stiftung Seebüll, Wvz Urban 481 © Nolde-Stiftung Seebüll

98 © askaja – Fotolia.com – nach: Heinz Zahrnt, Glauben unter leerem Himmel: Ein Lebensbuch, Piper Verlag, München 2000, S. 72f. – Foto: Christoph Dahmen, Bonn

99 Foto: Gabriele Otten

100 v.o.n.u.: Michael Kötzel, München – Fotolia © busch30 – © Dynamic Graphics lizenzfrei – Hans-Jörg Karrenbrock, Klosterneuburg

101 v.o.n.u.: © creativ Collection/ccvision lizenzfrei – © Pitopia/Spectral-Design, 2007 – Michael Kötzel, München – Claudia Hofrichter, Rottenburg a.N.

102 © Pitopia/Spectral-Design, 2007 – Ralf Krause, Langenfeld/ww.pixelio.de

103 Dorothee Steffensky-Sölle, in: KJG (Hg.), Beten durch die Schallmauer. Impulse und Texte, Düsseldorf 1987, S. 94

104	Michael Kötzel, München
105	Annette Mecklenburg (*1968), Herbstmädchen, Öl auf Leinwand, 1995
106	Claudia Hofrichter, Rottenburg a.N.
106/107	nach: Barbara D. Leicht (Hg.), Grundkurs Bibel – Neues Testament, Werkbuch für die Bibelarbeit mit Erwachsenen, Stuttgart 2002, 3/L/8–2-3 (bearbeitet) – Kurt Marti, Auferstehung, in: Leichenreden, Darmstadt und Neuwied 1976
108	Hans-Jörg Karrenbrock, Klosterneuburg – in: Paul Weismantel, Für Gott bist du der Mittelpunkt, Handreichung für die Taufpastoral, Bischöfliches Generalvikariat Münster, Hauptabteilung Seelsorge
109	Stefanie Wiegel, 2006
110	© Dynamic Graphics lizenzfrei
110/111	Foto: Jens Funke, München
111	Du, Gott der Fülle, in: Jutta Schnitzler-Förster/Kerstin Schmale-Gebhard, Ein Jahr für die Sinne, München 2004, S. 111 (leicht verändert)
112	Foto: Hans-Werner Kulinna, Paderborn – in: Anselm Grün, 50 Engel für das Jahr, Freiburg [18]2001, S. 42 f.
113	Paul Klee (1879–1940), Engel vom Stern, 1939, 1050, Kleisterfarbe und Bleistift auf Papier auf Karton, 61,8 x 46,2 cm, Zentrum Paul Klee, Bern
114	Michael Kötzel, München – Texte: Pfarrer Karl-Heinz Berger, Sigmaringen
115	Edvard Munch (1863–1944), Tod im Krankenzimmer, 1895 © The Munch Museum, The Munch Ellingsen Group, VG Bild-Kunst, Bonn 2014 – Winfried Böhm, Sigmaringen
116	© creativ Collection/ccvision lizenzfrei – WWE Media GmbH, www.winter-wonderland.de
117	T: Pfarrer Hans-Hermann Bittger, M: Josef Jacobsen 1935 (Kanon für zwei Stimmen), Textrechte: Bistum Essen, Melodierechte: Rechtsnachfolger des Urhebers
118	Erzbischof Dr. Robert Zollitsch, in: Abschlussmesse auf dem Katholikentag in Osnabrück, 25. Mai 2008 – Karl Kardinal Lehmann, in: Neue Zeichen der Zeit. Unterscheidungskriterien zur Diagnose der Situation der Kirche in der Gesellschaft und zum kirchlichen Handeln heute. Eröffnungsreferat von Karl Kardinal Lehmann bei der Herbst-Vollversammlung der DBK in Fulda am 19. September 2005, herausgegeben von der Deutschen Bischofskonferenz – Youcat Nr. 24, Pattloch Verlag in der Verlagsgruppe Droemer Knaur, 2011 – in: Kurt Marti, Für eine Welt ohne Angst. Berichte, Geschichten, Gedichte, Hammer Verlag, Wuppertal 2. Auflage 1986, S. 33
119	Hansestadt Rostock, Presse- und Informationsstelle, Archiv
120	nach: H. Hobelsberger u.a. (Hg.), Experiment Jugendkirche – Event und Spiritualität, Verlag Butzon & Bercker, Kevelaer 2003, S. 58ff.
121	Fotos: Jugendkirche TABGHA, Oberhausen – nach: Heribert Opp, Neureut
124	nach: Hans Müller, Katholische Kirche und Nationalsozialismus. Dokumente 1930–1935. Mit einer Einleitung von Kurt Sontheimer, Nymphenburger Verlag, München 1963, S. 13ff. (Auszüge) – nach: Bernhard Stasiewski, Akten deutscher Bischöfe über die Lage der Kirche 1933–1945, Bd. I (1933–1934), Matthias-Grünewald-Verlag, Mainz 1968, S. 30
125	in: Helmut Kurz, Katholische Kirche im Nationalsozialismus. Ein Lese- und Arbeitsbuch für den RU, LIT-Verlag, Berlin/Münster [2]2008, S. 58f. – in: Ludwig Volk, Akten deutscher Bischöfe über die Lage der Kirche 1933–1945, Bd. V, (1940–1942), Matthias-Grünewald-Verlag, Mainz 1983, S. 462
126	Foto: Gedenkstätte Deutscher Widerstand, Berlin – Johannes Tuchel, Maria Terwiel und Helmut Himpel: Christen in der Roten Kapelle, in: Hans Coppi/Jürgen Denyel/Johannes Tuchel (Hg.), Die Rote Kapelle im Widerstand gegen den Nationalsozialismus, Edition Hentrich, Berlin 1994, S. 213ff. (Auszug)
127	Papst Pius XI., Enzyklika »Mit brennender Sorge« über die Lage der katholischen Kirche im Deutschen Reich, 14. März 1937, Libreria Editrice Vaticana – Foto: Quelle unbekannt
129	Walter Zacharias (1919–2000), Schmerzensmann, 1996, Holz, Hanfseil, Diözesanmuseum Regensburg/Fotostudio Zink
130	Paul M. Zulehner, Ein Traum von Kirche, in: Ludger Hohn-Morisch (Hg.), Ein Traum von Kirche. Menschlichkeit nach Jesu Art, Verlag Herder GmbH, Freiburg 1998, S. 108ff. (Auszüge)
131	Katharina Fritsch (geb. 1956), Tischgesellschaft, 1988, Museum für Moderne Kunst, Frankfurt am Main, Dauerleihgabe der Dresdner Bank AG, Frankfurt am Main, Foto: Axel Schneider, Frankfurt am Main © VG Bild-Kunst, Bonn 2014
132/133	Foto: © Sabine Leutenegger, CH-Wil/Ateliers et Presses de Taizé, 71250 Taizé, Frankreich
135	alle Fotos: © Sabine Leutenegger, CH-Wil/Ateliers et Presses de Taizé, 71250 Taizé, Frankreich
136	s/w-Fotos: Taizé © Ateliers et Presses de Taizé, 71250 Taizé, Frankreich, 71250 Taizé, Frankreich – Foto: © Sabine Leutenegger, CH-Wil/Ateliers et Presses de Taizé, 71250 Taizé, Frankreich
137	in: Christian Feldmann, Frère Roger, Taizé, Gelebtes Vertrauen, Freiburg, 2005, S. 36 f. – Foto: © Sabine Leutenegger, CH-Wil/Ateliers et Presses de Taizé, F-71 250 Taizé-Communauté – Klaus Nientied, Frère Roger, Konradsblatt 5/2007, Karlsruhe
138	Foto: Taizé © Ateliers et Presses de Taizé, 71250 Taizé, Frankreich – Text: © Ateliers et Presses de Taizé © der dt. Ausgabe Herder GmbH, Freiburg i. Br.: Frère Roger, Die Quellen von Taizé, 2005, S. 55, S. 69, S. 72
139	© Ateliers et Presses de Taizé © der dt. Ausgabe Herder GmbH, Freiburg i. Br.: Frère Roger, Die Quellen von Taizé, 2005, S. 55, S. 69, S. 72
140	Text: Interview mit Frère Wolfgang: Klaus Nientied, Frère Roger, in: Konradsblatt/Diözese Freiburg, Das Heute Gottes leben, Nr. 21/2005 – Foto: Lukas Eberle, Freiburg
141	in: Angela Hüttl-Zecca/Wolfgang Steffel, Taizé und zurück. Mein biblisches Reisehandbuch, Stuttgart 2002, S. 36 – Foto: © Sabine Leutenegger, CH-Wil/Ateliers et Presses de Taizé, 71250 Taizé, Frankreich
142	in: Neue Kirchenzeitung für das Bistum HH, Andreas Hueser, Ausgabe 2/2004, Katholische Verlagsgesellschaft Sankt Ansgar – Foto: KNA, Bonn
143	Levy Valensi, Ruben Henri, Frühlingssymphonie, 1932 © VG Bild-Kunst, Bonn 2014 – Brief 2005 – Eine Zukunft in Frieden, Frère Roger
144	M: Jacques Berthier (1923–1994) © Ateliers et Presses de Taizé, 71250 Taizé, Frankreich
145	Beten mit Gesängen aus Taizé (Auszug), in: Publik-Forum extra Taizé, Frère Roger, August 2004, S. 17 – Foto: Ch. Siebert

147 Foto: © Sabine Leutenegger, CH-Wil / Ateliers et Presses de Taizé, 71250 Taizé, Frankreich

148 Hanns Scherl (1910–2001), Zachäus. Relief am Südportal der Pfarrkirche St. Markus, Wittlich, Foto: Patrick Mais, Wittlich – Etienne (Jean-Etienne Pirot) (geb. 1952), Compassion, 1992, Skulptur, Bronze, 58 x 38 x 35 cm © VG Bild-Kunst, Bonn 2014

149 Maggy Masselter (geb. 1942), Il plaça devant eux un enfant, 2005, 230 x 62 cm, Quelle: www.rpi-virtuell.net / arssacra

150 in: Brief an Eberhard Bethge am 30.4.1944, in: Widerstand und Ergebung. Briefe und Aufzeichnungen aus der Haft, DBW, München 1998 – in: Ricarda Huch, Luthers Glaube. Briefe an einen Freund, Wiesbaden 1946 – Quelle unbekannt – Quelle unbekannt – in: Martin Ebner / Benhard Heininger, Exegese des Neuen Testaments. Ein Arbeitsbuch für Lehre und Praxis, Verlag Ferdinand Schöningh, Paderborn 2005, S. 319f. – Quelle unbekannt

151 Gregor Linßen, Die Spur von morgen – NGL Oratorium, Neuss, 2001, I, S. 43, Fotos: conceptwise

152 nach: Nico Ter Linden, Die Seligpreisungen der Bergpredigt und das Vaterunser, Kiefel Verlag, Gütersloh 2001 (bearbeitet)

154 Hubert Ostendorf, in: Provo 3, Juni 2006, S. 14f.

155 ebd., S. 33 – Foto: ebd.

156 Uwe Pfeifer (geb. 1947), Poetischer Moment, 1973, Öl auf Hartfaser, 61 x 85,3 cm, Galerie Junge Kunst, Frankfurt / Oder © VG Bild-Kunst, Bonn 2014

157 Wilhelm Willms, in: alle nächte werden hell, Verlag Butzon & Bercker, Kevelaer 1991, S. 90f.

158 Publik forum 8, 23. April 2004

159 Pieter Bruegel d. Ä. (1525/30 – 1569), Christus und die Ehebrecherin (nach 1564/65), Druckgrafik, 26,7 x 34,2 cm, Bibliothèque Albert I, Brüssel – Otto Pankok (1893–1966), Die Ehebrecherin, Kohlezeichnung, 119 x 100 cm © Eva Pankok, Hünxe

160 Arcabas (Jean Marie Pirot, geb. 1926), Emmaus, 1985, Saint-Hugues-de-Chartreuse © VG Bild-Kunst, Bonn 2014

161 Arcabas (Jean Marie Pirot, geb. 1926), L'issue, 1994, Saint-Hugue-des-Chartreuse © VG Bild-Kunst, Bonn 2014

162/163 nach: Bischöfliches Hilfswerk Misereor (Hg.), Selig seid ihr – Arbeitsheft zum Hungertuch 2007, Aachen 2007, S. 13f.

163 Das MISEREOR-Hungertuch 2007 »Selig seid ihr …« von Li Jinyuan © 2007 MVG Medienproduktion, Aachen

164/165 Buddhistisches Zentrum Hamburg © Gregor Lengler / laif

166 Janwillem van de Wetering, Der leere Spiegel. Erfahrungen in einem japanischen Zen-Kloster. Deutsch von Herbert Graf, Verlag Kiepenheuer & Witsch, Köln 1977, S. 23 – Hartmut Pohling / japan-photo.de

167 Thich Nhat Hanh, Lächle deinem eigenen Herzen zu. Wege zu einem achtsamen Leben, hg. von Judith Bossert und Adelheid Meuters-Wilsing, Verlag Herder GmbH, Freiburg 1995

168 Glasfenster mit der heiligen Silbe OM im Anjali Ashram, Foto: Katrin Gergen-Woll, Konstanz – Ganesha:© Uwe Grötzner / Fotolia.com – E. Weiss – Indische Kuh: Jeremy Richards / Fotolia.com – Mädchen mit Bindi: Katrin Gergen-Woll, Konstanz

169 Julia Schubert, München

170 Devadûtavagga, Sammlungen der Reden Gautamas, Pâli-Text, zit. nach: Volker Zotz. Buddha mit Selbstzeugnissen und Bilddokumenten, Reihe rororo Monographie, Rowohlt Verlag, Reinbek [7]2005, S. 25

171 aus: Peter Kliemann, Das Haus mit den vielen Wohnungen. Eine Einführung in die Welt der Religionen, Calwer Verlag, Stuttgart 2004, S. 74 – Foto: Quelle unbekannt – Hinduistische Wunschkuh mit den Göttern Brahma, Vishnu und Shiva. Götterplakat aus der Sammlung Eva-Maria Glasbrenner. Eva-Maria Glasbrenner und Wolfgang Stein (Hg.), Hochglanzgötter, Plakate hinduistischer Gottheiten im modernen Indien, Begleitheft zur gleichnamigen Ausstellung. München, Staatliches Museum für Völkerkunde 2000, S. 52

172 Siddharta als Asket, 3. Jh. n. Chr., Schieferstatue, Gandhara – Die Geburt des Buddha, 2. Jh. n. Chr., Schieferrelief, Gandhara

173 Liegender Buddha in Kusinara, Nirvana-Tempel, Foto: Julien Bataillet, Hamburg – nach: Werner Trutwin, Die Weltreligionen. Arbeitsbücher für die Sekundarstufe II, Religion – Philosophie – Ethik – Buddhismus, Patmos Verlag, Düsseldorf 1998, S. 22f. (bearbeitet) – nach: Hans Wolfgang Schumann, Handbuch Buddhismus. Die zentralen Lehren: Ursprung und Gegenwart, Diederichs Verlag, München 2001 (bearbeitet)

174 Das »Rad des Dharma« am Portal des Jokhang Tempels in Lhasa, Tibet, Foto: © dpa / Picture Alliance – Samyutta-Nikâya 56,11,5, nach: Helmuth von Glasenapp (Hg.), Buddha. Pfad zur Erleuchtung, Buddhistische Grundtexte. Übersetzt von H. v. Glasenapp, Diederichs Verlag, München 1956, S. 84 (leicht verändert) – Milindapahnha 25, zit. n. Konrad Meisig, Klang der Stille: der Buddhismus, Verlag Herder GmbH, Freiburg 1995, S. 120ff. (gekürzt und leicht verändert)

176 © Stephan Schlensog, Tübingen

177 Foto: Bert Heinzlmeier, München – in: ZEIT-Magazin Nr. 44 v. 22. Oktober 1998, S. 23, das Interview führten Jardine und Rainer Schmidt

178 Janwillem van de Wetering, a. a. O. (s. zu 166), S. 73 – Hartmut Pohling / japan-photo.de

179 Die Vollkommene Vergessenheit von Ochs und Hirte, in: Der Ochs und sein Hirte, Zen-Augenblicke. Mit Kommentaren und ausgewählten Texten von Hugo M. Enomiya-Lassalle. Mit Tuschezeichnungen von Tatsuhiko Yokoo und Kalligraphien von Yoshiko Yokoo, Kösel-Verlag in der Verlagsgruppe Random House GmbH, München 1990, Rechte bei den Künstlern

180 aus der Erklärung »Nostra aetate« über die nicht-christlichen Religionen, 28. Oktober 1965

182/183 Foto: Image Bank

182 in: Paul Tillich, Die verlorene Dimension. Not und Hoffnung unserer Zeit, Hamburg 1962 – in: Volker Michels (Hg.), Hermann Hesse, Lektüre für Minuten. Gedanken aus seinen Büchern und Briefen, Frankfurt 1994

183 Joseph Ratzinger, Einführung in das Christentum, Kösel-Verlag in der Verlagsgruppe Random House GmbH, München [3]1977, S. 22f.

184 in: Bertolt Brecht, Geschichten vom Herrn Keuner, Aufbau Verlag, Berlin 1958 – in: Max Frisch, Die Chinesische Mauer, Suhrkamp Verlag, Frankfurt 1955

185 Paul Klee (1879–1940), Umgriff, 1939, 1121, Kleister-, Ölfarbe und Aquarell auf Papier auf Karton, 23,5 x 31 cm, Sprengel Museum, Hannover, Sammlung Sprengel

186 Pascal Mercier, Nachtzug nach Lissabon, Hanser Verlag, München 2004, S. 36ff.

187 René Magritte (1898–1967), Die Liebenden II, 1928, Öl auf Leinwand, 54,2 x 73,5 cm, Australian National Gallery, Canberra

© VG Bild-Kunst, Bonn 2014 – Pascal Mercier, a. a. O., (s. zu 186), S. 140

188 Logo der Gemeinschaft Sant'Egidio – www.santegidio.org – © copyright 2009 delle Libreria Editrice Vaticana

189 Erklärung zum Frieden beim Friedensgebet in Assisi, 24.1.2002, KNA, Bonn – © KNA-Bild

190 Bernhard Schlink, Die Beschneidung, in: Ders., Liebesfluchten. Geschichten, Büchergilde Gutenberg, Frankfurt/M. 2000, S. 209ff.

191 Tomaschoff/Baaske Cartoons

192/193 Maria Ackmann, Hagen

194/195 Foto: Georg Schwind, Ehrenkirchen

196 in: Christel Zachert, Wir treffen uns wieder in meinem Paradies © Verlagsgruppe Lübbe GmbH & Co. KG, Bergisch Gladbach – Fotos: ebd.

197 Michael G., Das Loch (Schülerarbeit) – in: Boulevard Bio, ausgestrahlt am 12.12.1995 zum Thema »Wendepunkte«, Moderation: Alfred Biolek, Rechte: WDR

198 Edvard Munch (1863–1944), Die tote Mutter und das Kind, 1897/99, Öl auf Leinwand, 104,5 x 179,5 cm © The Munch-Museum/The Munch Ellingsen Group/VG Bild-Kunst, Bonn 2014

198 in: Verse für Zeitgenossen, Rowohlt Taschenbuch Verlag, Reinbek © 1975 Gisela Zoch-Westphal

199 Rainer Maria Rilke (1875–1926), Das Buch der Bilder, Suhrkamp Verlag, Frankfurt/Main 1996 – Wolfgang Köberl, Totentanz, 1963, Alter Friedhof, Freiburg, Fotos: Rüdiger Buhl, Kirchzarten

200 nach: Martin Heidegger, Sein und Zeit, Max Niemeyer Verlag, Halle 1927, ¹⁹2006, S. 258f. – Foto: © Stadt Meßkirch

201 Raimund Wäschle (geb. 1956), Aus der Serie »Via crucis«, 2005, Aquatinta-Radierung

202/203 Robert Spaemann, in: stern v. 23. November 2006, Interview: Bartholomäus Grill

202 Foto: Andreas Oertzen, Dortmund

203 Karl Kardinal Lehmann, in: Sterbebegleitung statt aktiver Sterbehilfe. Textsammlung kirchlicher Erklärungen, Sekretariat Deutsche Bischofskonferenz und Evangelische Kirche in Deutschland, Bonn/Hannover 2003

204 Übersetzung: Arnold Stadler, Die Menschen lügen. Alle, Insel Verlag, Frankfurt/M. 2005, S. 26–28

205 Lovis Corinth (1858–1925), Christus am Ölberg, 1915, Radierung

207 Auferstehung, Fresko in der Kirche des Klosters Mileseva/Serbien, 1. Hälfte des 13. Jh., Detail: Botschaft des Engels, Foto: akg-images/Erich Lessing

208 Marie Luise Kaschnitz, in: Dein Schweigen – meine Stimme, Claassen Verlag, Hamburg 1957 – T: Alois Albrecht/M: Peter Janssens © Peter Janssens Musik Verlag, Telgte – Westfalen

209 Volker Stelzmann (geb. 1940), Gehäuse, 1983, 242,5 x 121,5 cm © VG Bild-Kunst, Bonn 2014

210/211 Foto: Wolfgang Hänsch, Die Semperoper. Geschichte und Wiederaufbau der Dresdner Staatsoper, Berlin 1986, S. 220f.

212/213 Theodor Weissenborn, in: Michael Schwarz/Regine Lüscher (Hg.), Ich bin öpper. Unterrichtshilfen des Katechetischen Instituts der evangelisch-reformierten Landeskirche, Zürich 1989, S. 11 a –c (veränderte Form)

213 Foto: Quelle unbekannt

214 Inspiriert von: Birgitta Aicher, »Ich lasse Dich nicht, Du seg-

nest mich denn … «, in: Ursula Leitz-Zeilinger, Zweite Predigt über das Bild »Jakobs Kampf« von Ilse Greif am 19.06.2005, angeregt durch Jörg Zink, Die Urkraft der Heiligen, S. 212 ff. (verändert u. gekürzt)

215 Ilse Greif, Jakobs Kampf, 2005

217 Janet Brooks-Gerloff (1947–2008), Unterwegs nach Emmaus, 1992, Ölgemälde, Kreuzgang der Benediktinerabtei Kornelimünster © VG Bild-Kunst, Bonn 2014

219 Emil Nolde (1867–1956), Der ungläubige Thomas, 1912, aus dem neunteiligen Werk »Das Leben Christi« 1911/12, Ölfarben auf Leinwand, 100 x 86 cm, signiert unten rechts »Emil Nolde«, Nolde Stiftung Seebüll, Wvz Urban 479 © Nolde-Stiftung Seebüll

220 Illustration in: Wolfram Eilerts/Heinz-Günter Kübler, (Hg.), Kursbuch Religion elementar 7/8, Stuttgart/Braunschweig 2004, S. 28

221 Foto: mediacolor's Bildagentur, Zürich

222 Generalanzeiger Bonn, 01.08.2002 – Georg Pinter, Königswinter

223/224 Fotos: Christian Schenk, Albstadt

225 Martin Luther King 1965, Foto: Julian Wasser/Time Life Pictures/Getty Images

225 Auszug aus der Rede: »I've Been to the Mountaintop«, 3. April 1968, Mason Temple (Church of God in Christ Headquarters), Memphis, Tennessee

231 Unbekannter Bildhauer, Daibitsu Buddha in Kamakura, 1252 n. Chr., Höhe 12,75 m, Bronzestatue, Kamakura, Japan, Foto: Myriam Simonin, Chaponost, Frankreich

232 Gedenkstätte Grafeneck, Münsingen

233 Grafik in: Bibel heute, 38 (2002), Nr. 150, Katholisches Bibelwerk e.V., Stuttgart, S. 36

243 Foto: Kösel-Archiv – Lucas Cranach, Das gesamte grafische Werk, München 1972

244 Eingangsseite zum Matthäusevangelium mit der Darstellung der geflügelten Symbole der Evangelisten, gerahmt in Feldern, Gospel book, Irish (vellum), Book of Kells (ca. 800), TCL 100 968 MS 58 fol27v, The Board of Trinity College, Dublin, Ireland/Bridgeman Art Library

247 Davide Le Grazie – Quelle unbekannt – KNA, Bonn (2) – picture alliance/abaca

249 Holzschnitte Blarer und Zwingli und Kupferstich Melanchthon: akg-images – Abbildung Calvin: Album/Oronoz/AKG

253 © Michael Kempf/Fotolia.com – © Elnur/Fotolia – © kraska/Fotolia.com

255 Kösel-Archiv

Alle Bibelzitate, sofern nicht anders gekennzeichnet: Einheitsübersetzung © Katholisches Bibelwerk, Stuttgart
Alle namentlich nicht gekennzeichneten Beiträge stammen von den Autorinnen und Autoren und sind als solche urheberrechtlich geschützt. Abdruckanfragen sind an den Verlag zu richten.
Trotz intensiver Recherche konnten einzelne Rechtsinhaber nicht ermittelt werden. Für Hinweise sind wir dankbar.

Text- und Bildnachweis